普通高等教育"十三五"规划教材

形势与政策

(2016年大学生版　高校形势与政策课专用)

主　编　魏晓娅
副主编　姜银娣　孙俊峰
编　委　徐寅智　付　强　王慧杰　张　扬
主　审　罗共和　黄元文　罗映光

北京理工大学出版社
BEIJING INSTITUTE OF TECHNOLOGY PRESS

版权专有　侵权必究

图书在版编目（CIP）数据

形势与政策/魏晓娅主编．—北京：北京理工大学出版社，2016.10
ISBN 978-7-5682-3289-0

Ⅰ.①形… Ⅱ.①魏… Ⅲ.①时事政策教育-高等学校-教材 Ⅳ.①G641.41

中国版本图书馆 CIP 数据核字（2016）第 250533 号

出版发行 /	北京理工大学出版社有限责任公司
社　　址 /	北京市海淀区中关村南大街 5 号
邮　　编 /	100081
电　　话 /	（010）68914775（总编室）
	（010）82562903（教材售后服务热线）
	（010）68948351（其他图书服务热线）
网　　址 /	http：//www.bitpress.com.cn
经　　销 /	全国各地新华书店
印　　刷 /	三河市华骏包装有限公司
开　　本 /	787 毫米×1092 毫米　1/16
印　　张 /	16.5
字　　数 /	380 千字
版　　次 /	2016 年 10 月第 1 版　2016 年 10 月第 1 次印刷
定　　价 /	35.00 元

责任编辑 / 李慧智
文案编辑 / 李慧智
责任校对 / 周瑞红
责任印制 / 王美丽

图书出现印装质量问题，请拨打售后服务热线，本社负责调换

Preface 前言

《形势与政策》是专门为大学生"两课教学"编写的一本教材，资料新、角度新、文风新，尤其是结合大学生的特点，深浅适度，便于教学。编写者长期从事大学政治理论与形势政策课的教学与研究，有丰富的教学经验，能在内容的把握上紧跟形势，追踪学科前沿，具有一定创新性。

本书由多名长期从事"形势与政策"课程教学的一线教师编写，他们具有丰富的教学经验和实践经验。全书具体编写分工如下：专题一到八由魏晓娅、孙俊峰、徐寅智编写，专题九到十一由姜银娣、王慧杰、付强、张扬编写。全书由魏晓娅担任主编，并由魏晓娅完成最后的统稿工作。主编魏晓娅系四川电影电视学院马克思主义教学部主任、基础教学部主任、副教授。四川电影电视学院院长罗共和、副院长黄元文、党委书记罗映光对全书的框架结构及时效性知识提出了许多宝贵意见，并担任主审。此外，傅成华、刘国富、王弈等对本书的编写也提出了许多宝贵意见。

本书的出版得到了四川电影电视学院院长罗共和、副院长黄元文的大力支持，在此表示真诚的感谢！

由于时间匆忙，该书编写过程中疏漏甚至错误一定不少，恳请各位专家不吝赐教，以便在下次再版时认真修订，不断完善。

该书编写中引用了不少专家学者的最新科研成果及一些文献资料，在此由衷向各位专家学者致以诚挚的谢意！

编　者
二〇一六年九月二十八日

Contents 目录

专题一　认清形势　把握政策　　1
　　第一节　形势与政策课程的内容、特点和意义　　1
　　第二节　树立正确的形势观与政策观　　4
　　第三节　形势与政策课程的学习方法　　9

专题二　2016年两会精神解读　　11
　　第一节　2016年两会简介　　11
　　第二节　解读2016年政府工作报告　　17

专题三　国民经济和社会发展第十三个五年规划　　43
　　第一节　十三五规划制定的主要过程　　43
　　第二节　十三五规划的主要内容　　44
　　第三节　解读十三五规划的主要内容　　60

专题四　两学一做　　63
　　第一节　"两学一做"　　63
　　第二节　四川出台"两学一做"学习教育实施方案　　67

专题五　党史教育　　71
　　第一节　习主席"七一"讲话　　71
　　第二节　解读"七一"重要讲话精神　　81
　　第三节　中国共产党：不忘初心　继续前行　　82
　　第四节　长征：震古烁今的精神丰碑　　87

专题六　"一带一路"战略专题　　91
　　第一节　"一带一路"发展历程　　91

	第二节 "一带一路"战略的基本内容	97
	第三节 "一带一路"合作成果及意义	104

专题七 国内热点问题 110

	第一节	普遍二孩政策启动	110
	第二节	户籍制度改革	114
	第三节	十三五时期我国农村改革发展的重点	118
	第四节	脱贫攻坚贵在精准	123
	第五节	从网络大国到网络强国	130
	第六节	就业政策4.0：鼓励创业　促进就业	135
	第七节	供给侧结构性改革：施治中国经济的良方	141
	第八节	构建创新、活力、联动、包容的世界经济	146
	第九节	南海问题的实质与挑战	151
	第十节	当前台海局势	157

专题八 我国与大国的关系 163

	第一节	中国的外交政策	163
	第二节	中美关系	173
	第三节	中俄关系	178
	第四节	中欧关系	183
	第五节	中非关系	189
	第六节	中拉关系	194

专题九 全球经济形势 200

	第一节	全球整体经济形势	200
	第二节	美国经济形势	207
	第三节	俄罗斯经济形势	209
	第四节	欧盟经济形势	211
	第五节	新兴国家经济形势	214
	第六节	东盟经济形势	217
	第七节	我国经济形势	219

专题十 地区安全局势 224

	第一节	欧洲难民危机	224
	第二节	巴以冲突不断	228
	第三节	美古恢复外交	231
	第四节	朝鲜核试验	235

专题十一　全球环境变化形势　　241

第一节　寨卡病毒流行 …………………………………………… 241
第二节　全球气候变化 …………………………………………… 243
第三节　巴黎气候变化大会 ……………………………………… 248

专题一 认清形势 把握政策

学习重点

（1）了解形势与政策课程的内容、特点和意义。
（2）树立正确的马克思主义形势观与政策观。

第一节　形势与政策课程的内容、特点和意义

形势与政策与每个人休戚相关，没有一个人能够超脱于特定时期的社会形势与政策。不仅党和政府的各级领导需要经常研究形势与政策，我们每个公民也需要经常了解形势，学习政策。对于大学生来说，了解形势、学习政策显得尤其重要。当代大学生生活在世界风云变幻、中华民族伟大复兴时期，肩负着重大的历史使命。青年大学生要胸怀天下、放眼世界，充分了解当今世界的形势，正确把握时代的特征和脉搏，全面理解党和国家的政策，从而坚定正确的政治方向，成为合格的社会主义事业建设者和接班人。马克思主义理论作为无产阶级政党的执政理论，是我们这个时代"精神的精华"。马克思主义的形势观和政策观为我们科学地分析时代特征和形势发展，正确地制定政策和策略，提供了科学的世界观和方法论。

一、形势与政策课程的内容

形势与政策作为一门学科，研究对象是不断变化和发展着的形势与政策，主要研究形势的本质、特点、成因及其发展变化规律，研究政策的本质、特点、作用及其产生、发展、制定和实施的规律。形势与政策教育以马克思列宁主义、毛泽东思想、邓小平理论和"三个代表"重要思想为指导，运用政治学、政策学、社会学等有关的社会科学知识，帮助学生牢固树立和认真落实科学发展观，紧密结合全面建设和谐社会的实际，认清国内外形势，准确理解现行政策，明确任务和奋斗目标。因此，形势与政策是一门以马克思主义理论为基础，探究形势与政策发展变化规律的学科。

形势是指国际、国内时事发展的基本状况和发展态势。形势观是人们对社会发展到一定历史阶段的本质、特征和矛盾所持的基本观点和看法。因此，分析和判断形势，主要是弄清时代的主题及其基本特征，抓住国内外最突出的矛盾和最根本的变化。

政策是指党和国家在一定历史时期为实现自己的路线、任务而规定的行动纲领和行为准则，是一个国家或政党实现自己的领导、体现自己的意志的具体举措，其本质是阶级利益和阶级意志的体现，具有强烈的阶级性。政策对重大的政治、经济、科技、军事、文教、外交等党和国家的活动进行规范，并通过国家的行政力量使人们遵从，属于上层建筑的重要组成部分，具有很强的严肃性和权威性。

形势与政策虽然具有不同的概念内涵，但它们又相互联系，是一对矛盾的统一体。

1. 形势是制定政策的客观依据，也是检验政策的客观标准

形势是客观存在，政策是客观见之于主观的东西，是人们为了达到一定目的制定的行为准则。制定政策必须以客观实际为依据，它包括国际环境和条件、历史阶段和时代特征以及我国的基本国情等因素，只有正确认识和把握这些因素，才能制定出正确的政策。另外，政策的贯彻实施也要以形势为依据，使形势向着有利方向发展的政策就是正确的政策，应当继续贯彻；反之则必须立即改正。如同实践是检验真理的唯一标准一样，形势的发展也是检验政策的唯一客观标准。

2. 政策对形势具有导向作用，是促进形势发展的重要手段

如同客观存在决定主观意识，主观能动性对客观事物具有能动作用一样，政策对形势也具有能动作用，即人们常说的"政策导向"。这个能动作用，包括正作用和反作用。当人们能够正确分析、判断和把握形势并制定、贯彻正确的政策时，就会引导和推动形势朝着有利的方向发展，我们的事业就会顺利向前，这是主观与客观相一致。反之，当人们错误地估计形势并制定和贯彻错误的政策时，就会引导和推动形势向不利的方向发展，我们的事业势必遭受挫折，所以政策极为重要。

综上所述，形势决定政策、检验政策，政策引导形势、影响形势。我们必须正确认识两者的辩证关系，恰当地处理好两者的关系，使政策不断促进形势的健康发展，推动我国社会主义事业不断前进。

二、形势与政策课程的特点

形势与政策课程主要有以下三个特点：

1. 政治性与科学性

形势与政策课程主要宣传党和国家关于国内外形势的分析和论述，阐述党的基本路线、基本纲领和各个领域的方针、政策，集中反映全党和全国人民的利益和意志，是一门政治性很强的课程。同时，它又具有高度的科学性。形势与政策课程坚持实事求是、一切从实际出发的思想路线，以马克思主义实践观和历史唯物主义观来认识形势和评价政策，坚持真理，具有严谨的科学性。

2. 现实性与针对性

形势与政策课程讲述的是党和国家对当前国际、国内形势的分析，介绍的是现行的路线、方针、政策，具有很强的现实性。所谓针对性，一方面是指课程教学内容主要针对三个实际，即变化中的国内形势与政策实际、变化中的国际形势与政策实际以及学生的思想实

际。另一方面，由于多种社会原因，人们对当前形势和现行政策有各种各样的认识和看法，有时甚至会形成错误的思想。为了统一思想，纠正各种片面认识，形势与政策课程往往针对各种错误认识和思想进行评价，特别是结合社会热点，解答学生普遍关心的问题。

3. 理论性与实践性

形势与政策课程涉及广泛的社会科学领域，它运用政治学、政策学、社会学等有关的社会科学知识，分析国内外政治、经济、外交、科技等形势；同时，该课程又具有很强的实践性。形势是一种客观实际，分析形势就是运用基本理论去分析变化中的实际；而政策正是基于实际形势，运用基础理论制定的具体行为准则和措施。目前，我国正处在社会主义初级阶段，党对形势的认识和估量以及所制定的路线和政策都具有稳定性，党的基本路线一百年不动摇。但是随着社会实践的发展，形势变了，政策也会跟着变，永远不变的政策是没有的。这也要求形势与政策课程应根据变化了的形势和政策来调整课程内容，以适应社会形势的发展。

三、学习形势与政策课程的重要意义

1. 加强和改进大学生形势与政策教育，是中国共产党总结历史经验得出的宝贵结论

中国共产党一贯重视形势与政策教育。中华人民共和国成立后，毛泽东同志提出两个"必须"，即"教育必须为无产阶级政治服务，教育必须与生产劳动相结合"，形势与政策教育较好地体现了这两个"必须"。改革开放时期，邓小平同志明确指出："学校要把坚定正确的政治方向放在首位。"江泽民同志也多次指出："各级各类学校都要全面贯彻党的教育方针，坚持社会主义办学方向。"党的十六大以后，以胡锦涛为总书记的党中央同样高度重视学生特别是大学生的思想政治教育。习近平总书记也强调，培养德智体美全面发展的中国特色社会主义合格建设者和可靠接班人，是高校的根本任务。

加强和改进大学生形势与政策教育，也是总结我国教育发展历史经验得出的结论。青年学生的思想尚未完全成熟，极易受到外界舆论的影响。历史证明，只有我们重视和加强学生的形势与政策教育，我们的教育事业才能获得成功，我们的社会就更加稳定；一旦我们放松了学生的形势与政策教育，我们的教育事业就会受挫，我们的社会就会动荡。

2. 加强和改进大学生形势与政策教育，是当前国际、国内形势发展的迫切需要

加强和改进形势与政策教育是应对经济全球化发展趋势的迫切需要。首先，经济全球化是世界经济发展不可逆转的趋势，是世界各国之间长期的、复杂的较量，它必然伴随着因维护本国利益、国家主权和民族文化而产生的种种矛盾和冲突。西方发达国家是全球化的主导者，它们宣扬的全球化带有明显的政治意图。其次，随着全球化浪潮带来的信息技术、网络技术的普及，年轻人尤其是大学生面对各种各样的信息应接不暇，容易受到资产阶级自由化和反动思想的侵蚀。因此，坚守大学校园思想文化阵地的社会主义性质，保证大学生思想意识不被外来消极因素侵蚀，加强和改进形势与政策教育迫在眉睫。

3. 加强和改进大学生形势与政策教育，是培养高素质人才的重要举措

在21世纪，对人才素质的要求应特别强调以下三个方面：知识和能力的协同发展、科学素质和人文素质的和谐发展、个性的自由全面发展。从未来对人才素质的要求看，学会做事与学会做人、科学教育与人文教育同样重要，并应该在实践中有机结合起来。形势与政策教育教会大学生认清当今时代特征，有助于大学生自觉树立正确的人生目标和远大理想，立

志成才，自觉献身于民族复兴的伟大事业中。形势与政策教育重在方法论和认识论的结合，有助于提高大学生应对实际问题的能力。形势与政策教育的本质任务，就是教育学生自觉地站在正确的立场上，学会掌握和运用科学的方法论，学会运用矛盾的观点、联系的观点、发展的观点和全面的观点来观察形势、分析问题，透过纷繁复杂的社会表象看其内在本质。形势与政策教育，不是简单的播报新闻，不仅要告诉学生事实和结论，更重要的是要他们学会求证结论的过程，教他们学会看形势，学会站在正确的立场上，学会正确理解和贯彻党的大政方针。同时，形势与政策教育也是大学生提高综合素质、开阔胸怀与视野、增强责任感和大局观的重要方式。大学生不但要加强专业知识的学习，更要注意更新知识结构，缩小与世界先进水平的差距，将学术视野和业务视野向更广阔的领域扩展，既要成为"专才"，又要成为"通才"，这样才能为个人的发展提供更多的选择机会，长久地立于不败之地。

第二节　树立正确的形势观与政策观

生活中，我们每个人都自觉或不自觉地处在一定的形势和各种各样的政策当中。为了正确认识形势，理解和执行政策，我们必须首先对形势和政策的基本特点有所了解，掌握认识形势的基本立场、基本原则、基本方法，树立正确的马克思主义形势观与政策观。

一、树立正确的形势观

形势是指客观事物发展的基本状况和主要趋势，是静态形象和动态趋向的统一。因此，树立正确的形势观不仅要求我们了解当前的静态表现，也要分析受到各种因素影响而出现的发展趋向。

1. 形势的基本特点

（1）客观性与规律性

形势是客观的，但它的发展变化又是由事物内部矛盾运动的内在规律支配的，还具有反映其基本态势和发展走向的客观规律性。人们既可以认识规律，也可以把握和运用规律，借以发挥主观能动作用，促进形势朝着有利的方向发展。这是我们之所以能够科学分析和正确判断形势的客观依据，也是形势学、政策学之所以成为科学的客观依据。规律是客观存在的，问题在于发现规律。这就需要我们掌握正确的世界观和方法论，善于运用马克思主义的理论和方法来分析和判断形势。

（2）相关性与统一性

"形势"一词，最早用于阐述地理形势，一般是指地形、地势、地貌、地理之势，之后引申出来，泛指政治形势、经济形势、军事外交形势等。形势的相关性是指它在时空和内容上具有互相联系、互相影响的性质。表现在时间顺序上，未来的形势是由当前形势发展变化而来的，当前形势是由过去形势发展变化而来的；过去的形势对当前形势有影响，当前形势对未来形势有影响。表现在空间范围上，国际形势与国内形势、全国形势与省市形势、全局形势与局部形势、城市形势与农村形势、内地形势与边疆形势之间互有联系。表现在内容上，政治形势与经济形势，教育形势与政治、经济形势，工业形势与农业形势诸方面也是互相联系的。

（3）多样性与多变性

形势不仅是多样的，也是多变的，因为任何客观事物都是发展变化的，其内在因素和外在因素的共同作用，势必引起形势的现状和趋势不断发展变化。这种变化是绝对的、经常的，但并不排斥相对的稳定性。它是动态与静态的统一体，表现为相对静止、平稳运动的发展变化状态。因此，人们对形势的观察和认识，必须既注意其动态方面，又注意其静态方面。

2. 形势的基本立场

在有阶级的社会中，立场首先表现为阶级立场。阶级立场不同，对形势的认识也会截然不同。在当今社会主义条件下，虽然我们已经消灭了剥削阶级，但阶级斗争仍将长期存在，在政治斗争和大是大非面前，认识形势仍然要注意阶级立场的问题。

观察形势的立足点也不全表现为阶级立场，还表现为全局和局部、集体和个人等不同的立足点。在分析、判断形势时，立足点不正确，就会对形势做出错误的估计，就会犯错误，给党和人民的事业造成损失。因此，在观察、认识形势时，一定要站在党和人民的立场上，站在全局的立场上，以是否有利于国家和人民的利益为最高标准。

3. 形势的基本原则

（1）坚持唯物主义的基本原则和实事求是的思想路线，把握形势发展的客观规律

这是正确观察与认识形势的科学尺度，也是理性认知的基础。观察和认识形势之所以要坚持唯物主义的基本原则，是由形势的客观性和规律性决定的。这一原则的基本要求是，观察和分析形势要实事求是，防止在形势认识问题上的主观主义和片面性。

真正做到实事求是地认识形势，其方法论要求就是：第一，尊重事实，尊重实践，尊重群众的首创精神，深入实际，而不能从原则、本本出发，也不能从主观想象出发。这就叫作"不唯书，不唯上，只唯实"。为此，要脚踏实地地对形势所涉及的各个要素、方面和领域进行深入的调查研究，掌握大量的、合乎实际的第一手材料，在此基础上对形势作出准确的事实判断。第二，做到因地制宜、因时制宜，一切以时间、地点、条件为转移。看中国的形势就要站在中国的国情上看，看现在的形势就要从现在的时间坐标上看。不顾中国的形势和实际情况，照搬别国经验，或者不顾当前的形势和时空条件，超越社会发展阶段，都是主观主义和违背实事求是的表现。

（2）掌握和运用马克思主义的辩证法和认识论

坚持从感性认识到理性认识和透过现象看本质的认识方法，是由形势的错综复杂性决定的。环境越复杂，形势就越难把握；社会越发展，环境就越复杂，正确认识形势的难度就越大。现象是形势的表面特征和外部联系，属于感性认识的范畴；本质是形势的根本性质和内在联系，属于理性认识的范畴。从现象到本质的过程，就是由感性认识到理性认识的过程。想在复杂多变的国际环境和矛盾交织的国内环境中正确认识形势，就必须运用这一认识方法。

（3）努力提高理论思维和战略思维的能力和水平

这是分析和判断形势在思维素质方面的要求。"一个民族想要站在科学的最高峰，就一刻也不能没有理论思维。"认识、分析形势的根本目的是更好地把握和驾驭形势，牢牢掌握工作的主动权，并通过自己的活动积极影响形势，使之朝着有利于自己的方向发展，而不至于在形势面前茫然失措，这与人们的理论思维和战略思维的水平及能力直接相关。

（4）从保障和维护人民群众和国家的根本利益出发，立足于自身所处的时代来分析和判断形势

确立科学判定形势的价值尺度，还需要从时代的主题出发来把握形势，这是马克思主义形势观的基本要求。时代属于反映社会某一发展阶段及其基本性质和基本特征的范畴。时代观是马克思主义国际观和战略观的重要组成部分，是马克思主义政党科学地分析形势、制定任务、确定战略、拟定政策的基本依据。面对当今世界"一球两制"的基本格局，准确地把握时代的主题及其转换，坚信社会主义取代资本主义的历史总趋势，是科学分析和判断当今国内外形势的客观依据和基本要求。

4. 形势的基本方法

（1）信息法

形势的分析是建立在大量有用的材料和事实基础上的。形势信息是指事物发展过程中所发生的各种情况，如事件、活动、材料、文件、报告等。形势信息要求真实、准确、及时。信息不真实、不准确，会把我们引入歧途；信息不及时，就会贻误时机。对于党和国家来说，要掌握信息，就要保证信息传递畅通无阻；对于个人来说，信息不足是对形势认识不清，甚至错误估计形势的重要原因。因此，应尽可能多地了解情况、收集信息，并辨别其真伪与准确程度，不可轻易下结论。掌握信息的方法有很多，如读书、看报、上网、看电视等，但最重要的是深入社会、深入群众去实地调查，掌握第一手材料。

（2）比较法

比较是确定事物间异同关系的逻辑方法。没有比较就没有鉴别，就难以对形势做出正确的判断。事物本身随着时间的推移而发生变化，按时间的先后做自身比较，是纵向比较；比较事物在不同地域、不同国度由于各种条件的不同而产生的差异，是横向比较。运用比较法时，要注意进行科学的比较。

首先，要在某一共同关系下进行比较。要把客观事物放在大体相同的范围内、相同的前提下进行比较，否则就会失去可比性。比如，在比较我国东南沿海地区和内地相对落后地区的经济水平时，只拿工农业生产总值去衡量，是不科学、不公平的。同样，如果拿我国这样一个人口多、底子薄、耕地少、长期处于半殖民地半封建社会，仅有几十年社会主义建设历史的国家，同发达资本主义国家或帝国主义积极扶植的某些小国相比，从而得出社会主义不如资本主义的结论，这种比较是不科学的，也不能说明任何问题。

其次，要注意从本质上进行比较。本质是事物内部的、固有的联系，决定事物的性质。现象则是事物外部的、表面的联系。所以，我们进行比较时，要抓住事物的本质，而不能只进行现象的比较，否则可能会歪曲事物的本来面目。

（3）充分运用现代科技手段

现代科学技术的迅速发展，不断改变着人们的生活方式、生产方式，也改变着人们的思维方式。尤其是以计算机和现代通信为中心的新科技革命，使人们能更加便捷地了解、收集各方面的动态和信息，把人们对客观事物的思维和观察推向新的水平。在现代社会中，人们已经开始大量使用更有说服力的定性分析和定量分析方法，比如，用人均年产值来反映社会生产力发展状况，用接受高等教育的比例来反映社会教育发展状况等；对不同时间、空间的统计结果进行纵向或横向的比较研究，来分析同一领域在不同时期、不同地区的发展状况。采用现代科学技术手段，使我们对形势的考察和分析更加科学、准确，更有说服力。

二、树立正确的政策观

政策观是包括政策的制定、执行、评价、调整和发展完善等环节在内的基本观点和基本原则。政策的本质是阶级利益与意志的体现,是执政党在各种涉及全局利害关系方面的问题上制定和实施的各项决策,是一种政治措施和手段。

1. 政策的基本特点

(1) 公共性与政治性

政策属于"公域性"的范畴。那些纯粹私人的、不受任何合法社会组织或法律监督和制约的个人活动与个人关系,即"私人性"领域,不是政策涉及的领域。

马克思主义认为,不同性质的国家政权和政党组织,总是从不同的政治利益出发,对阶级、民族、国家之间存在的政治、经济、科技、文教等方面的问题进行解决,而解决这些问题的种种措施和决策,就是政策。可见,政策充满了阶级之间的矛盾关系,具有鲜明的政治性。政策的政治性不仅表现在处理阶级之间的关系上,即使在一个阶级内部,政策的政治性也是十分鲜明的。就我国当前而言,党的政策总是涉及社会主义国家和人民群众的根本经济利益问题,而政治是经济利益的集中表现。比如,一项关于外交或干部的政策,其政治性是显而易见的;即使是计划生育政策,因为人口问题直接关系到社会生产的发展,影响国力的盛衰和民族的强弱,也是一个涉及国家和人民根本利益的全局性问题,也具有政治性。因此,制定和实施党和国家的政策,要善于从政治上加以把握。

(2) 时效性与稳定性

政策的制定和实施,都是为了把党和国家的奋斗目标变为现实。任何政策,都是在一定条件下指导人们从事现实活动的行动准则。政策受时间和空间的制约,只能适用于一个特定的时间范围,一劳永逸、一成不变的政策是不存在的。同时,政策具有其适用的范围。一项政策只能适用于决策者所规定以及所能规定的时空范围——一个组织、一个社区、一个国家或一个特定的国际社会。在决策者所规定或所能规定的范围之外,政策是没有效力的。

但是,政策的时效性并不意味着政策可以朝令夕改,毫无稳定性和连续性。稳定有序的政策也是保持国家稳定、社会进步的前提条件。因此,政策应该具有相对的稳定性和连续性。但是,政策的稳定性总是相对的,变动性是绝对的。在基本路线这一总政策长期稳定的条件下,具体政策甚至基本政策应该随着社会的发展而不断调整和完善,使政策跟上发展变化了的客观实际。

(3) 权威性与灵活性

党和国家的政策是对重大的政治、经济、科技、文教等活动进行规范,并通过国家的行政力量使人们遵从。它比伦理道德的约束层次高,具有很强的严肃性和权威性,任何组织和个人都不能仅仅从小团体或个人的利益出发,随意制定或违反政策。法律与政策同属于上层建筑,但政策不能作为划分罪与非罪的准则,也不能以暴力的形式强制人们就范,要通过宣传教育,鼓励人们在政策允许的范围内进行创造性劳动。

维护政策的权威性和原则性,也不能不问实际情况而机械地照搬或执行政策,它要求人们在政策允许的原则范围内保持一定的灵活性。在总政策、基本政策的指导下,可以因时、因地制宜,再制定一些具体政策以及地区性和行业性的政策;具体政策,也允许在执行过程中因情况的不同或特殊而保持一定程度的灵活性。政策的权威性与灵活性是相互统一的,不能以维护权威、坚持原则为借口反对必要的灵活性，也不能以保持灵活性为名抹杀政策的权威性。

2. 树立马克思主义政策观

马克思主义政策观的基本原则，是由马克思主义政党的性质、特点和宗旨决定的。马克思主义政策观最重要的原则包括：坚持一切从实际出发，实事求是的基本路线；坚持实践第一的原则；坚持密切联系群众，走群众路线的原则；坚持社会主义制度，把握正确的政治方向；坚持政策的制定最终要符合有利于社会的全面进步和人的全面发展的原则；等等。

（1）马克思主义政策观的首要前提：实事求是，一切从实际出发

准确地认识和把握一个国家的国情以及它在发展中所处的历史阶段，对于政策的制定非常重要。我国改革开放和现代化建设取得成功的根本原因之一，就是克服了过去那些超越社会发展阶段的错误观念，对所处的社会主义初级阶段的基本国情有了统一地认识和准确地把握。比如，针对我国生产力发展水平低、城乡差别大、在世界上属于低收入国家的实际情况，必须把加强经济建设和大力发展生产力作为一切政策工作的中心；针对我国是一个人口大国、农业人口占多数、老龄化社会来临等特点，社会政策既要考虑规范化和政策的统一，又必须考虑政策的灵活性、适应性，使社会政策的制定与生产力发展水平和各方面的承受能力相一致。同时，基本政策要适应时代的主题，并积极促进时代主题的实现。

（2）马克思主义政策观的认识根源和检验标准：实践第一原则

政策是理论向现实转化的中介，体现着实践主体的意志、愿望和目的，直接关系到实践活动的展开及其成败。在现实性上，政策具有实践性的特征。因此，制定和贯彻政策要坚持马克思主义实践第一的原则。

政策的实践性首先表现在政策源于实践。我们所制定的政策不是凭空产生的，而是对社会实践积极能动反映的产物。实践是人们能动地改造现实世界的社会性的客观物质活动，实践是认识的基础，是认识发展的动力。一般而言，政策总是以实践的形态出现，表现为行动方案、措施和办法，具有手段性和直接现实性的特征，目的在于把党和国家的主张变成千百万人民群众的实践活动，实现政治目标。因此，我们研究和制定政策，一定要注意把握政策的实践性特点。

（3）马克思主义政策观的出发点和立足点：为人民谋利益

为人民谋福利，最大限度地满足人民群众的物质和文化生活需要，是马克思主义政策观的出发点和落脚点。判断一项政策的优劣得失，最根本的一条就是看人民群众根本利益的保障程度和实现程度。这是由无产阶级政党的性质、宗旨和党的群众观点决定的。

为人民谋利益也是由马克思主义政党的群众观点决定的。马克思主义的群众观认为，人民群众是社会实践的主体，也是创造历史的决定力量，制定政策必须紧紧地依靠广大人民群众，相信人民群众的伟大创造力，尊重人民群众的首创精神。这是无产阶级政党制定政策的智慧源泉和力量基石，也唯有如此，党的政策才会得到广大人民群众的拥护和支持。

把致力于为人民谋福利作为政策观的出发点和立足点，就必须把满足最广大人民的根本利益，满足人们的物质文化生活需求，使人民群众不断获得切实的经济、政治、文化权利，体现和贯彻到各项社会政策之中。这就要求我们在制定政策时以全体人民为对象，真正体现政策的广泛性和民众性，并通过政策的调整体现社会公平、公正的原则，缩小收入差距，深化分配制度改革，改善分配关系，抑制贫富分化，努力满足人民群众改善生活的愿望和日益

多样化的利益要求，使社会主义建设的成果惠及全体人民，最终达到共同富裕。

（4）马克思主义政策观的基本方法：坚持走"群众路线"

群众路线是无产阶级政党的根本路线，是群众观点在实际工作中的贯彻和运用，也是无产阶级政党制定正确政策的基本方法。这就是"从群众中来，到群众中去"。毛泽东同志指出："从群众中集中起来又到群众中坚持下去……这是基本的领导方法。"他还说："在我党的一切实际工作中，凡属正确的领导，必须是从群众中来，到群众中去。这就是说，将群众的意见（分散的、无系统的意见）集中起来（经过研究，化为集中的、系统的意见），又到群众中去做宣传解释，化为群众的意见，使群众坚持下去，见之于行动，并在群众行动中考验这些意见是否正确。然后再从群众中集中起来，再到群众中坚持下去。如此无限循环，一次比一次更正确、更生动、更丰富。这就是马克思主义的认识论。"

（5）马克思主义政策观的价值取向：推进社会的总体进步和人的全面发展

马克思主义历史观认为，社会是一个有机的整体，而社会有机体又是一个由其内部所包含的各种因素、各个层面和各个领域之间内在联系、相互协调、共同促进的有序结构。因此，社会的总体进步包括社会形态发展的各个方面，涉及经济、政治、文化、社会等各个领域。具体来说，社会的总体进步表现在一个社会经济的富裕程度、政治的民主程度、文化的先进程度与社会的和谐程度，体现在这个社会的物质文明、制度文明、精神文明、生态文明等文明形态的全面推进和协调发展上。马克思主义政策观的价值取向理应积极推动、实现社会的总体进步。

马克思主义还认为，社会生产力的发展和社会的总体进步，最终体现在人自身的全面发展和解放的程度上。人的全面发展和解放，既是社会进步的主要动力，又是社会进步的目的所在。人的全面发展和解放是社会主义社会的基本原则。为此，政策的制定就应该坚持"以人为本"，考虑怎样最大限度地激发人们的能动性、自主性和创造性，使政策的制定和实施所取得的成果惠及全体人民。

第三节　形势与政策课程的学习方法

形势与政策的课程性质、教学内容和教学目的等决定了形势与政策课程的学习原则与方法同其他课程的学习方法有共同之处，也有特殊性。我们应该在学习本门课程的过程中运用正确的学习方法，提高对于当前形势以及政策的认识水平。

一、增强主人翁意识，主动关心形势与政策

由于形势与政策是不断变化发展着的，会不断出现新问题、新情况，所以学习形势与政策光靠听取课堂讲授是不够的，课堂上只能讲授一些基本观点和基本政策，只起引路作用。跟上形势的发展，必须靠学习者坚持关心时事政治，养成关心国内外大事的习惯。开阔视野、胸怀祖国、放眼世界，这是任何一个立志成才、报效祖国的青年学生应有的情怀，也是学好形势与政策课程的基本前提。

二、运用科学的思维方法，多思多想

形势与政策课程的性质决定了它的复杂多样性。学习该课程，必须掌握和运用马克思主义的辩证法和认识论，充分运用科学的思维方法，坚持历史唯物主义，理论联系实际，这样才能在复杂的社会现象和社会矛盾中，分清主流和支流、现象和本质，全面认识形势及其发展趋势，正确理解政策及其发展变化，不断提高理论水平、政策水平和分辨是非的能力，为今后观察、分析问题奠定良好的基础。

三、积极参加社会实践，坚持课堂内外学习相结合

深入社会，了解社会，特别是有目的地进行社会调查，是学习形势与政策课程的重要方法。实践是检验真理的唯一标准。调查能够使我们具体地感受到形势如何，政策的实际情况与执行状况。调查的方法多种多样，有座谈、访问、观察、统计等。调查应力求全面、深入、科学，定性与定量相结合，从而得出正确的结论。从课堂上学到关于形势与政策的基本观点后，深入社会做实际调查，有助于学习者更好地理解形势、执行政策，自觉地与党中央在政治思想上保持一致。同时，教师要进一步拓展教学的内容和空间，充分利用丰富的现代教学工具，如现代传媒手段、影像资料等，运用各种教学方法，如讨论法、情景模拟法等，丰富和加深学生对我国经济建设和社会发展巨大进步的认识，提高形势与政策教育的效果。

思考题

1. 谈谈学习形势与政策课程的内容、特点和意义。
2. 大学生如何树立正确的形势观和政策观？

专题二 2016年两会精神解读

学习重点

（1）了解2016年"两会"的基本情况。
（2）掌握"政府工作报告"的主要内容。
（3）理解2016年政府工作报告的亮点。

第一节 2016年两会简介

一、两会基本情况介绍

"两会"并不是一个特定的机构名称，而是对自1978年以来历年召开的"中华人民共和国全国人民代表大会"和"中国人民政治协商会议"的统称。由于两场会议会期基本重合，而且对于国家运作的重要程度都非常高，故简称"两会"。从省级地方到中央，各地的政协及人大的全体会议的会期基本重合，所以两会的名称可以同时适用于全国及各省（市、自治区）。

两会每5年称为一届，每年会议称×届×次会议。根据中国宪法规定："两会"召开的意义在于将"两会"代表从人民中得来的信息和要求进行收集及整理，传达给党中央。"两会"代表是代表着广大选民的一种利益，代表着选民在召开两会期间，向政府有关部门提出选民们自己的意见和要求。地方每年召开的人大和政协会议也称为两会，通常召开的时间比全国"两会"时间要早。

2016年全国两会，即中华人民共和国第十二届全国人民代表大会第四次会议和中国人民政治协商会议第十二届全国委员会第四次会议，分别于2016年3月5日和3月3日在北京开幕。

二、会议历史

从1949年9月21日中国人民政治协商会议第一届全体会议在北京召开起,两会经历了许多不可磨灭的历史时刻。

1949年9月21日至30日,中国人民政治协商会议举行了第一届全体会议。参加会议的代表共662人,包括中国共产党、各民主党派、各人民团体、各地区、人民解放军、少数民族、国外华侨、宗教界人士等46个单位的代表以及特别邀请的人士,具有广泛的代表性。人民政协第一届全体会议代行全国人民代表大会的职权,代表全国人民的意志,宣告了中华人民共和国的成立;通过了具有临时宪法性质的《中国人民政治协商会议共同纲领》《中国人民政治协商会议组织法》及《中华人民共和国中央人民政府组织法》;决定中华人民共和国定都于北京,国旗为五星红旗,以《义勇军进行曲》为国歌,采用公元作为中国纪年;选举了中央人民政府主席、副主席、委员,并选举产生了中国人民政治协商会议第一届全国委员会。

1954年9月第一届全国人民代表大会举行第一次会议,通过了《中华人民共和国宪法》。同年12月召开了政协第二届全国委员会第一次会议,制定了《中国人民政治协商会议章程》。章程宣告:《共同纲领》已经为宪法所代替;人民政协全体会议代行全国人民代表大会的职权已经结束。但是人民政协作为统一战线的组织,将继续存在和发挥作用。此后,四届政协对应三届人大,而全国政协比全国人大提前1至2天开幕。"文革"中,全国政协停止,全国人大则在1975年恢复一届(四届),因此,自1978年起,全国人大与全国政协再次完全同步。

全国两会在3月召开的惯例,则始于1985年。此前,历年的会议时间均有不同。以五届全国人大、政协会议为例,一次会议是在2月,二次会议在6月,三次会议在8月,四次和五次会议则安排在11月。而自1998年起,每年全国政协均在3月3日、全国人大均在3月5日开幕。人大议事规则的写法则是"第一季度"。选择在3月的原因之一是有元旦和春节两个假期,而春节一般不是1月,便是2月。"两会"会期也是自1998年起相对固定,除了涉及换届选举的一次会议一般为两个星期(14~15天)外,历年"两会"的时间一般控制在10~12天。

三、两会组成

1. 全国人民代表大会

全国人民代表大会是最高国家权力机关,人民代表大会制度是实现人民当家作主的根本政治制度。在我国,人民通过民主选举选出自己的代表,组成人民代表大会,集中行使国家权力。根据宪法的规定,全国人民代表大会具有全权的和最高的地位,其主要职权有:修改宪法;监督宪法的实施;制定和修改刑事、民事、国家机构的和其他的基本法律;选举中华人民共和国主席、副主席;根据中华人民共和国主席的提名,决定国务院总理的人选;根据国务院总理的提名,决定国务院副总理、国务委员、各部部长、各委员会主任、审计长、秘书长的人选;选举中央军事委员会主席;根据中央军事委员会主席的提名,决定中央军事委员会其他组成人员的人选;选举最高人民法院院长;选举最高人民检察院检察长;审查和批准国民经济和社会发展计划和计划执行情况的报告;审查和批准国家的预算和预算执行情况的报告；改变或者撤销全国人大常委会不适当的决定；批准省、自治区和直辖市的建置；决定特别行政区的设立及其制度；决定战争和和平的问题；应当由最高国家权力机关行使的其他职权。

人大的组成机构主要有全国人民代表大会常务委员会及全国人民代表大会专门委员会。与全国人大会议不同，全国人大常务委员会是全国人大的常设机构，二者的职权在选举、决议等方面并不完全相同。

2. 中国人民政治协商会议

中国人民政治协商会议主要职能是政治协商和民主监督，组织参加政协的各党派、团体和各族各界人士参政议政。政协全国委员会每届任期5年，每年举行一次全体会议。人民政协在中央设有全国委员会和常务委员会以及9个专门委员会，在地方设有政协地方委员会。每届任期5年，每年举行一次全体会议。政协会议参与的各方简要说明如下。

中国共产党，作为执政党参与会议。

中国国民党革命委员会，由原中国国民党民主派和其他爱国民主人士所创建，于1948年1月1日成立，是政协的重要组成政党之一。

中国民主同盟，于1941年3月19日在重庆秘密成立，其成员有中国青年党、国家社会党（后改称民主社会党）、中华民族解放行动委员会（后改称中国农工民主党）、中华职业教育社、乡村建设协会的成员及其他人士。1942年，全国各界救国联合会加入，形成现有格局，是政协的重要组成政党之一。

中国民主建国会，于1945年12月16日在重庆成立，成员主要是爱国的民族工商业者和有联系的知识分子，发起人有黄炎培、胡厥文、章乃器、施复亮、孙起孟等，是政协的重要组成政党之一。

中国民主促进会，由马叙伦、王绍鏊、周建人、许广平、林汉达、徐伯昕、赵朴初、雷洁琼、郑振铎、柯灵等著名爱国民主人士于1945年12月30日在上海建立，是政协的重要组成政党之一。

中国农工民主党，于1930年8月9日在上海成立，是政协的重要组成政党之一。

中国致公党，中国致公党是以归侨、侨眷中的中上层人士和其他有海外关系的代表性人士组成的政党，于1925年10月成立于美国旧金山，是政协的重要组成政党之一。

九三学社，前身为抗日战争后期一批进步学者在重庆组织的"民主科学座谈会"，后为纪念1945年9月3日抗日战争和世界反法西斯战争的伟大胜利，改建为九三学社，是政协的重要组成政党之一。

台湾民主自治同盟，是由台湾省人士组成的社会主义劳动者、社会主义事业建设者和拥护社会主义爱国者的政治联盟，1947年11月12日在香港成立，是政协的重要组成政党之一。

此外，参与政协会议的还有无党派民主人士、中国共产主义青年团、中华全国总工会、中华全国妇女联合会、中华全国青年联合会、中华全国工商业联合会、中国科学技术协会、中华全国台湾同胞联谊会、中华全国归国华侨联合会、文化艺术界、科学技术界、社会科学界、经济界、农业界、教育界、体育界、新闻出版界、医药卫生界、对外友好界、社会福利界、少数民族界、宗教界、特邀香港人士、特邀澳门人士、特别邀请人士等。

四、2016 年两会会议议程

1. 2016 年十二届全国人大四次会议详细日程安排

十二届全国人大四次会议自 2016 年 3 月 5 日上午开幕，2016 年 3 月 16 日上午闭幕，会期 11 天半，其中 12 日休会一天。议程除了审议六个报告，还包括审查和批准"十三五"规划、审议慈善法草案。此外，还在新闻中心准备了 15 到 16 场记者会，邀请国务院有关部门和全国人大有关负责人等出席。具体日程介绍如下：

2016 年 3 月 5 日

上午 9 时开幕会，主要内容包括：听取国务院总理李克强关于政府工作的报告；审查国民经济和社会发展第十三个五年规划纲要草案；审查国务院关于 2015 年国民经济和社会发展计划执行情况与 2016 年国民经济和社会发展计划草案的报告；审查国务院关于 2015 年中央和地方预算执行情况与 2016 年中央和地方预算草案的报告；下午 3 时代表团全体会议，审议政府工作报告。

2016 年 3 月 6 日

上午 9 时代表小组会议，审议政府工作报告；下午 3 时代表小组会议，审议政府工作报告。

2016 年 3 月 7 日

上午 9 时代表团全体会议，审查"十三五"规划纲要草案；下午 3 时代表小组会议，审查"十三五"规划纲要草案。

2016 年 3 月 8 日

上午 9 时代表团全体会议，审查计划报告和预算报告；下午 3 时代表小组会议，审查计划报告。

2016 年 3 月 9 日

上午 9 时代表小组会议，审查预算报告；下午 3 时第二次全体会议，主要内容是：听取全国人大常委会委员长张德江关于全国人民代表大会常务委员会工作的报告；听取全国人大常委会副委员长李建国关于中华人民共和国慈善法草案的说明。

2016 年 3 月 10 日

上午 9 时代表团全体会议，审议全国人大常委会工作报告；下午 3 时代表小组会议，审议全国人大常委会工作报告。

2016 年 3 月 11 日

上午 9 时代表团全体会议，审议慈善法草案；下午 3 时代表小组会议，审议慈善法草案。

2016 年 3 月 12 日

代表休息。

2016 年 3 月 13 日

上午 9 时第三次全体会议，会议的主要内容是：听取最高人民法院院长周强关于最高人民法院工作的报告；听取最高人民检察院检察长曹建明关于最高人民检察院工作的报告。下午 3 时代表团全体会议，审议慈善法草案修改稿和最高人民法院工作报告、最高人民检察院工作报告。

2016年3月14日

上午9时代表小组会议,审议最高人民法院工作报告和最高人民检察院工作报告;下午3时代表小组会议,审议最高人民法院工作报告和最高人民检察院工作报告。

2016年3月15日

上午9时代表小组会议,审议关于政府工作报告、"十三五"规划纲要、年度计划、年度预算的四个决议草案;下午3时代表团全体会议,审议各项决议草案、慈善法草案建议表决稿和全国人大常委会关于接受黄润秋辞去第十二届全国人大常委会委员职务的请求的决定。

2016年3月16日

上午9时闭幕会,主要内容包括:表决关于政府工作报告的决议草案;表决关于国民经济和社会发展第十三个五年规划纲要的决议草案;表决关于2015年国民经济和社会发展计划执行情况与2016年国民经济和社会发展计划的决议草案;表决关于2015年中央和地方预算执行情况与2016年中央和地方预算的决议草案;表决中华人民共和国慈善法草案;表决关于全国人民代表大会常务委员会工作报告的决议草案;表决关于最高人民法院工作报告的决议草案;表决关于最高人民检察院工作报告的决议草案;表决关于确认第十二届全国人民代表大会常务委员会关于接受黄润秋辞去第十二届全国人民代表大会常务委员会委员职务的请求的决定草案。

2. 中国人民政治协商会议第十二届全国委员会第四次会议日程

政协十二届四次会议于2016年3月3日下午3时开幕,2016年3月13日上午9时闭幕。具体日程介绍如下:

2016年3月3日

下午3时政协十二届四次会议开幕会,会议的主要内容包括:审议通过政协第十二届全国委员会第四次会议议程;听取俞正声主席关于政协全国委员会常务委员会工作的报告;听取陈晓光副主席关于政协全国委员会常务委员会关于政协十二届三次会议以来提案工作情况的报告。

2016年3月4日

上午9时小组会议,审议常委会工作报告和提案工作情况报告;下午3时小组会议,审议常委会工作报告和提案工作情况报告。

2016年3月5日

上午9时列席十二届全国人大四次会议开幕会,听取国务院总理李克强关于政府工作的报告;下午3时小组会议,讨论政府工作报告。

2016年3月6日

上午9时小组会议,讨论政府工作报告;下午3时小组会议,讨论政府工作报告。

2016年3月7日

上午9时小组会议,讨论"十三五"规划纲要草案;下午3时小组会议,讨论"十三五"规划纲要草案。

2016年3月8日

上午9时界别联组会议,有两个以上小组的界别安排联组形式,联系本界别实际讨论政府工作报告、"十三五"规划纲要草案；下午委员休息。

2016 年 3 月 9 日

上午 9 时小组会议，讨论计划报告和预算报告；下午 3 时小组会议，讨论计划报告和预算报告。

2016 年 3 月 10 日

上午 9 时小组会议，讨论慈善法草案；下午 3 时政协十二届四次会议第二次全体会议，大会发言。

2016 年 3 月 11 日

上午 9 时政协十二届四次会议第三次全体会议，大会发言；下午 3 时小组会议，围绕本小组关注的热点问题建言献策。

2016 年 3 月 12 日

上午 9 时小组会议，结合常委会工作报告讨论政协工作，讨论政协全国委员会 2016 年协商计划；下午 3 时政协十二届四次会议第四次全体会议，大会发言。

2016 年 3 月 13 日

上午 9 时列席十二届全国人大四次会议第三次全体会议，听取最高人民法院院长周强关于最高人民法院工作的报告及最高人民检察院检察长曹建明关于最高人民检察院工作的报告；下午 3 时小组会议，审议各项决议草案，讨论"两高"工作报告；4 时 30 分主席会议，主要听取分组会议情况的综合汇报，并审议提交政协第十二届全国委员会常务委员会第十五次会议审议的有关文件。

2016 年 3 月 14 日

上午委员机动；9 时政协第十二届全国委员会常务委员会第十五次会议，主要内容是：通过政协第十二届全国委员会第四次会议关于常务委员会工作报告的决议（草案）；审议通过政协第十二届全国委员会提案委员会关于政协十二届四次会议提案审查情况的报告（草案）；通过政协第十二届全国委员会第四次会议政治决议（草案）。

下午 3 时政协十二届四次会议闭幕会，会议的主要内容包括：通过政协第十二届全国委员会第四次会议关于常务委员会工作报告的决议；通过政协第十二届全国委员会提案委员会关于政协十二届四次会议提案审查情况的报告；通过政协第十二届全国委员会第四次会议政治决议。

五、代表变动

2015 年两会之后至今，在全国人大方面共有 75 次人员变动，有 27 人被补选为全国人大代表，39 人辞去或被罢免代表职务，其中至少 25 人涉嫌违纪违法，2 人因工作变动辞去职务。截至目前，第十二届全国人民代表大会实有代表 2 943 人。

在全国政协方面，有 4 人被增补为全国政协委员，9 人被撤销委员资格，至少 7 人涉嫌违法违纪。孙志刚、陈求发分别担任贵州省、辽宁省省长，他们的身份也由政协委员转变为人大代表。

第二节　解读2016年政府工作报告

一、政府工作报告基本情况介绍

1. 政府工作报告形成

实际上，政府工作报告从起草，到提交人大会议审议，就是一个发扬民主、集中民智、反映民意、凝聚民心的过程。

（1）起草报告

每到年底，国务院会成立一个政府工作报告起草组，这个小组以国务院研究室人员为班底，同时又邀请有关部门、地方和专家学者参加；起草组在学习了中央精神、明确了总理的要求后便开始以不同方式展开调研，尽可能多地听取各方面意见，形成报告初稿。

（2）征求意见

报告接下来进入密集征求各方面意见阶段。整个流程是这样的：国务院常务会议先讨论一遍，修改后提交中共中央政治局常委会议讨论，再次修改后形成征求意见稿召开国务院全体会议讨论，并将其发往各省区市和中央党政军群各部门征求意见。

与此同时，国务院总理主持召开座谈会，分别征求各民主党派中央、全国工商联负责人和无党派人士，经济、社会各界专家学者的意见。在汇总各方意见修改后，再送中共中央政治局会议讨论并做修改。

（3）提交报告

最终，总理要作的政府工作报告，由国务院提交全国人大常委会，在全国人民代表大会上，接受代表审议。

（4）审批报告

按《全国人民代表大会议事规则》规定，代表审议政府工作报告，有三种会议形式：大会全体会议、代表团全体会议、代表团小组会议。

起草组将集纳起来的审议意见和建议进行认真整理、吸收，并对报告再度进行推敲和修改，报总理审定。

"审议、讨论报告的过程，其实也是一个凝聚共识、统一思想的过程。"李钺锋委员说，"大家认真阅读报告，深刻理解报告，对政府行政的思路和部署有了总体的把握，同时又在这个过程中充分表达了意见，表决通过的报告，就是达成共识后的共同行动，熔铸了国家的意志和人民的意愿。"

2. 政府工作报告结构

政府工作报告的结构通常分为三部分。

（1）一年内工作回顾

回顾并总结前一年的政府工作情况。汇报政府取得的成绩和基本经济指标完成情况，然后再将政府工作分为几个大类（如经济、社会事业、劳动等），分别详细阐述工作举措和成绩。

(2) 当年工作任务

归纳当年政府各项工作，汇报这一年政府的工作计划和目标。首先提出一段纲要性的文字，说明当年政府工作的基本思路和主要任务。然后再将政府工作分为几个大类（如经济、社会事业、劳动等），分别详细阐述将要施行的工作举措和工作计划。

(3) 政府自身建设

详细阐述对当年政府内部的政府职能、民主化建设、依法行政、政风建设等方面将要施行的工作举措和工作计划。

(4) 其他

国务院总理所作的政府工作报告一般还包括外交和国际形势方面的内容。每个"五年规划"开始之年，报告中还需包含过去五年的总结和今后五年的基本规划。部分政府工作报告后，对报告中出现的一些新名词或专有名词还附有"名词解释"。

3. 政府工作报告版本

中央政府工作报告往往有对应的英文翻译，而全国人大会议秘书处亦将政府工作报告翻译成蒙古、藏、维吾尔、哈萨克、朝鲜、彝、壮等7种少数民族文字版本，供少数民族代表委员阅读。随着中国的不断开放，在中国境内生活和工作的外籍人士日益增多，对中国政府工作了解的需求也不断高涨，因而地方政府工作报告也逐渐出现了英文版。2004年上海、深圳两城市率先发行英文版的政府工作报告。宁波市在2005年也将该市政府的工作报告译成英文发行。2006年，浙江省嘉兴市政府工作报告也被译成英文公布。2009年，全国大部分省、市政府都准备了政府工作报告的英文版。

二、2016年政府工作报告全文

1. 2015年工作回顾

过去一年，我国发展面临多重困难和严峻挑战。在以习近平同志为总书记的党中央坚强领导下，全国各族人民以坚定的信心和非凡的勇气，攻坚克难，开拓进取，经济社会发展稳中有进、稳中有好，完成了全年主要目标任务，改革开放和社会主义现代化建设取得新的重大成就。

——经济运行保持在合理区间。国内生产总值达到67.7万亿元，增长6.9%，在世界主要经济体中位居前列。粮食产量实现"十二连增"，居民消费价格涨幅保持较低水平。特别是就业形势总体稳定，城镇新增就业1 312万人，超过全年预期目标，成为经济运行的一大亮点。

——结构调整取得积极进展。服务业在国内生产总值中的比重上升到50.5%，首次占据"半壁江山"。消费对经济增长的贡献率达到66.4%。高技术产业和装备制造业增速快于一般工业。单位国内生产总值能耗下降5.6%。

——发展新动能加快成长。创新驱动发展战略持续推进，互联网与各行业加速融合，新兴产业快速增长。大众创业、万众创新蓬勃发展，全年新登记注册企业增长21.6%，平均每天新增1.2万户。新动能对稳就业、促升级发挥了突出作用，正在推动经济社会发生深刻变革。

——人民生活进一步改善。全国居民人均可支配收入实际增长7.4%，快于经济增速。去年末居民储蓄存款余额增长8.5%，新增4万多亿元。又解决6 434万农村人口饮水安全问题。扶贫攻坚力度加大，农村贫困人口减少1 442万人。

科技领域一批创新成果达到国际先进水平，第三代核电技术取得重大进展，国产C919大型客机总装下线，屠呦呦获得诺贝尔生理学或医学奖。对我国发展取得的成就，全国各族人民倍感振奋和自豪！

回顾过去一年，成绩来之不易。这些成绩，是在极为复杂严峻的国际环境中取得的。去年世界经济增速为6年来最低，国际贸易增速更低，大宗商品价格深度下跌，国际金融市场震荡加剧，对我国经济造成直接冲击和影响。这些成绩，是在国内深层次矛盾凸显、经济下行压力加大的情况下取得的。面对"三期叠加"的局面，经济工作遇到不少两难甚至多难问题，需要远近结合，趋利避害，有效应对。这些成绩，是在我国经济总量超过60万亿元的高基数上取得的。现在国内生产总值每增长1个百分点的增量，相当于5年前1.5个百分点、10年前2.5个百分点的增量。经济规模越大，增长难度随之增加。在困难和压力面前，全国各族人民付出了极大辛劳，一步一步走了过来。这再次表明，任何艰难险阻都挡不住中国发展前行的步伐！

一年来，我们主要做了以下工作：

一是着力稳增长调结构防风险，创新宏观调控方式。为应对持续加大的经济下行压力，我们在区间调控基础上，实施定向调控和相机调控。积极的财政政策注重加力增效，扩大结构性减税范围，实行普遍性降费，盘活财政存量资金。发行地方政府债券置换存量债务3.2万亿元，降低利息负担约2 000亿元，减轻了地方政府偿债压力。稳健的货币政策注重松紧适度，多次降息降准，改革存贷比管理，创新货币政策工具，加大对实体经济支持力度。扩大有效投资，设立专项基金，加强水利、城镇棚户区和农村危房改造、中西部铁路和公路等薄弱环节建设。实施重点领域消费促进工程，城乡居民旅游、网购、信息消费等快速增长。去年还积极应对金融领域的多种风险挑战，守住了不发生系统性区域性风险的底线，维护了国家经济金融安全。

二是围绕激发市场活力，加大改革开放力度。我们不搞"大水漫灌"式的强刺激，而是持续推动结构性改革。深入推进简政放权、放管结合、优化服务改革。取消和下放311项行政审批事项，取消123项职业资格许可和认定事项，彻底终结了非行政许可审批。工商登记前置审批精简85%，全面实施三证合一、一照一码。加强事中事后监管，优化公共服务流程。群众和企业办事更加方便，全社会创业创新热情日益高涨。

财税金融等重点改革深入推进。中央对地方专项转移支付项目减少三分之一，一般性转移支付规模增加。营改增稳步实施，资源税从价计征范围扩大。取消存款利率浮动上限，推出存款保险制度，建立人民币跨境支付系统。价格改革力度加大，中央政府定价项目减少80%，地方政府定价项目减少一半以上。国有企业、农村、投融资、生态文明等领域改革有序推进，全面深化改革的成效正在显现。

坚持以开放促改革促发展。努力稳定对外贸易，调整出口退税负担机制，清理规范进出口环节收费，提高贸易便利化水平，出口结构发生积极变化。外商投资限制性条目减少一半，95%以上实行备案管理，实际使用外资1 263亿美元，增长5.6%。非金融类对外直接投资1 180亿美元，增长14.7%。推广上海自贸试验区经验，新设广东、天津、福建自贸试验区。人民币加入国际货币基金组织特别提款权货币篮子。亚洲基础设施投资银行正式成立，丝路基金投入运营。签署中韩、中澳自贸协定和中国－东盟自贸区升级议定书。"一带一路"建设成效显现,国际产能合作步伐加快,高铁、核电等中国装备走出去取得突破性进展。

三是聚焦提质增效,推动产业创新升级。制定实施创新驱动发展战略纲要和意见,出台推动大众创业、万众创新政策举措,落实"互联网+"行动计划,增强经济发展新动力。一大批创客走上创业创新之路。完善农业支持政策,促进农业发展方式加快转变。针对工业增速下降、企业效益下滑,我们一手抓新兴产业培育,一手抓传统产业改造提升。启动实施《中国制造2025》,设立国家新兴产业创业投资引导基金、中小企业发展基金,扩大国家自主创新示范区。积极化解过剩产能,推进企业兼并重组。近三年淘汰落后炼钢炼铁产能9 000多万吨、水泥2.3亿吨、平板玻璃7 600多万重量箱、电解铝100多万吨。促进生产性、生活性服务业加快发展。狠抓节能减排和环境保护,各项约束性指标超额完成。公布自主减排行动目标,推动国际气候变化谈判取得积极成果。

四是着眼开拓发展空间,促进区域协调发展和新型城镇化。继续推动东、中、西、东北地区"四大板块"协调发展,重点推进"一带一路"建设、京津冀协同发展、长江经济带发展"三大战略",在基础设施、产业布局、生态环保等方面实施一批重大工程。制定实施促进西藏和四省藏区、新疆发展的政策措施。推进户籍制度改革,出台居住证制度,加强城镇基础设施建设,新型城镇化取得新成效。

五是紧扣增进民生福祉,推动社会事业改革发展。在财力紧张情况下,保障民生力度继续加大。推出新的政策,重点解决高校毕业生和就业困难群体的就业创业问题。城镇保障性安居工程住房基本建成772万套,棚户区住房改造开工601万套,农村危房改造432万户,一大批住房困难家庭圆了安居梦。加快改善贫困地区义务教育薄弱学校办学条件,深化中小学教师职称制度改革,重点高校招收贫困地区农村学生人数又增长10.5%。全面推开县级公立医院综合改革,拓展居民大病保险,建立重特大疾病医疗救助制度、困难残疾人生活补贴和重度残疾人护理补贴制度。提高低保、优抚、企业退休人员基本养老金等标准,推行机关事业单位养老保险制度改革并完善工资制度。加强基本公共文化服务建设。广大人民群众有了更多获得感。

六是促进社会和谐稳定,推动依法行政和治理方式创新。国务院提请全国人大常委会审议法律议案11件,制定修订行政法规8部。政务公开加快推进,推广电子政务和网上办事。建立重大政策落实督查问责机制,开展第三方评估。有效应对自然灾害和突发事件。加强安全生产监管,事故总量和重特大事故、重点行业事故数量继续下降。推进食品安全创建示范行动。强化社会治安综合治理,依法打击各类违法犯罪活动,有力维护了公共安全。

我们深入开展"三严三实"专题教育,锲而不舍落实党中央八项规定精神,坚决纠正"四风",严格执行国务院"约法三章"。加强行政监察和审计监督。大力推进党风廉政建设和反腐败斗争,一批腐败分子受到惩处。

我们隆重纪念中国人民抗日战争暨世界反法西斯战争胜利70周年,集中宣示了我国作为世界反法西斯战争东方主战场的历史地位和重大贡献,彰显了中国人民同各国人民共护和平、共守正义的坚定信念!

一年来,全方位外交成果丰硕。习近平主席等国家领导人出访多国,出席联合国系列峰会、二十国集团领导人峰会、亚太经合组织领导人非正式会议、气候变化大会、东亚合作领导人系列会议、世界经济论坛等重大活动。成功举行中非合作论坛峰会、中欧领导人会晤,启动中拉论坛。同主要大国关系取得新进展，同周边国家务实合作深入推进，同发展中国家友好合作不断拓展，同联合国等国际组织和国际机制的关系全面加强，经济外交、人文交流卓有成效。中国作为负责任大国，在国际和地区事务中发挥了重要的建设性作用。

各位代表！过去一年取得的成绩，是以习近平同志为总书记的党中央统揽全局、科学决策的结果，是全党全军全国各族人民齐心协力、顽强拼搏的结果。我代表国务院，向全国各族人民，向各民主党派、各人民团体和各界人士，表示诚挚感谢！向香港特别行政区同胞、澳门特别行政区同胞、台湾同胞和海外侨胞，表示诚挚感谢！向关心和支持中国现代化建设事业的各国政府、国际组织和各国朋友，表示诚挚感谢！

在充分肯定去年成绩的同时，我们也清醒看到，我国发展中还存在不少困难和问题。受全球贸易萎缩等因素影响，去年我国进出口总额出现下降，预期增长目标未能实现。投资增长乏力，一些行业产能过剩严重，部分企业生产经营困难，地区和行业走势分化，财政收支矛盾突出，金融等领域存在风险隐患。人民群众关心的医疗、教育、养老、食品药品安全、收入分配、城市管理等方面问题较多，严重雾霾天气在一些地区时有发生。特别令人痛心的是，去年发生了"东方之星"号客轮翻沉事件和天津港特别重大火灾爆炸等事故，人员伤亡和财产损失惨重，教训极其深刻，必须认真汲取。政府工作还存在不足，有些改革和政策措施落实不到位，少数干部不作为、不会为、乱作为，一些领域的不正之风和腐败问题不容忽视。我们要进一步增强忧患意识和担当意识，下更大力气解决这些问题，始终以民之所望为施政所向，尽心竭力做好政府工作，决不辜负人民重托。

各位代表！2015年是"十二五"收官之年。过去五年，我国发展成就举世瞩目。党的十八大以来，在以习近平同志为总书记的党中央坚强领导下，面对错综复杂的国际环境和艰巨繁重的国内改革发展稳定任务，我们继续坚持稳中求进工作总基调，深化改革开放，实施一系列利当前、惠长远的重大举措，"十二五"规划确定的主要目标任务全面完成。一是经济持续较快发展。国内生产总值年均增长7.8%，经济总量稳居世界第二位，成为全球第一货物贸易大国和主要对外投资大国。二是结构调整取得标志性进展。服务业成为第一大产业，工业化与信息化融合加深，农业综合生产能力明显增强。消费成为支撑经济增长的主要力量。超过一半人口居住在城镇。单位国内生产总值能耗下降18.2%，主要污染物排放量减少12%以上。三是基础设施水平全面跃升。铁路营业里程达到12.1万公里，其中高速铁路超过1.9万公里，占世界60%以上。高速公路通车里程超过12万公里。南水北调东、中线工程通水。建成全球最大的第四代移动通信网络。四是科技创新实现重大突破。量子通信、中微子振荡、高温铁基超导等基础研究取得一批原创性成果，载人航天、探月工程、深海探测等项目达到世界先进水平。五是人民生活水平显著提高。居民收入增长快于经济增长，城乡收入差距持续缩小。城镇新增就业人数超过6 400万人。城镇保障性安居工程住房建设4 013万套，上亿群众喜迁新居。农村贫困人口减少1亿多，解决3亿多农村人口饮水安全问题。六是社会发展成就斐然。教育公平和质量明显提升。基本医疗保险实现全覆盖，基本养老保险参保率超过80%。文化软实力持续提升。依法治国全面推进。中国特色军事变革成就显著。经过五年努力，我国经济实力、科技实力、国防实力、国际影响力又上了一个大台阶。

"十二五"时期的辉煌成就，充分显示了中国特色社会主义的巨大优越性，集中展现了中国人民的无穷创造力，极大增强了中华民族的自信心和凝聚力，必将激励全国各族人民在实现"两个一百年"奋斗目标的新征程上奋力前行!

2. "十三五"时期主要目标任务和重大举措

根据《中共中央关于制定国民经济和社会发展第十三个五年规划的建议》,国务院编制了《国民经济和社会发展第十三个五年规划纲要(草案)》,提交大会审查。

《纲要草案》紧紧围绕全面建成小康社会奋斗目标,针对发展不平衡、不协调、不可持续等突出问题,强调要牢固树立和贯彻落实创新、协调、绿色、开放、共享的发展理念,明确了今后五年经济社会发展的主要目标任务,提出了一系列支撑发展的重大政策、重大工程和重大项目,突出了以下六个方面。

——保持经济中高速增长,推动产业迈向中高端水平。实现全面建成小康社会目标,到2020年国内生产总值和城乡居民人均收入比2010年翻一番,"十三五"时期经济年均增长保持在6.5%以上。加快推进产业结构优化升级,实施一批技术水平高、带动能力强的重大工程。到2020年,先进制造业、现代服务业、战略性新兴产业比重大幅提升,全员劳动生产率从人均8.7万元提高到12万元以上。届时,我国经济总量超过90万亿元,发展的质量和效益明显提高。在我们这样一个人口众多的发展中国家,这将是非常了不起的成就。

——强化创新引领作用,为发展注入强大动力。创新是引领发展的第一动力,必须摆在国家发展全局的核心位置,深入实施创新驱动发展战略。启动一批新的国家重大科技项目,建设一批高水平的国家科学中心和技术创新中心,培育壮大一批有国际竞争力的创新型领军企业。持续推动大众创业、万众创新。促进大数据、云计算、物联网广泛应用。加快建设质量强国、制造强国。到2020年,力争在基础研究、应用研究和战略前沿领域取得重大突破,全社会研发经费投入强度达到2.5%,科技进步对经济增长的贡献率达到60%,迈进创新型国家和人才强国行列。

——推进新型城镇化和农业现代化,促进城乡区域协调发展。缩小城乡区域差距,既是调整经济结构的重点,也是释放发展潜力的关键。要深入推进以人为核心的新型城镇化,实现1亿左右农业转移人口和其他常住人口在城镇落户,完成约1亿人居住的棚户区和城中村改造,引导约1亿人在中西部地区就近城镇化。到2020年,常住人口城镇化率达到60%、户籍人口城镇化率达到45%。实施一批水利、农机、现代种业等工程,推动农业适度规模经营和区域化布局、标准化生产、社会化服务。到2020年,粮食等主要农产品供给和质量安全得到更好保障,农业现代化水平明显提高。以区域发展总体战略为基础,以"三大战略"为引领,形成沿海沿江沿线经济带为主的纵向横向经济轴带,培育一批辐射带动力强的城市群和增长极。加强重大基础设施建设,高铁营业里程达到3万公里、覆盖80%以上的大城市,新建改建高速公路通车里程约3万公里,实现城乡宽带网络全覆盖。

——推动形成绿色生产生活方式,加快改善生态环境。坚持在发展中保护、在保护中发展,持续推进生态文明建设。深入实施大气、水、土壤污染防治行动计划,加强生态保护和修复。今后五年,单位国内生产总值用水量、能耗、二氧化碳排放量分别下降23%、15%、18%,森林覆盖率达到23.04%,能源资源开发利用效率大幅提高,生态环境质量总体改善。特别是治理大气雾霾取得明显进展,地级及以上城市空气质量优良天数比率超过80%。我们要持之以恒,建设天蓝、地绿、水清的美丽中国。

——深化改革开放,构建发展新体制。发展根本上要靠改革开放。必须全面深化改革,坚持和完善基本经济制度,建立现代产权制度,基本建成法治政府,使市场在资源配置中起决定性作用和更好发挥政府作用,加快形成引领经济发展新常态的体制机制和发展方式。"一带一路"建设取得重大进展,国际产能合作实现新的突破。对外贸易向优进优出转变,服务贸易比重显著提升,从贸易大国迈向贸易强国。全面实行准入前国民待遇加负面清单管理制度,逐步构建高标准自由贸易区网络,基本形成开放型经济新体制新格局。

——持续增进民生福祉,使全体人民共享发展成果。坚持以人民为中心的发展思想,努力补齐基本民生保障的短板,朝着共同富裕方向稳步前进。坚决打赢脱贫攻坚战,我国现行标准下的农村贫困人口实现脱贫,贫困县全部摘帽,解决区域性整体贫困。建立国家基本公共服务项目清单。建立健全更加公平更可持续的社会保障制度。实施义务教育学校标准化、普及高中阶段教育、建设世界一流大学和一流学科等工程,劳动年龄人口平均受教育年限从10.23年提高到10.8年。实现城镇新增就业5 000万人以上。完善收入分配制度,缩小收入差距,提高中等收入人口比重。完善住房保障体系,城镇棚户区住房改造2 000万套。推进健康中国建设,人均预期寿命提高1岁。构建现代公共文化服务体系,实施公民道德建设、中华文化传承等工程。我们既要让人民的物质生活更殷实,又要让人民的精神生活更丰富。

做好"十三五"时期经济社会发展工作,实现全面建成小康社会目标,必须着力把握好三点。一是牢牢抓住发展第一要务不放松。发展是硬道理,是解决我国所有问题的关键。今后五年是跨越"中等收入陷阱"的重要阶段,各种矛盾和风险明显增多。发展如逆水行舟,不进则退。必须毫不动摇坚持以经济建设为中心,推动科学发展,妥善应对挑战,使中国经济这艘巨轮破浪远航。二是大力推进结构性改革。当前发展中总量问题与结构性问题并存,结构性问题更加突出,要用改革的办法推进结构调整。在适度扩大总需求的同时,突出抓好供给侧结构性改革,既做减法,又做加法,减少无效和低端供给,扩大有效和中高端供给,增加公共产品和公共服务供给,使供给和需求协同促进经济发展,提高全要素生产率,不断解放和发展社会生产力。三是加快新旧发展动能接续转换。经济发展必然会有新旧动能迭代更替的过程,当传统动能由强变弱时,需要新动能异军突起和传统动能转型,形成新的"双引擎",才能推动经济持续增长、跃上新台阶。当前我国发展正处于这样一个关键时期,必须培育壮大新动能,加快发展新经济。要推动新技术、新产业、新业态加快成长,以体制机制创新促进分享经济发展,建设共享平台,做大高技术产业、现代服务业等新兴产业集群,打造动力强劲的新引擎。运用信息网络等现代技术,推动生产、管理和营销模式变革,重塑产业链、供应链、价值链,改造提升传统动能,使之焕发新的生机与活力。

从根本上说,发展的不竭力量蕴藏在人民群众之中。9亿多劳动力、1亿多受过高等教育和有专业技能的人才,是我们最大的资源和优势。实现新旧动能转换,推动发展转向更多依靠人力人才资源和科技创新,既是一个伴随阵痛的调整过程,也是一个充满希望的升级过程。只要闯过这个关口,中国经济就一定能够浴火重生、再创辉煌。

展望今后五年,我们充满必胜信心。如期实现全面建成小康社会目标,人民生活将会更加美好,中国特色社会主义事业前景一定会更加光明!

3. 2016年重点工作

2016年是全面建成小康社会决胜阶段的开局之年,也是推进结构性改革的攻坚之年。做好政府工作,必须高举中国特色社会主义伟大旗帜,全面贯彻党的十八大和十八届三中、四中、五中全会精神,以邓小平理论、"三个代表"重要思想、科学发展观为指导,深入贯彻习近平总书记系列重要讲话精神,按照"五位一体"总体布局和"四个全面"战略布局,坚持改革开放，坚持以新发展理念引领发展，坚持稳中求进工作总基调，适应经济发展新常态，实行宏观政策要稳、产业政策要准、微观政策要活、改革政策要实、社会政策要托底的总体思路，把握好稳增长与调结构的平衡，保持经济运行在合理区间，着力加强供给侧结构性改革，加快培育新的发展动能，改造提升传统比较优势，抓好去产能、去库存、去杠杆、降成本、补短板，加强民生保障，切实防控风险，努力实现"十三五"时期经济社会发展良好开局。

2016年发展的主要预期目标是：国内生产总值增长6.5%~7%，居民消费价格涨幅3%左右，城镇新增就业1000万人以上，城镇登记失业率4.5%以内，进出口回稳向好，国际收支基本平衡，居民收入增长和经济增长基本同步。单位国内生产总值能耗下降3.4%以上，主要污染物排放继续减少。

经济增长预期目标6.5%~7%，考虑了与全面建成小康社会目标相衔接，考虑了推进结构性改革的需要，也有利于稳定和引导市场预期。稳增长主要是为了保就业、惠民生，有6.5%~7%的增速就能够实现比较充分的就业。

综合分析各方面情况，2016年我国发展面临的困难更多更大、挑战更为严峻，我们要做打硬仗的充分准备。从国际看，世界经济深度调整、复苏乏力，国际贸易增长低迷，金融和大宗商品市场波动不定，地缘政治风险上升，外部环境的不稳定不确定因素增加，对我国发展的影响不可低估。从国内看，长期积累的矛盾和风险进一步显现，经济增速换挡、结构调整阵痛、新旧动能转换相互交织，经济下行压力加大。但困难和挑战并不可怕。中国的发展从来都是在应对挑战中前进的，没有过不去的坎。经过多年的快速发展，我国物质基础雄厚、经济韧性强、潜力足、回旋余地大，改革开放不断注入新动力，创新宏观调控积累了丰富经验。特别是我们有中国共产党的坚强领导和中国特色社会主义制度，中国人民勤劳智慧。只要我们万众一心，共克时艰，就一定能够实现全年经济社会发展目标。

2016年要重点做好八个方面工作。

①稳定和完善宏观经济政策，保持经济运行在合理区间。我们宏观调控还有创新手段和政策储备，既要立足当前、有针对性地出招，顶住经济下行压力，又要着眼长远、留有后手、谋势蓄势。继续实施积极的财政政策和稳健的货币政策，创新宏观调控方式，加强区间调控、定向调控、相机调控，统筹运用财政、货币政策和产业、投资、价格等政策工具，采取结构性改革尤其是供给侧结构性改革举措，为经济发展营造良好环境。

积极的财政政策要加大力度。2016年拟安排财政赤字2.18万亿元，比去年增加5600亿元，赤字率提高到3%。其中，中央财政赤字1.4万亿元，地方财政赤字7800亿元。安排地方专项债券4000亿元，继续发行地方政府置换债券。我国财政赤字率和政府负债率在世界主要经济体中相对较低，这样的安排是必要的、可行的，也是安全的。

适度扩大财政赤字，主要用于减税降费，进一步减轻企业负担。2016年将采取三项举措。一是全面实施营改增，从5月1日起，将试点范围扩大到建筑业、房地产业、金融业、生活服务业，并将所有企业新增不动产所含增值税纳入抵扣范围，确保所有行业税负只减不增。二是取消违规设立的政府性基金，停征和归并一批政府性基金，扩大水利建设基金等免征范围。三是将18项行政事业性收费的免征范围，从小微企业扩大到所有企业和个人。实施上述政策，2016年将比改革前减轻企业和个人负担5000多亿元。同时，适当增加必要的财政支出和政府投资，加大对民生等薄弱环节的支持。创新财政支出方式，优化财政支出结构,该保的一定要保住,该减的一定要减下来。

加快财税体制改革。合理确定增值税中央和地方分享比例。把适合作为地方收入的税种下划给地方,在税政管理权限方面给地方适当放权。进一步压缩中央专项转移支付规模,2016年一般性转移支付规模增长12.2%。全面推开资源税从价计征改革。依法实施税收征管。建立规范的地方政府举债融资机制,对财政实力强、债务风险较低的,按法定程序适当增加债务限额。各级政府要坚持过紧日子,把每一笔钱都花在明处、用在实处。

稳健的货币政策要灵活适度。2016年广义货币M2预期增长13%左右,社会融资规模余额增长13%左右。要统筹运用公开市场操作、利率、准备金率、再贷款等各类货币政策工具,保持流动性合理充裕,疏通传导机制,降低融资成本,加强对实体经济特别是小微企业、"三农"等支持。

深化金融体制改革。加快改革完善现代金融监管体制,提高金融服务实体经济效率,实现金融风险监管全覆盖。深化利率市场化改革。继续完善人民币汇率市场化形成机制,保持人民币汇率在合理均衡水平上基本稳定。深化国有商业银行和开发性、政策性金融机构改革,发展民营银行,启动投贷联动试点。推进股票、债券市场改革和法治化建设,促进多层次资本市场健康发展,提高直接融资比重。适时启动"深港通"。建立巨灾保险制度。规范发展互联网金融。大力发展普惠金融和绿色金融。加强全口径外债宏观审慎管理。扎紧制度笼子,整顿规范金融秩序,严厉打击金融诈骗、非法集资和证券期货领域的违法犯罪活动,坚决守住不发生系统性区域性风险的底线。

②加强供给侧结构性改革,增强持续增长动力。围绕解决重点领域的突出矛盾和问题,加快破除体制机制障碍,以供给侧结构性改革提高供给体系的质量和效率,进一步激发市场活力和社会创造力。

推动简政放权、放管结合、优化服务改革向纵深发展。以敬民之心,行简政之道,切实转变政府职能、提高效能。继续大力削减行政审批事项,注重解决放权不同步、不协调、不到位问题,对下放的审批事项,要让地方能接得住、管得好。深化商事制度改革,开展证照分离试点。全面公布地方政府权力和责任清单,在部分地区试行市场准入负面清单制度。对行政事业性收费、政府定价或指导价经营服务性收费、政府性基金、国家职业资格,实行目录清单管理。深化价格改革,加强价格监管。修改和废止有碍发展的行政法规和规范性文件。创新事中事后监管方式,全面推行"双随机、一公开"监管,随机抽取检查对象,随机选派执法检查人员,及时公布查处结果。推进综合行政执法改革,实施企业信用信息统一归集、依法公示、联合惩戒、社会监督。大力推行"互联网+政务服务",实现部门间数据共享,让居民和企业少跑腿、好办事、不添堵。简除烦苛,禁察非法,使人民群众有更平等的机会和更大的创造空间。

充分释放全社会创业创新潜能。着力实施创新驱动发展战略,促进科技与经济深度融合,提高实体经济的整体素质和竞争力。一是强化企业创新主体地位。落实企业研发费用加计扣除,完善高新技术企业、科技企业孵化器等税收优惠政策。支持行业领军企业建设高水平研发机构。加快将国家自主创新示范区试点政策推广到全国,再建设一批国家自主创新示范区、高新区,建设全面创新改革试验区。二是发挥大众创业、万众创新和"互联网+"集众智汇众力的乘数效应。打造众创、众包、众扶、众筹平台,构建大中小企业、高校、科研机构、创客多方协同的新型创业创新机制。建设一批"双创"示范基地,培育创业服务业,发展天使、创业、产业等投资。支持分享经济发展，提高资源利用效率，让更多人参与进来、富裕起来。实施更积极、更开放、更有效的人才引进政策。加强知识产权保护和运用，依法严厉打击侵犯知识产权和制假售假行为。三是深化科技管理体制改革。扩大高校和科研院所自主权，砍掉科研管理中的繁文缛节。实施支持科技成果转移转化的政策措施，完善股权期权税收优惠政策和分红奖励办法，鼓励科研人员创业创新。大力弘扬创新文化，厚植创新沃土，营造敢为人先、宽容失败的良好氛围，充分激发企业家精神，调动全社会创业创新积极性，汇聚成推动发展的磅礴力量。

着力化解过剩产能和降本增效。重点抓好钢铁、煤炭等困难行业去产能，坚持市场倒逼、企业主体、地方组织、中央支持，运用经济、法律、技术、环保、质量、安全等手段，严格控制新增产能，坚决淘汰落后产能，有序退出过剩产能。采取兼并重组、债务重组或破产清算等措施，积极稳妥处置"僵尸企业"。完善财政、金融等支持政策，中央财政安排1 000亿元专项奖补资金，重点用于职工分流安置。采取综合措施，降低企业交易、物流、财务、用能等成本，坚决遏制涉企乱收费行为。

努力改善产品和服务供给。突出抓好三个方面。一是提升消费品品质。加快质量安全标准与国际标准接轨，建立商品质量惩罚性赔偿制度。鼓励企业开展个性化定制、柔性化生产，培育精益求精的工匠精神，增品种、提品质、创品牌。二是促进制造业升级。深入推进"中国制造＋互联网"，建设若干国家级制造业创新平台，实施一批智能制造示范项目，启动工业强基、绿色制造、高端装备等重大工程。落实加速折旧政策，组织实施重大技术改造升级工程。三是加快现代服务业发展。启动新一轮国家服务业综合改革试点，实施高技术服务业创新工程，大力发展数字创意产业。放宽市场准入，提高生产性服务业专业化、生活性服务业精细化水平。建设一批光网城市，推进5万个行政村通光纤，让更多城乡居民享受数字化生活。

大力推进国有企业改革。今明两年，要以改革促发展，坚决打好国有企业提质增效攻坚战。推动国有企业特别是中央企业结构调整，创新发展一批，重组整合一批，清理退出一批。推进股权多元化改革，开展落实企业董事会职权、市场化选聘经营者、职业经理人制度、混合所有制、员工持股等试点。深化企业用人制度改革，探索建立与市场化选任方式相适应的高层次人才和企业经营管理者薪酬制度。加快改组组建国有资本投资、运营公司。以管资本为主推进国有资产监管机构职能转变，防止国有资产流失，实现国有资产保值增值。赋予地方更多国有企业改革自主权。加快剥离国有企业办社会职能，解决历史遗留问题，让国有企业瘦身健体，增强核心竞争力。

更好激发非公有制经济活力。大幅放宽电力、电信、交通、石油、天然气、市政公用等领域市场准入，消除各种隐性壁垒，鼓励民营企业扩大投资、参与国有企业改革。在项目核准、融资服务、财税政策、土地使用等方面一视同仁。依法平等保护各种所有制经济产权，严肃查处侵犯非公有制企业及非公有制经济人士合法权益的行为，营造公平、公正、透明、稳定的法治环境，促进各类企业各展其长、共同发展。

③深挖国内需求潜力，开拓发展更大空间。适度扩大需求总量，积极调整改革需求结构，促进供给需求有效对接、投资消费有机结合、城乡区域协调发展，形成对经济发展稳定而持久的内需支撑。

增强消费拉动经济增长的基础作用。适应消费升级趋势，破除政策障碍，优化消费环境，维护消费者权益。支持发展养老、健康、家政、教育培训、文化体育等服务消费。壮大网络信息、智能家居、个性时尚等新兴消费。鼓励线上线下互动，推动实体商业创新转型。完善物流配送网络，促进快递业健康发展。活跃二手车市场，加快建设城市停车场和新能源汽车充电设施。在全国开展消费金融公司试点，鼓励金融机构创新消费信贷产品。降低部分消费品进口关税，增设免税店。落实带薪休假制度，加强旅游交通、景区景点、自驾车营地等设施建设，规范旅游市场秩序，迎接正在兴起的大众旅游时代。

发挥有效投资对稳增长调结构的关键作用。我国基础设施和民生领域有许多短板，产业亟须改造升级，有效投资仍有很大空间。2016年要启动一批"十三五"规划重大项目。完成铁路投资8 000亿元以上、公路投资1.65万亿元，再开工20项重大水利工程，建设水电核电、特高压输电、智能电网、油气管网、城市轨道交通等重大项目。中央预算内投资增加到5 000亿元。深化投融资体制改革，继续以市场化方式筹集专项建设基金，推动地方融资平台转型改制进行市场化融资，探索基础设施等资产证券化，扩大债券融资规模。完善政府和社会资本合作模式，用好1 800亿元引导基金，依法严格履行合同，充分激发社会资本参与热情。

深入推进新型城镇化。城镇化是现代化的必由之路，是我国最大的内需潜力和发展动能所在。2016年重点抓好三项工作。一是加快农业转移人口市民化。深化户籍制度改革，放宽城镇落户条件，建立健全"人地钱"挂钩政策。扩大新型城镇化综合试点范围。居住证具有很高的含金量，要加快覆盖未落户的城镇常住人口，使他们依法享有居住地义务教育、就业、医疗等基本公共服务。发展中西部地区中小城市和小城镇，容纳更多的农民工就近就业创业，让他们挣钱顾家两不误。二是推进城镇保障性安居工程建设和房地产市场平稳健康发展。2016年棚户区住房改造600万套，提高棚改货币化安置比例。完善支持居民住房合理消费的税收、信贷政策，适应住房刚性需求和改善性需求，因城施策化解房地产库存。建立租购并举的住房制度，把符合条件的外来人口逐步纳入公租房供应范围。三是加强城市规划建设管理。增强城市规划的科学性、权威性、公开性，促进"多规合一"。开工建设城市地下综合管廊2 000公里以上。积极推广绿色建筑和建材，大力发展钢结构和装配式建筑，提高建筑工程标准和质量。打造智慧城市，改善人居环境，使人民群众生活得更安心、更省心、更舒心。

优化区域发展格局。深入推进"一带一路"建设，落实京津冀协同发展规划纲要，加快长江经济带发展。制定实施西部大开发"十三五"规划，实施新一轮东北地区等老工业基地振兴战略，出台促进中部地区崛起新十年规划，支持东部地区在体制创新、陆海统筹等方面率先突破。促进资源型地区经济转型升级。支持革命老区、民族地区、边疆地区、贫困地区发展。制定国家海洋战略，保护海洋生态环境，拓展蓝色经济空间，建设海洋强国。

④加快发展现代农业，促进农民持续增收。继续毫不放松抓好"三农"工作，完善强农惠农富农政策，深化农村改革，拓展农民就业增收渠道，着力提高农业质量、效益和竞争力。

加快农业结构调整。粮食连续增产，为稳定物价、改善民生提供了有力保障，但也面临库存大幅增加、市场价格下跌等问题。要引导农民适应市场需求调整种养结构，适当调减玉米种植面积。按照"市场定价、价补分离"原则，积极稳妥推进玉米收储制度改革，保障农民合理收益。要多措并举消化粮食库存，大力支持农产品精深加工，延伸农业产业链条；制定新一轮退耕还林还草方案，2016年退耕还林还草1 500万亩，这件事一举多得，务必抓好。积极发展多种形式农业适度规模经营，完善对家庭农场、专业大户、农民合作社等新型经营主体的扶持政策，鼓励农户依法自愿有偿流转承包地，开展土地股份合作、联合或土地托管。深化农村集体产权、农垦、集体林权、国有林场、农田水利、供销社等改革。

强化农业基础支撑。全面完成永久基本农田划定并实行特殊保护，加强高标准农田建设，增加深松土地1.5亿亩，新增高效节水灌溉面积2 000万亩。探索耕地轮作休耕制度试点。加强农业科技创新与推广，深入开展粮食绿色高产高效创建，实施化肥农药零增长行动。保障财政对农业投入，建立全国农业信贷担保体系，完善农业保险制度，引导带动更多资金投向现代农业建设。

改善农村公共服务。加大农村基础设施建设力度，新建改建农村公路20万公里，具备条件的乡镇和建制村要加快通硬化路、通客车。抓紧新一轮农村电网改造升级，两年内实现农村稳定可靠供电服务和平原地区机井通电全覆盖。实施饮水安全巩固提升工程。推动电子商务进农村。建设美丽宜居乡村。

实施脱贫攻坚工程。2016年要完成1 000万以上农村贫困人口脱贫任务，其中易地搬迁脱贫200万人以上，继续推进贫困农户危房改造。中央财政扶贫资金增长43.4%。在贫困县推进涉农资金整合。坚持精准扶贫脱贫，因人因地施策。大力培育特色产业，支持就业创业。解决好通路、通水、通电、通网络等问题，增强集中连片特困地区发展能力。国家各项惠民政策和民生项目，要向贫困地区倾斜。深入开展定点扶贫、东西协作扶贫，支持社会力量参与脱贫攻坚。扶贫脱贫是硬任务，各级政府已经立下军令状，必须按时保质保量完成。

⑤推进新一轮高水平对外开放，着力实现合作共赢。面对国际经济合作和竞争格局的深刻变化，顺应国内经济提质增效升级的迫切需要，要坚定不移扩大对外开放，在开放中增强发展新动能、增添改革新动力、增创竞争新优势。

扎实推进"一带一路"建设。统筹国内区域开发开放与国际经济合作，共同打造陆上经济走廊和海上合作支点，推动互联互通、经贸合作、人文交流。构建沿线大通关合作机制，建设国际物流大通道。推进边境经济合作区、跨境经济合作区、境外经贸合作区建设。坚持共商共建共享，使"一带一路"成为和平友谊纽带、共同繁荣之路。

扩大国际产能合作。坚持企业为主、政府推动、市场化运作，实施一批重大示范项目。落实和完善财税金融支持政策，设立人民币海外合作基金，用好双边产能合作基金。推动装备、技术、标准、服务走出去，打造中国制造金字品牌。

促进外贸创新发展。面对外需持续低迷的严峻形势，要多措并举，遏制进出口下滑势头。一要加快落实和完善政策。优化出口退税率结构，确保及时足额退税，严厉打击骗取退税。增加短期出口信用保险规模，实现成套设备出口融资保险应保尽保。二要鼓励商业模式创新。扩大跨境电子商务试点，支持企业建设一批出口产品"海外仓"，促进外贸综合服务企业发展。三要优化贸易结构。开展服务贸易创新发展试点，增加服务外包示范城市，加快发展文化对外贸易。进一步整合优化海关特殊监管区域，促进加工贸易向中西部地区转移、向产业链中高端延伸。四要推进贸易便利化。全面推广国际贸易"单一窗口"。降低出口商品查验率。五要实施更加积极的进口政策。扩大先进技术设备、关键零部件及紧缺能源原材料进口。

提高利用外资水平。继续放宽投资准入，扩大服务业和一般制造业开放，简化外商投资企业设立程序,加大招商引资力度。创新内陆和沿边开放模式,打造新的外向型产业集群,引导外资更多投向中西部地区。扩大自贸试验区试点。创新开发区体制机制。我们将营造更加公平、更为透明、更可预期的投资环境,中国要始终成为富有吸引力的外商投资热土。

加快实施自由贸易区战略。积极商签区域全面经济伙伴关系协定,加快中日韩自贸区等谈判,推进中美、中欧投资协定谈判,加强亚太自贸区联合战略研究。我们愿与各方一道,推进贸易投资自由化,共同构建均衡、共赢、包容的国际经贸体系。

⑥加大环境治理力度,推动绿色发展取得新突破。治理污染、保护环境,事关人民群众健康和可持续发展,必须强力推进,下决心走出一条经济发展与环境改善双赢之路。

重拳治理大气雾霾和水污染。2016年化学需氧量、氨氮排放量要分别下降2%,二氧化硫、氮氧化物排放量分别下降3%,重点地区细颗粒物(PM2.5)浓度继续下降。着力抓好减少燃煤排放和机动车排放。加强煤炭清洁高效利用,减少散煤使用,推进以电代煤、以气代煤。全面实施燃煤电厂超低排放和节能改造。加快淘汰不符合强制性标准的燃煤锅炉。增加天然气供应,完善风能、太阳能、生物质能等发展扶持政策,提高清洁能源比重。鼓励秸秆资源化利用,减少直接焚烧。全面推广车用燃油国五标准,淘汰黄标车和老旧车380万辆。在重点区域实行大气污染联防联控。全面推进城镇污水处理设施建设与改造,加强农业面源污染和流域水环境综合治理。加大工业污染源治理力度,对排污企业全面实行在线监测。强化环境保护督察。新修订的环境保护法必须严格执行,对超排偷排者必须严厉打击,对姑息纵容者必须严肃追究。

大力发展节能环保产业。扩大绿色环保标准覆盖面。支持推广节能环保先进技术装备,广泛开展合同能源管理和环境污染第三方治理。加大建筑节能改造力度,加快传统制造业绿色改造。开展全民节能、节水行动,推进垃圾分类处理,健全再生资源回收利用网络,把节能环保产业培育成我国发展的一大支柱产业。

加强生态安全屏障建设。健全生态保护补偿机制。停止天然林商业性采伐,实行新一轮草原生态保护补助奖励政策。推进地下水超采区综合治理试点,实施湿地保护与恢复工程,继续治理荒漠化、石漠化和水土流失。保护环境,人人有责。每一个社会成员都要自觉行动起来,为建设美丽中国贡献力量。

⑦切实保障改善民生,加强社会建设。为政之道,民生为本。我们要念之再三、铭之肺腑,多谋民生之利,多解民生之忧。财政收入增长虽放缓,但该给群众办的实事一件也不能少。

着力扩大就业创业。实施更加积极的就业政策,鼓励以创业带动就业。2016年高校毕业生将高达765万人,要落实好就业促进计划和创业引领计划,促进多渠道就业创业。用好失业保险基金结余,增加稳就业资金规模,做好企业下岗职工再就业工作,对城镇就业困难人员提供托底帮扶。完成2 100万人次以上农民工职业技能提升培训任务。加强对灵活就业、新就业形态的扶持。切实做好退役军人安置和就业创业服务工作。

发展更高质量更加公平的教育。教育承载着国家的未来、人民的期盼。公共教育投入要加大向中西部和边远、贫困地区倾斜力度。统一城乡义务教育经费保障机制,改善薄弱学校和寄宿制学校办学条件。鼓励普惠性幼儿园发展。办好特殊教育。大力发展现代职业教育,分类推进中等职业教育免除学杂费。对贫困家庭学生率先免除普通高中学杂费。落实提高乡村教师待遇政策。加快推进远程教育,扩大优质教育资源覆盖面。提升高校教学水平和创新能力，推动具备条件的普通本科高校向应用型转变。继续扩大重点高校面向贫困地区农村招生规模，落实和完善农民工随迁子女在当地就学和升学考试政策。支持和规范民办教育发展。从家庭到学校、从政府到社会，都要为孩子们的安全健康、成长成才担起责任，共同托起明天的希望。

协调推进医疗、医保、医药联动改革。健康是幸福之基。2016年要实现大病保险全覆盖，政府加大投入，让更多大病患者减轻负担。中央财政安排城乡医疗救助补助资金160亿元，增长9.6%。整合城乡居民基本医保制度，财政补助由每人每年380元提高到420元。改革医保支付方式，加快推进基本医保全国联网和异地就医结算。扩大公立医院综合改革试点城市范围，协同推进医疗服务价格、药品流通等改革。深化药品医疗器械审评审批制度改革。加快培养全科医生、儿科医生。在70%左右的地市开展分级诊疗试点。基本公共卫生服务经费财政补助从人均40元提高到45元，促进医疗资源向基层和农村流动。鼓励社会办医。发展中医药、民族医药事业。建立健全符合医疗行业特点的人事薪酬制度，保护和调动医务人员积极性。完善一对夫妇可生育两个孩子的配套政策。为了人民健康，要加快健全统一权威的食品药品安全监管体制，严守从农田到餐桌、从实验室到医院的每一道防线，让人民群众吃得安全、吃得放心。

织密织牢社会保障安全网。继续提高退休人员基本养老金标准。各地要切实负起责任，确保养老金按时足额发放。制定划转部分国有资本充实社保基金办法。开展养老服务业综合改革试点，推进多种形式的医养结合。落实临时救助、特困人员救助供养等制度。城乡低保人均补助标准分别提高5%和8%。加快健全城乡社会救助体系，使困难群众遇急有助、遇困有帮，让社会充满关爱和温暖。

推进文化改革发展。用中国梦和中国特色社会主义凝聚共识、汇聚力量，培育和践行社会主义核心价值观，加强爱国主义教育。实施哲学社会科学创新工程，发展文学艺术、新闻出版、广播影视、档案等事业。建设中国特色新型智库。加强文化遗产保护利用。深化群众性精神文明创建活动，倡导全民阅读，普及科学知识，提高国民素质和社会文明程度。促进传统媒体与新兴媒体融合发展。培育健康网络文化。深化中外人文交流，加强国际传播能力建设。引导公共文化资源向城乡基层倾斜，推动文化产业创新发展。推进数字广播电视户户通。做好北京冬奥会和冬残奥会筹办工作，形成全民健身新时尚。

加强和创新社会治理。推进城乡社区建设，促进基层民主协商。支持工会、共青团、妇联等群团组织参与社会治理。加快行业协会商会与行政机关脱钩改革，依法规范发展社会组织，支持专业社会工作、志愿服务和慈善事业发展。完善社会信用体系。切实保障妇女、儿童、残疾人权益，加强对农村留守儿童和妇女、老人的关爱服务。开展法治宣传教育，做好法律援助和社区矫正工作。完善国家网络安全保障体系。创新社会治安综合治理机制，以信息化为支撑推进社会治安防控体系建设，依法惩治违法犯罪行为，严厉打击暴力恐怖活动，增强人民群众的安全感。改进信访、人民调解工作，有效化解矛盾纠纷，促进社会平安祥和。

生命高于一切，安全重于泰山。必须坚持不懈抓好安全生产和公共安全，加强安全基础设施和防灾减灾能力建设，健全监测预警应急机制，提高气象服务水平，做好地震、测绘、地质等工作。完善和落实安全生产责任、管理制度和考核机制，实行党政同责、一岗双责、失职追责，严格监管执法，坚决遏制重特大安全事故发生，切实保障人民生命财产安全。

⑧加强政府自身建设,提高施政能力和服务水平。重任千钧惟担当。面对异常艰巨复杂的改革发展任务,各级政府要深入贯彻落实新发展理念,把全面建成小康社会使命扛在肩上,把万家忧乐放在心头,建设人民满意的法治政府、创新政府、廉洁政府和服务型政府。

坚持依法履职,把政府活动全面纳入法治轨道。各级政府及其工作人员要严格遵守宪法和法律,自觉运用法治思维和法治方式推动工作,法定职责必须为,法无授权不可为。积极推行政府法律顾问制度。深入推进政务公开,充分发挥传统媒体、新兴媒体作用,利用好网络平台,及时回应社会关切,使群众了解政府做什么、怎么做。各级政府要依法接受同级人大及其常委会的监督,自觉接受人民政协的民主监督,接受社会和舆论监督,让权力在阳光下运行。

坚持廉洁履职,深入推进反腐倡廉。认真落实党风廉政建设主体责任,严厉整治各种顶风违纪行为。加强行政监察,推进审计全覆盖。以减权限权、创新监管等举措减少寻租空间,铲除滋生腐败土壤。推动党风廉政建设向基层延伸,坚决纠正侵害群众利益的不正之风,坚定不移惩治腐败。

坚持勤勉履职,提高执行力和公信力。政府工作人员要恪尽职守、夙夜在公,主动作为、善谋勇为。深入践行"三严三实",增强政治意识、大局意识、核心意识、看齐意识,加强作风和能力建设,打造高素质专业化的公务员队伍。健全并严格执行工作责任制,确保各项政策和任务不折不扣落到实处。健全督查问责机制,坚决整肃庸政懒政怠政行为,决不允许占着位子不干事。健全激励机制和容错纠错机制,给改革创新者撑腰鼓劲,让广大干部愿干事、敢干事、能干成事。中国改革开放30多年的辉煌成就,就是广大干部群众干出来的。

上下同欲者胜。我们要充分发挥中央和地方两个积极性。对真抓实干成效明显的地方,在建设资金安排、新增建设用地、财政沉淀资金统筹使用等方面,加大奖励支持力度。鼓励各地从实际出发干事创业,形成竞相发展的生动局面。

各位代表!中华民族是一个大家庭,促进各民族和睦相处、和衷共济、和谐发展,是各族人民的根本利益和共同责任。要坚持中国特色解决民族问题的正确道路,坚持和完善民族区域自治制度,严格执行党的民族政策,深入开展民族团结进步创建活动,推动建立各民族相互嵌入式的社会结构和社区环境,促进各民族交往交流交融。落实促进民族地区发展的差别化支持政策,保护和发展少数民族优秀传统文化及特色村镇,加大扶持人口较少民族发展力度,大力实施兴边富民行动,让全国各族人民共同迈向全面小康社会。

我们要全面贯彻党的宗教工作基本方针,坚持依法管理宗教事务,促进宗教关系和谐,发挥宗教界人士和信教群众在促进经济社会发展中的积极作用。

我们要认真落实侨务政策,依法维护海外侨胞和归侨侨眷的合法权益,充分发挥他们的独特优势和重要作用,不断增强海内外中华儿女的向心力。

各位代表!过去一年,国防和军队建设取得显著成效。新的一年,要紧紧围绕实现党在新形势下的强军目标,深入推进政治建军、改革强军、依法治军,全面加强军队革命化现代化正规化建设,坚决维护国家安全。坚持党对军队绝对领导的根本原则和制度,落实古田全军政治工作会议精神。统筹推进各方向各领域军事斗争准备,严密组织日常战备和边海空防管控。加强后勤保障和装备发展。稳步推进领导指挥体制改革,部署展开军队规模结构和政策制度等改革。提高军队建设法治化水平。建设现代化武装警察部队。推动重要领域军民融合深度发展。加强国防动员建设。发展国防科技工业。各级政府要大力支持国防和军队建设，走出一条新时期鱼水情深的军政军民团结之路。

各位代表！我们将全面准确贯彻"一国两制"、"港人治港"、"澳人治澳"、高度自治的方针，严格依照宪法和基本法办事。全力支持香港、澳门特别行政区行政长官和政府依法施政。发挥港澳独特优势，提升港澳在国家经济发展和对外开放中的地位和功能。深化内地与港澳合作，促进港澳提升自身竞争力。我们相信，香港、澳门一定会保持长期繁荣稳定。

我们要继续坚持对台工作大政方针，坚持"九二共识"政治基础，坚决反对"台独"分裂活动，维护国家主权和领土完整，维护两岸关系和平发展和台海和平稳定。推进两岸经济融合发展。促进两岸文教、科技等领域交流，加强两岸基层和青年交流。我们将秉持"两岸一家亲"理念，同台湾同胞共担民族大义，共享发展机遇，携手构建两岸命运共同体。

各位代表！我们将继续高举和平、发展、合作、共赢的旗帜，践行中国特色大国外交理念，维护国家主权、安全、发展利益。办好在我国举行的二十国集团领导人峰会，推动世界经济创新增长，完善全球经济金融治理。加强与各主要大国协调合作，建设良性互动、合作共赢的大国关系。秉持亲诚惠容的周边外交理念，与地区国家持久和平相处、联动融合发展。深化南南合作、促进共同发展，维护发展中国家正当合法权益。建设性参与解决全球性和热点问题。加快海外利益保护能力建设，切实保护我国公民和法人安全。中国愿与国际社会一道，为人类和平与发展事业不懈努力！

各位代表！奋斗才能赢得未来。让我们更加紧密地团结在以习近平同志为总书记的党中央周围，凝心聚力，奋发进取，努力完成2016年经济社会发展目标任务，确保全面建成小康社会决胜阶段良好开局，为建成富强民主文明和谐的社会主义现代化国家、实现中华民族伟大复兴的中国梦做出新的贡献。

三、解读2016年政府工作报告

1. 经济发展：2015年GDP达67.7万亿元，增长6.9%

经济运行保持在合理区间。国内生产总值达到67.7万亿元，增长6.9%，在世界主要经济体中位居前列。粮食产量实现"十二连增"，居民消费价格涨幅保持较低水平。特别是就业形势总体稳定，城镇新增就业1 312万人，超过全年预期目标，成为经济运行的一大亮点。结构调整取得积极进展。服务业在国内生产总值中的比重上升到50.5%，首次占据"半壁江山"。消费对经济增长的贡献率达到66.4%。高技术产业和装备制造业增速快于一般工业。单位国内生产总值能耗下降5.6%。

解读：2015年中国经济增速回落至6.9%，为25年来最低。按照十八届五中全会通过的"十三五"规划建议，"十三五"期间年均6.5%的经济增速是实现全面建成小康社会目标的底线。2016年的经济增长目标维持在6.5%~7%，符合官方已接受的区间概念。2010年以来，中国经济增速逐年回落，经济增长预期也随之调整，分别在2012和2015年下调至7.5%和7%左右。

2. 就业：2015年我国城镇新增就业1 312万人

报告中指出，2015年我国城镇新增就业1 312万人。根据国家统计局数字，2014年我国城镇新增就业1 322万人、2013年我国城镇新增就业1 310万人、2012年我国城镇新增就业1 266万人、2010年我国城镇新增就业人数1 168万人，连续5年超过千万人。

解读：就业稳，全局稳。2015年新增就业1 312万人，超过了2014年新增就业。在经济下行压力下，全局要稳，关键是就业要稳。随着双创的发展和服务业的发展，经济体吸纳就业的能力不断增强，这是应对挑战和各种困难的底气所在。

2015年的国内生产总值达到67.7万亿元，增长6.9%，但这个增长具有较高的含金量。政府工作报告在此后用一组数据，来说明这个数字背后的含金量。一是在这个经济速度下，就业形势总体稳定，城镇新增就业1 312万人，超过全年预期目标，成为经济运行的一大亮点。另外，这个增长速度中，服务业的贡献比较大，服务业在国内生产总值中的比重上升到50.5%，首次占据"半壁江山"。还有，一大批新兴产业加速增长。新兴产业快速增长。大众创业、万众创新蓬勃发展，全年新登记注册企业增长21.6%，平均每天新增1.2万户。此外，单位能耗下降、去产能等也说明了6.9%的含金量。

3. 扶贫攻坚：农村贫困人口减少1 442万人

人民生活进一步改善。全国居民人均可支配收入实际增长7.4%，快于经济增速。去年末居民储蓄存款余额增长8.5%，新增4万多亿元。又解决6 434万农村人口饮水安全问题。扶贫攻坚力度加大，农村贫困人口减少1 442万人。

解读：按照最新确定的2010年农村扶贫标准——年人均收入2 300元（2010年不变价），2015年，我国依然有5 575万贫困人口。每天收入不足6块3、因病致穷、用不上电、喝不上干净水……这是他们的生活。贫困人口区域分布很广。全国不仅有14个连片特困地区，除京津沪3个直辖市外，其余28个省级行政区都存在相当数量的生活在贫困线以下的人口。目前，我国国家扶贫开发工作重点县的总数是592个，西部省份占375个。十三五规划建议提出，中国要"实行脱贫工作责任制"，强化脱贫工作责任考核。《省级党委和政府扶贫开发工作成效考核办法》提出了4项考核内容和6条考核问题，扶贫考核并引入第三方评估。对出现问题的党委和政府主要负责人将采取约谈整改等，造成不良影响将被追责，考核结果作为对省级党委、政府主要负责人和领导班子综合考核评价的重要依据。

总理在报告中说，"农村贫困人口减少1亿多，解决3亿多农村人口饮水安全问题。"背后还有一个重要数据是，我国贫困发生率从12.7%下降到7%以下。农村扶贫成就确实可圈可点。这与扶贫体制在十二五期间的不断改革有很大关系。2011年，中央扶贫开发工作会议召开，《中国农村扶贫开发纲要（2011—2020年）》正式发布。2014年，国务院扶贫办会同有关部门建立贫困县约束机制、出台贫困县考核办法，推动县级创新扶贫开发机制，减贫的地方动能不断增加。去年11月，中央又与22个省区第一把手签订了扶贫攻坚责任书，全党全国聚力扶贫，十三五期间的扶贫成就更加可以预期了。

4. 住房保障：因城施策化解房地产库存

完善住房保障体系，城镇棚户区住房改造2 000万套。2016年棚户区住房改造600万套，提高棚改货币化安置比例。完善支持居民住房合理消费的税收、信贷政策，住房刚性需求和改善性需求，因城施策化解房地产库存。建立租购并举的住房制度，把符合条件的外来人口逐步纳入公租房供应范围。

解读：一、二线城市和三、四线城市的房地产市场情况差别很大。进入2016年以来，北上广深房价上涨快速，一些二线城市的房价也跟着涨，而三四线城市的房地产库存量还很大。房地产库存的严重问题在2015年明显暴露出来之后，在"坚持分类指导，因地施策"的基础上，此次政府报告提出了"因城施策化解房地产库存"。

政府政策现在还是把住房当作消费品，但在市场中中国几乎所有的人都把房子当作投资品，买涨不买跌。这个时候，政府的政策和市场行为就出现了脱节。政府管制很多东西，提供很多优惠政策，这就让很多市场出现了问题，并出现了很多市场交易成本。政府应该着眼于发展住房市场，降低税费，精简各种管理的繁文缛节，促进市场的流动性。

5. 互联网+：行动计划增强经济发展新动力

制定实施创新驱动发展战略纲要和意见，出台推动大众创业、万众创新政策措施，落实"互联网+"行动计划，增强经济发展新动力。一大批创客走上创业创新之路。完善农业支持政策，促进农业发展方式加快转变。针对工业增速下降、企业效益下滑，我们一手抓新兴产业培育，一手抓传统产业改造提升。启动实施《中国制造2025》，设立国家新兴产业创业投资引导基金、中小企业发展基金，扩大国家自主创新示范区。积极化解过剩产能，推进企业兼并重组。近三年淘汰落后炼钢炼铁产能9 000多万吨、水泥2.3亿吨、平板玻璃7 600多万重量箱、电解铝100多万吨。促进生产性、生活性服务业加快发展。狠抓节能减排和环境保护，各项约束性指标超额完成。公布自主减排行动目标，推动国际气候变化谈判取得积极成果。

解读：互联网金融用新技术和新平台，给金融市场提供了强有力的支持。中国跟上互联网时代的金融发展，可以跨越式地发展金融市场，通过技术进步，可以来回避体制改革的很多难题。2015年"互联网+"医疗蓬勃发展，几万家新的企业，市场投资也积极捧场。但是从2015年年底来看，有一些泡沫，以挂号、网上查询为主要业务的1.0版本移动医疗公司会有一些整合。目前各地都在积极试点创新性的电子政务和移动政务，许多地方实现了网上办证、微博问政、微信缴费。与此同时，配合大数据技术的广泛应用，不同部门之间的数据共享将得到更大程度的发展。这将使企业和个人避免重复填表和提供证明等繁文缛节，并有利于政府部门联动创新和优化服务。"落实互联网+行动计划，增强经济发展新动力"，需要注意的是，互联网创业的扩展意味着以前缺乏交往的不同人群之间开始产生接触，中间可能发生"文化震惊"和"文化冲突"，由此引发若干社会矛盾。政府应当未雨绸缪，在提供技术支持的同时，通过教育和宣传，促进不同人群之间的文化了解。互联网创业不仅涉及技术问题，同时涉及文化接触和调适问题。这一点容易被忽视。

6. 反腐倡廉：一批腐败分子受惩处

我们深入开展"三严三实"专题教育，锲而不舍落实党中央八项规定精神，坚决纠正"四风"，严格执行国务院"约法三章"。加强行政监察和审计监督。大力推进党风廉政建设和反腐败斗争，一批腐败分子受到惩处。

解读：2015年，全国共立案33万件，处分33.6万人，涉嫌犯罪被移送司法机关处理1.4万人。涉嫌违纪的中管干部结案处理和正在立案审查的90人，其中涉嫌犯罪被移送司法机关处理42人。十八大以来查处的中管干部覆盖了31个省区市。狠抓国际追逃追赃，追回外逃人员1 023人，属于"百名红通人员"的18人，首次实现追回人数超过新增外逃人数。

十八大以来，三年反腐逆转了过往多年"越反越腐"态势，腐败增量得到明显遏制，腐败存量得到快速减少，进展和成效明显。但反腐败形势依然严峻，最终能否取得压倒性胜利还存在不确定性，绝不能沾沾自喜，以为大功告成高枕无忧了。实现不敢腐还存在关键挑战，实现不能腐、不想腐更是任重道远！2015年，反腐持续升温，实现全国31个省区市

"打虎"实现全覆盖,充分说明了反腐无禁区,也预示着未来"打虎"不会止步,值得肯定。但从另一面来看,全方位、塌方式腐败也令人触目惊心,未来反腐败斗争形势依然严峻、复杂、长期和艰巨。腐败的根源之一就是不合理的管制,不合理的管制导致企业为了绕开管制,不得不去行贿,官员就会趁机受贿甚至主动索贿。管制是腐败的温床之一,因此减少管制,限制权力才是反腐败的治本之策。如果不去除管制,反腐败甚至还不如不反腐败。主要建议有三条:限制权力是基础;监督权力是关键;提高激励是保障。

7. 金融风险:金融等领域存在风险隐患

在充分肯定去年成绩的同时,我们也清醒看到,我国发展中还存在不少困难和问题。受全球贸易萎缩等因素影响,2015年我国进出口总额出现下降,预期增长目标未能实现。投资增长乏力,一些行业产能过剩严重,部分企业生产经营困难,地区和行业走势分化,财政收支矛盾突出,金融等领域存在风险隐患。人民群众关心的医疗、教育、养老、食品药品安全、收入分配、城市管理等方面问题较多,严重雾霾天气在一些地区时有发生。特别令人痛心的是,去年发生了"东方之星"号客轮翻沉事件和天津港特别重大火灾爆炸等事故,人员伤亡和财产损失惨重,教训极其深刻,必须认真汲取。政府工作还存在不足,有些改革和政策措施落实不到位,少数干部不作为、不会为、乱作为,一些领域的不正之风和腐败问题不容忽视。我们要进一步增强忧患意识和担当意识,下更大力气解决这些问题,始终以民之所望为施政所向,尽心竭力做好政府工作,决不辜负人民重托。

解读:2016年中国金融风险比较大,主要问题可能出现在债务违约风险方面。最大的风险可能在地方债的违约上,然后是企业债务。个人债务过去一直来水平不高,但现在个人债务的总量和风险也在提升。中国目前没有很好的债务市场,尤其是地方政府的债务没有很好的市场约束机制,而行政约束机制在刺激经济增长的刚需之下又显得比较松软。最近房地产去库存,增加了很多金融杠杆,如果由此产生的个人债务比较大,并且房价在目前疯涨一波之后不稳定,有比较明显的下探趋势,那么像美国那样发生房贷危机也是可能的。这些方面严格控制,防止区域性金融风险,防止系统性风险,是非常有必要的。中央对如何推进中国的金融体系改革以及防范化解金融风险,有了更为清醒和全面的认识。特别要重视两个有亮点的提法:第一是发展民营银行,表明中国今后将鼓励民营银行的设立和发展,作为金融体系改革的重要突破口;第二是推进股票、债券市场改革和法治化建设,表明中央立足于通过市场化和法治化的途径,来监管和促进资本市场发展的新思路定位。

8. 养老保险:提高养老金低保等

全面推开县级公立医院综合改革,拓展居民大病保险,建立重特大疾病医疗救助制度、困难残疾人生活补贴和重度残疾人护理补贴制度。提高低保、优抚、企业退休人员基本养老金等标准,推行机关事业单位养老保险制度改革并完善工资制度。加强基本公共文化服务建设。广大人民群众有了更多获得感。

解读:2015年,政府在基础教育、医疗卫生、住房保障、公共文化等基本公共服务方面重点向落后地区、弱势群体方面倾斜,并多次以强调广大人民群众的获得感为依归,体现了政府在社会政策鲜明的托底性色彩。包括机关事业单位养老保险制度改革、城乡居民基本医疗保险制度整合,都是在消除城乡之间的不公平。社会保障主要是促进社会公平。现在改革的重点,就是通过不断完善现有的社会保障各项制度,促进各类社会群体都能依法纳入社会保障体系,公平地享受各项社会保障待遇,有助于促进整个社会的公平。

9. 城镇化：2020年户籍人口城镇化率达到45%

"十三五"要实现1亿左右农业转移人口和其他常住人口在城镇落户，完成约1亿人居住的棚户区和城中村改造，引导约1亿人在中西部地区就近城镇化。到2020年，常住人口城镇化率达到60%、户籍人口城镇化率达到45%。

解读：政府工作报告在全面回顾"十二五"工作时，强调了已经取得"超过一半人口居住在城镇"的成绩，在概括2015年成就时，提出"新型城镇化取得新成效"，这表明城镇化在国家经济发展中的重要地位。"十三五"期间可以说是新型城镇化深化时期，核心目标与内容就是推进以人为核心的新型城镇化，实现1亿左右农业转移人口和其他常住人口在城镇落户，完成约1亿人居住的棚户区和城中村改造，引导约1亿人在中西部地区就近城镇化。到2020年，常住人口城镇化率达到60%、户籍人口城镇化率达到45%。这些目标在《国家新型城镇化规划》中首次提出，在2016年的政府工作报告中又着重予以强调，显示了目标的一致性与行动的坚定性。事实上，当前农业转移人口在城镇落户，面临着许多新情况、新问题，比如农业转移人口市民动力减弱，户籍、土地改革的一些政策没有到位、城镇化融资也有许多问题，如何解决这些问题，将成为2016年以至"十三五"工作的重要内容。规划提出常住人口城镇化率达到60%、户籍人口城镇化率达到45%。前一个指标是比较合理的，后一个指标略为偏低。目前我国常住人口与户籍人口城镇化率差距为17个百分点，到2020年仍然还有15个百分点，步伐略慢。应把户籍人口城镇化率提到50%左右。

10. 环境保护：今后五年治理雾霾取得明显进展

推动形成绿色生产生活方式，加快改善生态环境。坚持在发展中保护、在保护中发展，持续推进生态文明建设。深入实施大气、水、土壤污染防治行动计划，加强生态保护和修复。今后五年，单位国内生产总值用水量、能耗、二氧化碳排放量分别下降23%、15%、18%，森林覆盖率达到23.04%，能源资源开发利用效率大幅提高，生态环境质量总体改善。特别是治理大气雾霾取得明显进展，地级及以上城市空气质量优良天数比率超过80%。我们要持之以恒，建设天蓝、地绿、水清的美丽中国。

解读：坚持绿色发展就是要坚持在发展中保护、在保护中发展的方针，持续推进生态文明建设。在这个问题上，既要防止单纯的发展主义，也要防范单纯的生态主义。生态文明建设也不能脱离社会主义初级阶段的基本国情。《节能监察办法》自2016年3月1日起开始实施。办法详细对违反节能法律规章行为的处置，以及监管部门的工作规范等做出了规定。被监察单位有违反节能法律、法规、规章和强制性节能标准行为的，监察机构将下达限期整改通知书，有关法律、法规和规章规定直接予以处罚的除外；有不合理用能行为，但尚未违反节能法律、法规、规章和强制性节能标准的，监察机构将下达节能监察建议书，提出节能建议或者节能措施。

报告提出"强化环境保护督察。新修订的环境保护法必须严格执行，对超排偷排者必须严厉打击，对姑息纵容者必须严肃追究"。这体现出中央政府已经看到此前环保法实施过程中存在的"无牙老虎"的弱化情况，党的十八届五中全会提出要实行环保监察和执法省以下垂直管理，就是要提高地方环保机构的相对独立性，避免地方保护主义的干扰。对于环保问题，政府需要增加投入相关的管理资源，加大监管和处罚力度，不能再为发展牺牲环境。环境价值现在对经济价值要宝贵得多。生态治理这个领域，目前主要依靠政府的力量。其实也可以通过市场和社会力量来做好生态治理的工作。后者也值得政府关注。

11. 财政政策：2016年拟安排财政赤字2.18万亿

积极的财政政策要加大力度。2016年拟安排财政赤字2.18万亿元，比去年增加5 600亿元，赤字率提高到3%。其中，中央财政赤字1.4万亿元，地方财政赤字7 800亿元。安排地方专项债券4 000亿元，继续发行地方政府置换债券。我国财政赤字率和政府负债率在世界主要经济体中相对较低，这样的安排是必要的、可行的，也是安全的。

解读：赤字率是评价一国财政风险常用的指标，其计算方式是当年财政赤字除以GDP。3%赤字率红线、60%的负债率红线是国际惯例。1991年奠定欧盟基础的《欧洲联盟条约》（又称《马斯特里赫特条约》）规定，1994年起，欧盟各成员国的赤字率不能超过3%，负债率不能超过60%。这两条"红线"成为欧盟国家的硬指标，也被包括中国在内的其他国家参考。

2016年拟安排财政赤字2.18万亿元，比2015年增加5 600亿元，赤字率提高到3%。增加的财政赤字主要用于减税，这有助于降低企业成本，也有助于增强实体经济的预期。但部分地方债务风险不容忽视。需要关注发展债务市场。让债务金融化、资产化，从而让市场来监控债务的结构，让优良债务有很好的市场，让不良债务没有市场。财政政策更加积极，货币政策与财政政策配套实行，可有效防范经济下行。目前，中央政府负债率低，采取了必要的财政政策。考虑到中央财政政策负债率低于地方政府财政负债率，所以，中央政府更多地承担负债率。但考虑到地方的隐性财政负债率，大幅提高了负债的财政赤字率到3%，总体略有克制。李克强总理提出适度扩大财政赤字，主要用于减税降费，进一步减轻企业负担，具体包括三项举措：一是全面实施营改增，确保所有行业税负只减不增；二是取消违规设立的政府性基金，停征和归并一批政府性基金，扩大水利建设基金等免征范围；三是将18项行政事业性收费的免征范围从小微企业扩大到所有企业和个人。

12. 医疗改革：建立重特大疾病医疗救助制度

全面推开县级公立医院综合改革，拓展居民大病保险，建立重特大疾病医疗救助制度、困难残疾人生活补贴和重度残疾人护理补贴制度。提高低保、优抚、企业退休人员基本养老金等标准，推行机关事业单位养老保险制度改革并完善工资制度。加强基本公共文化服务建设。

解读：2015年在大型公立医院改革方面跟之前的预期有些不同，可以说不尽如人意。之前女孩怒斥号贩子事件，就反映出公立医疗资源高度集中在大城市、大医院，导致全国老百姓集中到大型公立医院就医，看病难的问题远没有解决。另一方面，号贩子把300元一个号都能炒至4 500元，说明我们给医生的知识劳动定价过低。报告将推进食品安全示范行动放入公共安全内容部分，并在问题列举中提到了食品药品安全问题仍然较多，再次体现了政府将食药安全从原来的市场监管问题转变为公共安全问题的新定位。过去一年，食品药品安全虽然没有发生大规模的安全事件，但仍然爆发了"僵尸肉"、草莓乙草胺致癌风波、浙江黄体酮孕妇不良反应等事件，在添加剂滥用、农兽药残留、保健食品虚假宣传、仿制药审评数据造假等监管老大难问题上仍然突破不够，未来一年需要在这些方面继续加强监管和社会共治。

医疗卫生工作部分，开篇提出医疗、医保、医药三医联动，继续强调医改的系统性、协调性。尤其是在中央深改小组听取三明医改汇报等背景下，说明顶层设计对医改的规律意识进一步加强。将健康定位幸福之基，继续强调健康的决定性重要作用，提高人民群众幸福感,没有健康,其他都等于零。但开篇总要求三医联动,医疗在第一,具体布置工作,医保在第一,尤其是理论和实践中存在很大争议的大病医保浓墨重彩,具体推进上还有很大挑战。整合城乡居民基本医保制度从十二五提到了十三五,还没根本性进展,整合城乡医保制度更是遥遥无期,说明在体制上还有很大障碍。健康是幸福之基,提到高度了,但如果具体执行上逻辑不够清楚、推进不够顺畅,效果将大打折扣。敢为想为,还得会为。

13. 产业改革:要突出抓好供给侧结构性改革

报告指出,做好"十三五"时期经济社会发展工作,实现全面建成小康社会目标,必须大力推进结构性改革。当前发展中总量问题与结构性问题并存,结构性问题更加突出,要用改革的办法推进结构调整。在适度扩大总需求的同时,突出抓好供给侧结构性改革,既做减法,又做加法,减少无效和低端供给,扩大有效和中高端供给,增加公共产品和公共服务供给,使供给和需求协同促进经济发展,提高全要素生产率,不断解放和发展社会生产力。

解读:通过深化改革促进发展是本届政府的工作思路。推进供给侧结构性改革是2016年经济工作的重点。这项改革要取得实效,不仅需要出台和实施相应的宏观经济政策,更需要推进相关体制改革,破除各种体制机制障碍。其中,政府对经济社会事务管理的一些体制不合理、机制不完善、方式不适应等对供给侧结构性改革构成障碍。因此,加强供给侧结构性改革,必须推动"放、管、服"改革向纵深发展。从《政府工作报告》看,2016年的"放、管、服"改革有以下几个特点:一是重点围绕促进经济发展、为"双创"营造良好的环境。二是坚持问题导向,针对深化改革中存在的突出问题,包括放权不同步、不协调、不到位,基层接不住,监管跟不上,法律法规滞后,权力运行不规范等。三是坚持"三个结合"的改革策略,即放、管、服结合,放权与治权相结合,制度建设与利用信息技术手段相结合。主要措施有:①在三年简政放权的基础上,继续减少行政审批等事项。②加强放权的系统性、协调性,解决"你放我不放、上放下不放、放责不放权"等问题。③通过创新监管方式,特别是推行随机抽取检查对象,随机选派执法检查人员,及时公布查处结果,即"双随机、一公开",归集和公开企业信用信息,实行综合行政执法等措施,强化和完善事中事后监管。④深化商事制度改革,简化企业办事的环节,规范办事流程,在2015年实行"三证合一""一照一码"等改革基础上,在上海浦东等地开展"证照分离"改革试点。⑤继续推行政府权责清单制度,在2015年省级政府职能部门建立权责清单的基础上,推进国务院部门、市、县级政府部门建立和公布权责清单。同时建立行政事业性收费、政府定价或指导价经营服务性收费、政府性基金、国家职业资格等清单。⑥清理各级政府及部门制定的行政法规和规范性文件,修改和废止已过时、不符合时代要求、阻碍发展的行政法规和规范性文件。⑦大力推行"互联网+政务服务",实现不同部门、不同层级间数据共享,充分发挥互联网等信息技术简化、优化政府服务。⑧全面推进政务公开。

四、2016年政府工作报告中的十个核心数据

1. 6.5%~7%

报告指出,2016年发展的主要预期目标是:国内生产总值增长6.5%~7%。经济增长预期目标6.5%~7%,考虑了与全面建成小康社会目标相衔接,考虑了推进结构性改革的需要,也有利于稳定和引导市场预期。稳增长主要是为了保就业、惠民生,有6.5%~7%的增速就能够实现比较充分的就业。报告还提到,"十三五"要实现全面建成小康社会目标,

到 2020 年国内生产总值和城乡居民人均收入比 2010 年翻一番,"十三五"时期经济年均增长保持在 6.5% 以上。

2. 90 万亿元

报告在提出"十三五"时期主要目标任务和重大举措时指出,到 2020 年,先进制造业、现代服务业、战略性新兴产业比重大幅提升,全员劳动生产率从人均 8.7 万元提高到 12 万元以上。届时,我国经济总量超过 90 万亿元,发展的质量和效益明显提高。

3. 9 540 亿元

根据预算草案报告,中国 2016 年国防支出 9543.54 亿元,增长 7.6%,为近 6 年来最低。

4. 2.18 万亿元

报告指出,积极的财政政策要加大力度。2016 年拟安排财政赤字 2.18 万亿元,比去年增加 5 600 亿元,赤字率提高到 3%。其中,中央财政赤字 1.4 万亿元,地方财政赤字 7 800 亿元。安排地方专项债券 4 000 亿元,继续发行地方政府置换债券。

5. 70%

报告提出,要在 70% 左右的地市开展分级诊疗试点。基本公共卫生服务经费财政补助从人均 40 元提高到 45 元,促进医疗资源向基层和农村流动。鼓励社会办医。

6. 1 000 万人

报告指出,实施脱贫攻坚工程。2016 年要完成 1 000 万以上农村贫困人口脱贫任务,其中易地搬迁脱贫 200 万人以上,继续推进贫困农户危房改造。中央财政扶贫资金增长 43.4%。

7. 7.4%

报告指出,2015 年全国居民人均可支配收入实际增长 7.4%,快于经济增速。2015 年年末居民储蓄存款余额增长 8.5%,新增 4 万多亿元。解决了 6 434 万农村人口饮水安全问题。扶贫攻坚力度加大,农村贫困人口减少 1 442 万人。

8. 60%

报告指出,要深入推进以人为核心的新型城镇化,实现 1 亿左右农业转移人口和其他常住人口在城镇落户,完成约 1 亿人居住的棚户区和城中村改造,引导约 1 亿人在中西部地区就近城镇化。到 2020 年,常住人口城镇化率达到 60%、户籍人口城镇化率达到 45%。

9. 3%

报告指出,2016 年拟安排财政赤字 2.18 万亿元,比 2015 年增加 5 600 亿元,赤字率提高到 3%。其中,中央财政赤字 1.4 万亿元,地方财政赤字 7 800 亿元。安排地方专项债券 4 000 亿元,继续发行地方政府置换债券。赤字率是评价一国财政风险常用的指标,其计算方式是当年财政赤字除以 GDP。3% 赤字率红线、60% 的负债率红线是国际惯例。1991 年奠定欧盟基础的《欧洲联盟条约》(又称《马斯特里赫特条约》)规定,1994 年起,欧盟各成员国的赤字率不能超过 3%,负债率不能超过 60%。这两条"红线"成为欧盟国家的硬指标,也被包括中国在内的其他国家参考。

10. 3 万公里

报告提出,要加强重大基础设施建设,高铁营业里程达到 3 万公里、覆盖 80% 以上的大城市,新建改建高速公路通车里程约 3 万公里,实现城乡宽带网络全覆盖。

五、2016年政府工作报告亮点

1. 不搞"大水漫灌"式的强刺激

报告原文：2015年，我们不搞"大水漫灌"式的强刺激，而是持续推动结构性改革。当前发展中总量问题与结构性问题并存，结构性问题更加突出，要用改革的办法推进结构调整。在适度扩大总需求的同时，突出抓好供给侧结构性改革，既做减法，又做加法，减少无效和低端供给，扩大有效和中高端供给，增加公共产品和公共服务供给，使供给和需求协同促进经济发展，提高全要素生产率，不断解放和发展社会生产力。

2. 2016年GDP预期增长6.5%~7%

报告原文：2016年发展的主要预期目标是：国内生产总值增长6.5%~7%，居民消费价格涨幅3%左右，城镇新增就业1 000万人以上，城镇登记失业率4.5%以内，进出口回稳向好，国际收支基本平衡，居民收入增长和经济增长基本同步。单位国内生产总值能耗下降3.4%以上，主要污染物排放继续减少。

经济增长预期目标6.5%~7%，考虑了与全面建成小康社会目标相衔接，考虑了推进结构性改革的需要，也有利于稳定和引导市场预期。稳增长主要是为了保就业、惠民生，有6.5%~7%的增速就能够实现比较充分的就业。

3. 拟安排财政赤字2.18万亿元，赤字率提高到3%

报告原文：2016年拟安排财政赤字2.18万亿元，比去年增加5 600亿元，赤字率提高到3%。其中，中央财政赤字1.4万亿元，地方财政赤字7 800亿元。安排地方专项债券4 000亿元，继续发行地方政府置换债券。我国财政赤字率和政府负债率在世界主要经济体中相对较低，这样的安排是必要的、可行的，也是安全的。

4. 营造敢为人先、宽容失败的良好氛围

报告原文：深化科技管理体制改革。扩大高校和科研院所自主权，砍掉科研管理中的繁文缛节。实施支持科技成果转移转化的政策措施，完善股权期权税收优惠政策和分红奖励办法，鼓励科研人员创业创新。大力弘扬创新文化，厚植创新沃土，营造敢为人先、宽容失败的良好氛围，充分激发企业家精神，调动全社会创业创新积极性，汇聚成推动发展的磅礴力量。

5. 扶贫脱贫是硬任务，各级政府已经立下军令状

报告原文：要实施脱贫攻坚工程。2016年要完成1 000万以上农村贫困人口脱贫任务，其中易地搬迁脱贫200万人以上，继续推进贫困农户危房改造。中央财政扶贫资金增长43.4%。在贫困县推进涉农资金整合。坚持精准扶贫脱贫，因人因地施策。大力培育特色产业，支持就业创业。解决好通路、通水、通电、通网络等问题，增强集中连片特困地区发展能力。国家各项惠民政策和民生项目，要向贫困地区倾斜。深入开展定点扶贫、东西协作扶贫，支持社会力量参与脱贫攻坚。扶贫脱贫是硬任务，各级政府已经立下军令状，必须按时保质保量完成。

6. 以敬民之心，行简政之道

报告原文：要推动简政放权、放管结合、优化服务改革向纵深发展。以敬民之心，行简政之道，切实转变政府职能、提高效能。继续大力削减行政审批事项，注重解决放权不同步、不协调、不到位问题，对下放的审批事项，要让地方能接得住、管得好。

7. 让农民工就近就业创业，挣钱顾家两不误

报告原文：农民工就近就业创业，让他们挣钱顾家两不误要深入推进新型城镇化。城镇化是现代化的必由之路，是我国最大的内需潜力和发展动能所在。

要加快农业转移人口市民化。深化户籍制度改革，放宽城镇落户条件，建立健全"人地钱"挂钩政策。扩大新型城镇化综合试点范围。居住证具有很高的含金量，要加快覆盖未落户的城镇常住人口，使他们依法享有居住地义务教育、就业、医疗等基本公共服务。发展中西部地区中小城市和小城镇，容纳更多的农民工就近就业创业，让他们挣钱顾家两不误。

8. 为政之道，民生为本

报告原文：要切实保障改善民生，加强社会建设。为政之道，民生为本。我们要念之再三，铭之肺腑，多谋民生之利，多解民生之忧。财政收入增长虽放缓，但该给群众办的实事一件也不能少。

9. "十二五"期间主要污染物排放量减少12%以上

报告原文：2015年是"十二五"收官之年。过去五年，结构调整取得标志性进展。服务业成为第一大产业，工业化与信息化融合加深，农业综合生产能力明显增强。消费成为支撑经济增长的主要力量。超过一半人口居住在城镇。单位国内生产总值能耗下降18.2%，主要污染物排放量减少12%以上。

10. 持之以恒，建设天蓝、地绿、水清的美丽中国

报告原文：要推动形成绿色生产生活方式，加快改善生态环境。坚持在发展中保护、在保护中发展，持续推进生态文明建设。深入实施大气、水、土壤污染防治行动计划，加强生态保护和修复。

今后五年，单位国内生产总值用水量、能耗、二氧化碳排放量分别下降23%、15%、18%，森林覆盖率达到23.04%，能源资源开发利用效率大幅提高，生态环境质量总体改善。特别是治理大气雾霾取得明显进展，地级及以上城市空气质量优良天数比率超过80%。我们要持之以恒，建设天蓝、地绿、水清的美丽中国。

11. 打造中国制造金字品牌

报告原文：要扩大国际产能合作。坚持企业为主、政府推动、市场化运作，实施一批重大示范项目。落实和完善财税金融支持政策，设立人民币海外合作基金，用好双边产能合作基金。推动装备、技术、标准、服务走出去，打造中国制造金字品牌。

12. 法定职责必须为，法无授权不可为

报告原文：要坚持依法履职，把政府活动全面纳入法治轨道。各级政府及其工作人员要严格遵守宪法和法律，自觉运用法治思维和法治方式推动工作，法定职责必须为，法无授权不可为。积极推行政府法律顾问制度。深入推进政务公开，充分发挥传统媒体、新兴媒体作用，利用好网络平台，及时回应社会关切，使群众了解政府做什么、怎么做。各级政府要依法接受同级人大及其常委会的监督，自觉接受人民政协的民主监督，接受社会和舆论监督，让权力在阳光下运行。

13. 整肃慵政懒政怠政，决不允许占着位子不干事

报告原文：要坚持勤勉履职，提高执行力和公信力。政府工作人员要恪尽职守、夙夜在公，主动作为、善谋勇为。深入践行"三严三实"，增强政治意识、大局意识、核心意识、看齐意识，加强作风和能力建设，打造高素质专业化的公务员队伍。健全并严格执行工作责

任制，确保各项政策和任务不折不扣落到实处。健全督查问责机制，坚决整肃慵政懒政怠政行为，决不允许占着位子不干事。健全激励机制和容错纠错机制，给改革创新者撑腰鼓劲，让广大干部愿干事、敢干事、能干成事。中国改革开放30多年的辉煌成就，就是广大干部群众干出来的。

> **思考题**
>
> 1. 2016年我国政府工作报告中提出的2016年我国改革重点都有哪些？
> 2. 2016年我国政府工作报告中的亮点都有哪些？

专题三
国民经济和社会发展第十三个五年规划

学习重点

(1) 了解十三五规划制定的基本过程。
(2) 掌握十三五规划的主要内容。
(3) 准确理解我国十三五规划的核心要素。

第一节 十三五规划制定的主要过程

一、启动规划

十八届五中全会是中共中央对"十三五"的发展提出重大改革和发展建议的会议。所以，十八届五中全会要追溯到"十三五"规划的起步点。2014年4月17日，国家发改委召开了"十三五"规划的编制会议，宣布启动国民经济和社会发展第十三个五年规划，要求规划编制必须强化全球视野和战略思维，正确处理好政府和市场的关系，科学设定规划目标、指标，积极推进"四向"规划体制改革，坚持开放、民主编制规划，使"十三五"规划更加适应时代要求，更加符合发展规律，更加反映人民意愿。这是"十三五"规划的启动。

二、课题招标

"十三五"规划启动之后，国家发改委开始就"十三五"的重大项目进行课题招标，一共遴选了51个项目，面向海内外进行研究项目招标。在这个过程中，每个项目不低于五家单位进行承担。承担单位不限于政府部门，也包括科研机构、高校和社会上的智库机构。也就是说，到最后，每一个大的研究项目，国家发改委手里都有至少五个独立报告。

三、提炼草稿

国家发改委从五个独立报告当中进行筛选、评估,把其中的精华部分提炼出来,形成"十三五"的规划草稿。这个规划草稿从 2015 年年初开始就由党的相关政策研究部门和党的规划部门接手了,由中央财经领导小组办公室原主任王春正、经济学家林毅夫领衔,由 55 位各个领域的专家组成"十三五"的规划专家委员会。规划专家委员会基于提交过来的"十三五"规划的草稿,利用自己在各个领域的专业知识,在这个过程中就一些重点问题或者是矛盾点进行相应的调研。基于以上工作,再进一步修正、完善和提升"十三五"规划。

四、审议,征求意见,再审议

2015 年 7 月 20 日,中央政治局会议审议了由 55 位专家修正后的规划稿。然后,中央政治局会议决定向十八届五中全会正式提交《建议》,在这个过程中确定了十八届五中全会的议题。

2015 年 8 月 21 日,中共中央政治局在中南海召开了党外人士座谈会,就 2015 年 7 月 20 日审议的《建议》,进一步征求党外人士的意见和建议。习近平主席在主持座谈会时发表了重要讲话,介绍了《建议》的起草过程,以及"十三五"时期面临的新情况和改革发展追求的目标。

2015 年 10 月 12 日,中共中央政治局进一步把党外人士审议的稿子和在全党范围内、一定的社会群体中收集到的对建议稿的意见重新汇总,再次提交中央政治局审议。2015 年 10 月 12 日,中央政治局听取了《建议》。通过在党内外一定范围内征求关于这个建议稿的意见,再根据这次会议的讨论意见对建议稿进行修改后,中央政治局提请十八届五中全会讨论建议稿。

可以看出,到十八届五中全会审议建议稿的时候,其实前面已经有了大量的基础性工作都已经完成。而且在这个过程中实现了集思广益,调动了每一位党员和党外人士参与的积极性和主动性。所以,我们现在见到的《公报》和《建议》其实是全党、全国各族人民和党外人士的智慧、经验的结晶。

第二节 十三五规划的主要内容

到 2020 年全面建成小康社会,是我们党确定的"两个一百年"奋斗目标的第一个百年奋斗目标。"十三五"时期是全面建成小康社会决胜阶段,"十三五"规划必须紧紧围绕实现这个奋斗目标来制定。

一、全面建成小康社会决胜阶段的形势和指导思想

1. "十三五"时期我国发展环境的基本特征

和平与发展的时代主题没有变,世界多极化、经济全球化、文化多样化、社会信息化深入发展,世界经济在深度调整中曲折复苏,新一轮科技革命和产业变革蓄势待发,全球治理

体系深刻变革，发展中国家群体力量继续增强，国际力量对比逐步趋向平衡。同时，国际金融危机深层次影响在相当长时期依然存在，全球经济贸易增长乏力，保护主义抬头，地缘政治关系复杂变化，传统安全威胁和非传统安全威胁交织，外部环境不稳定不确定因素增多。

我国物质基础雄厚、人力资本丰富、市场空间广阔、发展潜力巨大，经济发展方式加快转变，新的增长动力正在孕育形成，经济长期向好基本面没有改变。同时，发展不平衡、不协调、不可持续问题仍然突出，主要是发展方式粗放，创新能力不强，部分行业产能过剩严重，企业效益下滑，重大安全事故频发；城乡区域发展不平衡；资源约束趋紧，生态环境恶化趋势尚未得到根本扭转；基本公共服务供给不足，收入差距较大，人口老龄化加快，消除贫困任务艰巨；人们文明素质和社会文明程度有待提高；法治建设有待加强；领导干部思想作风和能力水平有待提高，党员、干部先锋模范作用有待强化。我们必须增强忧患意识、责任意识，着力在优化结构、增强动力、化解矛盾、补齐短板上取得突破性进展。

综合判断，我国发展仍处于可以大有作为的重要战略机遇期，也面临诸多矛盾叠加、风险隐患增多的严峻挑战。我们要准确把握战略机遇期内涵的深刻变化，更加有效地应对各种风险和挑战，继续集中力量把自己的事情办好，不断开拓发展新境界。

2. "十三五"时期我国发展的指导思想

高举中国特色社会主义伟大旗帜，全面贯彻党的十八大和十八届三中、四中全会精神，以马克思列宁主义、毛泽东思想、邓小平理论、"三个代表"重要思想、科学发展观为指导，深入贯彻习近平总书记系列重要讲话精神，坚持全面建成小康社会、全面深化改革、全面依法治国、全面从严治党的战略布局，坚持发展是第一要务，以提高发展质量和效益为中心，加快形成引领经济发展新常态的体制机制和发展方式，保持战略定力，坚持稳中求进，统筹推进经济建设、政治建设、文化建设、社会建设、生态文明建设和党的建设，确保如期全面建成小康社会，为实现第二个百年奋斗目标、实现中华民族伟大复兴的中国梦奠定更加坚实的基础。

如期实现全面建成小康社会奋斗目标，推动经济社会持续健康发展，必须遵循以下原则。

坚持人民主体地位。人民是推动发展的根本力量，实现好、维护好、发展好最广大人民根本利益是发展的根本目的。必须坚持以人民为中心的发展思想，把增进人民福祉、促进人的全面发展作为发展的出发点和落脚点，发展人民民主，维护社会公平正义，保障人民平等参与、平等发展权利，充分调动人民积极性、主动性、创造性。

坚持科学发展。发展是硬道理，发展必须是科学发展。我国仍处于并将长期处于社会主义初级阶段，基本国情和社会主要矛盾没有变，这是谋划发展的基本依据。必须坚持以经济建设为中心，从实际出发，把握发展新特征，加大结构性改革力度，加快转变经济发展方式，实现更高质量、更有效率、更加公平、更可持续的发展。

坚持深化改革。改革是发展的强大动力。必须按照完善和发展中国特色社会主义制度、推进国家治理体系和治理能力现代化的总目标，健全使市场在资源配置中起决定性作用和更好发挥政府作用的制度体系，以经济体制改革为重点，加快完善各方面体制机制，破除一切不利于科学发展的体制机制障碍，为发展提供持续动力。

坚持依法治国。法治是发展的可靠保障。必须坚定不移走中国特色社会主义法治道路，加快建设中国特色社会主义法治体系，建设社会主义法治国家，推进科学立法、严格执法、公正司法、全民守法，加快建设法治经济和法治社会，把经济社会发展纳入法治轨道。

坚持统筹国内国际两个大局。全方位对外开放是发展的必然要求。必须坚持打开国门搞建设，既立足国内，充分运用我国资源、市场、制度等优势，又重视国内国际经济联动效应，积极应对外部环境变化，更好利用两个市场、两种资源，推动互利共赢、共同发展。

坚持党的领导。党的领导是中国特色社会主义制度的最大优势，是实现经济社会持续健康发展的根本政治保证。必须贯彻全面从严治党要求，不断增强党的创造力、凝聚力、战斗力，不断提高党的执政能力和执政水平，确保我国发展航船沿着正确航道破浪前进。

二、"十三五"时期经济社会发展的主要目标和基本理念

1. 全面建成小康社会新的目标要求

（1）经济保持中高速增长

在提高发展平衡性、包容性、可持续性的基础上，到2020年国内生产总值和城乡居民人均收入比2010年翻一番。主要经济指标平衡协调，发展空间格局得到优化，投资效率和企业效率明显上升，工业化和信息化融合发展水平进一步提高，产业迈向中高端水平，先进制造业加快发展，新产业新业态不断成长，服务业比重进一步上升，消费对经济增长贡献明显加大。户籍人口城镇化率加快提高。农业现代化取得明显进展。迈进创新型国家和人才强国行列。

（2）人民生活水平和质量普遍提高

就业比较充分，就业、教育、文化、社保、医疗、住房等公共服务体系更加健全，基本公共服务均等化水平稳步提高。教育现代化取得重要进展，劳动年龄人口受教育年限明显增加。收入差距缩小，中等收入人口比重上升。我国现行标准下农村贫困人口实现脱贫，贫困县全部摘帽，解决区域性整体贫困。

（3）国民素质和社会文明程度显著提高

中国梦和社会主义核心价值观更加深入人心，爱国主义、集体主义、社会主义思想广泛弘扬，向上向善、诚信互助的社会风尚更加浓厚，人民思想道德素质、科学文化素质、健康素质明显提高，全社会法治意识不断增强。公共文化服务体系基本建成，文化产业成为国民经济支柱性产业。中华文化影响持续扩大。

（4）生态环境质量总体改善。生产方式和生活方式绿色、低碳水平上升

能源资源开发利用效率大幅提高，能源和水资源消耗、建设用地、碳排放总量得到有效控制，主要污染物排放总量大幅减少。主体功能区布局和生态安全屏障基本形成。

（5）各方面制度更加成熟更加定型

国家治理体系和治理能力现代化取得重大进展，各领域基础性制度体系基本形成。人民民主更加健全，法治政府基本建成，司法公信力明显提高。人权得到切实保障，产权得到有效保护。开放型经济新体制基本形成。中国特色现代军事体系更加完善。党的建设制度化水平显著提高。

2. 完善发展理念

实现"十三五"时期发展目标，破解发展难题，厚植发展优势，必须牢固树立创新、协调、绿色、开放、共享的发展理念。

创新是引领发展的第一动力。必须把创新摆在国家发展全局的核心位置，不断推进理论

创新、制度创新、科技创新、文化创新等各方面创新，让创新贯穿党和国家一切工作，让创新在全社会蔚然成风。

协调是持续健康发展的内在要求。必须牢牢把握中国特色社会主义事业总体布局，正确处理发展中的重大关系，重点促进城乡区域协调发展，促进经济社会协调发展，促进新型工业化、信息化、城镇化、农业现代化同步发展，在增强国家硬实力的同时注重提升国家软实力，不断增强发展整体性。

绿色是永续发展的必要条件和人民对美好生活追求的重要体现。必须坚持节约资源和保护环境的基本国策，坚持可持续发展，坚定走生产发展、生活富裕、生态良好的文明发展道路，加快建设资源节约型、环境友好型社会，形成人与自然和谐发展现代化建设新格局，推进美丽中国建设，为全球生态安全作出新贡献。

开放是国家繁荣发展的必由之路。必须顺应我国经济深度融入世界经济的趋势，奉行互利共赢的开放战略，坚持内外需协调、进出口平衡、引进来和走出去并重、引资和引技引智并举，发展更高层次的开放型经济，积极参与全球经济治理和公共产品供给，提高我国在全球经济治理中的制度性话语权，构建广泛的利益共同体。

共享是中国特色社会主义的本质要求。必须坚持发展为了人民、发展依靠人民、发展成果由人民共享，作出更有效的制度安排，使全体人民在共建共享发展中有更多获得感，增强发展动力，增进人民团结，朝着共同富裕方向稳步前进。

三、坚持创新发展，着力提高发展质量和效益

在国际发展竞争日趋激烈和我国发展动力转换的形势下，必须把发展基点放在创新上，形成促进创新的体制架构，塑造更多依靠创新驱动、更多发挥先发优势的引领型发展。

1. 培育发展新动力

优化劳动力、资本、土地、技术、管理等要素配置，激发创新创业活力，推动大众创业、万众创新，释放新需求，创造新供给，推动新技术、新产业、新业态蓬勃发展，加快实现发展动力转换。

发挥消费对增长的基础作用，着力扩大居民消费，引导消费朝着智能、绿色、健康、安全方向转变，以扩大服务消费为重点带动消费结构升级。促进流通信息化、标准化、集约化。

发挥投资对增长的关键作用，深化投融资体制改革，优化投资结构，增加有效投资。发挥财政资金撬动功能，创新融资方式，带动更多社会资本参与投资。创新公共基础设施投融资体制，推广政府和社会资本合作模式。

发挥出口对增长的促进作用，增强对外投资和扩大出口结合度，培育以技术、标准、品牌、质量、服务为核心的对外经济新优势。实施优进优出战略，推进国际产能和装备制造合作，提高劳动密集型产品科技含量和附加值，营造资本和技术密集型产业新优势，提高我国产业在全球价值链中的地位。

2. 拓展发展新空间

拓展区域发展空间。以区域发展总体战略为基础，以"一带一路"建设、京津冀协同发展、长江经济带建设为引领，形成沿海沿江沿线经济带为主的纵向横向经济轴带。发挥城市群辐射带动作用，优化发展京津冀、长三角、珠三角三大城市群，形成东北地区、中原地

区、长江中游、成渝地区、关中平原等城市群。发展一批中心城市，强化区域服务功能。支持绿色城市、智慧城市、森林城市建设和城际基础设施互联互通。推进重点地区一体发展，培育壮大若干重点经济区。推进城乡发展一体化，开辟农村广阔发展空间。

拓展产业发展空间。支持节能环保、生物技术、信息技术、智能制造、高端装备、新能源等新兴产业发展，支持传统产业优化升级。推广新型孵化模式，鼓励发展众创、众包、众扶、众筹空间。发展天使、创业、产业投资，深化创业板、新三板改革。

拓展基础设施建设空间。实施重大公共设施和基础设施工程。实施网络强国战略，加快构建高速、移动、安全、泛在的新一代信息基础设施。加快完善水利、铁路、公路、水运、民航、通用航空、管道、邮政等基础设施网络。完善能源安全储备制度。加强城市公共交通、防洪防涝等设施建设。实施城市地下管网改造工程。

拓展网络经济空间。实施"互联网＋"行动计划，发展物联网技术和应用，发展分享经济，促进互联网和经济社会融合发展。实施国家大数据战略，推进数据资源开放共享。完善电信普遍服务机制，开展网络提速降费行动，超前布局下一代互联网。推进产业组织、商业模式、供应链、物流链创新，支持基于互联网的各类创新。

拓展蓝色经济空间。坚持陆海统筹，壮大海洋经济，科学开发海洋资源，保护海洋生态环境，维护我国海洋权益，建设海洋强国。

3. 深入实施创新驱动发展战略

发挥科技创新在全面创新中的引领作用，加强基础研究，强化原始创新、集成创新和引进消化吸收再创新。推进有特色高水平大学和科研院所建设，鼓励企业开展基础性前沿性创新研究，重视颠覆性技术创新。实施一批国家重大科技项目，在重大创新领域组建一批国家实验室。积极提出并牵头组织国际大科学计划和大科学工程。

推动政府职能从研发管理向创新服务转变。完善国家科技决策咨询制度。坚持战略和前沿导向，集中支持事关发展全局的基础研究和共性关键技术研究，加快突破新一代信息通信、新能源、新材料、航空航天、生物医药、智能制造等领域核心技术。瞄准瓶颈制约问题，制定系统性技术解决方案。

强化企业创新主体地位和主导作用，形成一批有国际竞争力的创新型领军企业，支持科技型中小企业健康发展。依托企业、高校、科研院所建设一批国家技术创新中心，形成若干具有强大带动力的创新型城市和区域创新中心。完善企业研发费用加计扣除政策，扩大固定资产加速折旧实施范围，推动设备更新和新技术应用。

深化科技体制改革，引导构建产业技术创新联盟，推动跨领域跨行业协同创新，促进科技与经济深度融合。加强技术和知识产权交易平台建设，建立从实验研究、中试到生产的全过程科技创新融资模式，促进科技成果资本化、产业化。构建普惠性创新支持政策体系，加大金融支持和税收优惠力度。深化知识产权领域改革，加强知识产权保护。

扩大高校和科研院所自主权，赋予创新领军人才更大人财物支配权、技术路线决策权。实行以增加知识价值为导向的分配政策，提高科研人员成果转化收益分享比例，鼓励人才弘扬奉献精神。

4. 大力推进农业现代化

农业是全面建成小康社会、实现现代化的基础。加快转变农业发展方式，发展多种形式适度规模经营，发挥其在现代农业建设中的引领作用。着力构建现代农业产业体系、生产体系、经营体系，提高农业质量效益和竞争力，推动粮经饲统筹、农林牧渔结合、种养加一体、一二三产业融合发展，走产出高效、产品安全、资源节约、环境友好的农业现代化道路。

稳定农村土地承包关系，完善土地所有权、承包权、经营权分置办法，依法推进土地经营权有序流转，构建培育新型农业经营主体的政策体系。培养新型职业农民。深化农村土地制度改革。完善农村集体产权权能。深化农村金融改革，完善农业保险制度。

坚持最严格的耕地保护制度，坚守耕地红线，实施藏粮于地、藏粮于技战略，提高粮食产能，确保谷物基本自给、口粮绝对安全。全面划定永久基本农田，大规模推进农田水利、土地整治、中低产田改造和高标准农田建设，加强粮食等大宗农产品主产区建设，探索建立粮食生产功能区和重要农产品生产保护区。优化农业生产结构和区域布局，推进产业链和价值链建设，开发农业多种功能，提高农业综合效益。

推进农业标准化和信息化。健全从农田到餐桌的农产品质量安全全过程监管体系、现代农业科技创新推广体系、农业社会化服务体系。发展现代种业，提高农业机械化水平。持续增加农业投入，完善农业补贴政策。改革农产品价格形成机制，完善粮食等重要农产品收储制度。加强农产品流通设施和市场建设。

5. 构建产业新体系

加快建设制造强国，实施《中国制造2025》。引导制造业朝着分工细化、协作紧密方向发展，促进信息技术向市场、设计、生产等环节渗透，推动生产方式向柔性、智能、精细转变。

实施工业强基工程，开展质量品牌提升行动，支持企业瞄准国际同行业标杆推进技术改造，全面提高产品技术、工艺装备、能效环保等水平。更加注重运用市场机制、经济手段、法治办法化解产能过剩，加大政策引导力度，完善企业退出机制。

支持战略性新兴产业发展，发挥产业政策导向和促进竞争功能，更好发挥国家产业投资引导基金作用，培育一批战略性产业。

实施智能制造工程，构建新型制造体系，促进新一代信息通信技术、高档数控机床和机器人、航空航天装备、海洋工程装备及高技术船舶、先进轨道交通装备、节能与新能源汽车、电力装备、农机装备、新材料、生物医药及高性能医疗器械等产业发展壮大。

开展加快发展现代服务业行动，放宽市场准入，促进服务业优质高效发展。推动生产性服务业向专业化和价值链高端延伸、生活性服务业向精细和高品质转变，推动制造业由生产型向生产服务型转变。大力发展旅游业。

6. 构建发展新体制

深化行政管理体制改革，进一步转变政府职能，持续推进简政放权、放管结合、优化服务，提高政府效能，激发市场活力和社会创造力。坚持公有制为主体、多种所有制经济共同发展。毫不动摇巩固和发展公有制经济，毫不动摇鼓励、支持、引导非公有制经济发展。推进产权保护法治化，依法保护各种所有制经济权益。

深化国有企业改革，增强国有经济活力、控制力、影响力、抗风险能力。分类推进国有企业改革，完善现代企业制度。完善各类国有资产管理体制，以管资本为主加强国有资产监管，防止国有资产流失。健全国有资本合理流动机制，推进国有资本布局战略性调整，引导国有资本更多投向关系国家安全、国民经济命脉的重要行业和关键领域，坚定不移把国有企业做强做优做大，更好地服务于国家战略目标。

鼓励民营企业依法进入更多领域，引入非国有资本参与国有企业改革，更好激发非公有制经济活力和创造力。优化企业发展环境。开展降低实体经济企业成本行动，优化运营模式，增强盈利能力。限制政府对企业经营决策的干预，减少行政审批事项。清理和规范涉企行政事业性收费，减轻企业负担，完善公平竞争、促进企业健康发展的政策和制度。激发企业家精神，依法保护企业家财产权和创新收益。

加快形成统一开放、竞争有序的市场体系，建立公平竞争保障机制，打破地域分割和行业垄断。深化市场配置要素改革，促进人才、资金、科研成果等在城乡、企业、高校、科研机构间有序流动。

深化财税体制改革，建立健全有利于转变经济发展方式、形成全国统一市场、促进社会公平正义的现代财政制度，建立税种科学、结构优化、法律健全、规范公平、征管高效的税收制度。建立事权和支出责任相适应的制度，适度加强中央事权和支出责任。调动各方面积极性，考虑税种属性，进一步理顺中央和地方收入划分。建立全面规范、公开透明预算制度，完善政府预算体系，实施跨年度预算平衡机制和中期财政规划管理。建立规范的地方政府举债融资体制。健全优先使用创新产品、绿色产品的政府采购政策。

加快金融体制改革，提高金融服务实体经济效率。健全商业性金融、开发性金融、政策性金融、合作性金融分工合理、相互补充的金融机构体系。构建多层次、广覆盖、有差异的银行机构体系，扩大民间资本进入银行业，发展普惠金融，着力加强对中小微企业、农村特别是贫困地区金融服务。积极培育公开透明、健康发展的资本市场，推进股票和债券发行交易制度改革，提高直接融资比重，降低杠杆率。开发符合创新需求的金融服务，推进高收益债券及股债相结合的融资方式。推进汇率和利率市场化，提高金融机构管理水平和服务质量，降低企业融资成本。规范发展互联网金融。加快建立巨灾保险制度，探索建立保险资产交易机制。

加强金融宏观审慎管理制度建设，加强统筹协调，改革并完善适应现代金融市场发展的金融监管框架，健全符合我国国情和国际标准的监管规则，实现金融风险监管全覆盖。完善国有金融资本和外汇储备管理制度，建立安全高效的金融基础设施，有效运用和发展金融风险管理工具。防止发生系统性区域性金融风险。

7. 创新和完善宏观调控方式

按照总量调节和定向施策并举、短期和中长期结合、国内和国际统筹、改革和发展协调的要求，完善宏观调控，采取相机调控、精准调控措施，适时预调微调，更加注重扩大就业、稳定物价、调整结构、提高效益、防控风险、保护环境。

依据国家中长期发展规划目标和总供求格局实施宏观调控，稳定政策基调，增强可预期性和透明度，创新调控思路和政策工具，在区间调控基础上加大定向调控力度，增强针对性和准确性。完善以财政政策、货币政策为主，产业政策、区域政策、投资政策、消费政策、价格政策协调配合的政策体系，增强财政货币政策协调性。运用大数据技术，提高经济运行信息及时性和准确性。

减少政府对价格形成的干预，全面放开竞争性领域商品和服务价格，放开电力、石油、天然气、交通运输、电信等领域竞争性环节价格。建立风险识别和预警机制，以可控方式和节奏主动释放风险，重点提高财政、金融、能源、矿产资源、水资源、粮食、生态环保、安全生产、网络安全等方面风险防控能力。

四、坚持协调发展，着力形成平衡发展结构

增强发展协调性，必须坚持区域协同、城乡一体、物质文明精神文明并重、经济建设国防建设融合，在协调发展中拓宽发展空间，在加强薄弱领域中增强发展后劲。

1. 推动区域协调发展

塑造要素有序自由流动、主体功能约束有效、基本公共服务均等、资源环境可承载的区域协调发展新格局。

深入实施西部大开发，支持西部地区改善基础设施，发展特色优势产业，强化生态环境保护。推动东北地区等老工业基地振兴，促进中部地区崛起，加大国家支持力度，加快市场取向改革。支持东部地区率先发展，更好辐射带动其他地区。支持革命老区、民族地区、边疆地区、贫困地区加快发展，加大对资源枯竭、产业衰退、生态严重退化等困难地区的支持力度。

培育若干带动区域协同发展的增长极。推动京津冀协同发展，优化城市空间布局和产业结构，有序疏解北京非首都功能，推进交通一体化，扩大环境容量和生态空间，探索人口经济密集地区优化开发新模式。推进长江经济带建设，改善长江流域生态环境，高起点建设综合立体交通走廊，引导产业优化布局和分工协作。

2. 推动城乡协调发展

坚持工业反哺农业、城市支持农村，健全城乡发展一体化体制机制，推进城乡要素平等交换、合理配置和基本公共服务均等化。

发展特色县域经济，加快培育中小城市和特色小城镇，促进农产品精深加工和农村服务业发展，拓展农民增收渠道，完善农民收入增长支持政策体系，增强农村发展内生动力。

推进以人为核心的新型城镇化。提高城市规划、建设、管理水平。深化户籍制度改革，促进有能力在城镇稳定就业和生活的农业转移人口举家进城落户，并与城镇居民有同等权利和义务。实施居住证制度，努力实现基本公共服务常住人口全覆盖。健全财政转移支付同农业转移人口市民化挂钩机制，建立城镇建设用地增加规模同吸纳农业转移人口落户数量挂钩机制。维护进城落户农民土地承包权、宅基地使用权、集体收益分配权，支持引导其依法自愿有偿转让上述权益。深化住房制度改革。加大城镇棚户区和城乡危房改造力度。

促进城乡公共资源均衡配置，健全农村基础设施投入长效机制，把社会事业发展重点放在农村和接纳农业转移人口较多的城镇，推动城镇公共服务向农村延伸。提高社会主义新农村建设水平，开展农村人居环境整治行动，加大传统村落民居和历史文化名村名镇保护力度，建设美丽宜居乡村。

3. 推动物质文明和精神文明协调发展

坚持"两手抓、两手都要硬"，坚持社会主义先进文化前进方向，坚持以人民为中心的工作导向，坚持把社会效益放在首位、社会效益和经济效益相统一，坚定文化自信，增强文化自觉，加快文化改革发展，加强社会主义精神文明建设，建设社会主义文化强国。

坚持用邓小平理论、"三个代表"重要思想、科学发展观和习近平总书记系列重要讲话精神武装全党、教育人民，用中国梦和社会主义核心价值观凝聚共识、汇聚力量。深化马克思主义理论研究和建设工程，加强思想道德建设和社会诚信建设，增强国家意识、法治意

识、社会责任意识，倡导科学精神，弘扬中华传统美德，注重通过法律和政策向社会传导正确价值取向。

扶持优秀文化产品创作生产，加强文化人才培养，繁荣发展文学艺术、新闻出版、广播影视事业。实施哲学社会科学创新工程，建设中国特色新型智库。构建中华优秀传统文化传承体系，加强文化遗产保护，振兴传统工艺，实施中华典籍整理工程。加强和改进基层宣传思想文化工作，深化各类群众性精神文明创建活动。

深化文化体制改革，实施重大文化工程，完善公共文化服务体系、文化产业体系、文化市场体系。推动基本公共文化服务标准化、均等化发展，引导文化资源向城乡基层倾斜，创新公共文化服务方式，保障人民基本文化权益。推动文化产业结构优化升级，发展骨干文化企业和创意文化产业，培育新型文化业态，扩大和引导文化消费。普及科学知识。倡导全民阅读。发展体育事业，推广全民健身，增强人民体质。做好2022年北京冬季奥运会筹办工作。

4. 推动经济建设和国防建设融合发展

坚持发展和安全兼顾、富国和强军统一，实施军民融合发展战略，形成全要素、多领域、高效益的军民深度融合发展格局。

同全面建成小康社会进程相一致，全面推进国防和军队建设。以党在新形势下的强军目标为引领，贯彻新形势下军事战略方针，加强军队党的建设和思想政治建设，加强各方向各领域军事斗争准备，加强新型作战力量建设，加快推进国防和军队改革，深入推进依法治军、从严治军。到2020年，基本完成国防和军队改革目标任务，基本实现机械化，信息化取得重大进展，构建能够打赢信息化战争、有效履行使命任务的中国特色现代军事力量体系。

健全军民融合发展的组织管理体系、工作运行体系、政策制度体系。建立国家和各省（自治区、直辖市）军民融合领导机构。制定统筹经济建设和国防建设专项规划。深化国防科技工业体制改革，建立国防科技协同创新机制。推进军民融合发展立法。在海洋、太空、网络空间等领域推出一批重大项目和举措，打造一批军民融合创新示范区，增强先进技术、产业产品、基础设施等军民共用的协调性。

加强全民国防教育和后备力量建设。加强现代化武装警察部队建设。密切军政军民团结。党政军警民合力强边固防。各级党委和政府要积极支持国防建设和军队改革，人民解放军和武警部队要积极支援经济社会建设。

五、坚持绿色发展，着力改善生态环境

坚持绿色富国、绿色惠民，为人民提供更多优质生态产品，推动形成绿色发展方式和生活方式，协同推进人民富裕、国家富强、中国美丽。

1. 促进人与自然和谐共生

有度有序利用自然，调整优化空间结构，划定农业空间和生态空间保护红线，构建科学合理的城市化格局、农业发展格局、生态安全格局、自然岸线格局。设立统一规范的国家生态文明试验区。

根据资源环境承载力调节城市规模，依托山水地貌优化城市形态和功能，实行绿色规划、设计、施工标准。

支持绿色清洁生产，推进传统制造业绿色改造，推动建立绿色低碳循环发展产业体系，鼓励企业工艺技术装备更新改造。发展绿色金融，设立绿色发展基金。

2. 加快建设主体功能区

发挥主体功能区作为国土空间开发保护基础制度的作用，落实主体功能区规划，完善政策，发布全国主体功能区规划图和农产品主产区、重点生态功能区目录，推动各地区依据主体功能定位发展。以主体功能区规划为基础统筹各类空间性规划，推进"多规合一"。

推动京津冀、长三角、珠三角等优化开发区域产业结构向高端高效发展，防治"城市病"，逐年减少建设用地增量。推动重点开发区域提高产业和人口集聚度。重点生态功能区实行产业准入负面清单。加大对农产品主产区和重点生态功能区的转移支付力度，强化激励性补偿，建立横向和流域生态补偿机制。整合设立一批国家公园。

维护生物多样性，实施濒危野生动植物抢救性保护工程，建设救护繁育中心和基因库。强化野生动植物进出口管理，严防外来有害物种入侵。严厉打击象牙等野生动植物制品非法交易。

3. 推动低碳循环发展

推进能源革命，加快能源技术创新，建设清洁低碳、安全高效的现代能源体系。提高非化石能源比重，推动煤炭等化石能源清洁高效利用。加快发展风能、太阳能、生物质能、水能、地热能，安全高效发展核电。加强储能和智能电网建设，发展分布式能源，推行节能低碳电力调度。有序开放开采权，积极开发天然气、煤层气、页岩气。改革能源体制，形成有效竞争的市场机制。

推进交通运输低碳发展，实行公共交通优先，加强轨道交通建设，鼓励自行车等绿色出行。实施新能源汽车推广计划，提高电动车产业化水平。提高建筑节能标准，推广绿色建筑和建材。

主动控制碳排放，加强高能耗行业能耗管控，有效控制电力、钢铁、建材、化工等重点行业碳排放，支持优化开发区域率先实现碳排放峰值目标，实施近零碳排放区示范工程。

4. 全面节约和高效利用资源

强化约束性指标管理，实行能源和水资源消耗、建设用地等总量和强度双控行动。实施全民节能行动计划，提高节能、节水、节地、节材、节矿标准，开展能效、水效领跑者引领行动。

实行最严格的水资源管理制度，以水定产、以水定城，建设节水型社会。合理制定水价，编制节水规划，实施雨洪资源利用、再生水利用、海水淡化工程，建设国家地下水监测系统，开展地下水超采区综合治理。坚持最严格的节约用地制度，调整建设用地结构，降低工业用地比例，推进城镇低效用地再开发和工矿废弃地复垦，严格控制农村集体建设用地规模。探索实行耕地轮作休耕制度试点。

倡导合理消费，力戒奢侈浪费，制止奢靡之风。在生产、流通、仓储、消费各环节落实全面节约。管住公款消费，深入开展反过度包装、反食品浪费、反过度消费行动，推动形成勤俭节约的社会风尚。

5. 加大环境治理力度

推进多污染物综合防治和环境治理，实行联防联控和流域共治，深入实施大气、水、土壤污染防治行动计划。实施工业污染源全面达标排放计划，实现城镇生活污水垃圾处理设施全覆盖和稳定运行。扩大污染物总量控制范围,将细颗粒物等环境质量指标列入约束性指标。坚持城乡环境治理并重,加大农业面源污染防治力度,统筹农村饮水安全、改水改厕、垃圾处理,推进种养业废弃物资源化利用、无害化处置。

改革环境治理基础制度,建立覆盖所有固定污染源的企业排放许可制,实行省以下环保机构监测监察执法垂直管理制度。建立全国统一的实时在线环境监控系统。健全环境信息公布制度。探索建立跨地区环保机构。开展环保督察巡视,严格环保执法。

6. 筑牢生态安全屏障

坚持保护优先、自然恢复为主,实施山水林田湖生态保护和修复工程,构建生态廊道和生物多样性保护网络,全面提升森林、河湖、湿地、草原、海洋等自然生态系统稳定性和生态服务功能。

开展大规模国土绿化行动,加强林业重点工程建设,完善天然林保护制度,全面停止天然林商业性采伐,增加森林面积和蓄积量。发挥国有林区林场在绿化国土中的带动作用。扩大退耕还林还草,加强草原保护。严禁移植天然大树进城。创新产权模式,引导各方面资金投入植树造林。

加强水生态保护,系统整治江河流域,连通江河湖库水系,开展退耕还湿、退养还滩。推进荒漠化、石漠化、水土流失综合治理。强化江河源头和水源涵养区生态保护。开展蓝色海湾整治行动。加强地质灾害防治。

六、坚持开放发展,着力实现合作共赢

1. 完善对外开放战略布局

完善对外开放区域布局,加强内陆沿边地区口岸和基础设施建设,开辟跨境多式联运交通走廊,发展外向型产业集群,形成各有侧重的对外开放基地。支持沿海地区全面参与全球经济合作和竞争,培育有全球影响力的先进制造基地和经济区。提高边境经济合作区、跨境经济合作区发展水平。

加快对外贸易优化升级,从外贸大国迈向贸易强国。完善对外贸易布局,创新外贸发展模式,加强营销和售后服务网络建设,提高传统优势产品竞争力,巩固出口市场份额,推动外贸向优质优价、优进优出转变,壮大装备制造等新的出口主导产业。发展服务贸易。实行积极的进口政策,向全球扩大市场开放。

完善投资布局,扩大开放领域,放宽准入限制,积极有效引进境外资金和先进技术。支持企业扩大对外投资,推动装备、技术、标准、服务走出去,深度融入全球产业链、价值链、物流链,建设一批大宗商品境外生产基地,培育一批跨国企业。积极搭建国际产能和装备制造合作金融服务平台。

2. 形成对外开放新体制

完善法治化、国际化、便利化的营商环境,健全有利于合作共赢并同国际贸易投资规则相适应的体制机制。建立便利跨境电子商务等新型贸易方式的体制,健全服务贸易促进体系,全面实施单一窗口和通关一体化。提高自由贸易试验区建设质量,在更大范围推广复制。

全面实行准入前国民待遇加负面清单管理制度,促进内外资企业一视同仁、公平竞争。完善境外投资管理,健全对外投资促进政策和服务体系。有序扩大服务业对外开放,扩大银

行、保险、证券、养老等市场准入。

扩大金融业双向开放。有序实现人民币资本项目可兑换，推动人民币加入特别提款权，成为可兑换、可自由使用货币。转变外汇管理和使用方式，从正面清单转变为负面清单。放宽境外投资汇兑限制，放宽企业和个人外汇管理要求，放宽跨国公司资金境外运作限制。加强国际收支监测，保持国际收支基本平衡。推进资本市场双向开放，改进并逐步取消境内外投资额度限制。

推动同更多国家签署高标准双边投资协定、司法协助协定，争取同更多国家互免或简化签证手续。构建海外利益保护体系。完善反洗钱、反恐怖融资、反逃税监管措施，完善风险防范体制机制。

3. 推进"一带一路"建设

秉持亲诚惠容，坚持共商共建共享原则，完善双边和多边合作机制，以企业为主体，实行市场化运作，推进同有关国家和地区多领域互利共赢的务实合作，打造陆海内外联动、东西双向开放的全面开放新格局。

推进基础设施互联互通和国际大通道建设，共同建设国际经济合作走廊。加强能源资源合作，提高就地加工转化率。共建境外产业集聚区，推动建立当地产业体系，广泛开展教育、科技、文化、旅游、卫生、环保等领域合作，造福当地民众。

加强同国际金融机构合作，参与亚洲基础设施投资银行、金砖国家新开发银行建设，发挥丝路基金作用，吸引国际资金共建开放多元共赢的金融合作平台。

4. 深化内地和港澳、大陆和台湾地区合作发展

全面准确贯彻"一国两制"、"港人治港"、"澳人治澳"、高度自治的方针，发挥港澳独特优势，提升港澳在国家经济发展和对外开放中的地位和功能，支持港澳发展经济、改善民生、推进民主、促进和谐。

支持香港地区巩固国际金融、航运、贸易三大中心地位，参与国家双向开放、"一带一路"建设。支持香港地区强化全球离岸人民币业务枢纽地位，推动融资、商贸、物流、专业服务等向高端高增值方向发展。支持澳门地区建设世界旅游休闲中心、中国与葡语国家商贸合作服务平台，促进澳门地区经济适度多元可持续发展。

加大内地对港澳地区开放力度，加快前海、南沙、横琴等粤港澳合作平台建设。加深内地同港澳地区在社会、民生、科技、文化、教育、环保等领域交流合作。深化泛珠三角等区域合作。

坚持"九二共识"和一个中国原则，秉持"两岸一家亲"，以互利共赢方式深化两岸经济合作。推动两岸产业合作协调发展、金融业合作及贸易投资等双向开放合作。推进海峡西岸经济区建设，打造平潭等对台合作平台。扩大两岸人员往来，深化两岸农业、文化、教育、科技、社会等领域交流合作，增进两岸同胞福祉，让更多台湾地区普通民众、青少年和中小企业受益。

5. 积极参与全球经济治理

推动国际经济治理体系改革完善，积极引导全球经济议程，促进国际经济秩序朝着平等公正、合作共赢的方向发展。加强宏观经济政策国际协调，促进全球经济平衡、金融安全、经济稳定增长。积极参与网络、深海、极地、空天等新领域国际规则制定。

推动多边贸易谈判进程，促进多边贸易体制均衡、共赢、包容发展，形成公正、合理、

透明的国际经贸规则体系。支持发展中国家平等参与全球经济治理，促进国际货币体系和国际金融监管改革。

加快实施自由贸易区战略，推进区域全面经济伙伴关系协定谈判，推进亚太自由贸易区建设，致力于形成面向全球的高标准自由贸易区网络。

6. 积极承担国际责任和义务

坚持共同但有区别的责任原则、公平原则、各自能力原则，积极参与应对全球气候变化谈判，落实减排承诺。

扩大对外援助规模，完善对外援助方式，为发展中国家提供更多免费的人力资源、发展规划、经济政策等方面咨询培训，扩大科技教育、医疗卫生、防灾减灾、环境治理、野生动植物保护、减贫等领域对外合作和援助，加大人道主义援助力度。主动参与2030年可持续发展议程。

维护国际公共安全，反对一切形式的恐怖主义，积极支持并参与联合国维和行动，加强防扩散国际合作，参与管控热点敏感问题，共同维护国际通道安全。加强多边和双边协调，参与维护全球网络安全。推动国际反腐败合作。

七、坚持共享发展，着力增进人民福祉

1. 增加公共服务供给

坚持普惠性、保基本、均等化、可持续方向，从解决人民最关心最直接最现实的利益问题入手，增强政府职责，提高公共服务共建能力和共享水平。加强义务教育、就业服务、社会保障、基本医疗和公共卫生、公共文化、环境保护等基本公共服务，努力实现全覆盖。加大对革命老区、民族地区、边疆地区、贫困地区的转移支付。加强对特定人群特殊困难的帮扶。

创新公共服务提供方式，能由政府购买服务提供的，政府不再直接承办；能由政府和社会资本合作提供的，广泛吸引社会资本参与。加快社会事业改革。

2. 实施脱贫攻坚工程

农村贫困人口脱贫是全面建成小康社会最艰巨的任务。必须充分发挥政治优势和制度优势，坚决打赢脱贫攻坚战。

实施精准扶贫、精准脱贫，因人因地施策，提高扶贫实效。分类扶持贫困家庭，对有劳动能力的支持发展特色产业和转移就业，对"一方水土养不起一方人"的实施扶贫搬迁，对生态特别重要和脆弱的实行生态保护扶贫，对丧失劳动能力的实施兜底性保障政策，对因病致贫的提供医疗救助保障。实行低保政策和扶贫政策衔接，对贫困人口应保尽保。

扩大贫困地区基础设施覆盖面，因地制宜解决通路、通水、通电、通网络等问题。对在贫困地区开发水电、矿产资源占用集体土地的，试行给原住居民集体股权方式进行补偿，探索对贫困人口实行资产收益扶持制度。

提高贫困地区基础教育质量和医疗服务水平，推进贫困地区基本公共服务均等化。建立健全农村留守儿童和妇女、老人关爱服务体系。

实行脱贫工作责任制。进一步完善中央统筹、省（自治区、直辖市）负总责、市（地）县抓落实的工作机制。强化脱贫工作责任考核，对贫困县重点考核脱贫成效。加大中央和省

级财政扶贫投入，发挥政策性金融和商业性金融的互补作用，整合各类扶贫资源，开辟扶贫开发新的资金渠道。健全东西部协作和党政机关、部队、人民团体、国有企业定点扶贫机制，激励各类企业、社会组织、个人自愿采取包干方式参与扶贫。把革命老区、民族地区、边疆地区、集中连片贫困地区作为脱贫攻坚重点。

3. 提高教育质量

推动义务教育均衡发展，全面提高教育教学质量。普及高中阶段教育，逐步分类推进中等职业教育免除学杂费，率先从建档立卡的家庭经济困难学生实施普通高中免除学杂费。发展学前教育，鼓励普惠性幼儿园发展。完善资助方式，实现家庭经济困难学生资助全覆盖。

促进教育公平。加快城乡义务教育公办学校标准化建设，加强教师队伍特别是乡村教师队伍建设，推进城乡教师交流。办好特殊教育。

提高高校教学水平和创新能力，使若干高校和一批学科达到或接近世界一流水平。建设现代职业教育体系，推进产教融合、校企合作。优化学科专业布局和人才培养机制，鼓励具备条件的普通本科高校向应用型转变。

落实并深化考试招生制度改革和教育教学改革。建立个人学习账号和学分累计制度，畅通继续教育、终身学习通道。推进教育信息化，发展远程教育，扩大优质教育资源覆盖面。完善教育督导，加强社会监督。支持和规范民办教育发展，鼓励社会力量和民间资本提供多样化教育服务。

4. 促进就业创业

坚持就业优先战略，实施更加积极的就业政策，创造更多就业岗位，着力解决结构性就业矛盾。完善创业扶持政策，鼓励以创业带就业，建立面向人人的创业服务平台。

统筹人力资源市场，打破城乡、地区、行业分割和身份、性别歧视，维护劳动者平等就业权利。加强对灵活就业、新就业形态的支持，促进劳动者自主就业。落实高校毕业生就业促进和创业引领计划，带动青年就业创业。加强就业援助，帮助就业困难者就业。

推行终身职业技能培训制度。实施新生代农民工职业技能提升计划。开展贫困家庭子女、未升学初高中毕业生、农民工、失业人员和转岗职工、退役军人免费接受职业培训行动。推行工学结合、校企合作的技术工人培养模式，推行企业新型学徒制。提高技术工人待遇，完善职称评定制度，推广专业技术职称、技能等级等同大城市落户挂钩做法。

提高劳动力素质、劳动参与率、劳动生产率，增强劳动力市场灵活性，促进劳动力在地区、行业、企业之间自由流动。建立和谐劳动关系，维护职工和企业合法权益。

5. 缩小收入差距

坚持居民收入增长和经济增长同步、劳动报酬提高和劳动生产率提高同步，持续增加城乡居民收入。调整国民收入分配格局，规范初次分配，加大再分配调节力度。

健全科学的工资水平决定机制、正常增长机制、支付保障机制，推行企业工资集体协商制度。完善最低工资增长机制，完善市场评价要素贡献并按贡献分配的机制，完善适应机关事业单位特点的工资制度。

实行有利于缩小收入差距的政策，明显增加低收入劳动者收入，扩大中等收入者比重。加快建立综合和分类相结合的个人所得税制。多渠道增加居民财产性收入。规范收入分配秩序，保护合法收入，规范隐性收入，遏制以权力、行政垄断等非市场因素获取收入，取缔非法收入。

支持慈善事业发展,广泛动员社会力量开展社会救济和社会互助、志愿服务活动。完善鼓励回馈社会、扶贫济困的税收政策。

6. 建立更加公平更可持续的社会保障制度

实施全民参保计划,基本实现法定人员全覆盖。坚持精算平衡,完善筹资机制,分清政府、企业、个人等的责任。适当降低社会保险费率。完善社会保险体系。

完善职工养老保险个人账户制度,健全多缴多得激励机制。实现职工基础养老金全国统筹,建立基本养老金合理调整机制。拓宽社会保险基金投资渠道,加强风险管理,提高投资回报率。逐步提高国有资本收益上缴公共财政比例,划转部分国有资本充实社保基金。出台渐进式延迟退休年龄政策。发展职业年金、企业年金、商业养老保险。

健全医疗保险稳定可持续筹资和报销比例调整机制,研究实行职工退休人员医保缴费参保政策。全面实施城乡居民大病保险制度。改革医保支付方式,发挥医保控费作用。改进个人账户,开展门诊费用统筹。实现跨省异地安置退休人员住院医疗费用直接结算。整合城乡居民医保政策和经办管理。鼓励发展补充医疗保险和商业健康保险。鼓励商业保险机构参与医保经办。将生育保险和基本医疗保险合并实施。

7. 推进健康中国建设

深化医药卫生体制改革,实行医疗、医保、医药联动,推进医药分开,实行分级诊疗,建立覆盖城乡的基本医疗卫生制度和现代医院管理制度。

全面推进公立医院综合改革,坚持公益属性,破除逐利机制,建立符合医疗行业特点的人事薪酬制度。优化医疗卫生机构布局,健全上下联动、衔接互补的医疗服务体系,完善基层医疗服务模式,发展远程医疗。促进医疗资源向基层、农村流动,推进全科医生、家庭医生、急需领域医疗服务能力提高、电子健康档案等工作。鼓励社会力量兴办健康服务业,推进非营利性民营医院和公立医院同等待遇。加强医疗质量监管,完善纠纷调解机制,构建和谐医患关系。

坚持中西医并重,促进中医药、民族医药发展。完善基本药物制度,健全药品供应保障机制,理顺药品价格,增加艾滋病防治等特殊药物免费供给。提高药品质量,确保用药安全。加强传染病、慢性病、地方病等重大疾病综合防治和职业病危害防治,通过多种方式降低大病慢性病医疗费用。倡导健康生活方式,加强心理健康服务。

8. 促进人口均衡发展

坚持计划生育的基本国策,完善人口发展战略。全面实施一对夫妇可生育两个孩子政策。提高生殖健康、妇幼保健、托幼等公共服务水平。帮扶存在特殊困难的计划生育家庭。注重家庭发展。

积极开展应对人口老龄化行动,弘扬敬老、养老、助老社会风尚,建设以居家为基础、社区为依托、机构为补充的多层次养老服务体系,推动医疗卫生和养老服务相结合,探索建立长期护理保险制度。全面放开养老服务市场,通过购买服务、股权合作等方式支持各类市场主体增加养老服务和产品供给。

坚持男女平等基本国策,保障妇女和未成年人权益。支持残疾人事业发展,健全扶残助残服务体系。

八、加强和改善党的领导,为实现"十三五"规划提供坚强保证

1. 完善党领导经济社会发展工作体制机制

坚持党总揽全局、协调各方,发挥各级党委(党组)领导核心作用,加强制度化建设,改进工作体制机制和方式方法,强化全委会决策和监督作用。提高决策科学化水平,完善党委研究经济社会发展战略、定期分析经济形势、研究重大方针政策的工作机制,健全决策咨询机制。完善信息发布制度。

优化领导班子知识结构和专业结构,注重培养选拔政治强、懂专业、善治理、敢担当、作风正的领导干部,提高专业化水平。深化干部人事制度改革,完善政绩考核评价体系和奖惩机制,调动各级干部工作积极性、主动性、创造性。

加强党的各级组织建设,强化基层党组织整体功能,发挥战斗堡垒作用和党员先锋模范作用,激励广大干部开拓进取、攻坚克难,更好带领群众全面建成小康社会。

反腐倡廉建设永远在路上,反腐不能停步、不能放松。要坚持全面从严治党,落实"三严三实"要求,严明党的纪律和规矩,落实党风廉政建设主体责任和监督责任,健全改进作风长效机制,强化权力运行制约和监督,巩固反腐败成果,构建不敢腐、不能腐、不想腐的有效机制,努力实现干部清正、政府清廉、政治清明,为经济社会发展营造良好政治生态。

2. 动员人民群众团结奋斗

加强思想政治工作,创新群众工作体制机制和方式方法,注重发挥工会、共青团、妇联等群团组织的作用,正确处理人民内部矛盾,最大限度凝聚全社会推进改革发展、维护社会和谐稳定的共识和力量。高度重视做好意识形态领域工作,切实维护意识形态安全。

巩固和发展最广泛的爱国统一战线,全面落实党的知识分子、民族、宗教、侨务等政策,充分发挥民主党派、工商联和无党派人士作用,深入开展民族团结进步宣传教育,引导宗教与社会主义社会相适应,促进政党关系、民族关系、宗教关系、阶层关系、海内外同胞关系和谐,巩固全国各族人民大团结,加强海内外中华儿女大团结。

3. 加快建设人才强国

推动人才结构战略性调整,突出"高精尖缺"导向,实施重大人才工程,着力发现、培养、集聚战略科学家、科技领军人才、企业家人才、高技能人才队伍。实施更开放的创新人才引进政策,更大力度引进急需紧缺人才,聚天下英才而用之。发挥政府投入引导作用,鼓励企业、高校、科研院所、社会组织、个人等有序参与人才资源开发和人才引进。

优化人力资本配置,清除人才流动障碍,提高社会横向和纵向流动性。完善人才评价激励机制和服务保障体系,营造有利于人人皆可成才和青年人才脱颖而出的社会环境,健全有利于人才向基层、中西部地区流动的政策体系。

4. 运用法治思维和法治方式推动发展

加强党对立法工作的领导。加快重点领域立法,坚持改废释并举,深入推进科学立法、民主立法,加快形成完备的法律规范体系。

加强法治政府建设,依法设定权力、行使权力、制约权力、监督权力,依法调控和治理经济,推行综合执法,实现政府活动全面纳入法治轨道。深化司法体制改革,尊重司法规律,促进司法公正,完善对权利的司法保障、对权力的司法监督。弘扬社会主义法治精神,增强全社会特别是公职人员尊法学法守法用法观念,在全社会形成良好法治氛围和法治

习惯。

5. 加强和创新社会治理

加强社会治理基础制度建设，建立国家人口基础信息库、统一社会信用代码制度和相关实名登记制度，完善社会信用体系，健全社会心理服务体系和疏导机制、危机干预机制。

完善社会治安综合治理体制机制，以信息化为支撑加快建设社会治安立体防控体系，建设基础综合服务管理平台。落实重大决策社会稳定风险评估制度，完善社会矛盾排查预警和调处化解综合机制，加强和改进信访和调解工作，有效预防和化解矛盾纠纷。严密防范、依法惩治违法犯罪活动，维护社会秩序。

牢固树立安全发展观念，坚持人民利益至上，加强全民安全意识教育，健全公共安全体系。完善和落实安全生产责任和管理制度，实行党政同责、一岗双责、失职追责，强化预防治本，改革安全评审制度，健全预警应急机制，加大监管执法力度，及时排查化解安全隐患，坚决遏制重特大安全事故频发势头。实施危险化学品和化工企业生产、仓储安全环保搬迁工程，加强安全生产基础能力和防灾减灾能力建设，切实维护人民生命财产安全。

6. 确保"十三五"规划建议的目标任务落到实处

制定"十三五"规划纲要和专项规划，要坚决贯彻党中央决策部署，落实本建议确定的发展理念、主要目标、重点任务、重大举措。各地区要从实际出发，制定本地区"十三五"规划。各级各类规划要增加明确反映创新、协调、绿色、开放、共享发展理念的指标，增加政府履行职责的约束性指标，把全会确定的各项决策部署落到实处。

第三节 解读十三五规划的主要内容

一、经济新常态是经济运行环境和发展的现实条件

在"十三五"时期，经济新常态的具体构成有了新的变化，对经济新常态的策略也将从认识和适应经济新常态，转为加快形成引领经济发展新常态的体制机制和发展方式。

总体上，"十三五"时期的经济新常态的核心特征如下：消费上，个性化、多样化消费渐成主流，保证产品质量安全、通过创新供给激活需求的重要性显著上升；投资上，基础设施互联互通和一些新技术、新产品、新业态、新商业模式的投资机会大量涌现，对创新投融资方式提出了新要求；进出口上，我国低成本比较优势也发生了转化，同时出口竞争优势依然存在，高水平引进来、大规模走出去正在同步发生；产业组织上，传统产业供给能力存在明显超出需求的压力，产业结构必须优化升级，企业兼并重组、生产相对集中不可避免，新兴产业、服务业、小微企业作用更加凸显；生产要素上，人口老龄化日趋发展，农业富余劳动力减少，要素的规模驱动力减弱，经济增长将更多依靠人力资本质量和技术进步；市场竞争上，数量扩张和价格竞争正逐步转向质量型、差异化为主的竞争，统一全国市场、提高资源配置效率是经济发展的内生性要求；资源环境上，环境承载能力已经达到或接近上限，必须顺应人民群众对良好生态环境的期待；资源配置和宏观调控上，全面刺激政策的边际效果明显递减，既要全面化解产能过剩，也要通过发挥市场机制作用探索未来产业发展方向。总体上，"十三五"时期的经济新常态的核心就是我国经济正在向形态更高级、分工更复杂、

结构更合理的阶段演化。

面对全面建成小康社会的宏伟目标和经济新常态的发展基础，我们必须坚持"发展是第一要务"的定位，坚持"以提高发展质量和效益为中心"的路径。在实践中，必须坚持以经济建设为中心，从实际出发，把握发展新特征，加大结构性改革力度，加快转变经济发展方式，实现更高质量、更有效率、更加公平、更可持续的发展。而要想实现这一发展，则必须完善发展理念，破解发展难题、厚植发展因素，为"十三五"时期的新发展格局提供坚实的动力和支撑。

二、五大发展理念是"十三五"新发展格局的核心和动力

《建议》提出了创新、协调、绿色、开放、共享的发展理念。它们既是发展格局的策略和原则，也是动力和支撑。"十三五"战略格局下，"创新、协调、绿色、开放、共享"成为核心的发展理念，并从经济建设、政治建设、文化建设、社会建设、生态建设和党的建设的等多个方面全面影响"十三五"的发展格局和运行环境。从性质和作用上看，创新发展、协调发展、绿色发展、开放发展、共享发展新发展理念体系，是关系我国发展全局的一场深刻变革。我们要充分认识这场变革的重大现实意义和深远历史意义，统一思想，协调行动，深化改革，开拓前进，推动我国发展迈上新台阶。这是对中国特色社会主义建设实践的深刻总结，是对中国特色社会主义发展理论内涵的丰富和提升，也是指导"十三五"规划编制和"十三五"发展的思想灵魂。

从内在结构看，五个方面的发展理论各成体系，相对独立。创新是发展的第一动力，在国际发展竞争日趋激烈和我国发展动力转换的形势下，必须把发展基点放在创新上，形成促进创新的体制架构，塑造更多依靠创新驱动、更多发挥先发优势的引领型发展。协调是持续健康发展的内在要求，要坚持区域协同、城乡一体、物质文明精神文明并重、经济建设国防建设融合，在协调发展中拓宽发展空间，在加强薄弱领域中增强发展后劲。绿色是永续发展的必要条件和人民对美好生活追求的重要体现，应坚持绿色富国、绿色惠民，为人民提供更多优质生态产品，推动形成绿色发展方式和生活方式，协同推进人民富裕、国家富强、中国美丽。开放是国家繁荣发展的必由之路，开创对外开放新局面，必须丰富对外开放内涵，提高对外开放水平，协同推进战略互信、经贸合作、人文交流，努力形成深度融合的互利合作格局。共享是中国特色社会主义的本质要求，要按照人人参与、人人尽力、人人享有的要求，坚守底线、突出重点、完善制度、引导预期，注重机会公平，保障基本民生，实现全体人民共同迈入全面小康社会。

从内在联系的关系看，五个发展理念各有侧重，但相互呼应、协调一致，既服务和服从于全面建成小康社会的宏伟目标，又彼此配合解决发展中的棘手矛盾和问题。从经济发展的基本结构看，生产要素和市场空间是支持经济增长的核心因素，而五大发展理念则作用于生产要素和市场空间的提供，从而为"十三五"的发展提供坚实的支撑。创新的着力点是增量的扩张，包括新要素的培育、新产业的扶持、新模式的创造和新市场的开辟等，因此，应把创新摆在国家发展全局的核心位置，不断推进理论创新、实践创新、制度创新、科技创新、文化创新等各方面创新，让创新在全社会蔚然成风。协调的着力点是对存量的调整和融合，从而置换出闲置资源（要素），或腾挪出新的产业发展空间，促进经济社会协调发展，促进新型工业化、信息化、城镇化、农业现代化同步发展，不断增强发展整体性。开放的着力点

是利用好外部资源和外部市场，同时通过引入新的要素和技术，为国内企业的发展创新和整合协调创造条件，应奉行互利共赢的开放战略，坚持内外需协调、进出口平衡、引进来和走出去并重、引资和引技引智并举，发展更高层次的开放型经济，提高我国在全球经济治理中的制度性话语权，构建广泛的利益共同体。绿色的着力点是通过发展方式的转变为新产业、新技术的落地提供市场空间，同时，也将部分要素和资源进行强制性调整，使其生产效率更高、生产效果更好。要坚持可持续发展，坚定走生产发展、生活富裕、生态良好的文明发展道路，形成人与自然和谐发展现代化建设新格局，推进美丽中国建设。共享的着力点是为了让生产更好地与分配相衔接，分配更好地与需求相衔接，并注重收入的公平合理，从而为生产的扩张提供更加有效的需求支撑，使总供给和总需求更趋向于平衡，从而为公共产品和社会服务领域引入市场力量创造条件，从而使市场在资源配置中的决定性作用更加凸显。

三、党的建设是"十三五"新发展格局的坚强领导核心

发展是党执政兴国的第一要务。党在"十三五"的新格局中，将通过深化对发展规律的认识，提高领导发展的能力和水平，推进国家治理体系和治理能力现代化，更好推动经济社会发展。党的建设的领导核心作用主要表现在决策、动员、落实和法治四个方面。

第一，党的建设在"十三五"新发展格局中的决策作用。党的建设要坚持党总揽全局、协调各方，发挥各级党委（党组）领导核心作用，加强制度化建设，改进工作体制机制和方式方法，强化全委会决策和监督作用。提高决策科学化水平，完善党委研究经济社会发展战略、定期分析经济形势、研究重大方针政策的工作机制，健全决策咨询机制。完善信息发布制度。

第二，党的建设在"十三五"新发展格局中的动员作用。党的建设应充分发扬民主，贯彻党的群众路线，提高宣传和组织群众能力，加强经济社会发展重大问题和涉及群众切身利益问题的协商，依法保障人民各项权益，激发各族人民建设祖国的主人翁意识。深入实施人才优先发展战略，推进人才发展体制改革和政策创新，形成具有国际竞争力的人才制度优势。

第三，党的建设在"十三五"新发展格局中的贯彻落实作用。制定"十三五"规划纲要和专项规划，要坚决贯彻党中央决策部署，落实本建议确定的发展理念、主要目标、重点任务、重大举措。各级党组织要从实际出发，推进各级各类规划的落实，要增加明确反映创新、协调、绿色、开放、共享发展理念的指标，增加政府履行职责的约束性指标，把全会确定的各项决策部署落到实处。

第四，党的建设在"十三五"新发展格局中的法治作用。要加强党对立法工作的领导，加快重点领域立法，坚持立改废释并举，深入推进科学立法、民主立法，加快形成完备的法律规范体系。运用法治思维和法治方式推动发展，坚持依法执政，全面提高党依据宪法法律治国理政、依据党内法规管党治党的能力和水平。

思考题

1. 五大发展理念的内容主要有哪些？在日常生活中如何贯彻和落实五大发展理念？
2. 结合实际，谈谈你对十三五规划的认识。

专题四 两学一做

学习重点

（1）了解"两学一做"的背景。
（2）掌握"两学一做"的主要内容。
（3）熟悉四川省"两学一做"实施方案。

第一节 "两学一做"

2016年2月，中共中央办公厅印发了《关于在全体党员中开展"学党章党规、学系列讲话，做合格党员"学习教育方案》，并发出通知，要求各地区各部门认真贯彻执行。开展"两学一做"学习教育，是面向全体党员深化党内教育的重要实践，是推动党内教育从"关键少数"向广大党员拓展、从集中性教育向经常性教育延伸的重要举措。

"两学一做"学习教育，具体指的是：学习共产党党章党规，学习贯彻习近平总书记系列重要讲话精神，做合格党员。

一、"两学一做"学习教育的背景

为深入学习贯彻习近平总书记系列重要讲话精神，推动全面从严治党向基层延伸，巩固拓展党的群众路线教育实践活动和"三严三实"专题教育成果，进一步解决党员队伍在思想、组织、作风、纪律等方面存在的问题，保持发展党的先进性和纯洁性，党中央决定，2016年在全体党员中开展"学党章党规、学系列讲话，做合格党员"的学习教育（以下简称"两学一做"学习教育）。

二、"两学一做"学习教育总体要求

1. "两学一做"学习教育向经常性教育延伸

开展"两学一做"学习教育，是落实党章关于加强党员教育管理要求、面向全体党员深化党内教育的重要实践，是推动党内教育从"关键少数"向广大党员拓展、从集中性教育向经常性教育延伸的重要举措，是加强党的思想政治建设的重要部署。"两学一做"学习教育不是一次活动，要突出正常教育，区分层次，有针对性地解决问题，用心用力，抓细抓实，真正把党的思想政治建设抓在日常、严在经常。

2. "两学一做"学习教育以习近平讲话武装全党

开展"两学一做"学习教育，基础在学，关键在做。要把党的思想建设放在首位，以尊崇党章、遵守党规为基本要求，以习近平总书记系列重要讲话精神武装全党为根本任务，教育引导党员自觉按照党员标准规范言行，进一步坚定理想信念，提高党性觉悟；进一步增强政治意识、大局意识、核心意识、看齐意识，坚定正确政治方向；进一步树立清风正气，严守政治纪律政治规矩；进一步强化宗旨观念，勇于担当作为，在生产、工作、学习和社会生活中起先锋模范作用，为党在思想上、政治上、行动上的团结统一夯实基础，为协调推进"四个全面"战略布局、贯彻落实五大发展理念提供坚强的组织保证。

3. "两学一做"学习教育加强看齐意识教育

开展"两学一做"学习教育，要增强针对性，"学"要带着问题学，"做"要针对问题改。着力解决一些党员理想信念模糊动摇的问题，主要是对共产主义缺乏信仰，对中国特色社会主义缺乏信心，精神空虚，推崇西方价值观念，热衷于组织、参加封建迷信活动等；着力解决一些党员党的意识淡化的问题，主要是看齐意识不强，不守政治纪律政治规矩，在党不言党、不爱党、不护党、不为党，组织纪律散漫，不按规定参加党的组织生活，不按时缴纳党费，不完成党组织分配的任务，不按党的组织原则办事等；着力解决一些党员宗旨观念淡薄的问题，主要是利己主义严重，漠视群众疾苦，与民争利，执法不公，吃拿卡要，假公济私，损害群众利益，在人民群众生命财产安全受到威胁时临危退缩等；着力解决一些党员精神不振的问题，主要是工作消极懈怠，不作为、不会为、不善为，逃避责任，不起先锋模范作用等；着力解决一些党员道德行为不端的问题，主要是违反社会公德、职业道德、家庭美德，不注意个人品德，贪图享受、奢侈浪费等。要持之以恒纠正"四风"，抓好"不严不实"突出问题整改，推动党的作风不断好转。

4. "两学一做"学习教育落实党员教育管理制度

开展"两学一做"学习教育，要做到以下几点：坚持正面教育为主，用科学理论武装头脑；坚持学用结合，知行合一；坚持问题导向，注重实效；坚持领导带头，以上率下；坚持从实际出发，分类指导。要以党支部为基本单位，以"三会一课"等党的组织生活为基本形式，以落实党员教育管理制度为基本依托，针对领导机关、领导班子和党员干部、普通党员的不同情况做出安排。要给基层党组织结合实际开展学习教育留出空间，发挥党支部自我净化、自我提高的主动性，防止大而化之，力戒形式主义。

三、"两学一做"学习教育

1. "两学一做"学习内容

①学党章党规。着眼明确基本标准、树立行为规范，逐条逐句通读党章，全面理解党的纲领，牢记入党誓词，牢记党的宗旨，牢记党员义务和权利，引导党员尊崇党章、遵守党章、维护党章，坚定理想信念，对党绝对忠诚。认真学习《中国共产党廉洁自律准则》《中国共产党纪律处分条例》等党内法规，学习党的历史，学习革命先辈和先进典型，从周永康、薄熙来、徐才厚、郭伯雄、令计划等违纪违法案件中汲取教训，肃清恶劣影响，发挥正面典型的激励作用和反面典型的警示作用，引导党员牢记党规党纪，牢记党的优良传统和作风，树立崇高道德追求，养成纪律自觉，守住为人、做事的基准和底线。

②学系列讲话。着眼加强理论武装、统一思想行动，认真学习习近平总书记关于改革发展稳定、内政外交国防、治党治国治军的重要思想，认真学习以习近平同志为总书记的党中央治国理政新理念、新思想、新战略，引导党员深入领会系列重要讲话的丰富内涵和核心要义，深入领会贯穿其中的马克思主义立场观点方法。学习习近平总书记系列重要讲话要同学习马克思列宁主义、毛泽东思想、邓小平理论、"三个代表"重要思想、科学发展观结合起来，深刻理解党的科学理论既一脉相承又与时俱进的内在联系，坚定中国特色社会主义道路自信、理论自信、制度自信。要区别普通党员和党员领导干部，确定学习的重点内容。

③做合格党员。着眼党和国家事业的新发展对党员的新要求，坚持以知促行，做讲政治、有信念，讲规矩、有纪律，讲道德、有品行，讲奉献、有作为的合格党员。引导党员强化政治意识，保持政治本色，把理想信念时时处处体现为行动的力量；坚定自觉地在思想上、政治上、行动上同以习近平同志为总书记的党中央保持高度一致，经常主动向党中央看齐，向党的理论和路线方针政策看齐，做政治上的明白人；践行党的宗旨，保持公仆情怀，牢记共产党员永远是劳动人民的普通一员，密切联系群众，全心全意为人民服务；加强党性锻炼和道德修养，心存敬畏、手握戒尺，廉洁从政、从严治家，筑牢拒腐防变的防线；始终保持干事创业、开拓进取的精气神，平常时候看得出来，关键时刻冲得上去，在"十三五"规划开局起步、决胜全面建成小康社会、实现第一个百年奋斗目标中奋发有为、建功立业。

2. "两学一做"学习要求

中共中央办公厅印发了《关于在全体党员中开展"学党章党规、学系列讲话，做合格党员"学习教育方案》，并发出通知，要求各地区各部门认真贯彻执行。

（1）这是"一项重大政治任务"

各地区各部门各单位党委（党组），要将其"作为一项重大政治任务，尽好责、抓到位、见实效"。

（2）学习教育的范围

通知指出，是"面向全体党员深化党内教育的重要实践"。"面向全体党员"，不管是党员领导干部，还是普通党员。

（3）学习教育的目的

深入学习贯彻习近平总书记系列重要讲话精神，推动全面从严治党向基层延伸，巩固拓展党的群众路线教育实践活动和"三严三实"专题教育成果,进一步解决党员队伍在思想、组织、作风、纪律等方面存在的问题,保持发展党的先进性和纯洁性。

3. "两学一做"学习教育主要措施

①围绕专题学习讨论。把个人自学与集中学习结合起来,明确自学要求,引导党员搞好自学。按照"三会一课"制度,党小组要定期组织党员集中学习;不设党小组的,以党支部为单位集中学习。党支部每季度召开一次全体党员会议,每次围绕一个专题组织讨论。学习讨论要紧密结合现实,联系个人思想工作生活实际,看自己在新任务、新考验面前,能否坚守共产党人信仰信念宗旨,能否正确处理公与私、义与利、个人与组织、个人与群众的关系,能否努力追求高尚道德、带头践行社会主义核心价值观、保持积极健康的生活方式,能否自觉做到党规党纪面前知敬畏、守规矩,能否保持良好精神状态、积极为党的事业担当作为。通过学习讨论,真正提高认识,找到差距,明确努力方向。

②创新方式讲党课。讲党课一般在党支部范围内进行。党支部要结合专题学习讨论,对党课内容、时间和方式等做出安排。党员领导干部要在所在党支部讲党课,到农村、社区、企业、学校等基层单位党支部讲党课。组织党校教师、讲师团成员、先进模范到基层一线党支部讲党课。要鼓励和指导基层党组织书记、普通党员联系实际讲党课。注重运用身边事例、现身说法、强化互动交流、答疑释惑,增强党课的吸引力和感染力。"七一"前后,党支部要结合开展纪念建党95周年活动,集中安排一次党课。

③召开党支部专题组织生活会。年底前,党支部召开专题组织生活会。支部班子及其成员对照职能职责,进行党性分析,查摆在思想、组织、作风、纪律等方面存在的问题。要面向党员和群众广泛征求意见,严肃认真开展批评和自我批评,针对突出问题和薄弱环节提出整改措施。组织全体党员对支部班子的工作、作风等进行评议。党小组可参照党支部要求,召开专题组织生活会。

④开展民主评议党员。以党支部为单位召开全体党员会议,组织党员开展民主评议。对照党员标准,按照个人自评、党员互评、民主测评、组织评定的程序,对党员进行评议。党员人数较多的党支部,个人自评和党员互评可分党小组进行。结合民主评议,支部班子成员要与每名党员谈心谈话。党支部综合民主评议情况和党员日常表现,确定评议等次,对优秀党员予以表扬;对有不合格表现的党员,按照党章和党内有关规定,区别不同情况,稳妥慎重给予组织处置。

⑤立足岗位做贡献。针对不同群体党员的实际情况,提出党员发挥作用的具体要求,教育引导党员在任何岗位、任何地方、任何时候、任何情况下都铭记党员身份,积极为党工作。结合不同领域不同行业的实际,组织引导党员立足岗位、履职尽责。在农村、社区,重点落实党员设岗定责和承诺践诺制度;在国有企业和非公有制企业、社会组织,重点落实党员示范岗和党员责任区制度;在窗口单位和服务行业,重点落实党员挂牌上岗、亮明身份制度;在机关事业单位,促进党员模范履行岗位职责,落实党员到社区报到、直接联系服务群众制度;在学校,重点要求党员增强党的意识,自觉爱党、护党、为党,敬业修德、奉献社会。在纪念建党95周年活动中,评选表彰优秀共产党员、优秀党务工作者、先进基层党组织。

⑥领导机关领导干部做表率。党员领导干部要在"两学一做"学习教育中走在前面、深学一层,严格执行双重组织生活制度,以普通党员身份参加所在支部的组织生活,与党员一

起学习讨论、一起查摆解决问题、一起接受教育、一起参加党员民主评议。要召开党委（党组）会，专题学习党章党规和习近平总书记系列重要讲话；要以党委（党组）中心组等形式组织集中研讨，深化学习效果。年度民主生活会要以"两学一做"为主题，领导班子和领导干部把自己摆进去，查找存在的问题。

四、"两学一做"学习教育牵头及配合

"两学一做"学习教育在中央政治局常委会领导下进行，由中央组织部牵头组织实施，中央纪委机关、中央宣传部、中央党校配合做好相关工作。

1. 层层落实责任

各级党委（党组）要把开展"两学一做"学习教育作为一项重大政治任务，尽好责、抓到位、见实效。省（自治区、直辖市）和部门（系统）党委（党组）要结合实际做出部署安排，加强具体指导。县级党委要发挥关键作用，制定具体实施方案，保障工作力量，加强督促指导把关。基层党委要对所辖党支部进行全覆盖、全过程的现场指导，帮助党支部制订学习教育计划，派员参加党支部各项活动。各级党组织书记要承担起主体责任，不仅要管好干部、带好班子，还要管好党员、带好队伍，层层传导压力，从严从实抓好学习教育。

2. 强化组织保障

学党章党规、学系列讲话，做合格党员，这个被简称为"两学一做"的学习教育，正在8 700多万的中国共产党全体党员中进行。"两学一做"也成为当下中国的政治热词。

第二节　四川出台"两学一做"学习教育实施方案

2016年4月23日，四川省委办公厅印发《关于在全省党员中开展"学党章党规、学系列讲话，做合格党员"学习教育实施方案》（以下简称《实施方案》），并发出通知，要求各地、各部门党委（党组）要充分认识开展"两学一做"学习教育的重大意义，深刻领会习近平总书记重要指示和中央部署，把开展"两学一做"学习教育作为一项重大政治任务，把握总体要求、明确主题内容，落实主要举措、加强组织领导，切实尽好责、抓到位、见实效。

一、开展"两学一做"学习教育的意义

《实施方案》指出，开展"两学一做"学习教育，是面向全体党员深化党内教育的重要实践，是推动党内教育从"关键少数"向广大党员拓展、从集中性教育向经常性教育延伸的重要举措，是加强党的思想政治建设的重要部署，对推动全面从严治党向基层延伸、保持发展党的先进性和纯洁性，进一步凝神聚力协调推进"四个全面"战略布局、牢固树立和贯彻落实五大发展理念、推进四川"两个跨越"具有十分重要的意义。

二、开展"两学一做"学习教育的总体要求

《实施方案》明确，"两学一做"学习教育不是一次活动，要突出正常教育，把党的思想建设放在首位、严到支部，教育管理好党员干部，以尊崇党章、遵守党规为基本要求，以用

习近平总书记系列重要讲话精神武装头脑为根本任务，教育引导党员自觉按照党员标准规范言行，进一步坚定理想信念、提高党性觉悟；进一步增强政治意识、大局意识、核心意识、看齐意识，坚定正确政治方向；进一步树立清风正气，严守政治纪律政治规矩；进一步强化宗旨观念，勇于担当作为，当好履职尽责的合格党员，争做创先争优的优秀党员，在生产、工作、学习和社会生活中起先锋模范作用，带头做到风清气正、崇廉尚实、干事创业、遵纪守法，巩固发展良好政治生态，为党在思想上、政治上、行动上的团结统一夯实基础，为协调推进"四个全面"战略布局、贯彻落实五大发展理念和决胜全面小康、建设经济强省提供坚强组织保证。要把握五个方面的具体要求：一是坚持正面教育、理论武装；二是坚持学用结合、创先争优；三是坚持问题导向、注重实效；四是坚持领导带头、以上率下；五是坚持区别情况、分类指导。

三、明确开展"两学一做"学习教育的主题内容

《实施方案》要求，要坚持基础在"学"，突出"学党章党规、学系列讲话，做合格党员"这个主题，在深学深悟、真信真用上下功夫，在抓常抓长、落细落小上见实效，真正把党的思想政治建设抓在日常、严在经常。学党章党规要着眼明确基本标准、树立行为规范，学系列讲话要着眼加强理论武装、统一思想行动。要区别普通党员和县处级以上党员领导干部，分别确定学习的内容要求、方式方法和重点解决的问题。全体党员要把学习党章党规与学习习近平总书记系列重要讲话统一起来，在学系列讲话中加深对党章党规的理解，在学党章党规中深刻领悟系列讲话的基本精神和实践要求；县处级以上党员领导干部要在学习教育中做出表率，紧密联系工作实际，学得更多更深，要求更严更高，取得的实效更大更明显，努力提高思想政治素养和理论水平。

四、落实开展"两学一做"学习教育的主要举措

《实施方案》强调，要坚持关键在"做"，着眼党和国家事业新发展对党员的新要求，坚持以知促行、知行合一，做讲政治、有信念，讲规矩、有纪律，讲道德、有品行，讲奉献、有作为的合格党员。引导党员强化政治意识，保持政治本色，把理想信念时时处处体现为行动的力量；坚定正确政治方向，经常主动向党中央看齐，向党的理论和路线方针政策看齐，做政治上的明白人；践行党的宗旨，保持公仆情怀，牢记共产党员永远是劳动人民的普通一员，密切联系群众，全心全意为人民服务；加强党性锻炼和道德修养，心存敬畏、手握戒尺，廉洁从政、从严治家，弘扬社会主义核心价值观和中华民族优秀传统美德，筑牢拒腐防变的防线；始终保持干事创业、开拓进取的精气神，平常时候看得出来，关键时刻冲得上去，在"十三五"规划开局起步、决胜全面小康、建设经济强省中奋发有为、建功立业。《实施方案》强调，要坚持学做结合，根本在解决问题。全体党员要重点解决坚定共产党人理想信念、牢固树立党的意识和党员意识、强化党的宗旨意识、积极践行社会主义核心价值观、在推动改革发展稳定实践中建功立业等方面存在的问题，县处级以上党员领导干部要重点解决带头坚定理想信念、带头严守政治纪律和政治规矩、带头牢固树立和贯彻落实五大发展理念、带头攻坚克难敢于担当、带头落实全面从严治党责任等方面存在的问题。全省广大党员和领导干部，要在把握好以上学习内容、学习要求的同时，注重联系本职工作，认真学习习近平总书记关于指导四川工作和本领域工作的重要讲话与指示精神，进一步统一思想和

行动，明确工作思路目标和努力方向。要对照讲话提出的各项要求，总结分析贯彻落实情况，找出差距和不足，有针对性地提出加强和改进工作的具体措施，确保讲话精神落地落实。《实施方案》强调，要突出经常性教育的特点，坚持以党支部为基本单位，以"三会一课"等党的组织生活制度为基本形式，以落实民主评议等党员日常教育管理制度为基本依托，用好党校、行政学院、干部学院教育培训的渠道，在融入经常、融入日常上下功夫，更好地改造主观世界和客观世界。要认真落实七项主要措施：一是开展"重温入党志愿、重温入党誓词"主题党日活动；二是围绕专题开展学习讨论；三是创新方式讲党课；四是高质量开好专题组织生活会；五是开展民主评议党员；六是认真开展党员示范行动；七是领导机关领导干部做表率。在细化落实主要措施中，要创新方式方法，既要坚持读原著、学原文、悟原理，坚持认认真真学、原原本本学、逐字逐句学，又要创新学习形式和学习方法，落实区分层次、分类指导的要求，针对不同对象、不同领域、不同群体采取切合实际、易于接受的方式方法，确保学习收到触及灵魂、入脑入心的效果。要结合专题学习讨论，持续深入开展思想理论、法纪、警示和先进典型"四项教育"。坚持正反两方面典型教育相结合，充分发挥正面典型的激励作用和反面典型的警示作用，认真学习老一辈革命家的崇高风范，学习兰辉、菊美多吉、毕世祥、罗州仁青、彭大权、许大勇等身边先进典型的优秀品质，学习身边优秀共产党员的先进事迹，以榜样的力量鼓舞广大党员为党的事业建功立业；结合湖南衡阳破坏选举案、南充拉票贿选案，结合本地本单位的严重违纪违法案件，特别是发生在群众身边的"四风"问题和腐败案件、换届中的违纪违法案件进行警示教育。要从各行各业、各条战线、各个方面实际出发，把合格党员标准具体化、具象化，组织开展"合格党员具体标准、不合格党员具体表现"大讨论，让广大党员主动对照、自觉整改，把合格标尺立起来，把做人做事的底线划出来，把党员的先锋形象树起来。各行业、各系统要选树一批身边先进典型，在学习教育中展示工作成就和良好形象，发挥好、宣传好基层党组织的战斗堡垒作用和党员的先锋模范作用，进一步高扬主旋律、凝聚正能量。按照省委安排，省委常委班子成员要带头落实双重组织生活制度，带头开展专题学习和集中研讨，带头创新方式讲党课，带头开好以"两学一做"为主题的年度民主生活会，带头做到知行合一推动工作，指导分管领域部门（单位）的学习教育。

五、加强开展"两学一做"学习教育的组织领导

《实施方案》要求，各级党组织要把开展"两学一做"学习教育作为一项重大政治任务，切实承担主体责任，加强组织领导，周密安排部署，强化工作落实，切实有效推进。各级党组织书记要承担起主体责任，不仅要管好干部、带好班子，还要管好党员、带好队伍；班子成员要切实履行"一岗双责"，层层传导压力，从严从实抓好学习教育。要针对党政机关、农村、城镇社区、国有企业、学校、非公有制经济组织和社会组织、窗口服务单位等不同领域做出具体安排，注意结合贫困地区、民族地区等不同情况开展工作。要给基层党组织结合实际开展学习教育留出空间，发挥党支部自我净化、自我提高的主动性，防止大而化之，力戒形式主义。要强化组织保障，加强宣传引导，坚持统筹兼顾，把学习教育与全面贯彻落实中央"四个全面"战略布局和五大发展理念相结合，与贯彻落实省委决策部署相结合，与贯彻全面从严治党各项部署相结合，与持续深入开展"走基层、解难题、办实事、惠民生"活动相结合，与全面推进各领域基层党的建设、提升基层党组织整体功能相结合，把学习教育

激发出来的强大精神力量转化为实施"三大发展战略"、推进"两个跨越"的实际行动和成效。

 思考题

1. "两学一做"的主要内容是什么？
2. 四川省是如何开展"两学一做"的？

专题五
党史教育

学习重点

(1) 掌握习主席"七一"讲话的主要内容。
(2) 正确解读习主席"七一"讲话的主要精神。
(3) 继承发扬长征精神。

第一节　习主席"七一"讲话

习主席的"七一"讲话是在庆祝中国共产党成立95周年纪念大会上的讲话。该讲话回顾中国共产党团结带领中国人民不懈奋斗的光辉历程，展望党和人民事业发展的光明前景，表彰全国优秀共产党员、优秀党务工作者、先进基层党组织，动员全党全国各族人民更加充满信心朝着实现全面建成小康社会奋斗目标、实现中华民族伟大复兴的中国梦胜利前进。

一、历史部分

在几千年的历史发展中，中华民族创造了悠久灿烂的中华文明，为人类做出了卓越贡献，成为世界上伟大的民族。但是，近代以后，由于西方列强的入侵，由于封建统治的腐败，中国逐渐成为半殖民地半封建社会，山河破碎，生灵涂炭，中华民族遭受了前所未有的苦难。

面对苦难，中国人民没有屈服，而是挺起脊梁、奋起抗争，以百折不挠的精神，进行了一场场气壮山河的斗争，谱写了一曲曲可歌可泣的史诗。

1921年，五四运动之后，在中华民族内忧外患、社会危机空前深重的背景下，在马克思列宁主义同中国工人运动相结合的进程中，中国共产党诞生了。

中国产生了共产党，这是开天辟地的大事变。这一开天辟地的大事变，深刻改变了近代以后中华民族发展的方向和进程，深刻改变了中国人民和中华民族的前途和命运，深刻改变了世界发展的趋势和格局。

1. 伟大贡献：实现了三次伟大飞跃

在95年波澜壮阔的历史进程中，中国共产党紧紧依靠人民，跨过一道又一道沟坎，取得一个又一个胜利，为中华民族做出了伟大的历史贡献。

（1）革命时期：实现中国从封建专制政治向人民民主的伟大飞跃

这个伟大历史贡献，就是我们党团结带领中国人民进行28年浴血奋战，打败日本帝国主义，推翻国民党反动统治，完成新民主主义革命，成立了中华人民共和国。这一伟大历史贡献的意义在于，彻底结束了旧中国半殖民地半封建社会的历史，彻底结束了旧中国一盘散沙的局面，彻底废除了列强强加给中国的不平等条约和帝国主义在中国的一切特权，实现了中国从几千年封建专制政治向人民民主的伟大飞跃。

（2）建设初期：实现民族从衰落到扭转命运、走向繁荣富强的伟大飞跃

这个伟大历史贡献，就是我们党团结带领中国人民完成社会主义革命，确立社会主义基本制度，消灭一切剥削制度，推进了社会主义建设。这一伟大历史贡献的意义在于，完成了中华民族有史以来最为广泛而深刻的社会变革，为当代中国一切发展进步奠定了根本政治前提和制度基础，为中国发展富强、中国人民生活富裕奠定了坚实基础，实现了中华民族由不断衰落到根本扭转命运、持续走向繁荣富强的伟大飞跃。

（3）改革年代：实现了中国人民从站起来到富起来、强起来的伟大飞跃

这个伟大历史贡献，就是我们党团结带领中国人民进行改革开放新的伟大革命，极大激发广大人民群众的创造性，极大解放和发展社会生产力，极大增强社会发展活力，人民生活显著改善，综合国力显著增强，国际地位显著提高。这一伟大历史贡献的意义在于，开辟了中国特色社会主义道路，形成了中国特色社会主义理论体系，确立了中国特色社会主义制度，使中国赶上了时代，实现了中国人民从站起来到富起来、强起来的伟大飞跃。

（4）伟大意义：于中国、于世界、于人类社会

中国共产党领导中国人民取得的伟大胜利，使具有5000多年文明历史的中华民族全面迈向现代化，让中华文明在现代化进程中焕发出新的蓬勃生机；使具有500年历史的社会主义主张在世界上人口最多的国家成功开辟出具有高度现实性和可行性的正确道路，让科学社会主义在21世纪焕发出新的蓬勃生机；使具有60多年历史的新中国建设取得举世瞩目的成就，中国这个世界上最大的发展中国家在短短30多年里摆脱贫困并跃升为世界第二大经济体，彻底摆脱被开除球籍的危险，创造了人类社会发展史上惊天动地的发展奇迹，使中华民族焕发出新的蓬勃生机。

2. 历史经验：三个"告诉我们"

（1）成功离不开先进理论的指导

历史告诉我们，没有先进理论的指导，没有用先进理论武装起来的先进政党的领导，没有先进政党顺应历史潮流、勇担历史重任、敢于做出巨大牺牲，中国人民就无法打败压在自己头上的各种反动派，中华民族就无法改变被压迫、被奴役的命运，我们的国家就无法团结统一、在社会主义道路上走向繁荣富强。

（2）95年的历程是继往开来的现实基础

历史告诉我们，95年来，中国走过的历程，中国人民和中华民族走过的历程，是中国共产党和中国人民用鲜血、汗水、泪水写就的，充满着苦难和辉煌、曲折和胜利、付出和收

获,这是中华民族发展史上不能忘却、不容否定的壮丽篇章,也是中国人民和中华民族继往开来、奋勇前进的现实基础。

(3)我们的事业、道路、战略是正确的

历史还告诉我们,历史和人民选择中国共产党领导中华民族伟大复兴的事业是正确的,必须长期坚持、永不动摇;中国共产党领导中国人民开辟的中国特色社会主义道路是正确的,必须长期坚持、永不动摇;中国共产党和中国人民扎根中国大地、吸纳人类文明优秀成果,独立自主实现国家发展的战略是正确的,必须长期坚持、永不动摇。

3. 历史脉络:95年的成就是一代代共产党人接续奋斗的结果

95年来,我们取得的一切成就,是一代又一代中国共产党人同中国人民持续奋斗的结果。以毛泽东同志、邓小平同志、江泽民同志为核心的党的三代中央领导集体,以胡锦涛同志为总书记的党中央,团结带领全党全国各族人民,战胜了一个个难以想象的困难和挑战,使中华民族迎来了实现伟大复兴的光明前景。

(1)深切怀念

在这个庄严而光荣的时刻,我们深切怀念为中国革命、建设、改革,为中国共产党建立、巩固、发展做出重大贡献的毛泽东、周恩来、刘少奇、朱德、邓小平、陈云同志等老一辈革命家,深切怀念为建立、捍卫、建设新中国而英勇牺牲的革命先烈,深切怀念近代以来为中华民族独立和人民解放而顽强奋斗的所有仁人志士。他们为祖国和民族建立的丰功伟绩永垂史册!他们的崇高精神永远铭记在亿万人民心中!

(2)致以敬意

95年来,一代又一代优秀中国共产党人,为祖国和人民无私奉献,生动展示了共产党人的为民情怀、高尚情操。这次受到表彰的全国优秀共产党员、优秀党务工作者和先进基层党组织,就是各行各业的杰出代表。

4. 历史意义:明镜所以照形,古事所以知今

"明镜所以照形,古事所以知今。"今天,我们回顾历史,不是为了从成功中寻求慰藉,更不是为了躺在功劳簿上、为回避今天面临的困难和问题寻找借口,而是为了总结历史经验、把握历史规律,增强开拓前进的勇气和力量。

党的十八大指出,坚持和发展中国特色社会主义是一项长期而艰巨的历史任务,必须准备进行具有许多新的历史特点的伟大斗争。这就告诫全党,要时刻准备应对重大挑战、抵御重大风险、克服重大阻力、解决重大矛盾,坚持和发展中国特色社会主义,坚持和巩固党的领导地位和执政地位,使我们的党、我们的国家、我们的人民永远立于不败之地。

历史总是要前进的,历史从不等待一切犹豫者、观望者、懈怠者、软弱者。只有与历史同步伐、与时代共命运的人,才能赢得光明的未来。

二、现实启迪

1. 八个坚持"不忘初心、继续前进"

我们党已经走过了95年的历程,但我们要永远保持建党时中国共产党人的奋斗精神,永远保持对人民的赤子之心。一切向前走,都不能忘记走过的路;走得再远、走到再光辉的未来,也不能忘记走过的过去,不能忘记为什么出发。面向未来,面对挑战,全党同志一定要不忘初心、继续前进。

（1）坚持马克思主义的指导思想

坚持不忘初心、继续前进，就要坚持马克思主义的指导地位，坚持把马克思主义基本原理同当代中国实际和时代特点紧密结合起来，推进理论创新、实践创新，不断把马克思主义中国化推向前进。

无论是顺境还是逆境，我党从未动摇马克思主义信仰。指导思想是一个政党的精神旗帜。95年来，中国共产党之所以能够完成近代以来各种政治力量不可能完成的艰巨任务，就在于始终把马克思主义这一科学理论作为自己的行动指南，并坚持在实践中不断丰富和发展马克思主义。这使我们党得以摆脱以往一切政治力量追求自身特殊利益的局限，以唯物辩证的科学精神、无私无畏的博大胸怀领导和推动中国革命、建设、改革，不断坚持真理、修正错误。无论是处于顺境还是逆境，我们党从未动摇对马克思主义的信仰。

马克思主义是立党立国的根本指导思想。马克思主义及其在中国的发展，为党和人民事业发展提供了既一脉相承又与时俱进的科学理论指导，为增进全党全国各族人民团结统一提供了坚实思想基础。

马克思主义是我们立党立国的根本指导思想。背离或放弃马克思主义，我们党就会失去灵魂、迷失方向。在坚持马克思主义指导地位这一根本问题上，我们必须坚定不移，任何时候任何情况下都不能有丝毫动摇。

马克思主义的理论创新永无止境。同时，面对新的时代特点和实践要求，马克思主义也面临着进一步中国化、时代化、大众化的问题。马克思主义并没有结束真理，而是开辟了通向真理的道路。恩格斯早就说过："马克思的整个世界观不是教义，而是方法。它提供的不是现成的教条，而是进一步研究的出发点和供这种研究使用的方法。"时代是思想之母，实践是理论之源。实践发展永无止境，我们认识真理、进行理论创新就永无止境。今天，时代变化和我国发展的广度和深度远远超出了马克思主义经典作家当时的想象。同时，我国社会主义只有几十年实践、还处在初级阶段，事业越发展新情况、新问题就越多，也就越需要我们在实践上大胆探索、在理论上不断突破。

理论上不彻底，就难以服人。我们要以更加宽阔的眼界审视马克思主义在当代发展的现实基础和实践需要，坚持问题导向，坚持以我们正在做的事情为中心，聆听时代声音，更加深入地推动马克思主义同当代中国发展的具体实际相结合，不断开辟21世纪马克思主义发展新境界，让当代中国马克思主义放射出更加灿烂的真理光芒。

（2）牢记共产主义的理想信念

坚持不忘初心、继续前进，就要牢记我们党从成立起就把为共产主义、社会主义而奋斗确定为自己的纲领，坚定共产主义远大理想和中国特色社会主义共同理想，不断把为崇高理想奋斗的伟大实践推向前进。

革命理想高于天。中国共产党之所以叫共产党，就是因为从成立之日起我们党就把共产主义确立为远大理想。我们党之所以能够经受一次次挫折而又一次次奋起，归根到底是因为我们党有远大理想和崇高追求。

理想信念支撑了中国共产党的95年。"志不立，天下无可成之事。"理想信念动摇是最危险的动摇，理想信念滑坡是最危险的滑坡。一个政党的衰落，往往从理想信念的丧失或缺失开始。我们党是否坚强有力，既要看全党在理想信念上是否坚定不移，更要看每一位党员在理想信念上是否坚定不移。95年来，共产主义远大理想激励了一代又一代共产党人英勇奋斗，成千上万的烈士为了这个理想献出了宝贵生命。"砍头不要紧，只要主义真"，"敌人只能砍下我们的头颅，决不能动摇我们的信仰"，这些视死如归、大义凛然的誓言生动表达了共产党人对远大理想的坚贞。理想之光不灭，信念之光不灭。我们一定要铭记烈士们的遗愿，永志不忘他们为之流血牺牲的伟大理想。

把理想信念教育作为战略任务。理想因其远大而为理想，信念因其执着而为信念。我们要把理想信念教育作为思想建设的战略任务，保持全党在理想追求上的政治定力，自觉做共产主义远大理想和中国特色社会主义共同理想的坚定信仰者、忠实实践者，在全面建成小康社会、实现中华民族伟大复兴中国梦的历史进程中充分发挥先锋模范作用。

坚持理想信念，就要深入学习。理论上清醒，政治上才能坚定。坚定的理想信念，必须建立在对马克思主义的深刻理解之上，建立在对历史规律的深刻把握之上。全党要深入学习马克思列宁主义、毛泽东思想、邓小平理论、"三个代表"重要思想、科学发展观，深入学习党的十八大以来党中央治国理政新理念、新思想、新战略，不断提高马克思主义思想觉悟和理论水平，保持对远大理想和奋斗目标的清醒认知和执着追求。我们要教育引导广大党员、干部把学习成果转化为提升党性修养、思想境界、道德水平的精神营养，做到真学真懂真信真用，在胜利和顺境时不骄傲不急躁，在困难和逆境时不消沉不动摇，牢牢占据推动人类社会进步、实现人类美好理想的道义制高点。

(3) 坚定道路、理论、制度、文化四个自信

坚持不忘初心、继续前进，就要坚持中国特色社会主义道路自信、理论自信、制度自信、文化自信，坚持党的基本路线不动摇，不断把中国特色社会主义伟大事业推向前进。

对中国特色社会主义的根本认识。方向决定道路，道路决定命运。中国特色社会主义不是从天上掉下来的，是党和人民历尽千辛万苦、付出巨大代价取得的根本成就。中国特色社会主义，既是我们必须不断推进的伟大事业，又是我们开辟未来的根本保证。

要坚定四个自信。全党要坚定道路自信、理论自信、制度自信、文化自信。当今世界，要说哪个政党、哪个国家、哪个民族能够自信的话，那中国共产党、中华人民共和国、中华民族是最有理由自信的。有了"自信人生二百年，会当水击三千里"的勇气，我们就能毫无畏惧面对一切困难和挑战，就能坚定不移开辟新天地、创造新奇迹。

我们要坚信，中国特色社会主义道路是实现社会主义现代化的必由之路，是创造人民美好生活的必由之路。我们要坚信，中国特色社会主义理论体系是指导党和人民沿着中国特色社会主义道路实现中华民族伟大复兴的正确理论，是立于时代前沿、与时俱进的科学理论。我们要坚信，中国特色社会主义制度是当代中国发展进步的根本制度保障，是具有鲜明中国特色、明显制度优势、强大自我完善能力的先进制度。

文化自信，是更基础、更广泛、更深厚的自信。在5000多年文明发展中孕育的中华优秀传统文化中，在党和人民伟大斗争中孕育的革命文化和社会主义先进文化中，积淀着中华民族最深层的精神追求，代表着中华民族独特的精神标识。我们要弘扬社会主义核心价值观，弘扬以爱国主义为核心的民族精神和以改革创新为核心的时代精神，不断增强全党全国各族人民的精神力量。

历史没有终结，中国特色社会主义的路还很长。全党同志必须牢记，我们要建设的是中国特色社会主义，而不是其他什么主义。历史没有终结，也不可能被终结。中国特色社会主义是不是好，要看事实，要看中国人民的判断，而不是看那些戴着有色眼镜的人的主观臆

断。中国共产党人和中国人民完全有信心为人类关于更好社会制度的探索提供中国方案。

邓小平同志曾经语重心长地说："基本路线要管一百年，动摇不得。只有坚持这条路线，人民才会相信你，拥护你。谁要改变三中全会以来的路线、方针、政策，老百姓不答应，谁就会被打倒。"党的基本路线是国家的生命线、人民的幸福线，我们要坚持把以经济建设为中心作为兴国之要、把四项基本原则作为立国之本、把改革开放作为强国之路，不能有丝毫动摇。

(4) 明确现阶段的主要任务

坚持不忘初心、继续前进，就要统筹推进"五位一体"总体布局，协调推进"四个全面"战略布局，全力推进全面建成小康社会进程，不断把实现"两个一百年"奋斗目标推向前进。

第一，现阶段的主要任务

现阶段，建设中国特色社会主义的主要任务，就是到2020年中国共产党成立100年时实现第一个百年奋斗目标、全面建成小康社会，为进而到21世纪中叶中华人民共和国成立100年时实现第二个百年奋斗目标、建成富强民主文明和谐的社会主义现代化国家打下坚实基础。

全面建成小康社会，是我们党向人民、向历史做出的庄严承诺，是13亿多中国人民的共同期盼。为实现这一目标，党的十八大以来，我们党形成并积极推进经济建设、政治建设、文化建设、社会建设、生态文明建设五位一体的总体布局，形成并积极推进全面建成小康社会、全面深化改革、全面依法治国、全面从严治党的战略布局。"五位一体"和"四个全面"相互促进、统筹联动，要协调贯彻好。在推动经济发展的基础上，建设社会主义市场经济、民主政治、先进文化、生态文明、和谐社会，协同推进人民富裕、国家强盛、中国美丽。

第二，发展是一切的关键

发展是党执政兴国的第一要务，是解决中国所有问题的关键。我国仍处于并将长期处于社会主义初级阶段的基本国情没有变，人民日益增长的物质文化需要同落后的社会生产之间的矛盾这一社会主要矛盾没有变，我国是世界上最大发展中国家的国际地位没有变。这是我们谋划发展的基本依据。

面对中国经济发展进入新常态、世界经济发展进入转型期、世界科技发展酝酿新突破的发展格局，我们要坚持以经济建设为中心，坚持以新发展理念引领经济发展新常态，加快转变经济发展方式、调整经济发展结构、提高发展质量和效益，着力推进供给侧结构性改革，推动经济更有效率、更有质量、更加公平、更可持续地发展，加快形成崇尚创新、注重协调、倡导绿色、厚植开放、推进共享的机制和环境，不断壮大我国经济实力和综合国力。

(5) 不断把改革开放推向前进

坚持不忘初心、继续前进，就要坚定不移高举改革开放旗帜，勇于全面深化改革，进一步解放思想、解放和发展社会生产力、解放和增强社会活力，不断把改革开放推向前进。

第一，改革开放的定位

改革开放是当代中国最鲜明的特色，是我们党在新的历史时期最鲜明的旗帜。改革开放是决定当代中国命运的关键抉择，是党和人民事业大踏步赶上时代的重要法宝。

第二，改革的方向与目的

改革必须坚持正确方向，既不走封闭僵化的老路、也不走改旗易帜的邪路。我们要把完善和发展中国特色社会主义制度、推进国家治理体系和治理能力现代化作为全面深化改革的总目标，勇于推进理论创新、实践创新、制度创新以及其他各方面创新，让制度更加成熟定型，让发展更有质量，让治理更有水平，让人民更有获得感。

第三，改革的具体条目

我们要坚持以经济体制改革为重点，坚持社会主义市场经济改革方向，全面深化经济体制、政治体制、文化体制、社会体制、生态文明体制和党的建设制度改革。

第四，改革的精神勇力

改革往往都是从易到难。我们的改革要更加注重系统性、整体性、协同性，敢于涉深水区、啃硬骨头。我们要以勇于自我革命的气魄、坚忍不拔的毅力推进改革，敢于向积存多年的顽瘴痼疾开刀，敢于触及深层次利益关系和矛盾，坚决冲破思想观念束缚，坚决破除利益固化藩篱，坚决清除妨碍社会生产力发展的体制机制障碍。

第五，改革的法治保障

改革和法治如鸟之两翼、车之两轮。我们要坚持走中国特色社会主义法治道路，加快构建中国特色社会主义法治体系，建设社会主义法治国家。全面依法治国，核心是坚持党的领导、人民当家做主、依法治国有机统一，关键在于坚持党领导立法、保证执法、支持司法、带头守法。要在全社会牢固树立宪法法律权威，弘扬宪法精神，任何组织和个人都必须在宪法法律范围内活动，都不得有超越宪法法律的特权。

（6）把人民放在心中最高位置

坚持不忘初心、继续前进，就要坚信党的根基在人民、党的力量在人民，坚持一切为了人民、一切依靠人民，充分发挥广大人民群众积极性、主动性、创造性，不断把为人民造福事业推向前进。

第一，人民立场是党的根本政治立场，人民立场也是党的力量源泉

人民立场是中国共产党的根本政治立场，是马克思主义政党区别于其他政党的显著标志。党与人民风雨同舟、生死与共，始终保持血肉联系，是党战胜一切困难和风险的根本保证，正所谓"得众则得国，失众则失国"。

全党同志要把人民放在心中最高位置，坚持全心全意为人民服务的根本宗旨，实现好、维护好、发展好最广大人民根本利益，把人民拥护不拥护、赞成不赞成、高兴不高兴、答应不答应作为衡量一切工作得失的根本标准，使我们党始终拥有不竭的力量源泉。

第二，带领人民创造幸福生活是奋斗目标

带领人民创造幸福生活，是我们党始终不渝的奋斗目标。我们要顺应人民群众对美好生活的向往，坚持以人民为中心的发展思想，以保障和改善民生为重点，发展各项社会事业，加大收入分配调节力度，打赢脱贫攻坚战，保证人民平等参与、平等发展权利，使改革发展成果更多更公平惠及全体人民，朝着实现全体人民共同富裕的目标稳步迈进。

第三，在制度上保证人民当家做主地位

尊重人民主体地位，保证人民当家做主，是我们党的一贯主张。我们要毫不动摇走中国特色社会主义政治发展道路，长期坚持、全面贯彻、不断发展人民代表大会制度、中国共产党领导的多党合作和政治协商制度、民族区域自治制度、基层群众自治制度，发展社会主义

协商民主，巩固和发展最广泛的爱国统一战线，扩大人民群众有序政治参与，保证人民广泛参加国家治理和社会治理，形成生动活泼、安定团结的政治局面。

第四，把各方面人才用起来

"功以才成、业由才广。"党和人民事业要不断发展，就要把各方面人才更好使用起来，聚天下英才而用之。我们要以识才的慧眼、爱才的诚意、用才的胆识、容才的雅量、聚才的良方，广开进贤之路，把党内和党外、国内和国外等各方面优秀人才吸引过来、凝聚起来，努力形成人人渴望成才、人人努力成才、人人皆可成才、人人尽展其才的良好局面。

（7）始终不渝走和平发展道路

坚持不忘初心、继续前进，就要始终不渝走和平发展道路，始终不渝奉行互利共赢的开放战略，加强同各国的友好往来，同各国人民一道，不断把人类和平与发展的崇高事业推向前进。

和平发展是我们的神圣职责。为人类不断做出新的更大的贡献，是中国共产党和中国人民早就做出的庄严承诺。中国共产党和中国人民从苦难中走过来，深知和平的珍贵、发展的价值，把促进世界和平与发展视为自己的神圣职责。

中国将积极参与全球治理。今天的人类比以往任何时候都更有条件共同朝着和平与发展的目标迈进。中国主张各国人民同心协力，变压力为动力，化危机为生机，以合作取代对抗，以共赢取代独占。什么样的国际秩序和全球治理体系对世界好、对世界各国人民好，要由各国人民商量，不能由一家说了算，不能由少数人说了算。中国将积极参与全球治理体系建设，努力为完善全球治理贡献中国智慧，同世界各国人民一道，推动国际秩序和全球治理体系朝着更加公正合理方向发展。

新型国际关系要以合作共赢为核心。中国外交政策的宗旨是维护世界和平、促进共同发展。中国始终是世界和平的建设者、全球发展的贡献者、国际秩序的维护者，愿扩大同各国的利益交汇点，推动构建以合作共赢为核心的新型国际关系，推动形成人类命运共同体和利益共同体。

中国的对外开放，要构建利益共同体。中国坚持独立自主的和平外交政策，在和平共处五项原则的基础上同所有国家发展友好合作。中国坚定不移实行对外开放的基本国策，坚持打开国门搞建设，在"一带一路"等重大国际合作项目中创造更全面、更深入、更多元的对外开放格局。

中国人民深知，中国发展得益于国际社会，愿意以自己的发展为国际发展做出贡献。中国对外开放，不是要一家唱独角戏，而是要欢迎各方共同参与；不是要谋求势力范围，而是要支持各国共同发展；不是要营造自己的后花园，而是要建设各国共享的百花园。

中国不信邪也不怕邪，不惹事也不怕事，中国倡导人类命运共同体意识，反对冷战思维和零和博弈。中国坚持国家不分大小、强弱、贫富一律平等，尊重各国人民自主选择发展道路的权利，维护国际公平正义，反对把自己的意志强加于人，反对干涉别国内政，反对以强凌弱。中国不觊觎他国权益，不嫉妒他国发展，但决不放弃我们的正当权益。中国人民不信邪也不怕邪，不惹事也不怕事，任何外国不要指望我们会拿自己的核心利益做交易，不要指望我们会吞下损害我国主权、安全、发展利益的苦果。中国共产党将在独立自主、完全平等、相互尊重、互不干涉内部事务原则的基础上，同各国各地区政党和政治组织发展交流合作，促进国家关系发展。

（8）党的建设要常抓不懈

坚持不忘初心、继续前进，就要保持党的先进性和纯洁性，着力提高执政能力和领导水平，着力增强抵御风险和拒腐防变能力，不断把党的建设新的伟大工程推向前进。

第一，坚持和完善党的领导是根本命脉

办好中国的事情，关键在党。中国特色社会主义最本质的特征是中国共产党领导，中国特色社会主义制度的最大优势是中国共产党领导。坚持和完善党的领导，是党和国家的根本所在、命脉所在，是全国各族人民的利益所在、幸福所在。

我们党作为一个有8800多万名党员、440多万个党组织的党，作为一个在有着13亿多人口的大国长期执政的党，党的建设关系重大、牵动全局。党和人民事业发展到什么阶段，党的建设就要推进到什么阶段。这是加强党的建设必须把握的基本规律。

第二，保持党的先进性和纯洁性

先进性和纯洁性是马克思主义政党的本质属性，我们加强党的建设，就是要同一切弱化先进性、损害纯洁性的问题做斗争，祛病疗伤，激浊扬清。全党要以自我革命的政治勇气，着力解决党自身存在的突出问题，不断增强党自我净化、自我完善、自我革新、自我提高能力，经受"四大考验"、克服"四种危险"，确保党始终成为中国特色社会主义事业的坚强领导核心。

第三，管党治党，严字当头

治国必先治党，治党务必从严。如果管党不力、治党不严，人民群众反映强烈的党内突出问题得不到解决，那我们党迟早会失去执政资格，不可避免被历史淘汰。管党治党，必须严字当头，把严的要求贯彻全过程，做到真管真严、敢管敢严、长管长严。

严肃党内政治生活是全面从严治党的基础。党要管党，首先要从党内政治生活管起；从严治党，首先要从党内政治生活严起。我们要加强和规范党内政治生活，严肃党的政治纪律和政治规矩，增强党内政治生活的政治性、时代性、原则性、战斗性，全面净化党内政治生态。全党同志要增强政治意识、大局意识、核心意识、看齐意识，切实做到对党忠诚、为党分忧、为党担责、为党尽责。

作风建设永远在路上。党的作风是党的形象，是观察党群干群关系、人心向背的晴雨表。党的作风正，人民的心气顺，党和人民就能同甘共苦。实践证明，只要真管真严、敢管敢严，党风建设就没有什么解决不了的问题。作风建设永远在路上。"己不正，焉能正人。"我们要从中央政治局常委会、中央政治局、中央委员会抓起，从高级干部抓起，持之以恒加强作风建设，坚持和发扬党的优良传统和作风，坚持抓常、抓细、抓长，使党的作风全面好起来，确保党始终同人民同呼吸、共命运、心连心。

反腐坚持零容忍。我们党作为执政党，面临的最大威胁就是腐败。党的十八大以来，我们党坚持"老虎""苍蝇"一起打，使不敢腐的震慑作用得到发挥，不能腐、不想腐的效应初步显现，反腐败斗争压倒性态势正在形成。反腐倡廉、拒腐防变必须警钟长鸣。各级领导干部要牢固树立正确权力观，保持高尚精神追求，敬畏人民、敬畏组织、敬畏法纪，做到公正用权、依法用权、为民用权、廉洁用权，永葆共产党人拒腐蚀、永不沾的政治本色。我们要以顽强的意志品质，坚持零容忍的态度不变，做到有案必查、有腐必惩，让腐败分子在党内没有任何藏身之地！

精心培养好干部。伟大的斗争，宏伟的事业，需要高素质干部。我们要坚持德才兼备、以德为先，坚持五湖四海、任人唯贤，坚持事业为上、公道正派，坚决防止和纠正选人用人上的不正之风，把党和人民需要的好干部精心培养起来、及时发现出来、合理使用起来。

以德修身、以德立威、以德服众，是干部成长成才的重要因素。每一名党员干部都要坚守"三严三实"，拧紧世界观、人生观、价值观这个"总开关"，做到心中有党、心中有民、心中有责、心中有戒，把为党和人民事业无私奉献作为人生的最高追求。各级领导干部要加快知识更新、加强实践锻炼，使专业素养和工作能力跟上时代节拍，避免少知而迷、无知而乱，努力成为做好工作的行家里手。

2. 其他各项事业

（1）军队建设：中国奉行积极防御的军事战略方针，不搞武力威胁，也不炫耀武力

建设同我国国际地位相称、同国家安全和发展利益相适应的巩固国防和强大军队，是我国社会主义现代化建设的战略任务。我们要统筹经济建设和国防建设，全面加强军队革命化、现代化、正规化建设。要坚持党对军队的绝对领导，牢牢把握党在新形势下的强军目标，全面实施政治建军、改革强军、依法治军，拓展和深化军事斗争准备，着力培养有灵魂、有本事、有血性、有品德的新一代革命军人，努力建设一支听党指挥、能打胜仗、作风优良的人民军队。中国奉行积极防御的军事战略方针，不会动辄以武力相威胁，也不会动不动到别人家门口炫耀武力。到处炫耀武力不是有力量的表现，也吓唬不了谁。要深入贯彻军民融合发展战略，加快建设现代化武装警察力量，加强国防动员和后备力量建设，巩固和发展军政军民团结。

（2）祖国统一：绝不动摇对"一国两制"的信心和决心，坚决反对任何形式的分裂国家活动

推进祖国和平统一进程、完成祖国统一大业，是实现中华民族伟大复兴的必然要求。"一国两制"在实践中已经取得举世公认的成功，具有强大生命力。无论遇到什么样的困难和挑战，我们对"一国两制"的信心和决心都绝不会动摇。我们将全面贯彻"一国两制"、"港人治港"、"澳人治澳"、高度自治的方针，严格按照宪法和基本法办事，支持行政长官和特别行政区政府依法施政、履行职责，支持香港、澳门发展经济、改善民生、推进民主、促进和谐。

两岸关系和平发展是维护两岸和平、促进共同发展、造福两岸同胞的正确道路，也是通向和平统一的光明大道。坚持"九二共识"、反对"台独"是两岸关系和平发展的政治基础。我们坚决反对"台独"分裂势力。对任何人、任何时候、以任何形式进行的分裂国家活动，13亿多中国人民、整个中华民族都决不会答应！两岸同胞是命运与共的骨肉兄弟，是血浓于水的一家人。民族强盛，是同胞共同之福；民族弱乱，是同胞共同之祸。两岸双方应该胸怀民族整体利益，携手为实现中华民族伟大复兴的中国梦共同打拼。

（3）青年工作：全党要做青年的知心人、热心人、引路人

青年是祖国的未来、民族的希望，也是我们党的未来和希望。中国共产党的创始人之一李大钊同志说过，青年要"为世界进文明，为人类造幸福，以青春之我，创建青春之家庭，青春之国家，青春之民族，青春之人类，青春之地球，青春之宇宙，资以乐其无涯之生"。95年来，我们党取得的所有成就都凝聚着青年的热情和奉献。全党要关注青年、关心青年、关爱青年，倾听青年心声，做青年朋友的知心人、青年工作的热心人、青年群众的引路人。

全国广大青年要深刻了解近代以来中国人民和中华民族不懈奋斗的光荣历史和伟大历程，坚定不移跟着中国共产党走，勇做走在时代前列的奋进者、开拓者、奉献者，让青春在为祖国、为人民、为民族的奉献中焕发出绚丽光彩！

三、收尾：共产党的这场历史性考试还在继续

95年前，中国人民对争取民族独立和人民解放、实现国家富强和人民幸福的渴望是多么强烈，但前途又是多么渺茫。今天，我们比历史上任何时期都更接近中华民族伟大复兴的目标，比历史上任何时期都更有信心、有能力实现这个目标。我们完全可以说，中华民族伟大复兴的中国梦一定要实现，也一定能够实现。

1949年3月23日上午，党中央从西柏坡动身前往北京时，毛泽东同志说："今天是进京赶考的日子。"60多年的实践证明，我们党在这场历史性考试中取得了优异成绩。同时，这场考试还没有结束，还在继续。今天，我们党团结带领人民所做的一切工作，就是这场考试的继续。

"路漫漫其修远兮，吾将上下而求索。"全党同志一定要不忘初心、继续前进，永远保持谦虚、谨慎、不骄、不躁的作风，永远保持艰苦奋斗的作风，勇于变革、勇于创新，永不僵化、永不停滞，继续在这场历史性考试中经受考验，努力向历史、向人民交出新的更加优异的答卷！

第二节 解读"七一"重要讲话精神

一、"七一"讲话是进行新的伟大斗争的政治宣言

①科学总结历史贡献，为不忘初心、继续前进提供精神动力。用三个"伟大飞跃"证明了中国共产党95年奋斗的重大历史意义，用三个"蓬勃生机"赋予中国共产党95年奋斗以崇高的历史地位。

②深刻揭示历史规律，为不忘初心、继续前进汲取历史智慧。通过对历史规律的把握得出了三个"永不动摇"的结论，不是主观臆断的产物，而是深刻的历史启示，是从历史演变中得出的根本结论，是已经被实践反复证明了的历史规律。

③再次强调历史性考试，为不忘初心、继续前进指明方向。用八个"不忘初心、继续前进"明确了我们党未来的任务和努力的方向，即不断把马克思主义中国化推向前进，不断把为崇高理想奋斗的伟大实践推向前进，不断把中国特色社会主义伟大事业推向前进，不断把实现"两个一百年"奋斗目标推向前进，不断把改革开放推向前进，不断把为人民造福事业推向前进，不断把人类和平与发展的崇高事业推向前进，不断把党的建设新的伟大工程推向前进。

二、中国共产党"赶考"交了什么答卷

中国共产党一成立就踏上了"赶考"路，在人民大革命中考出了农村包围城市这一独特的中国革命道路，考出了马克思主义中国化的成果毛泽东思想，考出了人民当家做主的社会

主义新中国。改革开放新时期中国共产党以"赶上时代"为使命踏上新的"赶考"路，考出了真正活跃起来的中国，考出了新一轮马克思主义中国化的成果中国特色社会主义理论体系，考出了世界第二大经济体。以党的十八大为标志，中国共产党从新的历史起点出发，开始了新的历史性"赶考"。"赶考"归根到底考的是党，考出了"两个先锋队"的中国共产党，而赶上"新的群众的时代"则是党所面对的最新考题。

三、"不忘初心"的哲学阐释

①不忘本质。就是不忘中国共产党全心全意为人民服务的宗旨，坚持以人民为中心，坚持人民至上，坚持人民情怀，坚持人民立场，坚持人民主体地位。

②不忘本来。就是不忘中国共产党诞生和发展历程中所处的曲折、苦难和"赶考"的客观历史环境。

③不忘品格。就是不忘中国共产党人艰苦奋斗、越挫越勇的精神以及"初生牛犊不怕虎"般的斗志。

④不忘初衷。就是不忘坚定马克思主义信仰，不忘实现国家富强民族振兴人民幸福的奋斗目标，不忘共产主义远大理想。

⑤不忘来路。我们党走过的路，是在改革开放30多年的伟大实践中走出来的，是在中华人民共和国成立60多年的持续探索中走出来的，是在对近代以来170多年中华民族发展历程的深刻总结中走出来的，是在对中华民族5000多年悠久文明的传承中走出来的，我们必须倍加珍惜、始终坚持、不断发展、不能忘却。

第三节 中国共产党：不忘初心 继续前行

今年是中国共产党成立95周年。95年来，中国共产党团结和带领全国各族人民，前仆后继，顽强奋斗，把贫穷落后的旧中国变成日益走向繁荣富强的新中国。今天的中国前所未有地靠近世界舞台中心，前所未有地接近实现中华民族伟大复兴的目标，前所未有地具有实现这个目标的能力和信心。

"面向未来，面对挑战，全党同志一定要不忘初心，继续前行。"在庆祝中国共产党成立九十五周年大会上，习近平总书记提出了"坚持不忘初心、继续前行"的八方面要求，涉及指导思想、理想信念、方向道路、治国治党、内政外交等领域。不忘初心，方得始终。为的是告诫全党，无论我们走多远，都不能忘记走过的路，不能忘记为什么出发；为的是警醒全党，永远保持建党时中国共产党人的奋斗精神，永远保持对人民的赤子之心。

一、坚持马克思主义的指导思想

坚持不忘初心，继续前行就是要坚持马克思主义的指导思想，坚持把马克思主义基本原理同当代中国实际和时代特点紧密结合起来，推进理论创新、实践创新，不断把马克思主义中国化推向前进。1840年鸦片战争后，戊戌变法运动夭折了，辛亥革命失败了。无论考察西洋还是留学东洋所获得的这个理论那个方案，都不能拯救中国于水火。正当中国先进知识分子在黑暗里摸索的时候，俄国十月革命爆发了，送来了马克思主义。由于十月革命是在马克思主义指导下取得成功的，中国先进知识分子，看到了中国的出路不是资本主义而是社会主义，选择了马克思主义。中国共产党不仅坚持了马克思主义，更重要的是发展了马克思主义。以毛泽东为代表的共产党人认识到马克思主义必须中国化。因为中国的情况跟苏联等其他国家都不一样。比如，其他国家的共产党员，主要是工人出身，而我们更多的是农民；其他国家是中心城市武装起义，我们只能走农村包围城市的道路。后来以邓小平、江泽民、胡锦涛等为代表的中国共产党人，又意识到马克思主义必须时代化。在实践中不断丰富和发展马克思主义，形成了包括邓小平理论、"三个代表"重要思想以及科学发展观等重大战略思想在内的中国特色社会主义理论体系。

今天时代变化远远超出了马克思当时的想象。比如，马克思讲"资本来到人间，从头到脚，每个毛孔都流着鲜血和肮脏的东西"。但是，第二次全世界大战以后，欧洲资本主义国家普遍建立起了社会保障制度。工人阶级与资产阶级的矛盾明显缓解了。还有人认为社会主义也跟马克思说的不一样，马克思设想出来的是一个理想的社会主义社会。但是，现在的社会主义国家，没有一个是建立在发达的基础上，无一例外地都走了弯路。在一些人看来，似乎资本主义没有马克思说的那么坏，社会主义也没有他说的那么好。一个理论连现实都解释不清楚了，怎么指导实践呢？

理论上不彻底，就难以服众。我国社会主义只有几十年实践，还处在初级阶段，事业越发展新情况、新问题就越多，也就越需要我们在实践上大胆探索、在理论上不断突破，更加深入地推动马克思主义同当代中国的具体实际相结合。

二、坚持共产主义的理想信念

坚持不忘初心，继续前行就是要坚持共产主义的理想信念，牢记我们党从成立起就把为共产主义、社会主义而奋斗确定为自己的纲领，坚定共产主义远大理想和中国特色社会主义共同理想，不断把为崇高理想奋斗的伟大实践推向前进。坚定理想信念，坚守共产党人精神追求，始终是共产党人安身立命的根本。对马克思主义的信仰，对社会主义和共产主义的信念，是共产党人的政治灵魂，是共产党人经受住任何考验的精神支柱。形象地说，理想信念就是共产党人精神上的"钙"，没有理想信念，理想信念不坚定，精神上就会"缺钙"，就会得"软骨病"。现实生活中，一些党员、干部出这样那样的问题，说到底是信仰迷茫、精神迷失。

95年来，共产主义远大理想激励了一代又一代共产党人英勇奋斗，成千上万的烈士为了这个理想献出了宝贵生命。像夏明翰"砍头不要紧，只要主义真"，方志敏在英勇就义前慷慨陈词"敌人只能砍下我们的头颅，决不能动摇我们的信仰"。这些视死如归、大义凛然的誓言生动表达了共产党人对远大理想的坚贞。方志敏在狱中写《可爱的中国》的时候，他很清楚，将来中国不管多可爱，他肯定是见不到了。但是为了这个理想奋斗，哪怕牺牲也无怨无悔。我们一定要铭记烈士们的遗愿，永志不忘他们为之流血牺牲的伟大理想。

我们再看看这些年落马的"老虎""苍蝇"，哪个不缺钙？他们在忏悔录中说得很明白，就是从丧失理想信念开始的。入党誓词记不清了，共产党人的"初心"更是早忘记了。所以理想信念，看上去是虚的东西，是大道理的东西，但是信不信这个大道理、认不认同这个大道理、按不按这个大道理的要求去做，对一个党、对一个人来说太重要了。

三、坚定道路、理论、制度、文化四个自信

坚持不忘初心,继续前行就是要坚定道路、理论、制度、文化四个自信,坚持中国特色社会主义道路自信、理论自信、制度自信、文化自信,坚持党的基本路线不动摇,不断把中国特色社会主义伟大事业推向前进。中国的社会主义是不是好,要看事实,要看中国人民的判断,而不是看那些戴着有色眼镜的人的主观臆断。50年时间,中国的人均GDP增长了超过200倍;30年时间,中国城镇人口增加超过了5亿,人均预期寿命已领先很多中高收入国家。20余年时间,13亿中国人几乎人均一部移动电话,超过7亿中国人搭上网络快车。"当今世界,要说哪个政党、哪个国家、哪个民族能够自信的话,那中国共产党、中华人民共和国、中华民族是最有理由自信的",原因正如此。

中国走了一条跟西方不同的现代化道路,而且走得很稳、很快,效果很好。现在世界上很多发展中国家的政治家觉得上西方民主的当了,学了多党制竞争、三权分立,结果学来了内耗,学来了内乱。"鞋子合不合脚,自己穿着才知道。一个国家的发展道路合不合适,只有这个国家的人民才最有发言权"。不同的国家、不同的文化传统,不同的经济社会发展水平,发展道路应该是不一样的。

所以,我们要坚信,中国特色社会主义道路是实现社会主义现代化的必由之路,是创造美好生活的必由之路。我们要坚信,中国特色社会主义理论体系,是指导党和人民沿着中国特色社会主义道路实现中华民族伟大复兴的正确理论,是立于时代前沿、与时俱进的科学理论。我们要坚信,中国特色社会主义制度是当今中国发展进步的根本制度保障,是具有鲜明中国特色、明显制度优势、强大自我完善能力的先进制度。

四、明确现阶段的主要任务

坚持不忘初心,继续前行就是要明确现阶段的主要任务,统筹推进"五位一体"总体布局,协调推进"四个全面"战略布局,推进全面建成小康社会进程,不断把实现"两个一百年"奋斗目标推向前进。全面建成小康社会,是我们党向人民、向历史做出的庄严承诺,是13亿多中国人民的共同期盼。为实现这一目标,党的十八大以来,我们党形成并积极推进经济建设、政治建设、文化建设、社会建设、生态建设五位一体的总体布局,形成并积极推进全面建成小康社会、全面深化改革、全面依法治国、全面从严治党的战略布局。

"五位一体"总体布局的形成,是中国共产党对中国特色社会主义认识不断深化的结果,从物质文明、精神文明一起抓到经济建设、政治建设、文化建设"三位一体",到经济建设、政治建设、文化建设、社会建设"四位一体",再到现在的经济建设、政治建设、文化建设、社会建设、生态建设"五位一体",对中国特色社会主义事业总体布局的认识经历了一个初步探索、逐步深化和趋于完善的过程。"五位一体"的总体布局,对应着老百姓的经济、政治、社会、文化、生态五大权益。

"四个全面"战略布局,既有战略目标,也有战略举措,每一个"全面"都具有重大战略意义。全面建成小康社会是目标系统,它是"四个全面"战略布局的战略目标。全面深化改革是动力系统,全面依法治国是保障系统,全面从严治党是调控系统,这三个"全面"是战略布局中的三大战略举措。第一个"全面"对后三个"全面",起着战略引领作用。后面

三个"全面"对第一个"全面"的实现起着动力、保障、保证和支撑作用。"四个全面"的战略布局,为实现"两个一百年"的奋斗目标、实现中华民族伟大复兴的中国梦提供了理论指导和实践指南。

五、不断把改革开放推向前进

坚持不忘初心、继续前行就是要不断把改革开放推向前进,坚定不移地高举改革开放旗帜,勇于全面深化改革,进一步解放思想、解放和发展社会生产力、解放和增强社会活力,不断把改革开放推向前进。改革开放是当代中国最鲜明的特色,是决定当代中国命运的关键抉择,是党和人民事业大踏步赶上时代的重要法宝。"改革开放只有进行时没有完成时。没有改革开放,就没有中国的今天,也就没有中国的明天"。

改革已经进入深水区和攻坚区。什么是深水区?水深则不明,很难看清脚底下,到底有什么,是平地,还是深渊,所以要求我们必须战战兢兢、如履薄冰;同时,水深则寒,很多改革都是要牵一发而动全身,不再是小打小闹,也不再是"排排坐吃果果",皆大欢喜,是真刀真枪动一些人的利益,所以要求攒足浑身的勇气冲关。

如果说改革开放初期改革的主要障碍是旧的思想观念,而今天更多的困难是来自于不同群体的不同利益诉求。对很多人而言,改革如能受益则容易接受,没有好处就会很漠然,如果利益受损则一定会反对。今天几乎没有一项改革能让不同群体同等程度地受益,改革难就难在这儿。

习近平总书记深知改革难度。他说:"在中国这样一个拥有13亿多人口的国家深化改革,绝非一时。中国改革经过30多年,已进入深水期,可以说,容易的、皆大欢喜的改革已经完成了,好吃的肉都吃掉了,剩下的是难啃的骨头。这就要求我们胆子要大、步子要稳。"

党的十八届三中全会虽然提出了全面深化改革的思路、方案,但是这些思路的贯彻落实还需要一个过程。有的改革举措已经出台了,有的还没有出台。那些没有出台的,表明中央非常谨慎,要经过深入调研,进一步凝聚各方的共识。

六、把人民放在心中最高位置

坚持不忘初心,继续前行就是要把人民放在心中最高位置,坚信党的根基在人民、党的力量在人民,坚持一切为了人民、一切依靠人民,充分发挥广大人民群众积极性、主动性、创造性,不断把为人民造福事业推向前进。

人民立场是中国共产党的根本政治立场,是马克思主义政党区别于其他政党的显著标志。95年来,从"不拿群众一针一线"的严明纪律、"鱼儿离不开水、瓜儿离不开秧"的深厚情谊,到与群众"一块苦、一块过、一块干"的铿锵誓言,我们党始终坚守人民立场,把自己的根牢牢扎在人民当中。

党的十八届五中全会明确如期实现全面建成小康社会奋斗目标、推动经济社会持续健康发展必须遵守的原则,其中排在首位的就是"坚持人民主体地位"。从"十三五"规划中不难看到,人民的幸福不仅置于蓝图的中心位置,而且是贯穿其中的一条红线。在阐释"坚持人民主体地位"这一原则时,明确"把增进人民福祉、促进人的全面发展作为发展的出发点和落脚点,发展人民民主,维护社会公平正义,保障人民平等参与、平等发展权利,充分调动人民积极性、主动性、创造性"。

"知屋漏者在宇下，知政失者在草野"。把人民放在心中最高位置，坚持全心全意为人民服务，实现好、维护好、发展好最广大人民根本利益，把人民拥护不拥护、赞成不赞成、高兴不高兴、答应不答应作为衡量一切工作得失的根本标准，使我们党始终拥有不竭的力量源泉。我们党将顺应人民群众对美好生活的向往，坚持以人民为中心的发展思想，以保障和改善民生为重点，发展各项社会事业，加大收入分配调节力度，打赢脱贫攻坚战，保证人民平等参与、平等发展权利，使改革成果更多更公平地惠及全体人民，朝着实现全体人民共同富裕的目标稳步前进。

七、始终不渝走和平发展道路

坚持不忘初心、继续前行就是要始终不渝走和平发展道路，始终不渝奉行互利共赢的开放战略，加强同各国的友好往来，同各国人民一道，不断把人类和平与发展的崇高事业推向前进。改革开放以来，中国经济快速发展，科技突飞猛进，综合国力日益强大，国际地位空前提高，既有肯定"中国模式"的赞扬声，也有一轮又一轮驱之不去的"中国威胁论"，比如"中国军事威胁论""经济威胁论""文明威胁论"等。我们国家领导人意识到，应该告诉世人，尤其是告诉西方人，中国要坚定不移地走和平发展道路，将来哪怕再强盛，也不会像他们过去那样去欺负别人。

中国向世界重申，主张各国人民同心协力，变压力为动力，化危机为生机，以合作取代对抗，以共赢取代独占。什么样的国际秩序和全球治理体系对世界好、对各国人民好，要由各国人民商量，不能由一家说了算，不能由少数人说了算。中国将积极参与全球治理体系建设，努力为完善全球治理贡献中国智慧，同世界各国人民一道，推动国际秩序和全球治理体系朝着更加公正合理方向发展。

"一花独放不是春，百花齐放春满园"，文明因交流互鉴而绽放异彩。从"一带一路"到亚投行建设，实践证明，中国对外开放，不是要一家唱独角戏，而是要欢迎各方共同参与；不是要谋求势力范围，而是要支持各国共同发展；不是要营造自己的后花园，而是要建设各国共享的百花园。中国倡导人类命运共同体意识，反对冷战思维、零和博弈，倡导树立双赢、多赢、共赢的新理念，呼吁摒弃你输我赢、赢者通吃的旧思维，彰显的正是中国智慧、中国价值。中国坚持维护国际公平正义，反对把自己的意志强加于人，反对干涉别国内政，反对以强凌弱；中国不觊觎他国权益，不嫉妒他国发展，也决不放弃我们的正当权益，决不会拿自己的核心利益做交易，坚守的正是中国立场、中国态度。

八、党的建设要常抓不懈

坚持不忘初心、继续前行就是要党的建设要常抓不懈，保持党的先进性和纯洁性，着力提高党的执政能力和领导水平，着力增强党抵御风险和拒腐防变的能力，不断把党的建设新的伟大工程推向前进。

办好中国的事情，关键在党。中国特色社会主义最本质的特征是中国共产党领导，中国特色社会主义制度的最大优势是中国共产党领导。坚持和完善党的领导，是党和国家的根本所在、命脉所在，是全国各族人民的利益所在、幸福所在。

中国共产党作为执政党，面临的最大威胁就是腐败。党的十八大以来，坚持"老虎"

"苍蝇"一起打，使不敢腐的震慑作用得到发挥，不能腐、不想腐的效应初步显现，反腐败斗争压倒性态势正在形成。坚持零容忍的态度不变，做到有案必查、有腐必惩，让腐败分子在党内没有任何藏身之地。如果说刚开始还有些人持观望态度，现在几乎没有人怀疑了。著名历史题材作家二月河认为："读遍二十四史，历朝历代反腐败没有哪个朝代的力度超过今天。"反腐败力度、抓作风举措大家是有目共睹的。2012年12月至2015年11月，落马省部级（军级）以上官员已经达到145名。特别是中央政治局原常委周永康被判刑，中央军委原副主席徐才厚、郭伯雄等军中"大老虎"被打掉，震动尤为强烈，社会感觉到了这次反腐不同一般。法纪面前人人平等，法纪平等地适用于所有人，反腐败不做"选答题"，不管是谁、不管其家庭身份、官阶高低、功劳大小，只要触犯国家法律和党的纪律，坚决一查到底、决不手软，"概莫例外"是十分形象的概括。中国社科院发布反腐倡廉报告，称反腐带动社会风气好转。2015年，民众的反腐败信心指数继续上涨。90.6%的普通干部、86.9%的专业人员、85.4%的企业管理人员对当前反腐工作"满意"或"比较满意"。

凡事过去，皆为序幕。1949年3月23号，党中央从西柏坡动身前往北京时，毛泽东同志说："今天是进京赶考的日子。"60多年的实践证明，我们党在这场历史性的考试中取得了优异成绩。同时，这场考试还没有结束，还在继续。中国共产党将继续在这场历史性考试中经受考验，努力向历史、向人民交出满意答卷！

第四节　长征：震古烁今的精神丰碑

"红军不怕远征难，万水千山只等闲"。82年前，在中华民族面临深重危机的危难关头，在中国共产党和中国工农红军面临生死考验的危急时刻，中国共产党领导工农红军开始了一场具有深远历史意义的战略转移。这是与强大的敌人、恶劣的自然环境的艰苦斗争，是勇气、意志和信念的严峻考验，历时之长，行程之遥，路途之险，困难之巨，在中国近现代史上是罕见的。在这样的艰险和艰辛中，中国共产党领导红军将士浴血奋战、前仆后继、以弱克强，不仅创造了可歌可泣的战争史诗，而且谱写了豪情万丈的精神史诗，铸就了伟大的长征精神。

一、革命理想高于天

长征精神就是把全国人民和中华民族的根本利益看得高于一切，坚定革命的理想和信念，坚信正义事业必然胜利的精神。长征是人与自然的较量，是革命与反革命两种力量的较量。在如此险恶、多变、复杂的境况之下，是什么力量鼓舞和推动着红军将士高昂头颅前进？是"革命理想高于天"的崇高信念。红军将士坚信，只要紧跟共产党，革命一定会成功，人民一定会解放，胜利一定会到来。

亲身参与长征的杨成武将军曾说过："我们的指战员英勇善战，为了保卫党中央肯于牺牲一切。许多红军战士为了无产阶级和人民大众利益，为了祖国和人民的前途，英勇无畏地献出了自己的一切，直到生命的最后一刻，他们想到的都不是自己，而是所信仰的革命事业。"

"饿得摇摇晃晃，连抬腿的力气都没有。可一旦爬起来，就向前走，向着党中央的方向走！"全家9人追随红军、4人牺牲在长征路上的老红军李中权生前回忆，"因为共产党人的口号是'为劳动大众求解放'。"

"没有理想，红军连一千里都走不了。"中国共产党早期重要领导人张闻天在谈到长征时曾这样说。理想崇高，才能坚定信念；信念坚定，才能坚守理想。建立人民当家做主的政权，北上抗日实现民族独立——正是中国共产党人的这一崇高理想，激励着像李中权一样的红军战士，义无反顾地踏上漫漫征途。

二、"红军不怕远征难，万水千山只等闲"

长征精神就是为了救国救民，不怕任何艰难险阻，不惜付出一切牺牲的精神。"苦不苦想想长征两万五；累不累，想想红军过草地"，这句俗语折射出红军在长征中面临的种种艰难困苦。

毛泽东论述长征时指出："十二个月光阴中间，天上每日几十架飞机侦察轰炸，地下几十万大军围追堵截，路上遇着了说不尽的艰难险阻，我们却开动了每人的两只脚，长驱二万余里，纵横十一个省。请问历史上曾有过我们这样的长征吗？没有，从来没有的。"

长征途中，险象环生，自然环境恶劣，缺少粮食，吃的是草根，啃的是树皮。天当房，地做床，日晒雨淋，风餐露宿，野菜充饥，篝火御寒。而且，几乎每天都有遭遇战。总计重要战役、战斗近600次，长征时红军三大主力总数20多万人，长征结束时，保留57 000余人，平均每行进一公里就有三四名指战员献出生命。即便如此，"红军不怕远征难，万水千山只等闲"，红军将士也没有被困难吓倒，成功翻越陡峭险峻、终年积雪的座座高山，跨过浪涛翻涌、暗流涌动的条条江河，穿越沼泽遍布、神秘莫测的茫茫草地。

三、独立自主、实事求是

长征精神就是坚持独立自主、实事求是，一切从实际出发的精神。长征初期，由于错误的军事路线，红军遭受重大伤亡，湘江战役付出惨重代价，中央红军8.6万人锐减到3万。"左"倾教条主义者之所以给中国革命带来惨重损失，就是因为只会空谈"教条"，不懂得把马克思主义基本原理同中国革命具体实践相结合。

长征中，遵义会议解决了中国共产党面对的这个根本问题：究竟一切按共产国际和"左"倾教条主义的指挥行事，还是独立自主地从中国国情出发走自己的路。遵义会议以后，以毛泽东为核心的中国共产党第一代中央领导集体，不唯上、不唯书、只唯实，反对右、反对"左"，坚持正确路线，从教条主义的束缚下解放出来，独立自主地坚持从实际出发，使红军最终摆脱几十万国民党军的前堵后追，取得了一个又一个胜利。放弃湘西，转向贵州，舍弃川西，北上陕甘；智取娄山关，四渡赤水；巧渡金沙江，强渡大渡河；飞夺泸定桥，突破腊子口。每一次战役战斗胜利的取得，都是中国共产党独立探索中国革命道路的硕果。

四、顾全大局、紧密团结

长征精神就是顾全大局、严守纪律、紧密团结的精神。红军是无产阶级政党领导的革命军队，这支军队与其他军队的重要区别在于它有严格的组织纪律性，能够顾全大局，服从整体利益，紧密团结，互助友爱。

在整个长途中，特别是遇到艰难险阻时，这种团结互助、为了援救同志宁可牺牲自己的崇高品德，表现得十分突出。年龄大的帮年龄小的扛枪，身体强的扶身体弱的前进，官兵平等，同甘共苦，一块干粮，辗转多人。生死关头，大家争相把生的希望让给战友，把死的危险留给自己。无论是参加长征的各路红军，还是留守南方的红军和游击队，国民党统治区的地下党组织，都以自己的战斗和牺牲为长征的胜利做出了贡献。

五、生死相依、患难与共

长征精神就是紧紧依靠人民群众、同人民群众生死相依、患难与共、艰苦奋斗的精神。"一送红军下南山，秋风细雨扑面寒，树树梧桐叶落完，红军几时再回山？……十送红军转回来，武陵山巅搭高台，盼望红军打胜仗，盼望亲人早回来。"这首《十送红军》，充分表达了人民与红军之间的深厚情感。

红军是人民的军队，红军脱离了人民就无法生存。长征中，除了经过汉族地区以外，红军还穿越苗族、彝族、羌族、回族等十多个少数民族地区，足迹遍布十多个省份，所到之处红军宣传中国共产党政治主张，打土豪、分田地，废除苛捐杂税，为人民谋利益，使约2亿人民群众第一次知道中国共产党和红军，播下了革命的火种。

红军到达大渡河畔安顺场时，涛声如雷，旋涡密布。渡河开始，当地的几位船工冒着枪林弹雨，带着十几位红军驾着小船划向对岸，红军迅速控制对岸渡口。随后，80多位船工连续摆渡7天7夜，帮助红军渡过大渡河。红军经过四川阿坝地区期间，尊重藏族、羌族、回族等少数民族生活习惯，帮助建立少数民族革命政权，得到少数民族大力支持。他们为红军筹集粮草，充当向导和翻译，参军参战。红军撤离阿坝地区时，5 000余名藏族、羌族、回族等少数民族优秀子弟参加红军，一起长征，绝大多数为中国革命英勇献身。

红军长征已然成为历史，但红军长征精神是永存的。这种精神，无论岁月如何更替，条件如何变化，都要发扬光大。实现中华民族伟大复兴的中国梦，是正在进行的新长征，尽管已取得很大成就，但仍不过是新的万里长征第一步。因此，仍需要弘扬长征精神，使新的万里长征发出更加灿烂的光辉。

思考题

1. 习主席"七一讲话"的现实启迪是什么？
2. 从95年前50多人发展壮大到今天8 800多万人，中国共产党的生机与活力源自哪里？
3. 在险恶、多变、复杂的境况之下，中国共产党领导工农红军创造了可歌可泣的战争史诗，靠的是什么？

> 读数字

长征总行程为6.5万多里

在艰难困苦的条件下,中共中央和红一方面军(中央红军)长征1年,行程2.5万里;红二十五军长征10个月,行程近1万里;红四方面军长征1年5个月,行程约1万里;红二方面军长征近1年,行程约2万里。长征经过14个省,10多个少数民族聚居和杂居区,渡过24条大江大河,翻越20多座雪山,穿越15 200平方公里荒无人烟的草地,足迹遍及半个中国,总行程6.5万多里。

专题六 "一带一路"战略专题

 学习重点

（1）了解"一带一路"概念的由来及发展历史。
（2）掌握"一带一路"合作的重点。
（3）理解"一带一路"肩负的使命和现实意义。

第一节 "一带一路"发展历程

一、"一带一路"概念由来

2013年9月7日，习近平在哈萨克斯坦纳扎尔巴耶夫大学发表演讲时表示：为了使各国经济联系更加紧密、相互合作更加深入、发展空间更加广阔，我们可以用创新的合作模式，共同建设"丝绸之路经济带"，以点带面，从线到片，逐步形成区域大合作。2013年10月3日，习近平主席在印度尼西亚国会发表演讲时表示：中国愿同东盟国家加强海上合作，使用好中国政府设立的中国—东盟海上合作基金，发展好海洋合作伙伴关系，共同建设21世纪"海上丝绸之路"。

2014年5月21日，习近平在亚信峰会上做主旨发言时指出：中国将同各国一道，加快推进"丝绸之路经济带"和"21世纪海上丝绸之路"建设，尽早启动亚洲基础设施投资银行，更加深入参与区域合作进程，推动亚洲发展和安全相互促进、相得益彰。

2014年11月8日在加强互联互通伙伴关系对话会上，习近平指出共同建设丝绸之路经济带和21世纪海上丝绸之路与互联互通相融相近、相辅相成。如果将"一带一路"比喻为亚洲腾飞的两只翅膀，那么互联互通就是两只翅膀的血脉经络。他在《联通引领发展伙伴聚焦合作》讲话中指出第一，以亚洲国家为重点方向，率先实现亚洲互联互通。"一带一路"源于亚洲、依托亚洲、造福亚洲。中国愿通过互联互通为亚洲邻国提供更多公共产品，欢迎大家搭乘中国发展的列车。第二，以经济走廊为依托，建立亚洲互联互通的基本框架。"一带一路"兼顾各国需求，统筹陆海两大方向，涵盖面宽，包容性强，辐射作用大。第三，以交通基础设施为突破，实现亚洲互联互通的早期收获，优先部署中国同邻国的铁路、公路项目。第四，以建设融资平台为抓手，打破亚洲互联互通的瓶颈。中国将出资400亿美元成立丝路基金。丝路基金是开放的，欢迎亚洲域内外的投资者积极参与。第五，以人文交流为纽带，夯实亚洲互联互通的社会根基。未来5年，中国将为周边国家提供2万个互联互通领域培训名额。

2014年11月11日，在2014年亚太经合组织（APEC）领导人非正式会议上，国家主席习近平提出亚太自由贸易区（FTAAP）发展设想，会议就《亚太经合组织推动实现亚太自贸区北京路线图》达成共识。《亚太自贸区互联互通蓝图》或将作为领导人会议宣言的四份附件之一向社会公布。《蓝图》将对硬件、制度、人员全方位互联互通给出明确时间表，设立出2025年实现亚太地区"无缝联通"的目标。在硬件互联互通方面，采用公私合作伙伴关系（PPP）和其他方式提高基础设施融资；发展更新包括交通、信息通信技术和能源在内的基础设施。在制度互联互通方面，应对贸易便利化、结构性和监管改革、交通物流便利化问题。2020年实现各经济体经商成本节约25%，通商效率和便利度提高25%的目标。

"一带一路"是指"丝绸之路经济带"和"21世纪海上丝绸之路"的简称。它将充分依靠中国与有关国家既有的双多边机制，借助既有的、行之有效的区域合作平台。"一带一路"战略是目前中国最高的国家级顶层战略。

国家发展改革委、外交部、商务部联合发布《推动共建丝绸之路经济带和21世纪海上丝绸之路的愿景与行动》，提出：发挥新疆独特的区位优势和向西开放重要窗口作用，深化与中亚、南亚、西亚等国家交流合作，形成丝绸之路经济带上重要的交通枢纽、商贸物流和文化科教中心，打造丝绸之路经济带核心区。利用长三角、珠三角、海峡西岸、环渤海等经济区开放程度高、经济实力强、辐射带动作用大的优势，加快推进中国（上海）自由贸易试验区建设，支持福建建设21世纪海上丝绸之路核心区。充分发挥深圳前海、广州南沙、珠海横琴、福建平潭等开放合作区作用，深化与港澳台合作，打造粤港澳大湾区。截至2015年年底，我国与"一带一路"相关国家贸易额约占进出口总额的四分之一，投资建设了50多个境外经贸合作区，承包工程项目突破3 000个。2015年，我国企业共对"一带一路"相关的49个国家进行了直接投资，投资额同比增长18.2%。2015年，我国承接"一带一路"相关国家服务外包合同金额178.3亿美元，执行金额121.5亿美元，同比分别增长42.6%和23.4%。

二、"一带一路"战略提出的背景

"一带一路"战略，是我国最高决策层主动应对全球形势深刻变化、统筹国内国际两个大局作出的重大战略决策，是关乎未来中国改革发展、稳定繁荣乃至实现中华民族伟大复兴中国梦的重大"顶层设计"。"一带一路"战略的提出，具有深刻的时代背景。

一是适应经济发展新常态的需要。当前我国经济的阶段性特征就是"三期"叠加。所谓"三期"，即增长速度进入换挡期，这是由经济发展的客观规律所决定的；结构调整面临阵痛期，这是加快经济发展方式转变的主动选择；前期刺激政策消化期，这是化解多年来积累的深层次矛盾的必经阶段。正是在这样的背景下，"十八大"后党中央提出了改革开放再出发、深化改革、扩大开放新方略，重新定位经济发展"新常态"，实现国民经济从高速增长到常态平稳增长的"软着陆"，维持可持续发展和适度增长。这就需要统筹国内、国际两大资源和市场，寻求新的经济发展驱动力和增长点。习近平亲自挂帅的中央深化改革领导小组等总揽全局的顶层设计决策机构的成立，足以表明中央再举改革开放大旗、应对国内国际挑战的决心和勇气。从当年改革初期的"摸着石头过河"，到积极应对、主动出击，体现了历史的变迁，时代的进步，决策者的魄力和勇气，也反映了问题之复杂，困难之巨大，挑战之严峻，任务之艰巨。

二是激发区域内的发展活力与合作潜力。自2008年全球金融危机以来，全球产业结构进入了深度调整期，世界经济复苏缓慢，发达国家增长乏力，经济增长速度不断回落；世界工业生产收缩，制造业处于下行期，原先具有全球产业竞争优势的工业化国家普遍出现了结构性失衡，新兴经济体加剧了全球工业竞争，发展中国家的制造业发展速度有所下滑；世界资本流动减速，金融资产增长缓慢，发达经济体对外投资一蹶不振，原先专注于资本输出的国家开始将目光转向国内，使全球资本跨境流动大幅下挫，新兴与发展中经济体资本市场动荡加剧，投资回报率普遍下降；经济增长的疲软严重拖累世界贸易的增长，世界贸易持续低迷，出口形势急剧恶化，世界商品与服务贸易的出口正在经历深度调整。

世界经济结构的这些变化和调整，呈现如下明显特征：一是世界经济增长格局发生变化，过去几十年引领着全球经济增长的发达经济体，受困于高额的政府债务、投资机会的缺乏、欧债危机的冲击、产业创新的缓慢、紧缩的货币环境、居高不下的失业率等因素，在全球经济增长中的主导作用已经发生动摇，而新兴与发展中经济体始终保持着较高增长率，逐渐成为稳定经济增长的主要力量；二是世界工业生产格局出现分化，发达经济体工业增长减速，部分产业空心化，而新兴与发展中国家工业增长表现不俗，但作为工业增长引擎的制造业要想在全球工业生产格局中凸显领导力，仍尚待时日；三是世界资本流动格局发生逆转，原来的西方发达资本输出国大幅减少境外投资，加速全球资本的回流，恶化了发展中国家融资环境，偿还外债能力减弱，金融体系的不稳定加剧；四是世界贸易格局进一步分化，美国、欧盟、亚洲发展中国家在刺激政策的作用下商品出口增长较快，日本出口形势则急剧恶化，而在商品进口方面，亚洲发展中国家增长强劲，继续保持领先，美国和欧盟进口则持续乏力疲软。在此情形下，我国对外开放长期以来主要的对象西方发达经济体国家为主的格局，需要调整、转向，与此同时，伴随着经济全球化步伐，区域经济一体化进程加快，我国周边的东盟、中亚、南亚等发展中国家和地区资源丰富，潜力巨大，亟须通过合作活力激活发展动力。

三是能源安全形势加剧。在当今国际舞台上，原油领域的竞争已经超过了纯商业的范围，甚至成了世界大国经济、军事、政治斗争的重要武器，近年来美俄因乌克兰局势而交恶掀起的原油价格较量，就是最新的明证。研究表明，自1996年以来，中国原油进口量快速增长，原油进口依存度飙升，进口主要来源地却愈趋集中。据海关统计，2003—2013年十年间，我国进口原油从9 100万吨逐年增加，到2009年突破两亿吨大关，2013年达到2.82亿吨。原油进口来源主要集中在中东国家、非洲的苏丹等地，原油进口来源地区比较集中。原油进口量的80%需要经过马六甲海峡，对外依存度高达58%，而据外媒报道，国家原油战略储备仅3天。作为国家重要的战略物资，原油安全保障对国家经济发展和国家安全都有十分重要的意义。当今国际原油市场深受国际政治的影响，使原油进口国的原油供应具有很大的不稳定性，原油进口的安全性受到很大挑战。尤其是我国原油进口过度依赖中东地区和马六甲海，在中东局势动荡、美国插手南海的情况下，我国的能源安全受到严重挑战，潜在威胁加剧。开辟新的原油供应国或地区，开通新的安全输送管道，实现原油进口的多元化，已经是亟待解决的重大战略问题。

五是更好地促进各国发展。凭借改革开放30多年的发展成就和累积的国家综合实力，新兴的复兴中的中国积极参与建构国际新秩序，提出了一系列新思路、新战略、新机制，倡导成立了许多新的地区或国际组织。在坚持和平共处五项原则、提倡国际关系民主化、促进世界多极化、倡导多边安全机制等前提下，新一届中国领导提出了亲诚惠容的睦邻政策，全新的亚洲安全观和亚洲梦，并首倡了"和平合作、开放包容、互学互鉴、互利共赢"的"丝路精神"。同时，中国逐步构建全方位、多层次国际对话渠道和合作机制，积极参与联合国维和、G20、APEC等国际事务，参与协调地区事务如东盟10+3、中日韩领导人峰会、朝核问题六方会谈等机制，树立负责任大国形象；发起并主导上海合作组织、博鳌亚洲论坛、中欧论坛、中东欧合作论坛、中非合作论坛、中阿合作论坛、中国东盟10+1、亚信峰会、金砖国家峰会、中-南美、加勒比海国家、中-南太平洋岛国等对话平台；推行中孟印缅、中巴经济走廊、大湄公河次区域经济区等区域合作建设项目，倡设亚洲基础设施投资开发银行、金砖国家投资开发银行、中国-东盟海上合作基金和丝路建设基金；加快自贸区建设和谈判进程，倡导缔结"亚太自贸区（FTAAP）"……而能把这些新思想理念和对话合作机制落到实处又能统领全局的，恰恰是"丝绸之路经济带"和"21世纪海上丝绸之路"两大战略构想。无论是和平发展、繁荣进步还是睦邻友好、开放包容这些理念，也无论是政治、外交、军事、安全还是经济、贸易、文化、科技这些领域，都可以在这"一带一路"战略中得到体现，落地生根，发挥实效。

三、"一带一路"战略发展历程

1. 古代丝绸之路

2000多年前，亚欧大陆上勤劳勇敢的人民，探索出多条连接亚欧非几大文明的贸易和人文交流通路，后人将其统称为"丝绸之路"。千百年来，"和平合作、开放包容、互学互鉴、互利共赢"的丝绸之路精神薪火相传，推进了人类文明进步，是促进沿线各国繁荣发展的重要纽带，是东西方交流合作的象征，是世界各国共有的历史文化遗产。

丝绸之路是起始于古代中国，连接亚洲、非洲和欧洲的古代陆上商业贸易路线，最初的作用是运输中国古代出产的丝绸、瓷器等商品，后来成为东方与西方之间在经济、政治、文化等诸多方面进行交流的主要道路。

1877年，德国地质地理学家李希霍芬在其著作《中国》一书中，把"从公元前114年至公元127年间，中国与中亚、中国与印度间以丝绸贸易为媒介的这条西域交通道路"命名为"丝绸之路"，这一名词很快被学术界和大众所接受，并正式运用。其后，德国历史学家郝尔曼在20世纪初出版的《中国与叙利亚之间的古代丝绸之路》一书中，根据新发现的文物考古资料，进一步把丝绸之路延伸到地中海西岸和小亚细亚，确定了丝绸之路的基本内涵，即它是中国古代经过中亚通往南亚、西亚以及欧洲、北非的陆上贸易交往的通道。

丝绸之路从运输方式上，主要分为陆上丝绸之路和海上丝绸之路。

陆上丝绸之路，起自中国古代都城长安（今西安），经河西走廊、中亚国家、阿富汗、伊朗、伊拉克、叙利亚等而达地中海，以罗马为终点，全长6 440公里。这条路被认为是联结亚欧大陆的古代东西方文明的交汇之路，而丝绸则是最具代表性的货物。

海上丝绸之路，是指古代中国与世界其他地区进行经济文化交流交往的海上通道。2000多年前，一条以中国广东徐闻港、合浦港等港口为起点的海上丝绸之路成就了世界性的贸易网络。

古代海上丝绸之路从中国东南沿海，经过中南半岛和南海诸国，穿过印度洋，进入红海，抵达东非和欧洲，成为中国与外国贸易往来和文化交流的海上大通道，并推动了沿线各国的共同发展。中国输往世界各地的主要货物，从丝绸到瓷器与茶叶，形成一股持续吹向全球的东方文明之风。尤其是在宋元时期，中国造船技术和航海技术的大幅提升以及指南针的航海运用，全面提升了商船远航能力，私人海上贸易也得到发展。这一时期，中国同世界60多个国家有着直接的"海上丝路"商贸往来，引发了西方世界一窥东方文明的大航海时代的热潮。明代郑和远航的成功，标志着海上丝路发展到了极盛时期。

中国境内海上丝绸之路主要有广州、泉州、宁波三个主港和扬州、福州等其他支线港组成。广州是世界海上交通史上唯一2000多年长盛不衰的大港，从3世纪30年代起，广州已成为海上丝绸之路的主港。唐宋时期，广州成为中国第一大港，明初、清初海禁，广州长时间处于"一口通商"局面；宋末至元代时，泉州成为中国第一大港，并与埃及的亚历山大港并称为"世界第一大港"，后因明清海禁而衰落，联合国教科文组织所承认的海上丝绸之路的起点便是泉州；在东汉初年，宁波地区已与日本有交往，到了唐朝，成为中国的大港之一，两宋时，靠北的外贸港先后为辽、金所占，或受战事影响，外贸大量转移到宁波。福州作为唐中期至五代时期"海上丝绸之路"的重要启泊地之一，成为沟通中国与海外文化交流和商贸往来的重要通道。

随着时代发展，丝绸之路成为古代中国与西方所有政治经济文化往来通道的统称。除了"陆上丝绸之路"和"海上丝绸之路"，还有北向蒙古高原，再西行天山北麓进入中亚的"草原丝绸之路"等。

2. "一带一路"战略

进入21世纪，在以和平、发展、合作、共赢为主题的新时代，面对复苏乏力的全球经济形势，纷繁复杂的国际和地区局面，传承和弘扬丝绸之路精神更显重要和珍贵。

当今世界正发生复杂深刻的变化，国际金融危机深层次影响继续显现，世界经济缓慢复苏、发展分化，国际投资贸易格局和多边投资贸易规则酝酿深刻调整，各国面临的发展问题依然严峻。共建"一带一路"顺应世界多极化、经济全球化、文化多样化、社会信息化的潮流，秉持开放的区域合作精神，致力于维护全球自由贸易体系和开放型世界经济。共建"一带一路"旨在促进经济要素有序自由流动、资源高效配置和市场深度融合，推动沿线各国实现经济政策协调，开展更大范围、更高水平、更深层次的区域合作，共同打造开放、包容、均衡、普惠的区域经济合作架构。共建"一带一路"符合国际社会的根本利益，彰显人类社会共同理想和美好追求，是国际合作以及全球治理新模式的积极探索，将为世界和平发展增添新的正能量。

共建"一带一路"致力于亚欧非大陆及附近海洋的互联互通，建立和加强沿线各国互联互通伙伴关系，构建全方位、多层次、复合型的互联互通网络，实现沿线各国多元、自主、平衡、可持续的发展。"一带一路"的互联互通项目将推动沿线各国发展战略的对接与耦合，发掘区域内市场的潜力，促进投资和消费，创造需求和就业，增进沿线各国人民的人文交流与文明互鉴，让各国人民相逢相知、互信互敬，共享和谐、安宁、富裕的生活。

当前，中国经济和世界经济高度关联。中国将一以贯之地坚持对外开放的基本国策，构建全方位开放新格局，深度融入世界经济体系。推进"一带一路"建设既是中国扩大和深化对外开放的需要，也是加强和亚欧非及世界各国互利合作的需要，中国愿意在力所能及的范围内承担更多责任义务，为人类和平发展作出更大的贡献。

2013年9月和10月，中国国家主席习近平在出访中亚和东南亚国家期间，先后提出共建"丝绸之路经济带"和"21世纪海上丝绸之路"（以下简称"一带一路"）的重大倡议，得到国际社会高度关注。中国国务院总理李克强参加2013年中国—东盟博览会时强调，铺就面向东盟的海上丝绸之路，打造带动腹地发展的战略支点。加快"一带一路"建设，有利于促进沿线各国经济繁荣与区域经济合作，加强不同文明交流互鉴，促进世界和平发展，是一项造福世界各国人民的伟大事业。

2015年10月19日，"一带一路"国家统计发展会议在陕西西安召开，国家统计局局长王保安在会上倡议，"一带一路"沿线国家要进一步加强政府统计交流与合作，努力为各国可持续发展提供准确、可靠的统计数据。王保安指出，信息互联互通是经济互联共赢的基础，"一带一路"行动，将推动政府间统计合作和信息交流，为务实合作、互利共赢提供决策依据和支撑。中国政府统计部门将积极开展对可持续发展相关指标的统计和监测，大力推进现代统计体系建设；将以更加积极、开放的态度，努力提供中国经济社会发展的权威统计数据，积极搜集整理"一带一路"相关国家统计资料，进一步提高中国统计数据的国际可比性，与各国分享中国统计改革发展实践；将与"一带一路"沿线国家政府统计机构一起，共同致力于加强统计交流合作，研究建立统计数据交换共享机制。

中国提出两个符合欧亚大陆经济整合的大战略：丝绸之路经济带战略和21世纪海上丝绸之路经济带战略，两者合称"一带一路"战略。

丝绸之路经济带战略涵盖东南亚经济整合、涵盖东北亚经济整合，并最终融合在一起通向欧洲，形成欧亚大陆经济整合的大趋势。21世纪海上丝绸之路经济带战略从海上联通欧亚非三个大陆和丝绸之路经济带战略形成一个海上、陆地的闭环。

"一带一路"建设是一项系统工程，要坚持共商、共建、共享原则，积极推进沿线国家发展战略的相互对接。为推进实施"一带一路"重大倡议，让古丝绸之路焕发新的生机活力，以新的形式使亚欧非各国联系更加紧密，互利合作迈向新的历史高度，中国政府特制定并发布《推动共建丝绸之路经济带和21世纪海上丝绸之路的愿景与行动》。

四、"一带一路"战略共建原则

"一带一路"建设秉承共商、共享、共建原则。恪守联合国宪章的宗旨和原则。遵守和平共处五项原则，即尊重各国主权和领土完整、互不侵犯、互不干涉内政、和平共处、平等互利。

坚持开放合作。"一带一路"相关的国家基于但不限于古代丝绸之路的范围，各国和国际、地区组织均可参与，让共建成果惠及更广泛的区域。

坚持和谐包容。倡导文明宽容，尊重各国发展道路和模式的选择，加强不同文明之间的对话，求同存异、兼容并蓄、和平共处、共生共荣。

坚持市场运作。遵循市场规律和国际通行规则，充分发挥市场在资源配置中的决定性作用和各类企业的主体作用，同时发挥好政府的作用。

坚持互利共赢。兼顾各方利益和关切，寻求利益契合点和合作最大公约数，体现各方智慧和创意，各施所长，各尽所能，把各方优势和潜力充分发挥出来。

五、"一带一路"战略框架思路

"一带一路"是促进共同发展、实现共同繁荣的合作共赢之路，是增进理解信任、加强全方位交流的和平友谊之路。中国政府倡议，秉持和平合作、开放包容、互学互鉴、互利共赢的理念，全方位推进务实合作，打造政治互信、经济融合、文化包容的利益共同体、命运共同体和责任共同体。

"一带一路"贯穿亚欧非大陆，一头是活跃的东亚经济圈，一头是发达的欧洲经济圈，中间广大腹地国家经济发展潜力巨大。丝绸之路经济带重点畅通中国经中亚、俄罗斯至欧洲（波罗的海）；中国经中亚、西亚至波斯湾、地中海；中国至东南亚、南亚、印度洋。21世纪海上丝绸之路重点方向是从中国沿海港口过南海到印度洋，延伸至欧洲；从中国沿海港口过南海到南太平洋。

根据"一带一路"走向，陆上依托国际大通道，以沿线中心城市为支撑，以重点经贸产业园区为合作平台，共同打造新亚欧大陆桥、中蒙俄、中国-中亚-西亚、中国-中南半岛等国际经济合作走廊；海上以重点港口为节点，共同建设通畅安全高效的运输大通道。中巴、孟中印缅两个经济走廊与推进"一带一路"建设关联紧密，要进一步推动合作，取得更大进展。

"一带一路"建设是沿线各国开放合作的宏大经济愿景，需各国携手努力，朝着互利互惠、共同安全的目标相向而行。努力实现区域基础设施更加完善，安全高效的陆海空通道网络基本形成，互联互通达到新水平；投资贸易便利化水平进一步提升，高标准自由贸易区网络基本形成，经济联系更加紧密，政治互信更加深入；人文交流更加广泛深入，不同文明互鉴共荣，各国人民相知相交、和平友好。

第二节　"一带一路"战略的基本内容

一、"一带一路"战略的基本内容

1. 涵盖范围

丝绸之路经济带圈定：新疆、重庆、陕西、甘肃、宁夏、青海、内蒙古、黑龙江、吉林、辽宁、广西、云南、西藏13省（直辖市）。21世纪海上丝绸之路圈定：上海、福建、广东、浙江、海南5省（直辖市）。共计18个省、自治区、直辖市。

2. 各地定位

根据《推动共建丝绸之路经济带和21世纪海上丝绸之路的愿景与行动》，提出：发挥新疆独特的区位优势和向西开放重要窗口作用，深化与中亚、南亚、西亚等国家交流合作，形成丝绸之路经济带上重要的交通枢纽、商贸物流和文化科教中心，打造丝绸之路经济带核心区。

利用长三角、珠三角、海峡西岸、环渤海等经济区开放程度高、经济实力强、辐射带动作用大的优势，加快推进中国（上海）自由贸易试验区建设，支持福建建设21世纪海上丝绸之路核心区。

充分发挥深圳前海、广州南沙、珠海横琴、福建平潭等开放合作区作用，深化与港澳台合作，打造粤港澳大湾区。

推进浙江海洋经济发展示范区、福建海峡蓝色经济试验区和舟山群岛新区建设，加大海南国际旅游岛开发开放力度。加强上海、天津、宁波—舟山、广州、深圳、湛江、汕头、青岛、烟台、大连、福州、厦门、泉州、海口、三亚等沿海城市港口建设，强化上海、广州等国际枢纽机场功能。以扩大开放倒逼深层次改革，创新开放型经济体制机制，加大科技创新力度，形成参与和引领国际合作竞争新优势，成为"一带一路"特别是21世纪海上丝绸之路建设的排头兵和主力军。发挥海外侨胞以及香港、澳门特别行政区独特优势作用，积极参与和助力"一带一路"建设。为台湾地区参与"一带一路"建设做出妥善安排。

对陕西、甘肃、宁夏、青海四地的定位是：形成面向中亚、南亚、西亚国家的通道、商贸物流枢纽、重要产业和人文交流基地。

对沿海诸市的定位是：加强沿海城市港口建设，强化国际枢纽机场功能。

对广西的定位是：21世纪海上丝绸之路与丝绸之路经济带有机衔接的重要门户。

对云南的定位是：面向南亚、东南亚的辐射中心。

对内蒙古、黑龙江、吉林、辽宁、北京的定位是：建设向东北亚开放的重要窗口。

打造重庆西部开发开放重要支撑和郑州、武汉、长沙、成都、南昌、合肥等内陆开放型经济高地。

长吉图开发开放先导区是东北亚区域的核心区域。

此外，"愿景与行动"还明确了其他相关区域的功能定位。

（3）丝路新图

北线A：北美洲（美国，加拿大）—北太平洋—日本、韩国—日本海—海参崴（扎鲁比诺港，斯拉夫扬卡等）—珲春—延吉—吉林—长春（即长吉图开发开放先导区）—蒙古国—俄罗斯—欧洲（北欧，中欧，东欧，西欧，南欧）。

北线B：北京—俄罗斯—德国—北欧；

中线：北京—郑州—西安—乌鲁木齐—阿富汗—哈萨克斯坦—匈牙利—巴黎。

南线：泉州—福州—广州—海口—北海—河内—吉隆坡—雅加达—科伦坡—加尔各答—内罗毕—雅典—威尼斯。

中心线：连云港—郑州—西安—兰州—新疆—中亚—欧洲。

二、"一带一路"合作重点

"一带一路"沿线各国资源禀赋各异，经济互补性较强，彼此合作潜力和空间很大。以政策沟通、设施联通、贸易畅通、资金融通、民心相通为主要内容，重点在以下方面加强合作。

1. 政策沟通

加强政策沟通是"一带一路"建设的重要保障。加强政府间合作，积极构建多层次政府间宏观政策沟通交流机制，深化利益融合，促进政治互信，达成合作新共识。沿线各国可以就经济发展战略和对策进行充分交流对接，共同制定推进区域合作的规划和措施，协商解决合作中的问题，共同为务实合作及大型项目实施提供政策支持。

2. 设施联通

基础设施互联互通是"一带一路"建设的优先领域。在尊重相关国家主权和安全关切的基础上，沿线国家宜加强基础设施建设规划、技术标准体系的对接，共同推进国际骨干通道建设，逐步形成连接亚洲各次区域以及亚欧非之间的基础设施网络。强化基础设施绿色低碳化建设和运营管理，在建设中充分考虑气候变化影响。

抓住交通基础设施的关键通道、关键节点和重点工程，优先打通缺失路段，畅通瓶颈路段，配套完善道路安全防护设施和交通管理设施设备，提升道路通达水平。推进建立统一的全程运输协调机制，促进国际通关、换装、多式联运有机衔接，逐步形成兼容规范的运输规则，实现国际运输便利化。推动口岸基础设施建设，畅通陆水联运通道，推进港口合作建设，增加海上航线和班次，加强海上物流信息化合作。拓展建立民航全面合作的平台和机制，加快提升航空基础设施水平。

加强能源基础设施互联互通合作，共同维护输油、输气管道等运输通道安全，推进跨境电力与输电通道建设，积极开展区域电网升级改造合作。

共同推进跨境光缆等通信干线网络建设，提高国际通信互联互通水平，畅通信息丝绸之路。加快推进双边跨境光缆等建设，规划建设洲际海底光缆项目，完善空中（卫星）信息通道，扩大信息交流与合作。

3. 贸易畅通

投资贸易合作是"一带一路"建设的重点内容。宜着力研究解决投资贸易便利化问题，消除投资和贸易壁垒，构建区域内和各国良好的营商环境，积极同沿线国家和地区共同商建自由贸易区，激发释放合作潜力，做大做好合作"蛋糕"。

沿线国家宜加强信息互换、监管互认、执法互助的海关合作，以及检验检疫、认证认可、标准计量、统计信息等方面的双多边合作，推动世界贸易组织《贸易便利化协定》生效和实施。改善边境口岸通关设施条件，加快边境口岸"单一窗口"建设，降低通关成本，提升通关能力。加强供应链安全与便利化合作，推进跨境监管程序协调，推动检验检疫证书国际互联网核查，开展"经认证的经营者"（AEO）互认。降低非关税壁垒，共同提高技术性贸易措施透明度，提高贸易自由化便利化水平。

拓宽贸易领域，优化贸易结构，挖掘贸易新增长点，促进贸易平衡。创新贸易方式，发展跨境电子商务等新的商业业态。建立健全服务贸易促进体系，巩固和扩大传统贸易，大力发展现代服务贸易。把投资和贸易有机结合起来，以投资带动贸易发展。

加快投资便利化进程，消除投资壁垒。加强双边投资保护协定、避免双重征税协定磋商，保护投资者的合法权益。

拓展相互投资领域，开展农林牧渔业、农机及农产品生产加工等领域深度合作，积极推进海水养殖、远洋渔业、水产品加工、海水淡化、海洋生物制药、海洋工程技术、环保产业和海上旅游等领域合作。加大煤炭、油气、金属矿产等传统能源资源勘探开发合作，积极推动水电、核电、风电、太阳能等清洁、可再生能源合作，推进能源资源就地就近加工转化合作，形成能源资源合作上下游一体化产业链。加强能源资源深加工技术、装备与工程服务合作。

推动新兴产业合作，按照优势互补、互利共赢的原则，促进沿线国家加强在新一代信息技术、生物、新能源、新材料等新兴产业领域的深入合作，推动建立创业投资合作机制。

优化产业链分工布局，推动上下游产业链和关联产业协同发展，鼓励建立研发、生产和营销体系，提升区域产业配套能力和综合竞争力。扩大服务业相互开放，推动区域服务业加快发展。探索投资合作新模式，鼓励合作建设境外经贸合作区、跨境经济合作区等各类产业园区，促进产业集群发展。在投资贸易中突出生态文明理念，加强生态环境、生物多样性和应对气候变化合作，共建绿色丝绸之路。

4. 资金融通

资金融通是"一带一路"建设的重要支撑。深化金融合作，推进亚洲货币稳定体系、投融资体系和信用体系建设。扩大沿线国家双边本币互换、结算的范围和规模。推动亚洲债券市场的开放和发展。共同推进亚洲基础设施投资银行、金砖国家开发银行筹建，有关各方就建立上海合作组织融资机构开展磋商。加快丝路基金组建运营。深化中国－东盟银行联合体、上合组织银行联合体务实合作，以银团贷款、银行授信等方式开展多边金融合作。支持沿线国家政府和信用等级较高的企业以及金融机构在中国境内发行人民币债券。符合条件的中国境内金融机构和企业可以在境外发行人民币债券和外币债券，鼓励在沿线国家使用所筹资金。加强金融监管合作，推动签署双边监管合作谅解备忘录，逐步在区域内建立高效监管协调机制。完善风险应对和危机处置制度安排，构建区域性金融风险预警系统，形成应对跨境风险和危机处置的交流合作机制。加强征信管理部门、征信机构和评级机构之间的跨境交流与合作。充分发挥丝路基金以及各国主权基金作用，引导商业性股权投资基金和社会资金共同参与"一带一路"重点项目建设。

5. 民心相通

民心相通是"一带一路"建设的社会根基。传承和弘扬丝绸之路友好合作精神，广泛开展文化交流、学术往来、人才交流合作、媒体合作、青年和妇女交往、志愿者服务等，为深化双多边合作奠定坚实的民意基础。

扩大相互间留学生规模，开展合作办学，中国每年向沿线国家提供1万个政府奖学金名额。沿线国家间互办文化年、艺术节、电影节、电视周和图书展等活动，合作开展广播影视剧精品创作及翻译，联合申请世界文化遗产，共同开展世界遗产的联合保护工作。深化沿线国家间人才交流合作。

加强旅游合作，扩大旅游规模，互办旅游推广周、宣传月等活动，联合打造具有丝绸之路特色的国际精品旅游线路和旅游产品，提高沿线各国游客签证便利化水平。推动21世纪海上丝绸之路邮轮旅游合作。积极开展体育交流活动，支持沿线国家申办重大国际体育赛事。

强化与周边国家在传染病疫情信息沟通、防治技术交流、专业人才培养等方面的合作，提高合作处理突发公共卫生事件的能力。为有关国家提供医疗援助和应急医疗救助，在妇幼健康、残疾人康复以及艾滋病、结核、疟疾等主要传染病领域开展务实合作，扩大在传统医药领域的合作。

加强科技合作，共建联合实验室（研究中心）、国际技术转移中心、海上合作中心，促进科技人员交流，合作开展重大科技攻关，共同提升科技创新能力。整合现有资源，积极开拓和推进与沿线国家在青年就业、创业培训、职业技能开发、社会保障管理服务、公共行政管理等共同关心领域的务实合作。

充分发挥政党、议会交往的桥梁作用，加强沿线国家之间立法机构、主要党派和政治组织的友好往来。开展城市交流合作，欢迎沿线国家重要城市之间互结友好城市，以人文交流为重点，突出务实合作，形成更多鲜活的合作范例。欢迎沿线国家智库之间开展联合研究、合作举办论坛等。

加强沿线国家民间组织的交流合作，重点面向基层民众，广泛开展教育、医疗、减贫开发、生物多样性和生态环保等各类公益慈善活动，促进沿线贫困地区生产生活条件改善。加强文化传媒的国际交流合作，积极利用网络平台，运用新媒体工具，塑造和谐友好的文化生态和舆论环境。

三、"一带一路"合作机制

加强双边合作，开展多层次、多渠道沟通磋商，推动双边关系全面发展。推动签署合作备忘录或合作规划，建设一批双边合作示范。建立完善双边联合工作机制，研究推进"一带一路"建设的实施方案、行动路线图。充分发挥现有联委会、混委会、协委会、指导委员会、管理委员会等双边机制作用，协调推动合作项目实施。

强化多边合作机制作用，发挥上海合作组织（SCO）、中国－东盟"10＋1"、亚太经合组织（APEC）、亚欧会议（ASEM）、亚洲合作对话（ACD）、亚信会议（CICA）、中阿合作论坛、中国－海合会战略对话、大湄公河次区域（GMS）经济合作、中亚区域经济合作（CAREC）等现有多边合作机制作用，相关国家加强沟通，让更多国家和地区参与"一带一路"建设。

继续发挥沿线各国区域、次区域相关国际论坛、展会以及博鳌亚洲论坛、中国－东盟博览会、中国－亚欧博览会、欧亚经济论坛、中国国际投资贸易洽谈会，以及中国－南亚博览会、中国－阿拉伯博览会、中国西部国际博览会、中国－俄罗斯博览会、前海合作论坛等平台的建设性作用。支持沿线国家地方、民间挖掘"一带一路"历史文化遗产，联合举办专项投资、贸易、文化交流活动，办好丝绸之路（敦煌）国际文化博览会、丝绸之路国际电影节和图书展。倡议建立"一带一路"国际高峰论坛。

四、"一带一路"战略实施

中国政府积极推动"一带一路"建设，加强与沿线国家的沟通磋商，推动与沿线国家的务实合作，实施了一系列政策措施，努力收获早期成果。

1. 高层引领推动

习近平主席、李克强总理等国家领导人先后出访20多个国家，出席加强互联互通伙伴关系对话会、中阿合作论坛第六届部长级会议，就双边关系和地区发展问题，多次与有关国家元首和政府首脑进行会晤，深入阐释"一带一路"的深刻内涵和积极意义，就共建"一带一路"达成广泛共识。

2013年9月7日上午，中国国家主席习近平在哈萨克斯坦纳扎尔巴耶夫大学作演讲，提出共同建设"丝绸之路经济带"。中国国务院总理李克强参加2013年中国－东盟博览会时强调，铺就面向东盟的海上丝绸之路，打造带动腹地发展的战略支点。

2014年8月，习近平出访蒙古国时，表示欢迎周边国家"搭便车"。2015年2月1日，推进"一带一路"建设工作会议在北京召开。中共中央政治局常委、国务院副总理张高丽主持会议并讲话。

2015年3月，为推进实施"一带一路"，让古丝绸之路焕发新的生机活力，以新的形式使亚欧非各国联系更加紧密，互利合作迈向新的历史高度，中国政府特制定并发布《推动共建丝绸之路经济带和21世纪海上丝绸之路的愿景与行动》。

2015年5月7日，中国国家主席习近平开启对欧亚三国的访问，首站抵达哈萨克斯坦。此次访哈可视作是"丝绸之路经济带"的落实之旅，将进一步助推"一带一路"的建设。

2015年博鳌亚洲论坛开幕式上，习近平发表主旨演讲，表示"一带一路"建设不是要替代现有地区合作机制和倡议，而是要在已有基础上，推动沿线各国实现经济战略相互对接、优势互补。

2. 推动项目建设

加强与沿线有关国家的沟通磋商，在基础设施互联互通、产业投资、资源开发、经贸合作、金融合作、人文交流、生态保护、海上合作等领域，推进了一批条件成熟的重点合作项目。

中国积极开展亚洲公路网、泛亚铁路网规划和建设，与东北亚、中亚、南亚及东南亚国家开通公路通路13条及铁路8条。此外，油气管道、跨界桥梁、输电线路、光缆传输系统等基础设施建设取得成果。这些设施建设，为"一带一路"打下牢固的物质基础。其中最重要也是最现实可行的通道路线是：日本—韩国—日本海—扎鲁比诺港—珲春—吉林—长春—白城—蒙古国—俄罗斯—欧盟的高铁和高速公路规划。

3. 完善政策措施

中国政府统筹国内各种资源，强化政策支持。推动亚洲基础设施投资银行筹建，发起设立丝路基金，强化中国－欧亚经济合作基金投资功能。推动银行卡清算机构开展跨境清算业务和支付机构开展跨境支付业务。积极推进投资贸易便利化，推进区域通关一体化改革。

2013年10月2日，习近平主席提出筹建倡议，2014年10月24日，包括中国、印度、新加坡等在内21个首批意向创始成员国的财长和授权代表在北京签约，共同决定成立亚洲基础设施投资银行。

4. 发挥平台作用

各地成功举办了一系列以"一带一路"为主题的国际峰会、论坛、研讨会、博览会，对增进理解、凝聚共识、深化合作发挥了重要作用。

2015年12月2日，由清华大学继续教育学院主办、清华大学继续教育学院国际教育部承办的"一带一路"战略与大型企业"走出去"国际工程人才培养研讨会在清华大学成功举办。本次研讨会还特别安排了主题研讨环节，与会代表针对"一带一路"国家战略下，大型企业"走出去"国际工程人才需求及培养，展开了热烈讨论。研讨环节由清华大学工业工程系副系主任、博士生导师吴甦主持，各企业代表纷纷从当前国际工程管理人才存在的问题以及企业自身需求出发，提出了对于国际工程人才培养的需求和建议，并希望与清华大学继续教育学院加强合作，共同助力"走出去"国际工程人才培养。

2015年8月24日由国家网信办主办的"一带一路"网络文化采风活动，在新疆维吾尔自治区和田洛浦县正式启动。此次采风活动将以"非遗文化的传承与创新"为主线，关注新疆、甘肃两地非物质文化遗产保护现状，了解"非遗"传承人的现实生存发展空间，通过进村入户实地探访，媒体跟踪报道等形式，以寻找传统工艺与文化创意产业的融合点，让其在市场经济大潮中焕发出新的生机与活力。

2015年10月17日，丝绸之路（敦煌）国际文化博览会筹委会文化传承创新高端学术研讨会在敦煌举行。来自复旦大学、北京师范大学、兰州大学和俄罗斯乌拉尔国立经济大学、韩国釜庆大学等46所中外高校在甘肃敦煌成立了"一带一路"高校战略联盟，以探索跨国培养与跨境流动的人才培养新机制，培养具有国际视野的高素质人才。46所高校当日达成《敦煌共识》，联合建设"一带一路"高校国际联盟智库。联盟将共同打造"一带一路"高等教育共同体，推动"一带一路"沿线国家和地区大学之间在教育、科技、文化等领域的全面交流与合作，服务"一带一路"沿线国家和地区的经济社会发展。

2015年10月17日，中国30余"一带一路"沿线城市在古都开封联合组建"一带一路"城市旅游联盟，共同谱写丝路华章。该联盟由河南省旅游局和开封市政府发起，陕西、新疆、甘肃、青海、宁夏、内蒙古、江苏、重庆、上海、浙江、福建、山东、湖北、广东、广西、海南、云南、四川、吉林、黑龙江等30余家"一带一路"沿线城市参与。该联盟旨在旅游发展、节庆活动、旅游品牌培育、旅游市场开发、旅游客源互送、媒体宣传和国际交流等方面开展合作，将全方位推动"一带一路"沿线城市经济社会发展和文化旅游交流。期间，该联盟通过了《"一带一路"城市旅游联盟章程》和《"一带一路"城市旅游联盟开封宣言》。

五、"一带一路"战略的地方态势

推进"一带一路"建设，中国将充分发挥国内各地区比较优势，实行更加积极主动的开放战略，加强东中西互动合作，全面提升开放型经济水平。

1. 北方地区

发挥新疆独特的区位优势和向西开放重要窗口作用，深化与中亚、南亚、西亚等国家交流合作，形成丝绸之路经济带上重要的交通枢纽、商贸物流和文化科教中心，打造丝绸之路经济带核心区。

发挥陕西、甘肃综合经济文化和宁夏、青海民族人文优势，打造西安内陆型改革开放新高地，加快兰州、西宁开发开放，推进宁夏内陆开放型经济试验区建设，构建面向中亚、南亚、西亚国家的通道、商贸物流枢纽、重要产业和人文交流基地。

发挥内蒙古联通俄蒙的区位优势，完善黑龙江对俄铁路通道和区域铁路网，以及黑龙江、吉林、辽宁与俄远东地区陆海联运合作，推进构建北京－莫斯科欧亚高速运输走廊，建设向北开放的重要窗口。

2. 西南地区

发挥广西与东盟国家陆海相邻的独特优势，加快北部湾经济区和珠江－西江经济带开放发展，构建面向东盟区域的国际通道，打造西南、中南地区开放发展新的战略支点，形成21世纪海上丝绸之路与丝绸之路经济带有机衔接的重要门户。

发挥云南区位优势，推进与周边国家的国际运输通道建设，打造大湄公河次区域经济合作新高地，建设成为面向南亚、东南亚的辐射中心。推进西藏与尼泊尔等国家边境贸易和旅游文化合作。

3. 沿海及港澳台

利用长三角、珠三角、海峡西岸、环渤海等经济区开放程度高、经济实力强、辐射带动作用大的优势，加快推进中国（上海）自由贸易试验区建设，支持福建建设 21 世纪海上丝绸之路核心区。

充分发挥深圳前海、广州南沙、珠海横琴、福建平潭等开放合作区作用，深化与港澳台合作，打造粤港澳大湾区。

推进浙江海洋经济发展示范区、福建海峡蓝色经济试验区和舟山群岛新区建设，加大海南国际旅游岛开发开放力度。加强上海、天津、宁波—舟山、广州、深圳、湛江、汕头、青岛、烟台、大连、福州、厦门、泉州、海口、三亚等沿海城市港口建设，强化上海、广州等国际枢纽机场功能。以扩大开放倒逼深层次改革，创新开放型经济体制机制，加大科技创新力度，形成参与和引领国际合作竞争新优势，成为"一带一路"特别是 21 世纪海上丝绸之路建设的排头兵和主力军。

发挥海外侨胞以及香港、澳门特别行政区独特优势作用，积极参与和助力"一带一路"建设。为台湾地区参与"一带一路"建设作出妥善安排。

4. 内陆地区

利用内陆纵深广阔、人力资源丰富、产业基础较好优势，推动区域互动合作和产业集聚发展。打造重庆西部开发开放重要支撑和郑州、武汉、长沙、成都、南昌、合肥等内陆开放型经济高地。

加快推动长江中上游地区和俄罗斯伏尔加河沿岸联邦区的合作。建立中欧通道铁路运输、口岸通关协调机制，打造"中欧班列"品牌，建设沟通境内外、连接东中西的运输通道。支持郑州、西安等内陆城市建设航空港、国际陆港，加强内陆口岸与沿海、沿边口岸通关合作，开展跨境贸易电子商务服务试点。优化海关特殊监管区域布局，创新加工贸易模式，深化与沿线国家的产业合作。

第三节　"一带一路"合作成果及意义

一、"一带一路"合作成果

1. 蒙内铁路

肯尼亚是中国"一带一路"战略在非洲唯一的支点，是新丝路建设中获得中国资金援助最多的国家。2014 年 5 月李克强总理访问肯尼亚期间，中肯签署了关于蒙巴萨—内罗毕铁路相关合作协议，蒙内铁路是肯尼亚百年来建设的首条新铁路，是东非铁路网的咽喉，也是东非次区域互联互通重大项目，规划全长 2 700 公里，预计总造价 250 亿美元。

2. 中匈协议

2015 年 6 月 6 日，正在匈牙利进行正式访问的外交部部长王毅，在布达佩斯同匈牙利外交与对外经济部部长西亚尔托签署了《中华人民共和国政府和匈牙利政府关于共同推进丝绸之路经济带和21世纪海上丝绸之路建设的谅解备忘录》。这是中国同欧洲国家签署的第一个此类合作文件。

3. 卫星通信

为保障"一带一路"通信卫星信号无障碍，国内的相关企业和政府机构已经对"一带一路"的卫星发射进行了规划和研究，未来三年到五年内，将发射多颗通信卫星，与此同时，"一带一路"途经国家的通信信号也将逐步实现全覆盖，从而在通信领域为"一带一路"铺平道路。

4. 亚洲基础设施投资银行

截至2015年4月15日，亚投行意向创始成员国确定为57个，其中域内国家37个、域外国家20个。涵盖了除美日之外的主要西方国家，以及亚欧区域的大部分国家，成员遍及五大洲。其他国家和地区今后仍可以作为普通成员加入亚投行。2015年4月28日，为期两天的亚投行第四次谈判代表会议在北京闭幕，这是亚投行57个意向创始成员国名单最终确定后首次齐聚北京，代表们对多边临时秘书处起草的《亚投行章程（草案）》修订稿进行讨论并取得显著进展。各方商定将于2015年年中完成亚投行章程谈判并签署，年底前完成章程生效程序，正式成立亚投行。

5. 卡拉奇—拉合尔高速公路

2015年12月22日，中国建筑股份有限公司与巴基斯坦国家高速公路管理局正式签署巴基斯坦卡拉奇—拉合尔高速公路（苏库尔—木尔坦段）项目EPC总承包合同。卡拉奇—拉合尔高速公路项目为中巴经济走廊最大交通基础设施项目，全长约1 152公里，采用双向6车道设计，设计时速120公里。公司本次签约承建的苏库尔—木尔坦段，为中巴经济走廊早期收获项目，全长392公里，建设工期36个月。合同金额2 943亿卢比，约折合人民币184.6亿元，约占公司2014年度经审计营业收入的2.31%。公司推进"一带一路"项目取得重大实质性成果。

6. 巴基斯坦——卡洛特水电站

2016年1月10日，在距离巴基斯坦首都伊斯兰堡50多公里处的吉拉姆河畔，三峡集团承建的卡洛特水电站主体工程开工。这是丝路基金首个对外投资项目。

7. 德黑兰—马什哈德高铁

2016年2月7日，伊朗总统鲁哈尼周六出席了德黑兰—马什哈德铁路电气化改造项目的开工仪式项目预计将在42个月后竣工，随后还有5年的维护期。该项目将由伊朗基础设施工程集团MAPNA和中国中机公司及苏电集团承建。项目全部竣工后，将有70辆中国机车以250公里的时速在该段铁路上行驶。

二、"一带一路"战略的使命

"一带一路"这一跨越时空的宏伟构想，从历史深处走来，融通古今、连接中外，顺应和平、发展、合作、共赢的时代潮流，承载着丝绸之路沿途各国发展繁荣的梦想，赋予古老丝绸之路以崭新的时代内涵。建设"一带一路"，是以习近平同志为总书记的党中央主动应对全球形势深刻变化、统筹国内国际两个大局作出的重大战略决策。

"一带一路"战略目标是要建立一个政治互信、经济融合、文化包容的利益共同体、命运共同体和责任共同体,是包括欧亚大陆在内的世界各国,构建一个互惠互利的利益、命运和责任共同体。它对推进我国新一轮对外开放和沿线国家共同发展意义重大。当前,经济全球化深入发展,区域经济一体化加快推进,全球增长和贸易、投资格局正在酝酿深刻调整,亚欧国家都处于经济转型升级的关键阶段,需要进一步激发域内发展活力与合作潜力。"一带一路"战略构想的提出,契合沿线国家的共同需求,为沿线国家优势互补、开放发展开启了新的机遇之窗。

"一带一路"是中国与丝路沿途国家分享优质产能,共商项目投资、共建基础设施、共享合作成果,内容包括道路联通、贸易畅通、货币流通、政策沟通、人心相通共"五通",肩负着以下三大使命。

1. **探寻经济增长之道**

"一带一路"是在后金融危机时代,作为世界经济增长火车头的中国,将自身的产能优势、技术与资金优势、经验与模式优势转化为市场与合作优势,实行全方位开放的一大创新。通过"一带一路"建设共同分享中国改革发展红利、中国发展的经验和教训。中国将着力推动沿线国家间实现合作与对话,建立更加平等均衡的新型全球发展伙伴关系,夯实世界经济长期稳定发展的基础。

2. **实现全球化再平衡**

传统全球化由海而起,由海而生,沿海地区、海洋国家先发展起来,陆上国家、内地则较落后,形成巨大的贫富差距。传统全球化由欧洲开辟,由美国发扬光大,形成国际秩序的"西方中心论",导致东方从属于西方,农村从属于城市,陆地从属于海洋等一系列不平衡不合理效应。如今,"一带一路"正在推动全球再平衡。"一带一路"鼓励向西开放,带动西部开发以及中亚、蒙古等内陆国家和地区的开发,在国际社会推行全球化的包容性发展理念;同时,"一带一路"是中国主动向西推广中国优质产能和比较优势产业,将使沿途、沿岸国家首先获益,也改变了历史上中亚等丝绸之路沿途地带只是作为东西方贸易、文化交流的过道而成为发展"洼地"的面貌。这就超越了欧洲人所开创的全球化造成的贫富差距、地区发展不平衡,推动建立持久和平、普遍安全、共同繁荣的和谐世界。

3. **开创地区新型合作**

中国改革开放是当今世界最大的创新,"一带一路"作为全方位对外开放战略,正在以经济走廊理论、经济带理论、21世纪的国际合作理论等创新经济发展理论、区域合作理论、全球化理论。"一带一路"强调共商、共建、共享原则,超越了马歇尔计划、对外援助以及走出去战略,给21世纪的国际合作带来新的理念。比如,"经济带"概念就是对地区经济合作模式的创新,其中经济走廊——中俄蒙经济走廊、新亚欧大陆桥、中国-中亚经济走廊、孟中印缅经济走廊、中国-中南半岛经济走廊等,以经济增长极辐射周边,超越了传统发展经济学理论。

"丝绸之路经济带"概念,不同于历史上所出现的各类"经济区"与"经济联盟",同以上两者相比,经济带具有灵活性高、适用性广以及可操作性强的特点,各国都是平等的参与者,本着自愿参与,协同推进的原则,发扬古丝绸之路兼容并包的精神。"一带一路"在平等的文化认同框架下谈合作,是国家的战略性决策,体现的是和平、交流、理解、包容、合作、共赢的精神。

随着中国成为世界第二大经济体,国际社会上"中国威胁论"的声音不绝于耳。"一带一路"的建设，正是中国在向世界各国释疑解惑，向世界宣告和平崛起：中国崛起不以损害别国的利益为代价。回顾历史，两千多年前，各国人民就通过海陆两条丝绸之路开展商贸往来。从2100多年前张骞出使西域到600多年前郑和下西洋，海陆两条丝绸之路把中国的丝绸、茶叶、瓷器等等输往沿途各国，带去了文明和友好，赢得了各国人民的赞誉和喜爱。

如今，随着中国经济的崛起和腾飞，中国在更多方面有能力帮助别国，特别是作为制造业大国，中国不仅可以输出丰富多彩、价廉物美的日常用品，而且能够向世界提供更多的技术和设备。作为全球主要外汇储备国，中国能够携手各国共同应对金融风险，中国有实力投资海外，与急需资金的国家共同把握发展机遇。

改革开放30多年来，我国对外开放取得了举世瞩目的伟大成就，但受地理区位、资源禀赋、发展基础等因素影响，对外开放总体呈现东快西慢、海强陆弱格局。"一带一路"将构筑新一轮对外开放的"一体两翼"，在提升向东开放水平的同时加快向西开放步伐，助推内陆沿边地区由对外开放的边缘迈向前沿。

三、"一带一路"战略的重要意义

"一带一路"战略构想意味着我国对外开放实现战略转变。这一构想已经引起了国内和相关国家、地区乃至全世界的高度关注和强烈共鸣。之所以产生了如此巨大的效果，就在于这一宏伟构想有着极其深远的重要意义。

首先，"一带一路"的战略构想顺应了我国对外开放区域结构转型的需要。众所周知，1978年召开的党的十一届三中全会开启了中国改革开放的历史征程。从1979年开始，我们先后建立了包括深圳等5个经济特区，开放和开发了14个沿海港口城市和上海浦东新区，相继开放了13个沿边、6个沿江和18个内陆省会城市，建立了众多的特殊政策园区。但显然，前期的对外开放重点在东南沿海，广东、福建、江苏、浙江、上海等省市成了"领头羊"和最先的受益者，而广大的中西部地区始终扮演着"追随者"的角色，这在一定程度上造成了东、中、西部的区域失衡。"一带一路"尤其是"一带"起始于西部，也主要经过西部通向西亚和欧洲，这必将使得我国对外开放的地理格局发生重大调整，由中西部地区作为新的牵动者承担着开发与振兴占国土面积三分之二广大区域的重任，与东部地区一起承担着中国走出去的重任。同时，东部地区正在通过连片式的"自由贸易区"建设进一步提升对外开放的水平，依然是我国全面对外开放的重要引擎。

其次，"一带一路"战略构想顺应了中国要素流动转型和国际产业转移的需要。在改革开放初期，中国经济发展水平低下，我们亟需资本、技术和管理模式。因此，当初的对外开放主要是以引进外资、国外先进的技术和管理模式为主。有数据显示，1979—2012年，中国共引进外商投资项目763 278个，实际利用外资总额达到12 761.08亿美元。不可否认，这些外资企业和外国资本对于推动中国的经济发展、技术进步和管理的现代化起到了很大作用。可以说，这是一次由发达国家主导的国际性产业大转移。而今，尽管国内仍然需要大规模有效投资和技术改造升级，但我们已经具备了要素输出的能力。据统计，2014年年底，中国对外投资已经突破了千亿美元，已经成为资本净输出国。"一带一路"建设恰好顺应了中国要素流动新趋势。"一带一路"战略通过政策沟通、道路联通、贸易畅通、货币流通、民心相通这"五通"，将中国的生产要素，尤其是优质的过剩产能输送出去，让沿"带"沿"路"的发展中国家和地区共享中国发展的成果。

第三,"一带一路"战略构想顺应了中国与其他经济合作国家结构转变的需要。在中国对外开放的早期,以欧、美、日等为代表的发达经济体有着资本、技术和管理等方面的优势,而长期处于封闭状态的中国就恰好成为他们最大的投资乐园。所以,中国早期的对外开放可以说主要针对的是发达国家和地区。而今,中国的经济面临着全面转型升级的重任。长期建设形成的一些产能需要出路,而目前世界上仍然有许多处于发展中的国家却面临着当初中国同样的难题。因此,通过"一带一路"建设,帮助这些国家和地区进行比如道路、桥梁、港口等基础设施建设,帮助他们发展一些产业比如纺织服装、家电、甚至汽车制造、钢铁、电力等,提高他们经济发展的水平和生产能力,就顺应了中国产业技术升级的需要。

第四,"一带一路"战略构想顺应了国际经贸合作与经贸机制转型的需要。2001年,中国加入了WTO,成为世界贸易组织的成员。中国"入世"对我国经济的方方面面都产生了巨大影响。可以说,WTO这一被大多数成员国一致遵守国家经贸机制,在一定程度上冲破了少数国家对中国经济的封锁。但是,近年来国际经贸机制又在发生深刻变化并有新的动向。"一带一路"战略与中国自由贸易区战略是紧密联系的。有资料显示,目前我国在建自贸区,涉及32个国家和地区。在建的自由贸易区中,大部分是处于"一带一路"沿线上。因此,中国的自由贸易区战略必将随着"一带一路"战略的实施而得到落实和发展。

四、"一带一路"战略的影响

"一带一路"战略构想高瞻远瞩、审时度势,对密切我国同中亚、南亚周边国家以及欧亚国家之间的经济贸易关系,深化区域交流合作,统筹国内国际发展,维护周边环境,拓展西部大开发和对外开放的空间,都有着重大的影响力。

其一,从国内段而言,这是一个引领未来中国西部大开发、实施向西开放战略的升级版。西部地区拥有中国72%的国土面积、27%的人口,与13个国家接壤,陆路边境线长达1.85万公里,但对外贸易的总量只占中国的6%,利用外资和对外投资所占的比重不足10%。因此,中国扩大对外开放最大的潜力在西部,拓展开放型经济广度和深度的主攻方向也在西部。西部大开发已实行了15年,取得了前所未有的成就,而未来的西部大开发,需要建立在对内对外开放的基础上,通过扩大向西开放,使中国西部地区与中亚、南亚、西亚的贸易往来和经济合作得以加强。丝绸之路经济带是中国形成全方位对外开放格局、实现东西部均衡协调发展的关键一环。

其二,从国际段的中国紧邻区域而言,这一构想符合上海合作组织框架下区域经济合作发展的新方向。中国与上海合作组织内正式成员的中亚国家、俄罗斯等都面临经济发展的重大任务,安全与合作是推动组织发展的两个"轮子",而区域经济合作已成为该组织元首峰会和总理会议的重要议题。此外,丝绸之路经济带与欧亚经济共同体存在一定的互补性。特别是欧亚经济共同体和上海合作组织成员国、观察员国地跨欧亚、南亚、西亚,有一定重合,大都处于丝绸之路经济带之间,通过加强上海合作组织同欧亚经济共同体的合作,有关国家都可获得更大发展空间。

其三,从整个国际段而言,这一构想展现了中国发展区域共赢合作的新理念、新蓝图、新途径和新模式。构想提出丝绸之路沿线国家合力打造平等互利、合作共赢的"利益共同体"和"命运共同体"的新理念;描绘出一幅从波罗的海到太平洋、从中亚到印度洋和波斯湾的交通运输经济大走廊,其东西贯穿欧亚大陆,南北与中巴经济走廊、中印孟缅经济走廊相连接的新蓝图。构想通过加强政策沟通、道路联通、贸易畅通、货币流通、民心相通等新途径，以战略协调、政策沟通为主，不刻意追求一致和强制性的制度安排，与现有的区域合作机制如上合组织、欧亚经济共同体、亚太经合组织、东盟、海合组织和欧盟等合作协调发展，可谓讲求实际、高度灵活、富有弹性。中国将以带状经济、走廊经济、贸易便利化、技术援助、经济援助、经济一体化等各种可供选择的方式与沿线国家共同推进欧亚区域经贸发展，这种创新的合作模式，使欧亚各国经济联系更加紧密，相互合作更加深入，发展空间更加广阔。

总之，中国政府倡议并推动"一带一路"建设，不仅有利于推动中国自身发展，而且惠及亚洲、欧洲、非洲乃至世界，对提升世界经济发展繁荣与和平进步具有深远意义。可以预见，这一造福于世界各国人民的宏伟蓝图必将在各国互信合作中得以实现。

思考题

1. 阐述"一带一路"战略合作的重点。
2. "一带一路"战略的使命都有什么？
3. "一带一路"战略的现实意义都有哪些？

专题七 国内热点问题

学习重点

（1）了解全面二孩、高考改革、户籍改革、精准扶贫的含义。
（2）掌握我国变成网络强国的实施路径、就业4.0的含义。
（3）理解供给侧改革的意义、G20杭州峰会主题含义、当前南海问题、台海问题实质。

第一节 普遍二孩政策启动

一、普遍二孩政策的内涵

普遍二孩政策，是中国实行的一种计划生育政策，规定符合条件的夫妇允许生育"二胎"。因为是二孩政策，故第一胎为多孩时，不可生第二胎。

2011年11月，中国各地全面实施双独二孩政策；2013年12月，中国实施单独二孩政策；2015年10月，中国共产党第十八届中央委员会第五次全体会议公报指出：坚持计划生育基本国策，积极开展应对人口老龄化行动，实施全面二孩政策。

这是继2013年，十八届三中全会决定启动实施"单独二孩"政策之后，为适应经济社会发展形势，中国人口与生育政策的又一次历史性调整。至此，实施了35年的独生子女政策正式宣告终结。

二、政策背景

在经历了迅速从高生育率到低生育率的转变之后，我国人口的主要矛盾已经不再是增长过快，而是人口红利消失、临近超低生育率水平、人口老龄化、出生性别比失调等问题。国内研究指出，我国的人口政策亟待转向，尤其是生育政策应该调整。

1. 生育率进入超低水平

中国目前的人口已超过13亿。五中全会公报指出，"促进人口均衡发展，坚持计划生育的基本国策，完善人口发展战略，全面实施一对夫妇可生育两个孩子政策，积极开展应对人口老龄化行动"。

20世纪70年代，为控制人口过快增长，缓解人口与经济社会、资源环境的紧张关系，我国开始全面推行计划生育。进入21世纪，我国人口发展呈现出重大转折性变化。尽管人口基数大的基本国情未根本改变，但生育率低、人口老龄化、城市化率不断上升、独生子女家庭数量增长等人口结构性问题也正日益成为影响经济社会发展的重要因素。此次全面放开二孩生育的背景是，中国人口形势已发生历史性转变。这些变化包括生育率进入超低水平，以及性别比失衡、老龄化和少子化等。其中，生育率过低成为谈论最多的问题之一。

之前，国务院组织开展的人口发展战略研究认为，中国人口总量峰值应控制在15亿人左右，妇女总和生育率保持在1.8左右，过高或过低都不利于人口与经济社会的协调发展。最新一次人口普查的结果显示，中国生育率已降至1.18的低水平，远低于欧美发达国家和东亚邻国。

2. 老龄化加速影响经济

老龄化也成为困扰中国的一个问题。国家统计局数据显示，2014年中国60岁及以上老人2.12亿人，占总人口比例为15.5%；65岁以上人口数为1.37亿人，占比10.1%。国家统计局数据显示，自2012年以来，中国15岁至59岁的劳动年龄人口连续三年下降，仅2012年当年劳动年龄人口绝对数就减少了345万。

改革开放以来，人口红利是中国经济持续快速增长的重要因素。2015年前三季度，中国GDP增幅均为6.9%。这是2009年6月以来中国经济增速首次跌破7%。人口出生率与股市、房地产市场、经济繁荣度紧密相连。老龄化加速、少子化严重的当下中国，正需要这样一次婴儿潮，为未来数十年的经济发展带来持久动力。

3. 再生育意愿有所下降

十八届三中全会以来，各地将单独二孩政策作为一项重要改革内容依法实施。2014年1月，浙江、安徽、江西三省率先启动，3月到6月，多数省份集中实施，9月份政策全面落地。单独二孩政策的目标人群，也就是夫妇一方为独生子女，且已生育一孩的以80后为主，目标人群约1 100万。

监测显示，2014年七八月份，全国每月申请量达到15万对左右，2016年前7月稳定在每月8万～9万对，截至2016年5月底，全国有145万对夫妇提出再生育申请，139万多对办理了手续。河北、辽宁、浙江、山东、湖北、重庆、四川等七省市占到申请总量的55.2%。国家统计局数据显示，2014年我国出生率比上年提高0.29个千分点，单独二孩的政策效果逐步显现。但2014年国家统计局人口变动抽样调查显示，目标人群中43%有再生育的打算，2016年年初，国家卫生计生委开展的专项调查显示，39.6%有再生育打算，与2013年的调查相比有所下降。之前，以独生子女政策为核心内容的我国计划生育政策，自20世纪80年代开始严格推行。其间略有微调，如放开"双独二胎"（夫妻双方为独生子女，可以生育第二个孩子），及部分省份农村地区实施的"一孩半"政策（第一个孩子为女孩，可生育第二个孩子）等。原国家人口计生委的统计资料表明，2011年之前，独生子女政策覆盖率大概占到全国内地总人口的 35.4%；"一孩半"政策覆盖 53.6%的人口；"二孩政策"覆盖 9.7%的人口（部分少数民族夫妇；夫妻双方均为独生子女的，也可生育两个孩子）；三孩及以上的政策覆盖了 1.3%的人口（主要是西藏、新疆少数民族游牧民）。

三、出台过程

计划生育作为一项政策，从初始实行时就知道是有代价的。但从 1980 年 9 月 25 日中共中央发表《计划生育公开信》开始，该政策已执行 35 年。其间，人口专家曾于 2004 年、2009 年先后集体谏言，建议中央及早取消独生子女政策，但并未被采纳。

2001 年，中国人民大学教授顾宝昌与复旦大学教授王丰牵头组建了"21 世纪中国生育政策研究"课题组。14 年来，他们多次提出调整中国生育政策、放开二胎生育的建议。

2007 年，中国人民大学的研究在原国家计生委的支持下启动了，"最开始是调查了解中国育龄女性的生育水平、生育意愿等，做了很多方案和测算"。

2009 年年底，中科院国情研究中心主任胡鞍钢、社科院人口研究所原所长田雪原分别在《经济参考报》和《人民日报》上撰文，呼吁调整人口政策。

2010 年，中国社科院重大课题——"中国生育政策调查定量研究"启动。2010 年 1 月 6 日，国家人口计生委下发的《国家人口发展"十二五"规划思路（征求意见稿）》提到要"稳妥开展实行'夫妻一方为独生子女的家庭可以生育第二个孩子'的政策试点工作"。

2012 年 7 月，国务院发展研究中心社会发展研究部葛延风、喻东、张冰子三位专家在《中国经济时报》发表文章《完善社会政策需要着重解决的关键体制机制问题》，提出尽快调整完善人口和计划生育政策。30 多年来，针对过大的人口压力，中国实施了严格的计划生育政策，生育率快速下降。学界普遍认为中国的生育水平远低于 1.8 的官方公布水平。北京、上海等大城市按户籍人口计算则出现了低于 1 的超低水平。

2014 年"单独二孩"公布实施后不久，国家卫计委委托中国社会科学院人口和劳动经济研究所研究员王广州和中国人民大学社会与人口学院院长、中国人口学会会长翟振武各自带领团队继续研究"二孩"。研究课题组需要弄清关于全面放开二孩的诸多问题，包括"单独二孩"成为生育政策后，以及实行"全面二孩"政策后，中国会增加多少人口。

2015 年 10 月 26 日至 29 日，中国共产党第十八届中央委员会第五次全体会议审议通过了《中共中央关于制定国民经济和社会发展第十三个五年规划的建议》。全会提出，坚持计划生育的基本国策，完善人口发展战略，"全面实施一对夫妇可生育两个孩子政策"。中国从 1980 年开始，推行了 35 年的城镇人口独生子女政策真正宣告终结。

2015 年 12 月 21 日上午，十二届全国人大常委会第十八次会议初次审议了《人口与计划生育法修正案（草案）》。草案提出，本修正案自 2016 年 1 月 1 日起施行，这意味着，独生子女政策将正式宣告终结，强制避孕节育也将成为历史。

四、法律政策

1. 中华人民共和国宪法（2004 年）（现行）

第二十五条：国家推行计划生育，使人口的增长（注：人口的增长包括人口的负增长、不变、正增长。前面一个编者狭义地将此处的增长理解为日常生活中的正增长，人口的减少叫人口的负增长，所以应该将前一个编者括号里的字去掉）同经济和社会发展计划相适应。第三十三条："中华人民共和国公民在法律面前一律平等。"第四十九条："夫妻双方有实行计划生育的义务。"

2. 中华人民共和国人口与计划生育法

第一条：为了实现人口与经济、社会、资源、环境的协调发展，推行计划生育，维护公民的合法权益，促进家庭幸福、民族繁荣与社会进步；第二条："国家采取综合措施，控制人口数量，提高人口素质。""国家依靠宣传教育、科学技术进步、综合服务、建立健全奖励和社会保障制度，开展人口与计划生育工作。"第十八条："国家稳定现行生育政策，鼓励公民晚婚晚育，提倡（注：不是强制）一对夫妻生育一个子女；符合法律、法规规定条件的，可以要求安排生育第二个子女。具体办法由省、自治区、直辖市人民代表大会或者其常务委员会规定。"

第十九条 符合下列条件之一的夫妻，经批准，可以再生育一个子女：

（一）双方均为独生子女，已生育一个子女的；

（二）双方均为农村居民（农业人口，下同），已生育一个女孩的，但一方为机关、团体、事业单位和其他组织职工或一方从事工商业一年以上以及双方与企业建立劳动关系一年以上的除外；

（三）双方均为农村居民，一方两代以上均为独生子女，已生育一个子女的；

（四）双方均为农村居民，女方父母只生育一个或两个女儿，男到女家落户，并赡养女方父母，已生育一个子女的（只适用于姐妹中一人）；

（五）双方均为少数民族，已生育一个子女的；

（六）双方均为农村居民，一方是少数民族并具有本省两代以上户籍，已生育一个子女的；

（七）一方为烈士的独生子女，已生育一个子女的；

（八）一方未生育过，另一方再婚前已生育一个子女的；

（九）一方未生育过，另一方再婚前丧偶并已生育两个子女的；

（十）已生育一个子女，经设区的市以上病残儿童鉴定机构确诊为非遗传性残疾，不能成长为正常劳动力的；

（十一）一方连续从事矿井井下作业五年以上，已生育一个女孩，并继续从事井下作业的。

第二十条 夫妻一方为外国人、香港、澳门、台湾同胞的生育以及华侨、归国华侨、出国留学人员的生育，按国家有关规定执行。

3. 中共十八大报告（2012年）

"坚持计划生育的基本国策，提高出生人口素质，逐步完善政策，促进人口长期均衡发展。"

4. 政府工作报告（2013年）

"逐步完善人口政策。坚持计划生育基本国策，适应我国人口总量和结构变动趋势，统筹解决好人口数量、素质、结构和分布问题，促进人口长期均衡发展。重视发展老龄事业，切实保障妇女和未成年人权益，关心和支持残疾人事业。"

五、政策影响

1. 延长生育假

修正案草案修改了《人口与计划生育法》第18条，明确全国统一实施全面两孩政策，提倡一对夫妻生育两个子女，地方可以结合实际对允许再生育子女的情形制定具体办法。夫妻双方户籍所在地的省、自治区、直辖市之间关于再生育子女的规定不一致的，按照有利于当事人的原则适用。修正案草案还修改了具体条款鼓励符合条件的夫妻生育二孩。如，规定符合政策生育的夫妻可以获得延长生育假的奖励或者其他福利待遇。据悉，这一政策是为了解决"二孩政策"所带来的生育假不足的问题。根据人口计生法第29条规定，延长生育假的奖励或者其他福利待遇，由各省区市和较大的市的人民代表大会及其常务委员会或者人民政府结合实际情况，制定具体的实施办法。

2. 取消晚婚假

对与全面两孩政策不协调的奖励与保障的条款，修正案草案也进行了修订，删除了对晚婚晚育夫妻、独生子女父母进行奖励的规定。随着二胎政策的尘埃落定，中国母婴行业市场将迎来新一轮发展高潮。上海首次发布的《2015CBME中国孕婴童消费市场调查报告》中显示，尽管中国经济增速放缓，但母婴消费市场规模未受影响，占家庭收入的11%。

3. 刺激市场

据最新全国人口普查统计数据显示，中国现有超过7 000万0～3岁婴幼儿人口，婴幼儿人口基数占较大比重。再加上"二胎政策"的深入推行，婴幼儿人口的快速增长，也必将带来中国婴幼儿市场的进一步火爆。而计划生育法对于二孩生育的提倡和鼓励，将会更快推动人口红利的释放。

第二节 户籍制度改革

一、什么是户籍制度改革

户籍制度改革，是指对以《中华人民共和国户口登记条例》为法律依据确立的一整套户口管理制度进行的，广泛深入改良的一项新举措。是继20世纪80年代实行家庭联产承包责任制后又一次"解放"农民的革命。

户籍制度是一项基本的国家行政制度。传统户籍制度是与土地直接联系的，以家庭为本位的人口管理方式。现代户籍制度是国家依法收集、确认、登记公民出生、死亡、亲属关系、法定地址等公民人口基本信息的法律制度，以保障公民在就业、教育、社会福利等方面的权益，以个人为本位的人口管理方式。当代中国的户籍制度是计划经济体制的最深印痕，已经成为经济社会发展的桎梏，迫切需要进行改革，加快形成城乡经济社会发展一体化新格局。

二、改革的背景

形成于计划体制时代的户籍制度，已成为当前社会健全发育的重大制度障碍。在人口大量流动的时代，这种滞后的户籍制度导致大量人口处于"人户分离"状态，由此导致了严重的社会与政治问题：过亿农民工在沿海新兴工业区打工，数以千万计的白领以外来人口的身份生活于大城市，同样数以千万计的人口在异地从事工商业。这三类人口对所在城市贡献了大量税收，但却难以全部享受理应得到的公共服务和公共品。另一方面，这些外来人口也多在其常住地政府的正常管理范围之外。城市政府之所以这样做，主要是为了回避其对常住外来户籍人口的福利责任。但这一做法的后果，却是政府对公民的管理存在失灵。

从国民平权与政府有效管理两个角度看，现行户籍制度都应废除，转而建立以保障国民自由迁徙权为基本原则的居民户籍登记制度。这种制度的具体操作方案，就是"以房管人"。但这里的房不是指"房产"。如果是这样，大多数白领和农民工就不可能在常住地获得户籍，改革就不过是有些城市为刺激房地产市场而曾出台的政策：买房送户口。合乎平等原则的"以房管人"，其实就是以户籍随人转为基本原则，一个人常住某地，即可获得该地的户籍。

1. 共识充分，动力缺乏

对于户籍制度改革的共识是众多改革之中最为充分的，但至2015年改革幅度仍然很小，未见大规模起步。同时也是众多改革领域中，改革目标方向路径认识最不统一，被利益绑架最深，最缺乏改革动力的一个制度。1958年，中国颁布了第一部户籍制度《中华人民共和国户口登记条例》，确立了一套严格的户口管理制度。中国按照户口身份来执行科教、卫生、医疗、就业等一系列政策。这是在我国被普遍批评的一种具有福利身份区隔和歧视性的制度。

户籍制度改革的内容，是由传统的城乡分割的二元户籍制度，过渡和改革为城乡统一的一元户籍制度，打破"农业人口"和"非农业人口"的户口界限，使公民获得统一的身份，充分体现公民有居住和迁移的自由权利，剥离、剔除黏附在户籍关系上的种种社会经济差别功能，真正做到城乡居民在发展机会面前地位平等。

2. 弊端显著，革新声高

城乡户籍制度是在我国被普遍批评的一种具有福利身份区隔和歧视性的制度，这一制度制定并形成于我国的计划经济时期，同时也被认定为是"二元经济结构"的最显著标志之一。

一是削弱了经济要素的自由流动，阻碍了经济的可持续发展，不利于形成全国统一的劳动力及人才市场，"城市关门"现象出现，抑制了劳动力、人才的自由流动。

二是阻碍了城市化进程，对农业现代化及农村人口的转移形成体制性障碍，不利于我国农业人口城市化顺利进行。我国城市发展步伐缓慢，城市在户口管理制度保障下通过人口控制实现社会需求，使城市自我调节控制的功能弱化，市政及城市管理难以满足市场需求。

三是遏制了消费市场的进一步发展。目前有数千万农村人口在城市打工，处于流动状态。然而，由于他们不具备城市永久居民身份，工作预期不稳定，其消费行为并没有城市化。

四是加剧了城乡割裂，阻碍了城乡统筹，加剧了社会分化。与住房、消费（如购车）、教育、社会保障等利益直接挂钩，不同的户籍有不同待遇，不仅人为地把本应平等的身份划分为三六九等，而且加大了贫富差距。

五是不能对中国的人口流动进行有效的管理。中西部地区农村相当一部分人有籍无户，农村"空壳"现象较为突出。很多住在城市郊区或者"城中村"的居民，完全不从事农业生产，却仍然是农业户口；同时也有很多来自农村的居民在城市工作，却无法获得非农业户口。

六是户口管理使中国公民具有不同身份。如果某人生活在非本人户口所在地，那么他将被视为外来人口，享受不到该地的各种福利，以及充足的就学和就业机会，这也是当前户口管理所受非议最多的方面。

3. 目的明确，稳妥推进

当前我国户籍制度改革的重点与难点并不在于放开户籍制度对人口自由流动进行约束等问题上面，其着力点与突破方向应放在如何打破现有的利益格局而不造成新的社会冲突与群体对立。

如何革除其利益分配功能，而使其回归到仅仅作为对人口进行登记管理的必要手段，以及如何配套教育医疗、社会保障等基本福利但不至于使地方财政捉襟见肘这三个方面。这三个问题处理好了，改革过程中的一系列制度性障碍才有可能彻底瓦解。

户籍改革的最终目的，不仅是还农民以迁徙的自由，给农民与城镇居民相等的权利，更重要的一点是使他们获得自由发展的可能，赋予他们与城镇居民竞争的能力。只有不断夯实经济基础、稳妥推进城镇化建设，缩小城乡差距，努力提高农村劳动力的个体素质与能力，实现社会的全面发展与进步，才有可能使我国户籍制度以及由其带来的一系列问题得到最终解决。

三、改革的最新举措

国务院办公厅2015年12月印发《关于解决无户口人员登记户口问题的意见》，提出要全面解决无户口人员登记户口问题，切实保障每个公民依法登记一个常住户口，禁止设立不符合户口登记规定的任何前置条件，以下无户口人员将因此受益。

1. 不符合计划生育政策的无户口人员

政策外生育、非婚生育的无户口人员，本人或者其监护人可以凭《出生医学证明》和父母一方的居民户口簿、结婚证或者非婚生育说明，按照随父随母落户自愿的政策，申请办理常住户口登记。申请随父落户的非婚生育无户口人员，需一并提供具有资质的鉴定机构出具的亲子鉴定证明。

2. 未办理《出生医学证明》的无户口人员

在助产机构内出生的无户口人员，本人或者其监护人可以向该助产机构申领《出生医学证明》；在助产机构外出生的无户口人员，本人或者其监护人需提供具有资质的鉴定机构出具的亲子鉴定证明，向拟落户地县级卫生计生行政部门委托机构申领《出生医学证明》。无户口人员或者其监护人凭《出生医学证明》和父母一方的居民户口簿、结婚证或者非婚生育说明，申请办理常住户口登记。

3. 未办理收养手续的事实收养无户口人员

未办理收养登记的事实收养无户口人员，当事人可以向民政部门申请按照规定办理收养登记，凭申领的《收养登记证》、收养人的居民户口簿，申请办理常住户口登记。1999年4月1日《全国人民代表大会常务委员会关于修改的决定》施行前，国内公民私自收养子女未办理收养登记的，当事人可以按照规定向公证机构申请办理事实收养公证，经公安机关调查核实尚未办理户口登记的，可以凭事实收养公证书、收养人的居民户口簿，申请办理常住户口登记。

4. 被宣告失踪或者宣告死亡后户口被注销人员

被人民法院依法宣告失踪或者宣告死亡后重新出现的人员，本人或者其监护人可以凭人民法院撤销宣告失踪（死亡）的生效判决书，申请恢复常住户口登记。

5. 农村地区因婚嫁被注销原籍户口的人员

农村地区因婚嫁被注销原籍户口的人员，经公安机关调查核实未在其他地方落户的，可以在原户口注销地申请恢复常住户口登记。恢复常住户口登记后，符合现居住地落户条件的，可以办理户口迁移登记。

6. 户口迁移证件遗失或者超过有效期限造成的无户口人员

户口迁移证件遗失或者超过有效期限造成的无户口人员，可以向签发地公安机关申请补领、换领户口迁移证件，凭补领、换领的户口迁移证件办理户口迁移登记。不符合迁入地现行户口迁移政策的大中专院校毕业生，可以在原籍户口所在地申请恢复常住户口登记，其他人员可以在户口迁出地申请恢复常住户口登记。

7. 我国公民与外国人、无国籍人非婚生育的无户口人员

我国公民与外国人、无国籍人在国内非婚生育、未取得其他国家国籍的无户口人员，本人或者其具有我国国籍的监护人可以凭《出生医学证明》、父母的非婚生育说明、我国公民一方的居民户口簿，申请办理常住户口登记。未办理《出生医学证明》的，需提供具有资质的鉴定机构出具的亲子鉴定证明。

8. 其他无户口人员

其他原因造成的无户口人员，本人或者承担监护职责的单位和个人可以提出申请，经公安机关会同有关部门调查核实后，可办理常住户口登记。

四、户籍制度改革的意义

1. 推进城乡户籍制度改革，农村地区城镇化发展的道路更加平坦

在原先的二元社会结构下，农村大部分的劳动力是被束缚在土地上从事农业活动。就算青壮年劳动力被城市生活所吸引，暂时性背井离乡地参与到城市运转，但这种劳动力流动往往背负着抛家舍业的艰辛和压力。最终，大部分农村人口还是要回归到家庭联产责任制下的农业生产生活。同时，城市地区凭借政治功能和经济优势可以轻易地转移农村资源和财富。譬如在1953年中共中央发出的控制农产品资源供应的"统购统销"决议，虽在早期保证了粮食供应和粮价稳定，但是对农产品自由市场的取消，严重阻碍了农村地区的经济发展，甚至在个别农村地区造成了积贫积弱的落后局面，这不能不说是对农村农民的不公正剥夺。这道城乡二元户籍藩篱困扰着农村乡野接触新思想、新门路，是阻碍广大乡村地区向城镇化发展固若金汤的制度性瓶颈。户籍制度改革进程的加快、乡村与城市之间无形藩篱的渐渐被拆除，有利于乡村与城市获取公平的发展权利，有利于农民与市民在教育、人事、就业、医疗、养老等方面得到相同的待遇，有利于广大农民在农村这片广阔的天地中迸发出更大的创造力。我们有理由相信，拆除了户籍藩篱，农民的创富智慧、农业的发展潜能、农村的建造热情必定会加快农村"城镇化"的进程，广大乡村地区向城镇化发展的道路更加平坦。

2. 推进城乡户籍制度改革，城市地区可以有效解决用工短缺难题

一直以来，人们普遍认为中国存在着大量廉价劳动力，中国的人口红利是可以保证经济的平稳发展的。农村剩余劳动力进入城市，为城市的各行各业提供了人力资源保障。然而"民工荒"现象的出现打破了我们一直以来的劳动力无限供给的观念，城市用工短缺问题的愈演愈烈提示我们重新关注农民工这一特殊的职业群体。"农民工是传统的户籍制度与自由的市场制度相结合的产物。从职业角度讲，他们是工人，从身份上讲，他们是农民。这种职业身份与户籍身份的矛盾使他们并没有同工业化和城市化同步，没有真正融入城市的主流社会和主流生活，而是演变成为一个日益被边缘化的新弱势群体"。尽管农民工置业群体为城市建设做出了伟大的贡献和智慧，但受户籍制度的压制，却得不到公平的薪酬，甚至时常遭受权益侵害。与其在城市没有尊严的讨生活，他们更加愿意留在农村重拾旧业，或者在家乡附近城镇谋求出路，不再背井离乡地奔往发达城市。探究"民工荒"的深层原因，城乡二元户籍制度是其症结所在。若拆除了这道户籍藩篱，农民工市民化的发展进程可以大大加快，在得到教育、人事、医疗等方面的多重福利后，农民工站在实现个人社会价值的公正平台，便没有理由离开城市中的工作岗位，"民工荒"问题便迎刃而解。总之，拆除户籍藩篱，让农民工进城变市民，得到与自己的贡献成正比的待遇，城市地区才能继续吸收农村剩余劳动力有效解决用工短缺难题，中国的人口红利才能继续。

3. 推进城乡户籍制度改革，有利于我国经济发展战略的转型

"十三五"是我国经济发展的重要战略转型期，世界经济也逐渐摆脱世界性的金融危机影响、进入一个自我改良调整的状态。"转变经济发展方式""深化经济体制改革""调整经济结构"等词汇在十八大报告和国家经济政令中是重要关键词，同时也是指引我国经济战略转型的重要关键词。这些关键词不仅仅是人们街头巷尾所闻所讲的词汇，而且深深影响着人们的经济意识和经济行为，在生产、分配、交换、消费等各个经济环节的实际操作都将产生着影响。而现存的城乡二元户籍制度对流动劳动力的牢牢控制，使我国经济发展的活力大打折扣，抹杀了农村剩余劳动力的主观能动性。农村与城市之间人为树立的户籍藩篱，本身就是有失公平的制度。尤其在特殊的经济转型期，户籍藩篱对属于农村户口的众多劳动力的无形盘剥，使劳动者个体在市场经济中便没有公正的竞争地位，被社会和企业淘汰的人力资源往往是农村户籍的劳动者，导致从生产环节到消费环节、从产业结构调整到企业创新突破都留下了阴影。由于这道藩篱的存在，无法有效地提振内需，无法有力地发挥国内市场对经济转型的巨大贡献。拆除户籍藩篱坚持了以人为本，是解放生产力的壮举，仿佛经济列车的加速器和润滑油，有利于经济更好更快的发展。户籍藩篱存在下的市场竞争是有失公正的、经济发展是畸形发展，只有拆除户籍藩篱，才能实现劳动力的有序流动，才能实现我国经济发展战略的完美转型。

第三节　十三五时期我国农村改革发展的重点

一、"十三五"时期我国农村综合改革的总体任务

"十三五"是全面建成农村小康社会的决胜期、巩固农业农村好形势的关键期、农业发

展方式的转型期、提升农业竞争力的爬坡期、全面深化农村改革的攻坚期、推进城乡一体化的深化期。我国已经进入传统农业向现代农业加快转变的关键时期。"十三五"农业农村经济工作要牢固树立五大发展理念,围绕"一个目标",就是农业现代化取得明显进展;坚持"一条主线",就是加快转变农业发展方式;突出"一个中心",就是促进农民持续较快增收;努力实现"六个全面提升",即全面提升粮食等重要农产品供给保障水平、多种形式适度规模经营的引领水平、农业技术装备水平、农业生产经营效益水平、农产品质量安全水平、农业可持续发展水平。

一是着力突破农村生产关系变革困局,探索发展农村生产力新途径。抓好扶持村级集体经济发展试点,探索建立农村集体经济发展新机制,解决农业生产上的适度规模经营问题。完善村级组织运转经费保障政策,探索建立乡村治理新机制,促进农村社会安定和谐。创新财政支持农民合作社发展机制,完善新型农业社会化服务体系,探索建立新型农业经营体系。

二是着力突破城乡二元结构的体制障碍,探索统筹城乡发展新机制。发挥民主决策和以奖代补的制度优势,扩大一事一议财政奖补机制使用范围,进一步改善农村人居环境,建立农村公益事业发展新机制。扩大农村公共服务运行维护试点范围,探索搭建农村公共服务平台,开展农村公共服务标准化试点,建立农村公共服务供给新机制。以建制镇示范试点和美丽乡村建设试点为抓手,做好新型城镇化与新农村建设的有机衔接,建立城乡协同发展新机制。

三是着力突破农村资源环境瓶颈,探索农业农村可持续发展新模式。实施农业可持续发展战略,统筹做好试点先行与示范推广,探索总结可复制、能推广的模式,加大投入力度,建立长效机制,扩大农业可持续发展试点范围。加快农村生活污水和垃圾无害化处理设施的建设步伐,开展畜禽粪污等农业农村废弃物综合利用试点,积极探索解决农业面源污染问题,建立农村可持续发展新机制。

四是着力突破农村要素市场体系弊端,探索实现农村产权权能新通道。支持做好农村土地承包经营权确权登记颁证工作,探索建立多种形式的农村产权流转交易市场和服务平台,稳定农民土地经营预期,增加农民财产性收入。

二、"十三五"时期我国农业农村发展的重点

"十三五"时期是全面建成小康社会最后冲刺的五年,也是加快推进农业现代化、实现"四化同步"的关键五年。在"十一五""十二五"农业生产连续丰收、农民收入持续快速增长的高起点上,"十三五"农业农村发展有了很好的基础,但也面临更加复杂的形势,更加严峻的挑战,更加艰巨的任务。"十二五"时期,我国农业农村发展成果丰硕,为我们赢得全局工作主动发挥了重要作用。同时,必须看到,我国农业农村发展面临的难题和挑战还很多,任何时候都不能忽视和放松"三农"工作。"十三五"时期,必须坚持把解决好"三农"问题作为全党工作重中之重,牢固树立和切实贯彻创新、协调、绿色、开放、共享的发展理念,加大强农惠农富农力度,深入推进农村各项改革,破解"三农"难题、增强创新动力、厚植发展优势,积极推进农业现代化,扎实做好脱贫开发工作,提高社会主义新农村建设水平,让农业农村成为可以大有作为的广阔天地。

一方面,农业农村发展有了很好的基础。今年,我国农业有望再获丰收,农民收入将继

续保持较快增长,可以为"十二五"画上一个圆满的句号,也为"十三五"农业农村加快发展奠定更加坚实的基础。从农业自身看,现在农业基础设施能力、科技创新能力、机械装备能力、流通加工能力经过长期积累,取得了长足进步,和过去已经不可同日而语了。从宏观方面看,我国已经成为世界第二大经济体,经济实力大幅提升,财力物力充裕,有能力为加速传统农业向现代农业转型升级提供更多支撑;全面深化改革深入推进,改革红利加速释放,也将为农业农村经济发展注入新的活力;新型城镇化、京津冀协同发展、长江经济带、"一带一路"等发展战略的实施,有利于形成农业农村经济发展新的"增长极";其他行业方面,比如中国制造2025,有一条就是农机装备;"互联网+",以及信息技术、生物技术、新材料、新能源等领域科技创新引发新一轮产业革命,将引领农业农村持续发展。

另一方面,农业农村发展面临很大的挑战。我们也要保持清醒头脑,未来五年,农业农村发展的内外部环境都将发生深刻变化,各种新老矛盾相互交织、叠加,困难和挑战不容小视。从外部看,世界经济复苏缓慢曲折,国内经济进入新常态,对农产品需求、价格、生产和农民就业增收的不利影响正在逐步显现。从内部看,农业资源条件和生态环境两道"紧箍咒"的双重约束,农产品成本"地板"和市场价格"天花板"的双重挤压,人民群众对农产品多样化需求和质量安全的要求越来越高,在保供给的同时,又得保安全,还要保生态,压力越来越大;农业小规模,高成本,竞争力弱,国际市场竞争形势越来越严峻,只能知难而进,克难前进。

2020年实现全面建成小康社会的战略目标,短腿在农业,短板在农村,难点在农民,特别是还没有脱贫的农民,所以农业农村发展任务仍很艰巨。目前,我国正在按照中央的统一部署和要求,紧锣密鼓地研究和谋划"十三五"如何推进农业农村持续健康发展。总的来说,"十三五"发展方向是推进农业现代化,转变农业发展方式,继续保障粮食安全和主要农产品供给,以保供给、保收入、保生态为主要任务,继续深化改革、开拓创新、完善政策,进一步巩固农业基础地位,保持农业农村稳定发展好势头,为经济社会发展提供有力的基础支撑和保障。具体而言,要着力在七个方面下功夫。

一是稳定和提升粮食产能,确保国家粮食安全。民以食为天,粮食安全是永恒主题。"十三五"时期,我国人口还将继续增加、城镇化快速推进、消费结构进一步升级,带动粮食需求继续刚性增长,保障粮食供给安全仍是农业农村发展的首要任务。据预测,到2020年我国粮食消费要在14 000亿斤以上,现在生产能力在11 000斤以上,"十三五"在12 000斤左右,还有约2 000亿斤缺口。总的来说,根据现在的供求关系,不追求一直连增,但是要保持粮食产量总体稳定,特别是要巩固和提升粮食产能。同时,年度产量可以根据需求进行调节,确保中国人的饭碗牢牢端在自己手里,并且主要装中国粮。所以"十三五"要实现谷物自给率保持在95%以上,水稻、小麦等口粮自给能力达到100%。

二是拓宽农民增收渠道,促进农民收入持续较快增长。农民增收是农业农村发展的中心目标。"十三五"要实现农民收入比2010年翻一番的目标,使农民特别是老少边穷地区贫困人口同步实现小康,"小康不小康,关键看老乡",现在农民收入有四个组成部分,家庭经营收入、工资性收入、转移性收入,还有财产性收入。家庭经营收入和工资性收入是农民收入中最大的两块,占比都超过40%。但受成本"地板"抬升和价格"天花板"限制,以及经济增速回落和出口下降的影响,这"两大支柱"的增长动力都不乐观。为此,必须千方百计提高农业经营效益,广开农民就业门路,使农民收入年均增幅继续保持"两个高于"的好势头。同时要大力推进精准扶贫,打好扶贫开发攻坚战。

三是坚持"产出来"和"管出来"两手抓,确保农产品质量安全。农产品质量安全是近年来社会高度关注的热点和焦点。过去,我国粮食短缺、供给不足,大家就一个目标——吃饱肚子,顾不上质量安全问题。但是现在生活水平不断提高,我国开始进入小康社会,人民群众不仅要吃得饱,还要吃得好、吃得安全,作为农业生产者、作为农业生产管理者、作为农业部门有责任把这项工作做好。现在供给形势好了,可以说社会对农产品,包括食品加工品质量安全关注度越来越高,容忍度越来越低。习近平总书记多次强调,保证人民群众能吃上放心安全的农产品是对我们执政能力的基本考验。"十三五"期间,要坚持"产出来"和"管出来"两手抓、两手硬,一手抓农业标准化生产,健全标准体系,实现生产源头可控制;一手抓农产品质量安全监管,建立从田头到餐桌的全程可追溯体系,开展全过程监管。

四是加强农业资源环境保护,促进农业可持续发展。我们用十分有限的水土资源养活了十几亿人,支撑了国民经济快速发展,我们城镇化率每年提高一个百分点,就是一千多万人进城,靠什么支撑?解决吃饭靠农业。近十年来,特别"十二五"时期,我们农田灌溉面积大幅增加,而农业用水量没有增加,就是靠节水。"十三五"还要搞4亿亩旱涝保收的农田,农业用水已经从占全社会用水量73%降到了63%,但"十三五"时期还是要节水,要给环境和资源留点空间,要保持他们可持续发展。

发展农业第一位是发展粮食,农业部门第一位任务是保证供给,这是第一个任务,任何时候不能动摇。"十二五"时期,我国粮食连续增产,农民收入持续较快增长,农村社会和谐稳定,为经济社会发展全局做出重大贡献。"十三五"时期农业农村工作,要坚持创新、协调、绿色、开放、共享的发展理念,牢固树立强烈的短板意识,坚持问题导向,切实拉长农业这条"四化同步"的短腿、补齐农村这块全面小康的短板。

农业有三大功能,发展农业其实是"三大发展":为全国人民发展粮食、为农民增加收入、为城市发展绿化。为全国人民发展粮食,就是要解决全国人民吃饭问题;为农民增加收入,核心就是收入问题,种地农民不存在粮食安全问题,粮食安全问题是城里人的问题,是政府的问题,农民的地种一种就够自己吃了,他们的问题是收入,农民是什么收入好、什么价值高他们种什么。为城市发展绿化,农村是不缺绿的,城里到处是钢筋水泥,为什么大城市郊区要保留农田?它也是一种绿色。现在,我们的经济发展了,人民的生活水平提高了,农产品供给充裕,我们才有条件、有能力考虑和解决生态环境问题。

"十三五"要把农业可持续发展作为农业农村发展的基本要求,更加重视农业生态环境保护和资源合理利用,我国已经制定了全国农业可持续发展规划和农业面源污染环境治理方案,化肥用得过多,农药用得不科学,这些问题要解决,但是也不能回到另外一个极端。要抓好《全国农业可持续发展规划》的落实,加强农业环境突出问题治理,打好农业面源污染治理攻坚战,大力发展节水农业,开展化肥、农药零增长行动,推进农业废弃物资源化利用,力争到2020年实现"一控两减三基本"的目标(即:农业灌溉用水总量得到有效控制、化肥、农药使用量实现零增长并逐步减少,农作物秸秆、畜禽粪便和农用地膜基本得到回收利用)。

五是推进农业转方式、调结构,加快农业现代化步伐。在"四化同步"中,农业现代化还是短腿,明显滞后于工业化、信息化和城镇化,成为现代化建设的瓶颈。没有农业的现代化,就没有国家的现代化。"十三五"时期,必须加快农业现代化步伐,努力走出一条产出高效、产品安全、资源节约、环境友好的中国特色现代农业发展道路。但是中国国家大，发展水平很不一致，中国农业现代化不可能齐步走，所以我们的方略是什么？搞现代农业示范区。我国在东部沿海、大城市郊区、大型垦区、农产品主产区等具备条件的地区创建了283个国家现代农业示范区，力争率先实现农业现代化，通过他们的示范引领，梯度推进全国的农业现代化进程。"十二五"以来，"三农"工作取得显著成绩，成为经济社会发展的突出亮点。"十三五"时期，要落实发展新理念，破解发展新难题，夯实现代农业基础，调整优化农业结构，发挥多种形式适度规模经营引领作用，着力提高农业质量效益和竞争力。要注意分析粮食丰收后出现的新情况，有针对性地采取措施，继续调动农民发展现代农业的积极性。要加快农村基础设施建设，把社会事业发展的重点放在农村和接纳农业转移人口较多的城镇，推动新型城镇化与新农村建设协调发展。推进体制机制创新，激发亿万农民创业创新活力，培育新产业新业态，不断拓展农业农村发展新空间、农民增收致富新渠道。

六是加强供给侧改革，提高农业供给体系质量。"十三五"时期，要着力加强农业供给侧结构性改革，提高农业供给体系质量和效率，使农产品供给数量充足、品种和质量契合消费者需要，真正形成结构合理、保障有力的农产品有效供给。当前，要高度重视去库存、降成本、补短板。加快消化过大的农产品库存量，加快粮食加工转化；通过发展适度规模经营、减少化肥农药不合理使用、开展社会化服务等，降低生产成本，提高农业效益和竞争力；加强农业基础设施等农业供给的薄弱环节，增加市场紧缺农产品的生产。要树立大农业、大食物观念，推动粮经饲统筹、农林牧渔结合、种养加一体、一二三产业融合发展。保障国家粮食安全是农业结构性改革的基本底线，要保稻谷、小麦等口粮，保耕地、保产能，保主产区特别是核心产区的粮食生产，确保谷物基本自给、口粮绝对安全。要充分发挥多种形式农业适度规模经营在结构性改革中的引领作用，农业支持政策要向规模经营主体倾斜，同时要注重让农民分享成果。要完善粮食等重要农产品价格形成机制和收储政策，为农业结构性改革提供动力。

七是统筹城乡发展，推进农民工有序市民化。中国发展不平衡不协调，最大的还是城乡发展不平衡不协调。现在到了有能力和条件实行工业反哺农业、城市支持农村、推进城乡一体化发展的历史阶段。过去计划经济时期，很长时期我们通过工农产品的剪刀差，让农民、农业做贡献，改革开放市场经济条件下，工农产品剪刀差逐步缩小了、消除了，但是城乡要素的剪刀差凸显出来了，拿农民的地还是便宜，一开发再一转让就不是那个价了，差额巨大。农民工工资在不断增加，但是跟城市职工在工资水平上、社保水平上还是有差距的，同工不同酬。农村的金融资产本来就少，所有的农业县都是贷差县，融资难、贷款难。"十三五"要在以城带乡、补齐农村"短板"上有更大进展。同时加强新农村建设，统筹推进新型城镇化与新农村建设，使城乡相映成趣、协调发展，像总书记讲的"望得见山、看得见水、记得住乡愁"。富裕农民，就要减少农民，这是看得清楚的，农民工转移是解决这一问题的有效途径，2.7亿农民常年在外打工，要真正地打开城门，以包容的胸怀和积极的态度来接纳农民工，使其能够逐步有序地转为市民，在他就业的地方逐步安家落户、实现市民化，使他们工作融入企业、子女融入学校、家庭融入社区、心理融入社会。

为此，地方各级党委和政府要坚持不懈厚植重农氛围，把农业农村工作放到重中之重位置。优先保障财政对农业农村投入，确保力度不减弱、总量有增加。要加大涉农资金的整合力度，发挥财政投入对结构性改革的引导作用，撬动更多社会资金投入农业农村。要挖掘农业内部潜力,促进一二三产业融合发展,用好农村资源资产资金,多渠道增加农民收入。深入推进精准扶贫、精准脱贫,确保完成脱贫攻坚目标任务。强化农村基层党组织建设,完善村民自治,提升乡村治理水平。要深入调查研究,尊重农民基层实践,不断开创农业农村工作新局面。

三、"十三五"时期我国农业发展的十大关键词

1. 新理念
牢固树立和切实贯彻创新、协调、绿色、开放、共享的发展新理念。

2. 解难题
加大强农惠农富农力度,深入推进农村各项改革,破解"三农"难题、增强创新动力、厚植发展优势。

3. 强基础
必须坚持把解决好"三农"问题作为全党工作重中之重,夯实现代农业基础。加快农村基础设施建设,推动新型城镇化与新农村建设协调发展。

4. 调结构
要着力加强农业供给侧结构性改革,提高农业供给体系质量和效率,使农产品供给数量充足、品种和质量契合消费者需要,真正形成结构合理、保障有力的农产品有效供给。

5. 大农业
要树立大农业、大食物观念,推动粮经饲统筹、农林牧渔结合、种养加一体、一二三产业融合发展。

6. 保底线
保障国家粮食安全是农业结构性改革的基本底线,要保稻谷、小麦等口粮,保耕地、保产能,保主产区特别是核心产区的粮食生产,确保谷物基本自给、口粮绝对安全。

7. 享成果
要充分发挥多种形式农业适度规模经营在结构性改革中的引领作用,农业支持政策要向规模经营主体倾斜,同时要注重让农民分享成果。

8. 增投入
地方各级党委和政府要坚持不懈厚植重农氛围,把农业农村工作放到重中之重的位置。优先保障财政对农业农村投入,确保力度不减弱、总量有增加。

9. 抓扶贫
深入推进精准扶贫、精准脱贫,确保完成脱贫攻坚目标任务。

10. 强党建
强化农村基层党组织建设,完善村民自治,提升乡村治理水平。

第四节 脱贫攻坚贵在精准

贫困问题,是全面建成小康社会的"拦路虎",也一直是习近平总书记心底最深的牵挂。他曾说:"我到过中国绝大部分最贫困的地区……他们的生活存在困难,我感到揪心。他们

生活每好一点，我都感到高兴。"党的十八届五中全会将农村贫困人口脱贫作为全面建成小康社会的底线目标进行安排部署，到2020年让全国人民一个不落都过上小康生活。

一、脱贫攻坚为什么要精准

改革开放以来，随着经济持续快速发展，我国扶贫开发稳步推进，扶贫标准逐步提高，贫困人口逐步减小。我国是第一个提前实现联合国千年发展目标贫困人口减半的发展中国家。按照世界银行的贫困标准，1981年至2011年，全球贫困人口从19.38亿减少到10.11亿，全球贫困人口减少7.53亿。同期，中国的贫困人口由8.38亿减少到8 417万，贫困人口减少7.53亿。此后，按照2011年国家扶贫标准，扶贫对象从16 567万人减少到2015年的5 575万人。世界银行的评价认为，"中国在如此短的时间里使如此多的人摆脱了贫困，对于全人类来说这是史无前例的"。

在取得巨大成就的同时，我们也要看到，长期以来我国扶贫开发中还存在着较为粗放的"大水漫灌"问题，主要包括：

①贫困人口底数不清、情况不明。我国农村贫困人口数量是国家统计局根据全国20万户住户抽样调查数据推算出来的，这对于研究贫困人口规模、分析贫困发展趋势比较科学，但在具体扶贫工作中无法弄清楚"谁是贫困人口""致贫原因何在""如何针对性帮扶"等问题，导致一些真正的贫困户得不到有效的帮扶。

②扶贫资金和项目指向不准。以扶贫搬迁工程为例，居住在边远山区、地质灾害隐患区等地的贫困户，"一方水土养不活一方人"，是扶贫开发难啃的"硬骨头"之一。移民搬迁是较好的出路。但是，因为补助资金少，享受扶贫资金补助搬出来的多是经济条件相对较好的农户，最贫困的家庭根本搬不起。新村扶贫、产业扶贫、劳务扶贫等项目，受益多的主要也还是贫困户中的中高收入者。

③贫困县不愿"摘帽"。2011年12月6日，邵阳新闻在线发出一篇报道："11月29日，从中央扶贫开发工作会上传来好消息，我市隆回、城步、邵阳、新宁、新邵、绥宁、洞口、武冈8个县市成功列入国家武陵山集中连片扶贫攻坚重点县。"当时，许多网友对于文中的"成功列入""好消息"等措辞表示难以接受。国家级贫困的设立曾经对我国稳定群众生活、缩小和缩短与富裕地区的差距、促进整个国民经济的发展发挥了积极作用。但是，由于"贫困县"的帽子可以带来政策上的诸多"好处"，导致很多贫困县不愿"摘帽"，甚至"戴帽炫富""争戴贫困帽"，这在实际上已经阻碍了我国扶贫开发工作的进一步深入开展。

当前，我国进入了全面建成小康社会的决胜阶段，扶贫开发进入了啃硬骨头、攻坚拔寨的冲刺期。实施脱贫攻坚战略部署，还面临着一些困难和问题，主要包括：一是数量多。截至2015年底，我国还有贫困人口5 575万，相当于中等人口规模国家的总人数；全国还有14个集中连片特殊困难地区、832个贫困县、12.8万个建档立卡贫困村。二是难度大。经过多年的努力，容易脱贫的地区和人口已经基本脱贫了，剩下的贫困人口大多贫困程度较深，自身发展能力比较弱，越往后脱贫攻坚成本越高、难度越大。以前出台一项政策、采取一项措施就可以解决成百万甚至上千万人的贫困，现在减贫政策效应递减，需要以更大的投入实现脱贫目标。三是时间紧。到2020年农村贫困人口要全部实现脱贫，从2016年起平均每年要减贫1 000万以上。四是易返贫。不少贫困户稳定脱贫能力差，因灾、因病、因学、因婚、因房返贫情况时有发生，新的贫困人口还会出现。

"十三五"脱贫攻坚的总体目标要求:"到 2020 年,稳定实现农村贫困人口不愁吃、不愁穿,义务教育、基本医疗和住房安全有保障。实现贫困地区农民人均可支配收入增长幅度高于全国平均水平,基本公共服务主要领域指标接近全国平均水平。确保我国现行标准下农村贫困人口实现脱贫,贫困县全部摘帽,解决区域性整体贫困。"

换句话说,我国全面建成小康社会,一个都不能少,一户都不能落。要实现这一目标,就必须变"大水漫灌"为"精准滴灌",实施精准扶贫精准脱贫战略。

二、脱贫攻坚如何做到精准

为解决这些困难和问题,我国制定了精准扶贫和精准脱贫的基本方略,核心内容是做到"六个精准",实施"五个一批"。因人因地施策,因贫困原因施策,因贫困类型施策,区别不同情况,做到对症下药、精准滴灌、靶向治疗,不搞"大水漫灌"、走马观花、大而化之。

"六个精准",包括扶持对象精准、项目安排精准、资金使用精准、措施到户精准、因村派人精准、脱贫成效精准。通过贫困识别建档立卡,把贫困人口是谁、在哪里、什么原因致贫等搞清楚,解决"扶持谁"的问题;通过向贫困村选派第一书记和驻村工作队,强化一线扶贫力量,解决"谁来扶"的问题;通过引导贫困群众参与脱贫规划制定,做到项目跟着规划走,资金跟着项目走,项目资金跟着穷人走,因村因户因人分类施策,解决"怎么扶"的问题;通过明确贫困退出标准、程序和核查办法,严格规范贫困退出,确保贫困人口、贫困村、贫困县稳定脱贫、有序退出,解决"如何退"的问题。

①对象精确。精确识别、建档立卡,是打赢脱贫攻坚战的基础。关键要通过群众评议、入户调查、公告公示、抽查检验等手段,把贫困人口识别出来。

"田应杰,土家族,危房,2 亩土、1 亩田,家有 4 口人,1 个儿子读大学,1 个儿子读高中……"这是贵州省印江县郎溪镇昔蒲村的贫困户登记表。如今,贵州每一户贫困农户都有一个类似这样的信息资料袋。里面记录着贫困户的基本信息、收支情况、住房情况、生活生产情况以及致贫原因、帮扶信息等。

陕西省丹凤县商镇墹子村通过发扬基层民主为贫困户建档立卡,保证了贫困户认定的相对公平公开。实际操作中,每个村民小组选出评议小组,其中群众代表必须超过 60%。评议小组入户调查村民收入,村里汇总后从低到高排序,结果张榜公布,上报乡里和县里前再公示两次。如无异议,把收入低的确定为贫困户。如有异议,就召开群众代表会议,村民互比收入,互揭家底,达成共识。贫困户名单每年调整一次,村民先填申请表,评议小组入户调查核实,再开村民小组会议确定调整名单。

②项目安排精准。扶贫项目安排精准,是做到"六个标准"的重要一环,也是确保扶贫资金使用精准、措施到户精准、脱贫成效精准的重要保证。

截至 2015 年底,湖北省放易地扶贫搬迁贷款 18 亿元,贷款主要用于易地扶贫、搬迁安置房建设以及相关的水、电、路、气、网等配套基础设施建设项目,贷款对象必须是建档立卡贫困户,贷款期限是一般不超过 20 年,最长不超过 30 年,且贷款利率分情况进行调整确定,尽最大限度在每一个环节保证项目安排精准。

③资金使用精准。在脱贫攻坚的宏大目标之下,无论怎样增加收入,资金总是有限的,"宝贵的弹药"容不得一丝浪费,要真正用到"刀刃"上。

河南省兰考县爪营乡栗西村贫困户齐美枝等村民 2015 年拿到了 4 000 元的扶贫资金,

钱怎么花成了头等大事。驻村工作队和村干部多次走访后得知,多数贫困户最希望能在家门口打工,既有稳定收入,还能照应农活和老人孩子。恰好,该村一个小老板想开一家玻璃门窗厂,驻村工作队队长和村支书便找到其商议,能否让贫困户以集资的形式入股,既为贫困户找到脱贫门路,又部分解决了新厂的资金问题。双方一拍即合,玻璃门窗厂很快成立运营起来。对有劳动能力的贫困户,厂里优先选用;无劳动能力的,每年固定分红。如今,齐美枝在这个厂打工,每个月能挣2 000多元,每半年还有一次股金分红,再能分2 000元左右。

④措施到户精准。贫困户致贫原因多种多样,扶贫政策也应多样化、有针对性,从而做到因人施策,实现扶真贫、真扶贫。

65岁的周宗华是四川省南充市鄢家乡十坝子村的村民,由于患有颈椎、腰椎等疾病,家庭生活比较困难,被列入扶贫帮扶对象。针对老人的实际情况,鄢家乡专门为其量身定制了山羊养殖帮扶计划,送给他几只幼羊,并安排乡畜牧站的专业技术人员上门指导,老人看到了脱贫的希望。像周宗华一样,鄢家乡给419名贫困群众都建立了精准扶贫台账,而且每个帮扶计划经过反复研究,并针对贫困户的实际情况制订,最后都得到了贫困户的认可。

⑤因村派人精准。农村富不富,关键看支部;支部强不强,全靠领头羊。习近平总书记在指示精准扶贫工作中多次强调"因村派人要精准",说的就是要选准派强第一书记。

贵州省黔西县林泉镇营脚村是一个远近闻名的贫困村,黔西县扶贫办驻村干部赵阳到营脚村任第一支书后,带领村"两委"班子、村民小组长,在走访调研、土壤取样的基础上,组织村委、村民代表10人,到邻近市县考察学习中药材种植技术,最终决定发展菊花种植。在黔西县扶贫办的指导下,营角村以"公司+基地+支部+农户"的形式流转土地700余亩种植菊花。贫困户黄朝礼家的10亩土地全部流转,每年不仅能领取土地流转费4 500元,还能赚到12 000元的工资收入。现在,营角村的目标是扩大种植规模,引导有条件的农户发展乡村旅游,搞农家乐产业,把营角村打造成宜居宜游宜发展的现代农村,争取全村111户441人贫困户在2016年全部脱贫。

⑥脱贫成效精准。习近平总书记强调:"坚持精准扶贫、精准脱贫,重在提高脱贫攻坚成效。"识真贫、扶真贫、真扶贫最终要看实效。

2016年3月30日,安徽省民营企业"千企帮千村"精准扶贫行动动员会在合肥召开。会上,芜湖市广济医院代表与芜湖市无为县襄安镇沈马村代表现场签署了帮扶协议。广济医院结合本院医疗技术、医疗条件、人才等优势,将在今后4年多时间里,组织沈马村卫生室人员培训、购置赠送医疗器材、派医院专家到当地乡村坐诊,组织当地65岁以上老人来广济医院免费体检,慰问当地特困户、残疾人和孤寡老人等系列帮扶活动。在这个过程中,安徽省工商联、省扶贫办等机构积极建立帮扶台账,跟踪帮扶进度,及时掌握企业的帮扶投入和帮扶对象的脱贫进度,做到帮扶成效精准。截至2016年7月底,安徽省村企、户企结对已达900多对。

"五个一批",即"十三五"期间,重点通过发展产业脱贫3 000万人左右,劳务输出脱贫1 000万人左右,易地搬迁脱贫1 000万人左右,低保兜底脱贫2 000万人左右,推进教育脱贫,医疗保险和医疗救助脱贫,生态保护脱贫,资产收益脱贫。这是分类施策的工作思路,脱贫攻坚的实现途径。

①通过发展产业脱贫一批。重点支持贫困村、贫困户发展种养业和传统手工业,实施贫困村"一村一品"产业推动行动和"互联网+"产业扶贫,实施电商扶贫,光伏扶贫,乡村

旅游扶贫工程，实现3 000万以上贫困人口脱贫。

光伏扶贫主要是在住房屋顶和农业大棚上铺设太阳能电池板，"自发多用，多余上网"。也就是说，农民可以自己使用这些电能，并将多余的电量卖给国家电网。通过分布式太阳能发电，每户人家都将成为微型太阳能电站。山西西部的大宁县是国家级贫困县。几年前，国家统计局的一份抽样调查报告显示，包括大宁县在内的山西省国家级贫困县被调查农户中，39.9%仍以柴草作为生活的主要燃料，50.0%使用煤炭，只有7.8%使用清洁燃料。2015年，大宁县三多乡川庄村安装了100千瓦分布式薄膜太阳能电站。这一光伏扶贫电站占地5.5亩，年发电量约15万度，每年收益约15万元，给贫困家庭带来巨大的经济效益。此外，薄膜太阳能地面电站所提供的清洁电力，还将会逐步改变当地贫困人口以烧煤甚至是烧柴为主要燃料的生活方式。

②通过劳务输出脱贫一批。加大职业技能提升计划和贫困户教育培训工程实施力度，确保贫困家庭劳动力至少掌握一门致富技能。实施劳务对接工程，加强就业指导与服务，通过与区外劳务需求对接引导青壮年劳动力输出，实现1 000万人转移就业脱贫。

劳务输出是青海省海东市的主导产业之一，为农民增收致富开拓了一条新路子。近年来，海东市通过劳务输出达到了输出一批、发展一批、稳定一批、脱贫一批的目的，逐步形成了具有地方和民族特色的"化隆牛肉拉面""循化撒拉人家""新疆金秋彩棉""海西采摘枸杞"等特色劳务经济和创业品牌。比如，海东市群众在全国270多个大中城市开办的拉面馆数量达2.3万家，从业人员达15.2万人，拉面经济及相关产业营业收入达150亿元，实现纯收入50亿元。截至2015年，海东市共向青海省内外转移输出农村劳动力52.1万人（次），完成省、市下达任务51万人（次）的102%。

③通过易地搬迁脱贫一批。对"一方水土养不活一方人"地区约1 000万贫困人口实施易地搬迁，支持新建住房及配套基础设施、公共服务设施，依托小城镇、工业园区提供更多就业机会，提高贫困人口自我发展能力，实现有业可就、稳定脱贫。

陕西省镇安县地处秦岭深处，贫困人口5.77万，有3万多人需要通过移民搬出大山，才可能实现脱贫。移民小区建在山脚下，地势平坦，整齐漂亮，但有很多人却不愿意住。镇安县政府实地调研后发现，因为搬到移民小区，用水得交费，买菜要花钱，可很多中老年人根本找不到工作，没有稳定的收入。所以，又搬回了山上。了解到这一情况后，当地政府开出了药方。移民小区附近，刚刚开发了一个云盖寺古镇，是陕西省33个文化旅游名镇之一，县里要求古镇的企业招工时，必须有40%的贫困户。同时，针对家里有老人的情况，移民小区还会新建一个日间照料中心，年轻人白天出门打工，老人可以送到这里，取暖聊天，并由政府提供免费午餐。这些举措让易地搬迁扶贫取得了实实在在的效果。

④通过低保兜底脱贫一批。对无法依靠产业扶持和就业帮助脱贫的家庭实行政策性保障兜底，将所有符合条件的贫困家庭纳入低保范围，做到应保尽保。

重庆市潼南区实行农村低保标准和扶贫标准"两线合一"的办法，发挥低保兜底作用，帮助贫困家庭脱贫。贫困户只需要向当地镇街人民政府提出申请，经各镇街人民政府筛查、入户调查、审核、公示和上报等程序后，符合条件的贫困户就可纳入农村低保予以保障，每人每月最高可领取低保费230元。年逾60的吉整东是建卡贫困户，他和妻子常年患病，由于年老体弱，老两口基本没什么经济收入，家中也没有任何积蓄。考虑到其情况，村里为吉整东申报了农村低保。政府每年给的低保费有2 760元，加上家里平时种的三分菜地能收入

2 000多元，养的鸡鸭有1 000多元，吉整东脱贫在望。截至2015年底，全区享受低保兜底的建卡贫困户有1 994户4 680人，成功实现脱贫。

⑤推进教育脱贫，医疗保险和医疗救助脱贫，生态保护脱贫，资产收益脱贫等。

新疆和田地区洛浦县是国家级贫困县，自提出全县脱贫摘帽的目标以来，洛浦县职业技术学校，扛起了教育脱贫的责任。结合当地实际，在深入调研的基础上，洛浦县职业技术学校加大投入并新增了畜牧兽医、园林技术、建筑工程技术、电子商务等专业，逐步建立起与当地经济相匹配的专业体系。同时，构建起了"三个不断线"人才培养模式，即社会主义核心价值观教育、国家通用语言教育、实践技能教育三年不断线。现在，洛浦县职业技术学校的招生年年爆满，甚至有些学生从高中退学来这里学习。有人算了一笔账：如果一家有一个孩子读职业学校，毕业后一个月挣3 000元，一年就是3万多元。这让全家看到了脱贫致富的希望。

三、当前脱贫攻坚进展

在脱贫攻坚基本方略的指导下，我国出台了一系列政策举措，主要包括：

①加大财政投入。按照中央要求，2016年中央财政专项扶贫资金增加到670亿元，比去年增长43.4%；省级财政专项扶贫资金预算达到400多亿元，比去年增长加50%以上。中央和省级财政专项扶贫投入创历史新高，第一次超过1 000亿元，如果加上市、县层面财政专项扶贫投入，规模将更大。在2016年地方政府债务中，国家将拿出600亿元用于支持脱贫攻坚。"十三五"时期，国家将向省级扶贫开发投融资主体注入约2 500亿元资本金，用于易地扶贫搬迁。财政扶贫投入力度大大加强，如果"大水漫灌"肯定不够用，但现在注重"精准滴灌"，这些钱还是能办不少事的。

②加大金融支持。金融扶贫对贫困地区和贫困群众发展产业脱贫增收至关重要。2014年底发布的《关于创新发展扶贫小额信贷的指导意见》提出，为建档立卡贫困户提供"5万元以下、3年以内、免担保免抵押、基准利率放贷、财政扶贫资金贴息、县建风险补偿金"的扶贫小额信贷产品，深受贫困农户欢迎和社会各界好评。目前已向贫困户发放贷款1 200亿元。据建档立卡数据，有信贷需求的贫困户超过1 000万户，按此推算，信贷规模将在5 000亿元以上。

③强化土地政策。用好用活土地政策是一篇大文章，对财政扶贫投入是一个巨大的补充。《中共中央国务院关于打赢脱贫攻坚战的决定》（以下简称《决定》）规定，支持贫困地区调整完善土地利用总体规划。扶贫开发项目用地、新增建设用地计划指标优先保障、专项安排。土地整治项目资金优先向贫困地区倾斜。贫困县开展异地扶贫搬迁，城乡建设用地增减挂钩指标允许在省域范围内使用，在有条件的贫困地区，优先开展土地开发利用试点。

④动员社会参与。社会扶贫始终是我国扶贫开发的重要组成部分，是我国政治优势和制度优势的重要体现。这些年社会扶贫初步形成了三个方面的基本框架，俗称"老三样"。一是东西部扶贫协作，东部地区对口帮扶西部地区，这是中央根据邓小平同志"两个大局"、共同富裕战略思想做出的决策部署。目前，东部共有9个省（市）和9个大城市对口帮扶西部10个省（区、市），以及对口支援西藏、新疆和四省藏区。2016年7月，习近平总书记在银川市主持召开"全国东西部扶贫协作座谈会"时指出，东西部扶贫协作充分体现了我们党的政治优势和社会主义制度优势，必须坚持下去。东西部扶贫协作必须精准聚焦，提高水

平。二是定点扶贫。各级党政机关、国有企事业单位帮扶贫困县或贫困村。目前,中央层面共有 320 个单位帮扶 592 个重点县。三是军队和武警部队扶贫。目前全军和武警部队已在地方建立了 2.6 万多个扶贫联系点。

⑤动员民营企业、社会组织、公民个人扶贫,是下一步推进社会扶贫工作的重点,俗称"新三样"。现在社会上很多人发家致富后,帮扶穷人、回馈社会的愿望强烈,这方面潜力巨大。2014 年起国家设立每年的 10 月 17 日为扶贫日,筹集捐款 50 亿元,2015 年就达到 100 亿元。社会扶贫除增加扶贫资源外,更为重要的意义还在于,弘扬中华民族传统美德,改善社会风气,密切社会融合,促进社会和谐。下一步,中央和地方将着力从搭建平台、政策激励、宣传表彰、加强监管等方面完善社会参与机制,形成人人皆愿为、人人皆可为、人人皆能为的良好环境,最大限度调动社会扶贫资源参与脱贫攻坚。

⑥创造良好氛围。打赢脱贫攻坚战,需要造声势、鼓干劲、推典型。从 2016 年起,由国家层面推出像"太行山上的新愚公"李保国那样的一批帮扶先进典型、一批脱贫先进典型、一批精准扶贫精准脱贫成功案例。同时,出台国家扶贫荣誉制度。通过一系列工作和活动,让有精神追求、有理想信念、为扶贫脱贫做出贡献的人成为社会楷模,在社会上得到尊重,努力营造社会良好氛围。

2015 年 11 月中央扶贫开发工作会议以后,目前各地各部门在认真落实中央脱贫攻坚决策部署方面,取得了积极进展。

①加强统筹协调。中央扶贫开发工作会议后,国务院扶贫开发领导小组召开了 3 次全体会议。国务院扶贫开发领导小组 46 个成员单位分赴各省区市宣讲《决定》和中央扶贫会议精神,加强政策理解,推动工作落实。28 个省召开脱贫攻坚工作会议,24 个省(中西部 22 省、山东、辽宁)层层签订脱贫攻坚责任书,21 个省明确由党委和政府主要领导同志担任省级扶贫开发领导小组双组长,16 个省强化了扶贫机构建设。

②出台配套政策。中央出台《决定》重要政策举措分工方案、省级党委政府扶贫开发成效考核、贫困退出机制、扶贫资金涉农资金整合意见、保持贫困县党政正职稳定、重大涉贫事件处置反馈机制等重要文件。即将出台脱贫攻坚督查巡查办法、东西部扶贫协作指导意见和考核办法、中央单位定点扶贫指导意见和考核办法、健全驻村帮扶工作机制等系列文件。国务院各部门制定或研究制定本行业支持脱贫攻坚的政策措施。24 个省出台"1+N"扶贫政策举措。

③完善建档立卡。2014 年,全国组织 80 多万人开展贫困识别,共识别 12.8 万个贫困村、2 948 万贫困户、8 962 万贫困人口,包括家庭基础信息、致贫原因、帮扶需求、帮扶措施、帮扶责任人、帮扶效果等全部录入电脑,建立起了全国统一的帮扶信息管理系统,使贫困从统计抽样测算的抽象数字第一次具体到户到人,为实施精准扶贫、精准脱贫方略奠定了基础,也为中央出台"十三五"脱贫攻坚政策措施提供了有力的数据支撑。2015 年,全国又组织 200 多万人开展建档立卡"回头看",剔除识别不准的贫困人口 929 万人,新识别补录贫困人口 807 万人,建档立卡指标体系逐步完善,数据准确度进一步提高。

④加强干部驻村帮扶。目前,全国共向建档立卡贫困村派驻工作队 12.8 万个,选派第一书记和驻村干部 48 万多人,基本实现了"两个全覆盖"。第一书记和驻村工作队在组织动员群众、宣传政策措施、开展贫困识别建档立卡、编制脱贫规划和年度计划、落实脱贫攻坚政策措施、发展特色产业脱贫和壮大集体经济、组织劳务输出脱贫、实施易地扶贫搬迁、监

管扶贫资金项目、加强基层组织建设等方面发挥了重要作用。

⑤管好用好扶贫资金。修改完善财政专项扶贫资金管理办法，建立了以结果为导向的财政扶贫资金分配机制。推动各省将扶贫项目资金审批权限下放到县，真正用于建档立卡帮助贫困人口脱贫。2014年下放项目资金超过70%，2015年增加到80%以上。研究扶贫资金整合，国务院办公厅印发《关于支持贫困县开展统筹整合使用财政涉农资金试点的意见》。加强扶贫资金监管，建立扶贫资金项目公示公告制度，设立"12317"扶贫监督举报电话，督促指导各地加强审计整改落实，在全国开展集中整治和预防扶贫领域职务犯罪专项工作，对任何形式的挤占挪用、层层截留、虚报冒领、挥霍浪费行为，坚决从严惩处、决不姑息。

第五节　从网络大国到网络强国

中国互联网2016年22岁了。1994年4月20日，通过一条64K的国际专线全功能接入国际互联网，中国正式开启了互联网时代。那一年，英国的计算机接入互联网已有21年，而大多数中国人还只能通过《人民日报》或CCTV来了解刚刚动工的三峡工程和南非当选的首位黑人总统，阿里巴巴帝国的缔造者马云则在浙江经营一家翻译公司，勉强收支平衡。如今，以"追随者"姿态接入国际互联网的中国已成为公认的网络大国。超过7亿中国网民和腾讯、阿里、百度、滴滴等互联网巨头，以及数不清的"双创"时代弄潮儿正重划世界互联网版图。

中国对互联网发展有自己独特的治理逻辑。"没有网络安全就没有国家安全，没有信息化就没有现代化。"中央网络安全和信息化领导小组成立伊始，习近平总书记就高屋建瓴地指出了现代化发展的突出重要性，提出努力把我国建设成网络强国的战略目标，要求把建设网络强国的战略部署与"两个一百年"奋斗目标同步推进。2015年10月，五中全会通过"十三五"规划建议，按下网络强国"快车键"。2016年7月27日，《国家信息化发展战略纲要》发布，明确了建设网络强国的路线图与时间表，打开了擘画网络强国的新蓝图。22年奋发努力、奋勇直追成就网络大国，而今迈步从头越，中国距离世界网络强国还有多远？找准时代的脉搏，才能在这个互联互通、共治共享的"地球村"时代行稳致远。

一、二十年成就网络大国

从1994年首次接入互联网以来，经过20余年的发展，中国互联网从无到有，从小到大，极大改变了社会面貌，惠及普通百姓生活，取得举世瞩目的成就。截至目前公布的数据，中国的网络基础设施规模、宽带用户数、移动宽带覆盖率、网民数量均位居全球第一，网站总数454万个，域名总数3 698万个，在全球国家顶级域名中排名第二，网站访问量仅次于美国，全球访问量前20的网站中国占7个，互联网企业总市值超过4 000亿美元，已成为名副其实的网络大国。

1. 互联网基础环境全面优化

互联网普及率包含固定宽带家庭普及率和移动宽带用户普及率两个子指标，分别指每百个家庭中宽带接入的家庭数和每百个人中使用3G/4G的用户数，用于全面、客观地反映互联网行业的发展状况。目前，我国互联网普及率为51.7%，宽带用户规模位居全球首位，且随着"宽带中国"战略的不断深化，宽带网络的光纤化改造工作取得快速进展，光纤网络已覆盖半数中国家庭。2015年底，中国即已建成全球最大的4G网络，用户突破2.5亿户，目前网民通过WiFi无线网络接入互联网的比例高达92.7%。预计到2020年，我国固定宽带家庭普及率将达到70%，移动宽带用户普及率达到85%，整体互联网普及率达到发达国家的平均水平。

国际网络通信能力显著提升。截止到2016年6月，中国国家顶级域名"CN"总数1 950万，半年增长19.2%，继续稳居全球注册保有量第一的国家和地区顶级域名（ccTLD）。中国国际出口带宽为6 220 764M bps，半年增长率为15.4%。事实上，自2010年以来，我国的国际出口宽带一直保持着20%以上的增长，其中，2013年增长率更是达到了79.33%。

2. 互联网全面惠及百姓生活

截至2013年6月，中国网民规模达到7.1亿，半数以上中国人已接入互联网。网民数量的激增和旺盛的市场需求推动了互联网领域更广泛的应用发展热潮。网上支付用户规模达4.6亿，2.8亿人使用互联网预约车辆出行，1.5亿网民使用了网上外卖，超过1亿网民通过互联网实现在线教育。即时通信、搜索引擎、网络新闻作为基础的互联网应用，使用率也均在80%以上。我国互联网在基础应用、商务交易、网络金融、网络娱乐、公共服务等领域的应用发展日益丰富。企业的日常运营也越来越离不开互联网。统计数据显示，24.4%的企业设置了互联网相关专职团队，受中国网络零售市场快速发展的带动，企业开展网上销售、采购业务的比例均超过30%，销售规模增长迅速。在开展过移动营销的企业中，微信营销推广使用率达75.3%，成为最受企业欢迎的移动营销推广方式。

3. 互联网与经济深度融合

2015年"双11"活动中，仅阿里巴巴所属各平台当天总交易额就达到912亿元，有232个国家和地区参与其中，再次刷新全球网上零售交易记录。中国网络零售交易规模跃居全球第一，拥有328家互联网相关上市企业，其中61家在美国上市，市值规模相当于中国股市总市值的25.6%，阿里巴巴、腾讯、百度、京东4家上市公司进入全球互联网公司10强。华为、蚂蚁金服、小米等非上市公司也进入全球前20位。电子商务引领互联网经济发展，市场交易总额从2004年不足1万亿元增长至2014的13.4万亿元，10年间的年均复合增长率高达30.6%。互联网经济在我国GDP中占比持续攀升，基于互联网的融合发展新模式、新业态不断涌现，为经济发展的速度变化、结构优化、动力转换提供了新动能，加速推动经济转型升级和提质增效。

4. 网络治理能力不断增强

2015年，"互联网＋"首次写入政府工作报告，国务院出台11项"互联网＋"行动计划，十部委联合发文指导互联网金融健康发展、中国大陆首次在司法层面将流量劫持认定为犯罪等，涉及互联网基础资源管理、信息传播规范、市场秩序规范、信息安全保障等的一系列法律法规相继出台，推动了互联网安全保障体系更加健全，网络空间生态愈发规范有序，互联网治理能力进一步增强。以安全保发展，以发展促安全，在推动互联网发展的同时，不断调整完善互联网管理领导体制，推动形成政府引领、多方参与的治理体系，积极提倡构建和平、安全、开发、合作的网络空间，互联网治理体系在探索中逐步完善。"依法治网、依法办网、依法上网，让互联网在法制轨道上健康运行"，成为时代发展的必然要求，也成为社会各界的普遍共识。

回顾我国互联网20余年的发展历程,堪称一部追梦、变革、创新与贡献交织的历史。你中有我,我中有你,互联网真正让世界变成了地球村。如何将互联网打造成为"阿里巴巴的宝库",而不是"潘多拉的魔盒",中国做出了大国的样子,秉持了大国的责任与担当,致力于让互联网发展成果惠及13亿中国人民,更从大局、长远出发,为构建崭新的国际互联网治理体系做贡献,为全球70亿人民谋福祉。与此同时,我们也应该清醒意识到,"网络大国"不等于"网络强国",我们距离网络强国还存在不小的差距。

二、距离网络强国还有多远

2014年2月27日,是中国互联网治理史上值得铭记的日子。这一天,中央网络安全和信息化领导小组在北京宣告成立,习近平总书记亲自担任组长,体现了中国最高领导层全面深化改革、加强顶层设计的意志,也标志着保障网络安全、维护国家利益、推动信息化发展,真正成为国家战略,标志着我们这个拥有超过7亿网民的网络大国向网络强国的转变开始提速。总书记明确提出,"要从国际国内大势出发,总体布局,统筹各方,创新发展,努力把我国建设成为网络强国",这为中国的互联网发展提出了一个未来的战略目标,同时也指明了一个新的命题,即什么是网络强国。世界网络强国都有哪些特点?迈向网络强国,我们差距几何?

1. 世界网络强国"强"在哪

美国是世界上综合国力最强的国家,也是世界第一军事强国和第一信息强国,握有互联网的核心技术和基础资源,并以此掌控全球互联网的话语权与主导权。从互联网诞生至今,美国始终控制着1台主根服务器和9台副根服务器,而根域名服务器是架构互联网所必需的基础设施。在互联网战略资源中,其囊括的"世界第一"不计其数,如搜索引擎Google、门户网站Yahoo、视频网站YouTube、社交平台Twitter和Facebook等,另外还有Intel垄断世界电脑芯片、IBM推行"智慧地球"、Microsoft控制电脑操作系统、ICANN掌控全球域名地址、苹果主导平板电脑,可谓无所不包。不仅如此,作为一种社会媒介,通过互联网既可以使某种信息得到迅猛传播,也可以使某种信息被过滤甚至屏蔽,选择什么和不选择什么之间,自然能主导社会舆论,带来不同的社会效应。而目前,美国牢牢位居互联网的"高位势",在相当大程度上决定着互联网信息的内容传播、流动方向以及传输速度,也可以把搜集到的全球信息进行有利自身利益的二次加工和处理,从而左右国际舆论走向。从"硬实力"到"软实力",美国可谓"称霸"了国际互联网的几乎全部领域,某种意义上也可以说正是借助互联网,才拥有了技术霸权、资源霸权和信息霸权。

当然,网络世界里也并非一枝独秀,除了美国这一龙头外,英国、法国、澳大利亚和韩国、日本等也是为人们所熟知的网络发达国家。以我们的近邻韩国为例,其是全球公认的互联网基础设施最完善的国家之一,拥有全球最令人羡慕的"逆天网速"。这一速度相当于美国的2倍,中国的6.5倍,已连续霸占冠军宝座多年。另外,据世界经济合作与发展组织(OECD)公布的数据显示,2014年韩国无线宽带普及率为106.5%。也就是说韩国每100人中无线宽带用户为106.5人(1人持有多台移动上网设备)。而这一年,中国城镇地区的互联网普及率刚过64%,农村地区不过30%,不仅与诸如韩国这样的网络发达国家存在差距,而且反映出中国国内网络普及方面的"城乡鸿沟",这些数字的差异背后还意味着,地区经济发展的不平衡,基础设施、教育资源、科技应用、就业机会等多方面的不均衡。

2. 距离网络强国尚有"四缺"

纵观世界网络强国的发展状况可知,中国从网络大国迈向网络强国,尚需我辈奋力求索。曾有研究者将我国互联网发展过程中的问题总结为"四缺":

第一是缺速度。"中国是世界上第一大手机拥有国,但网速在世界仅排80多位,信息基础设施建设确实太滞后了",李克强总理的感慨正是很多上网者的心声,访问一个站点、下载一部电影,常常要为慢腾腾的网速而发愁。从目前来看,我国互联网最缺乏的是宽带,像今天,全球最快的移动网络GiGA LTE已在韩国正式登场,网速是20年前的10万倍,传输一部高画质电影(1080p的画质,90分钟的电影大概10G左右)最多只需10秒。为了保持这一领先地位,韩国还将于2020年实现5G移动通信商业化,届时网速将是现在的100倍,按照这个速度计算,用户只需0.8秒即可下载一部电影。

第二是缺中文站点和中文信息。1983年,美国工程师保罗·莫卡派乔斯决定让新发明的互联网域名系统须使用拉丁字母。域名系统如同网络空间的门牌号,在美国信息交换标准代码基础上启动的这项系统,最初只接受字母A至Z,数字0至9及连字符的使用。作为互联网的创建语言,使用拉丁字母的英语主导地位也因域名系统得到强化。几十年来,对众多母语不用拉丁字母的互联网用户而言,输入互联网域名和电子邮件地址,英文字符是唯一的选择。据相关统计,在全球网上信息资源中,中文信息不足0.4%,这与我国的互联网大国地位极不相称。

第三是缺低廉的收费。在我国,"网费高于全球水平,网速低于全球水平"这一不太"科学"的现象存在已久。境外旅游自带随身WiFi、节省话费不敢打国际长途、到什么地方先问有没有无线网等,这些日常生活中的"常态"正是因为上网贵而造成的。世界银行曾发布报告指出这样一个事实:发达国家互联网使用价格不到其人均收入水平的1%,而中国的比例是发达国家的10倍,也高于东亚及太平洋地区约8%的平均水平。

第四则是缺互联网使用的效率。在发达国家,电子商务、远程教育、远程医疗等,给人们的生活带来极大便利,互联网使用效率高、网络功能齐全。但在我国,互联网公共教育普及率低,中小产品互联网使用率、云计算普及率的综合指数仅为美国的1/4~1/3。网络经营者设计了大量的网页,提供了许多新闻、信息、图片、资料等供上网者看。"看网"也是网络的一种功能,但互联网最大的作用还在于"用网",互联网经济的崛起和网络强国的建设均有待网络使用效率的大力提升。

从网络大国迈向网络强国,是数量到质量的提升,是拥有比肩世界一流网络强国的"硬杠杠"与"软实力",需系统性、全方位地提升我国网络空间的治理能力与水平。千道理万道理,落实才是硬道理。能否实现"网络强国"的弯道超车,在网络这一新的主权空间与世界发达国家的竞争中,为中国赢得优势、赢得安全、赢得未来,唯有真抓实干,在落实上下功夫。

三、网络强国建设的路线图

加强互联网治理顶层设计和战略统筹,全面推进网络强国建设,习近平总书记已从核心技术、管理体制、舆论引导和法制管理等多个方面提出了具体任务和明确要求。2016年7月27日,《国家信息化发展战略纲要》正式公布。《纲要》明确了网络建设的"三步走"战略目标:"第一步到2020年,核心关键技术部分领域达到国际先进水平""第二步到2025

年，根本改变核心关键技术受制于人的局面""第三步到本世纪中叶，信息化全面支撑富强民主文明和谐的社会主义现代化国家建设，网络强国地位日益巩固，在引领全球信息化发展方面有更大作为"，同时从核心技术、应用提升、环境保障等方面提出了建设网络强国的具体路线图。

1. 核心技术是关键

为什么说全球"跑"在美国的互联网上？不是简单说网络的域名根服务器13台中大部分都在美国，而是美国的指导思想和运作管理机制，包括基础设施、核心技术、各个领域的应用，以及对安全和利益的把控，都体现出全方位的霸权主义行为。

2. 信息化驱动是牵引

在半个多世纪的发展历程中，美国以其雄霸世界的信息技术产业群证明了，谁能够掌握信息并使之转化为经济优势，谁就将取得胜利。目前我国信息数据资源80%以上掌握在各级政府部门手里，未能与社会共享，造成极大浪费。"网络信息是跨国界流动的，信息流引领技术流、资金流、人才流，信息资源日益成为重要生产要素和社会财富。信息掌握的多寡，成为国家软实力和竞争力的重要标志。习近平总书记的判断告诉我们，必须全面提升信息采集、处理、传输、利用、安全能力，释放数字红利，以信息化全面支撑现代化建设。为此，国家发改委已经定下时间表，"要在2018年以前建成国家政府数据统一开放门户，推进政府和公共服务部门数据资源统一汇集和集中向社会开放"，进一步明确了网络强国的行动路线。

3. 依法治网是保障

依法治理网络空间，是有效治理互联网的基础。世界上主要发达国家无不重视完善互联网治理法制环境，监管机构严格依法设立，监管权力行使也严格依法进行，确保"有法可依"。例如，美国国会近10年来通过的直接针对互联网的法案就达到20余件，涵盖儿童保护、数字版权、互联网税收政策、电子签名等互联网治理的主要领域。同时，其大量的行政法规和网络司法判例，也在不断充实和更新传统法律法规和判例，推动形成较为完善的互联网治理法律体系。为了保障有序健康的信息化发展环境，《纲要》提出要坚持急用先行，加快制定网络安全法、电信法、电子商务法，研究制定密码法。与此同时，加强用户权利保护，研究制定个人信息保护法、未成年人网络保护条例，并依法管理我国主权范围内的网络活动，坚定捍卫我国网络主权。

4. 网络安全是基石

中国网络公司360旗下"天眼实验室"曾披露，一个名为"花莲花"的境外黑客组织自2012年4月起针对中国海事机构、海域建设部门、科研院所和航运企业，不断展开精密组织的网络攻击。2014年5月22号新疆发生暴恐事件后，5月28号该黑客组织曾发送名为"新疆暴恐事件最新通报"的电子邮件及附件。引诱目标人群"中招"。该组织发送过的电邮还包括"公务员工资收入改革分配方案"等一系列社会高度关注的热点，令人防不胜防。"天眼实验室"表示，其已捕获与"海莲花"组织有关的4种不同形态的特种木马程序样本100余个。感染者遍及中国29个省级行政区和境外36个国家。这当中，中国的感染者达到全球的92.3%，而在境内感染者中，尤其以北京地区最多。多名业内权威人士表示，中国已是网络攻击的主要受害国。黑客攻击、传播病毒、窃取信息、侵犯隐私等行为暗流涌动。常态化的互联网治理必须建立在网络安全的基石上。加强战略布局，维护网络安全，成为国际社会的共识和惯例，中国作为最大的发展中国家，作为世界网络大国，制定出台国家网络安全战略，已经成为迫在眉睫的任务。加强互联网治理顶层设计和战略统筹，是全面深化改革、推进国家治理体系和治理能力现代化的必然要求，也是实现"两个一百年"奋斗目标和实现中华民族伟大复兴中国梦的迫切需要。

第六节 就业政策4.0：鼓励创业 促进就业

对于大学生来说，大多数人毕业后都将走向社会踏上工作岗位，十几年的寒窗苦读很大程度上就是为就业做准备。谁都有一个找到高薪、体面工作的梦想。但最近几年，当"史上最难就业季"这样的新闻标题频频出现在媒体上时，即将毕业找工作的同学心中不免忐忑：现在的就业形势真的不好吗？会不会毕业即失业？同时，也很想知道，国家对大学生就业有哪些支持政策，应该做好哪些准备迎接"就业季"。

一、大学生就业：总体形势向好中的隐忧

当前，我国经济面临较大下行压力，很多人对就业忧心忡忡。但事实上，全社会的就业总体形势接连给我们带来惊喜：尽管2015年我国GDP增速自1990年以来首次跌破7%，但城镇新增就业人数高达1 312万，仅用9个月时间就完成了当年政府工作报告中提出的"城镇新增就业1 000万人以上"的目标。不仅是2015年，近3年的城镇居民新增就业每年都保持在1 300万以上。2016年上半年的就业形势依然让人足够乐观，城镇新增就业717万，已经完成全年目标的七成。

有点经济学常识的人都知道，一般而言，经济增速快说明经济形势好，创造的就业机会自然多，就业率高；而经济下行时，企业经营往往不景气，常出现裁员、减招等现象，会直接导致就业率下降。为什么我国在经济减速换挡的情况下，就业形势却呈现出不降反升的趋势呢？究其原因，可以大体概括为以下四个方面：

一是经济发展的带动。尽管下行压力加大，但我国经济依然保持中高速增长，在世界范围内也是佼佼者。比起美国2015年GDP 2.4%的实际增长率，我们增速显然快了不少。印度2015年GDP实现了7.4%的增速，领跑全球，但它的经济基础不到我国的1/6，我国一年的增量就几乎是印度全年总量的一半。"十一五"期间，我国GDP每增长一个百分点，拉动我国城镇就业的数量是100万人左右，"十二五"期间这个数字增长为170万人左右。也就是说，我国GDP增长带动就业的能力越来越强，即使增速有所下滑，最终带动的就业绝对人数是增长的。

二是第三产业的吸纳。我国经济结构出现了可喜的变化。第三产业是吸纳就业的蓄水池，服务业特别是新兴服务业吸纳就业的能力远强于传统制造业。近三年来，我国服务业的新业态层出不穷，就业人员连年大幅增加，平均每年增加1 716万人。2015年，我国服务业增加值占GDP的比重进一步上升至50.5%，继续稳居国民经济第一产业，服务业就业人员占全部就业人员比重的42.4%，撑起了国民经济的"半壁江山"。就拿我们熟知的网购来说，2015年底，阿里巴巴零售商业所创造就业机会达1 500万人，网购中平均每1个直接就业还能带动2.85个间接就业。像开网店，搞物流、快递等都围绕网购实现了就业。同时，我们也应看到，与发达国家相比（美国服务业占GDP的80%，美国人口的80%就职于服务行业），中国的服务业发展仍有巨大空间。

三是改革创新红利的释放。党的十八大以来，国家一直把加快政府职能转变和简政放权作为一项大事来抓，减少行政审批事项，推动工商登记改革等。同时，大力推动"大众创业、万众创新"，极大地释放了社会活力。全国平均每天新登记的企业高达1万户以上，新创企业多了，就业机会自然更多。

四是积极就业政策的助推。党和政府一直将就业当作头等大事持续关注，不断发力，政策处处体现"就业优先"的导向，通过各种渠道增加就业岗位，还通过就业指导、岗前培训等方式，加强求职者与招聘企业的对接联系，提高劳动者的综合素质。

在全社会就业形势总体保持稳定的情况下，为什么我们不少大学生仍会有"最难就业季"的共鸣？

压力可能来自于这些数据：2016年我国高校毕业生达765万人，比2015年增加了16万人。自2001年以来，高校毕业生数量逐年扩大，每年都有越来越多的应届毕业生走上就业之路。近几年，高校毕业生初次就业率一直徘徊在70%上下，就业压力一年比一年大。从数据来看，2015届大学生毕业半年后的就业率为91.7%，跟前一年基本持平略有下降。这就意味着，大约30%的高校毕业生可能真的会遭遇毕业即失业的打击，而且就业一年会比一年难。当初千军万马过独木桥考上大学后如释重负，如今就业又要从千军万马中突出重围争抢"饭碗"，让大学生们想到就业就顿感"压力山大"。这恐怕也是近几年的就业季被称作"最难就业季"的缘由。但关于大学毕业生就业状况的另一组数据，又让我们对"最难就业季"的说法产生怀疑：2013－2015年，大学生毕业半年后的就业率都保持在91%以上，而且首份工作的月平均收入也在逐年增长，说明大部分的大学毕业生最终都找到一份不错的工作。

所以，对大学毕业生就业形势不能简单地用"难"或是"不难"来做判断。说"不难"有理：每年的大学毕业生九成以上都能落实工作，说明从总量上看，大学生就业还不是大问题；说"难"也同样有理：大学生毕业后只有七成左右找到了首份工作，而三成左右的毕业生在就职半年后就离职了。

我们仔细分析会发现，所谓的大学生"就业难"，更多是结构性问题。从供需关系的角度来看，也就是大学毕业生与岗位需求之间出现了不匹配的状况。

一是部分高校专业设置与社会实际需求脱节。一方面，为了迎合广大高考考生及家长对"热门专业"的偏好，很多高校跟风开设所谓的热门专业，结果导致相关专业毕业生逐年增加，而可供就业的岗位则日趋饱和，"热门"变"冷门"，相关专业毕业生就业困难。另一方面，很多高校没有经过前期系统性论证，盲目开设新专业。随着国家经济结构的调整变化，以及社会发展的日新月异，很多所谓的新专业，完全无法与市场接轨，与用人单位的实际需求也严重脱节，就业情况自然不容乐观。

2015届就业率较低的部分本科专业

序号	专业名称	毕业半年后就业率 （全国本科平均就业率92.2%）
1	口腔医学	83.4%
2	绘画	84.3%
3	运动训练	84.4%

续表

序号	专业名称	毕业半年后就业率 （全国本科平均就业率 92.2%）
4	音乐表演	84.5%
5	应用物理学	84.9%
6	动物医学	85.9%
7	材料物理	86.8%
8	编辑出版学	87.1%
9	生物技术	87.3%
10	物理学	87.7%

二是毕业生择业偏好趋同。就业单位扎堆和就业地区扎堆，是当前高校毕业生就业市场的突出现象。进外企、考公务员、做高薪体面的工作，去北上广这样的大城市、去东部沿海地区的经济发达省份，是当今大多数高校毕业生的首选。但大城市、大企业的工作机会毕竟有限，如果高校毕业生都爱"扎堆"，把全部时间和精力放在相对有限的就业岗位和就业区域，无疑增加了自己的就业难度。

三是社会对于毕业生学历层次的需求偏高。目前我国中高层次的人才短缺，社会对高层次的复合型、外向型和开拓型人才的需求日益迫切，呈现出对人才结构的需求层次重心上移的趋势。在毕业生就业中研究生已越来越"抢手"，本科生还能基本平衡，专科生则较明显地呈现供过于求的趋势。高校、科研单位等已经基本上以接收硕士生、博士生为主，甚至连一些中小型单位都开始希望多接收硕士生。这种社会现象致使现在不少用人单位存在"人才高消费"的错误观念，盲目追求高学历人才，因而对毕业生的需求出现扭曲，人为地制造了就业难。

二、就业政策 4.0：打造积极就业政策"升级版"

就业是民生之本。促进就业依然是我国政府工作的重中之重，李克强总理就多次强调，经济增速的下限是保证充分就业，突出了促进就业的重要性。近年来，我国一直实行"就业优先"战略，推出一系列更加积极的就业政策，形成组合拳，打造出积极就业政策的"升级版"——就业政策 4.0。

就业政策 4.0 的一大特点就是针对大学毕业生就业存在的结构性失衡，将大学毕业生作为就业政策关注、扶持的重点，有针对性地出台高校毕业生就业促进计划，促进毕业生充分就业，同时，对当年未就业毕业生进行重点跟踪帮扶，"不让离校未就业毕业生成断线的'风筝'"。

一是不断拓展高校毕业生就业空间。无论是教育部门、人力资源和社会保障部门还是其他各相关部门都使出了浑身解数，全面落实各项帮扶政策，一方面为高校毕业生增加更多适合的工作岗位，另一方面鼓励更多高校毕业生到基层从事公共管理和社会服务，到中小微企业就业。比如，河南省开封市 2016 年就专门为高校毕业生启动了"政府购岗"工作，政府出资购买了涵盖全市三县六区的 32 个乡镇（街道办事处）的 41 个基层公共管理和社会服务岗位，用来吸纳高校毕业生就业。开封市是全国众多推行"政府购岗"地区的代表之一，既解决了基层公共服务事业高素质工作人员紧缺的难题，又为高校毕业生提供了更多可选择的就业机会，还让一直在象牙塔中欠缺社会阅历的毕业生丰富了基层工作经历，可谓一举多得。

二是搞好多种形式的就业服务。互联网、手机媒体的快速发展，为就业服务提供了更多便捷的渠道。2015年12月底，安徽省合肥市面向2016届高校毕业生开展了就业创业"四进四扶"活动。合肥市人社局公共就业人才服务管理中心的工作人员走进安徽水利水电职业技术学院、安徽职业技术学院、合肥学院3所高校办活动前，主办方就通过《合肥日报》、《新安晚报》、合肥人才网、合肥毕业生就业网、校园微信公众号等载体提前发布活动日程与岗位信息，并通过短信平台推送给应届毕业生。在活动现场，有关部门还组织了50家用人单位共提供1 500余个岗位，涵盖技工、财务、IT、行政、营销等多个类别，涉及计算机、电气工程、会计、市场营销、建筑等30余个专业。活动现场同步开展高校毕业生就业创业政策咨询活动，为大学生提供就业创业指导、就业创业政策解读、人事代理业务答疑等服务，免费发放"就业见习申请流程"、《毕业生就业创业实用手册》、业务指南等宣传材料。在活动现场就有百余人达成初步就业意向。

三是对未就业高校毕业生实行精准帮扶。每年进入7月后，高校毕业生大多数都进入工作岗位，但还有一些没找到工作的毕业生在继续求职之路，教育部门和人社部门针对未就业毕业生，建立实名库，进行摸底登记，再有针对性地帮扶。2016年7月，广西壮族自治区政府为全面掌握全区2016届离校未就业毕业生的个人情况、求职意向、就业服务需求，对2016届离校未就业毕业生实名制登记并提供就业服务工作。高校毕业生进行实名登记后可享受诸如职业技能培训、"一对一"帮扶、参加就业见习、人事代理服务、职业生涯规划指导以及推荐岗位信息、引导向基层就业和帮扶就业困难毕业生9项有针对性的就业帮扶服务。

就业政策4.0除了重点促进大学毕业生就业之外，其最大的亮点要数突出"以创业带动就业"。2015年4月27日，国务院印发了《关于进一步做好新形势下就业创业工作的意见》（以下简称《意见》），被视为积极就业政策迈入4.0时代的标志，也是积极推进大众创业、万众创新的具体政策支撑。

《意见》着眼于创新发展，突出创业这一主题，旨在让创业成为拉动国民经济增长的新引擎，积极推进以创业带动就业。进一步降低市场准入门槛，着力解决劳动者创业过程中融资难、税负重、门槛高等问题。完善创业扶持政策，建立面向人人的创业服务平台。加大创业资金支持，整合发展高校毕业生就业创业基金。加强创业导师队伍建设。建设一批创业孵化基地和创业园区。概括地说，相关创业鼓励政策可以归纳为"三心"：

一是创业融资更安心。如果打算去创业，面对的第一个问题可能就是创业的资金哪里来。《意见》明确提出，支持创业担保贷款发展。比如，在贷款额度方面，针对不同的贷款对象，过去是5万元、8万元、10万元不等，现在统一调整为10万元；在贷款利率方面，对个人发放的创业担保贷款，在贷款基础利率的基础上再上浮3个百分点以内的利息，国家财政将给予补贴。这些政策安排使得创业者的创业启动资金更为宽裕，有效缓解了他们的创业压力。

与此同时，《意见》还提出，要创新创业投融资渠道。支持风险投资、创业投资、天使投资等发展。加快设立国家中小企业发展基金和国家新兴产业创业投资引导基金。发挥多层次资本市场作用,探索发展互联网金融。这些政策举措,可以说是为创业者解决资金问题吃下了一颗"定心丸"。

二是创业手续更省心。过去,如果想创业,跑企业注册可能就要花上一个月时间。"门难进、脸难看、话难听、事难办"是到一些部门办事的无奈心情。《意见》明确提出,要深化商事制度改革,推行"三证合一"(工商营业执照、组织机构代码证、税务登记证)、"一照一码"(统一社会信用代码),落实注册资本登记制度改革,支持各地放宽新注册企业场所登记条件限制,推动"一址多照"、集群注册等改革。

此外,《意见》还要求各地积极推进"一个窗口"受理、网上并联审批等"互联网+政务服务"新模式。过去要跑多个部门才能办成的手续,以后可能只需要在一个窗口等上几分钟就能搞定。这些政策措施进一步扫清了阻碍创业的各种制度性障碍,将进一步激发全社会的大众创业、万众创新热情。

三是创业氛围更舒心。推动大众创业、万众创新需要良好的创业氛围。为此,《意见》推出了多项鼓励措施:推广创客空间、创业咖啡、创新工场等新型创业孵化模式,实现创新与创业、线上与线下、孵化与投资相结合,为创业者提供低成本、便利化、全要素、开放式的综合服务平台和发展空间;对于离岗创业的高校、科研院所等事业单位专业技术人员,原单位可在3年内保留人事关系,与原单位其他在岗人员同等享有参加职称评聘、岗位等级晋升和社会保险等方面的权利,以此调动科研人员的创业积极性。

针对农村地区,《意见》还特别提出,将在农村创业与发展县域经济结合起来,大力发展农产品加工、休闲农业、乡村旅游、农村服务业等劳动密集型产业项目,促进农村一二三产业融合;鼓励大力发展"互联网+农业"和农村电子商务,相关部门要积极组织有创新创业想法的农村青年与企业、小康村、市场和园区对接。

三、面对就业季:大学生应做好哪些准备

无论是就业还是创业,每年进入就业季之前,大学生们都对未来职场之路感到一丝忐忑和一份期待。要想在就业季顺利斩获心仪的"offer",或是成功开启创业项目都会有个经历风雨方见彩虹的过程,需要提前从心理和能力上都做好充分准备。

做好充分准备的前提是对自己进行理性、充分的认识与评估,认真考虑自己希望的职业生涯是什么样子,自己的兴趣点、竞争优势在哪里,应该选择求职还是创业等问题。很多临近毕业的大学生,进入就业季后就开始为就业、择业、创业等选择而焦虑纠结,内心摇摆不定。这一方面说明对自己缺乏正确的认知,内心的选择不够坚定,容易受到外界干扰,另一方面显示出毕业生对就业过分看重。每个人职业道路相当漫长,毕业后的就业只是迈向社会的第一步而已。

对于大多数毕业生而言,经历一次次投递简历、笔试面试的考验最终确定工作是普遍路径。那么,究竟如何做出求职的选择呢?

第一,在对自己进行充分认知后,要做好一门功课,即职业探索。大学生求职面对的机会和选择五花八门、丰富多样:去政府部门、国企还是私企?做技术还是管理?投身传统行业还是互联网公司?有人将求职比作行军打仗,虽然有些夸张,但也不无道理。知己知彼,百战不殆。要想在就业季打一场胜仗,先了解自己,再对求职市场上的行业、企业、职位 3

个方面进行充分调查和了解是非常必要的。贸然进入一个完全陌生的行业、企业，从事完全陌生的职业，对于初次就业的毕业生而言意味着巨大的风险。毕业生在了解掌握行业、企业、职位的情况后，结合自身的特点和职业倾向，与职业探索结果进行比对，再来确定自己的求职目标，这样才能确保求职之路步入正确的方向。

第二，切忌浮躁，不能被社会杂音和偏见影响判断，要真正从内心出发转变就业观念。"钱多事少离家近，位高权重责任轻"的工作，也许是很多人心中理想的工作。但实际上，试图找到这样的工作无异于"痴人说梦"。现在有一些毕业生的就业观不太健康，瞧不起基层一线的岗位，不愿意到偏远地区或基层就业，宁愿围着热门城市、热门行业、热门岗位挤破头最终一无所获，也不愿意从基层干起。党和国家一直倡导高校毕业生到基层就业，用智慧和才干服务欠发达地区，或是返乡就业创业。毕业生也应该及时端正就业观念，破除对各行各业工作的偏见和歧视，顺应时代趋势和国家社会需要，到最需要、最适合自己的岗位建功立业。

第三，应提前培养职业生涯规划的意识和能力。最理想的状态是，职业生涯规划应该从大学刚起步的时候就开始，通过学习、实践，不断丰富对于社会和职业的认识理解，逐渐确定自己的职业目标，勾勒未来职业生涯发展的蓝图，并充实完善。但现在很多人在校期间并没有这种意识，对于职业生涯的理解比较肤浅。不过，在毕业季开启前，毕业生可以根据在校期间形成的对于职业生涯的一些感性认识，充分利用各种见习机会增进对职业生涯的理解，有意识地开展自我能力和素质培养拓展，为就业做好充分的准备。

每年就业季，都会有一些与众不同的毕业生，他们选择了一条更为艰辛、更有激情的方式来开启人生的另一个篇章——自主创业。创业对于我国高校毕业生来说，仍是就业道路上一个非常小众的选择，而在美国，大学生创业的比例已达20%，微软创始人比尔·盖茨、Facebook创始人扎克伯格都是其中的成功代表。随着近年来国家不断出台各类鼓励创业的政策措施，越来越多的毕业生跃跃欲试，希望通过创业实现人生梦想。

创业对于一些特殊人才来说，确实是实现就业的良好形式，也是把自己的好想法变成现实的最佳渠道，更是激发活力、挖掘潜能、实现人生目标的好路子。不过，大学生在决定创业前一定要清醒地认识到：创业并非人人适合，决不能把创业当作赶时髦。如果有过硬的核心技术，且准备进入的行业门槛较低，可以选择尝试创业；如果没有过硬的核心技术，且准备进入的行业门槛较高，可以将创业推后进行，先选择进入对应的行业或者岗位锻炼学习，在对该领域完全熟悉且拥有了核心竞争力后，再进行创业。

从当前大学生的创业动机来看，在2011—2015届自主创业高校毕业生中，主动型创业者约占75%，因"未找到合适工作"而被动创业的毕业生比例在7%左右。在近5届自主创业的高校毕业生中，创业动机占比最高的是"理想就是成为创业者"，有将近一半的人是出于这一动机选择了创业；其次是"有好的创业项目"，约占20%；另外还有10%的高校毕业生选择创业是因为"受人邀请"。

创业创业不是一时冲动，而是一个经过周密考量的计划。高校学生如果想要自主创业，可以考虑从以下几个方面着手准备：

一是不断提高自己的创业知识和技能储备。"打铁还需自身硬"。高校毕业生如果有创业的想法，最好是在尚未毕业前，就储备好相应的创业知识和技能。唯有如此，创业才会是一个水到渠成的自然选择，而非为创业而创业，甚至是为逃避求职而创业。正是为了提高大学生的创业储备，避免"抓瞎式"创业，从2016年起，一些高校设置了创新创业教育课程。如果大学生有一些初步的创业意愿或者想法，完全可利用这一机会，选修一些创业相关课程；在课余时间，也可以参加一些创新创业大赛，加入创新创业类社团，听一听创新创业类讲座，等等。

二是充分利用好在校期间的各种创新创业资源。"近水楼台先得月"。大学是高校学生创新创业的最有利依托。科研机构、普通高校、职业院校等往往科研设施完善、成果丰富，进行成果转化也有较成熟的条件，相关政策也鼓励通过合作实施、转让、许可和投资等方式，向高校毕业生创设的小微企业优化转移科技成果。同时，作为落实就业政策的重点对象，各地各部门都针对高校学生创业出台了不少扶持政策，有创业意愿的学生可以了解掌握创业相关优惠政策，并加以充分利用。比如，利用创业担保贷款、小微企业减税降费、创业培训补贴等优惠政策，可以减少相当一部分的创业项目成本。再比如，大学科技园、大学生创业园、创业孵化基地、大学生校外实践教育基地等这类资源，都是高校学生创新创业可以借助的平台。教育部明确要求，各地高校的实验室、实验设备等资源，应尽可能地面向全体在校学生开放。还比如，很多高校目前已经实行弹性学制，允许在校大学生保留学籍休学创新创业。这些都为高校学生的创业清除了障碍。

三是创业前要调整好创业心态，多注重创业过程。"胜败兵家事不期"。如果下定决心选择创业，首先要解决的就是心态问题。无论是哪个国家，创业成功率都远低于失败率，这是客观规律。现在不少大学生较少经历人生的波澜起伏，创业开始前过高估计自身能力和项目前景，对创业寄予的期望值过高，导致创业过程中遇到挫折时，容易心态失衡，做出错误判断和决策，最终导致失败。创业者要切记，创新创业的首要条件就是脚踏实地、心态平和，一定要调整好心态再开启创业项目。现在很多高校都聘请了各行各业的创业成功者作为导师，为准备创业的学生提供相关指导，大学生创业者不妨多向他们请教，这样有利于自身心态调节和创业项目顺利推进。

第七节 供给侧结构性改革：施治中国经济的良方

近几年，中国游客在全球大手笔"扫货"让世界各国为之惊讶。但仔细分析"扫货"清单中最火爆的商品，如奶粉、马桶盖等，国内市场都有大量供给，但为什么我们的同胞不惜重金、不怕麻烦地去"扫货"？归根结底，是国内的商品质量满足不了老百姓的需求。这一我们已见怪不怪的现象反映出当前我国经济的病根：供给侧出了问题。

习近平总书记一针见血地指出：我国不是需求不足，或没有需求，而是需求变了，供给的产品却没有变，质量、服务跟不上，消费能力严重外流。因此，解决这些问题，必须在供给侧做文章。供给侧结构性改革正是对我国经济施治的良方。

一、供给侧结构性改革是怎么一回事

1. 理解新概念：拆词会意析内涵

供给侧结构性改革，是当前我国经济领域的改革主题，是全面深化改革的一项重要内容。从语法上，我们可以把供给侧结构性改革这个偏正词组分解成三个词来理解，即"供给

侧＋结构性＋改革"。围绕"改革"这一主题，供给侧结构性改革突出了两大特点：第一，从改革的切入点来看，强调从"供给侧"入手，与我们之前常用的从"需求侧"入手进行的政策调整相对应，着重解决的是供给侧存在的问题与矛盾。所以供给侧即生产方的基本要素，如劳动、资本和技术等是改革关注的重点。第二，从改革的发力点来看，强调的是"结构性"改革，这与我国之前注重"总量性"调控也是相对应的，着重解决的是经济结构性矛盾即解决"质"的问题，而非仅解决"量"的问题。

简言之，供给侧结构性改革就是从供给侧、生产方入手，以提高供给质量为着眼点，围绕结构调整这一核心，用改革的办法推进结构调整来提升供给侧的能力和水平，进而提高全要素生产率。

2. 把握大背景：找病根对症下药

众所周知，2008年国际金融危机爆发以来世界经济复苏乏力。在这种形势下，要保持我国经济持续健康发展，就必须把目光主要投向国内，找准影响我国经济增长的病根，对症下药。

当前，我国经济的主要病症是结构性问题，而病根在供给侧，突出表现在：一方面低端、无效的供给太多太泛滥；另一方面中高端、有效的供给却比较匮乏，不能满足需求。举例来说，目前我国第二产业虽然存在普遍的产能过剩，特别是钢铁、水泥、电解铝等供大于求的矛盾非常突出，但一些技术含量较高的产品如芯片、发动机、智能机器人等的制造，我们的力量却很薄弱，产品还需要大量进口。疯狂的"扫货"背后我们也能看出，即使是一些日用品，由于其品质、规格、安全性等满足不了老百姓升级后的消费需求，导致相当一部分人到海外购买同类产品。试想，如果这些消费发生在国内，经过初步计算，2015年我国GDP增长率可能达到8%以上！这说明，目前供给侧的病症对于我国经济增长的影响巨大。

眼下，"四降一升"，即经济增速下降、工业品价格下降、实体企业盈利下降、财政收入增幅下降、经济风险发生概率上升是我国经济的主要症状。如果继续像过去那样从需求侧发展搞"强刺激"，就好比给病人注射"兴奋剂"，可能会在短期内把经济增速拉上去一点，但不可能持续，只会掩盖供给侧的病症，小病变成大病，最终出现生命危险。最佳的治疗办法就是针对病根用药，从供给侧发力，把改善供给机构作为主要治疗手段。因此，我们必须认清，推进供给侧结构性改革既是解决当前我国经济运行中诸多突出问题的必然要求，也是解决中长期经济问题的根本之道，是标本兼治的良方。

3. 感知紧迫性：眼下非立转不可

近20年，我国经济只要出现"头疼脑热"，我们一般而言都从需求侧入手"治疗"进行宏观调控，主要关注的是投资、消费与净出口这"三驾马车"的情况。宏观调控也依据"三驾马车"的变化，主要通过财政政策和货币政策两大政策工具的松紧调整作为"药方"。不可否认，这种方式曾为我国经济发展立下汗马功劳。

但一个残酷的事实是，近几年来，我国持续多年的以需求侧管理为主的政策边际效应在递减，好比对病症的医治效果随时间推移越来越差，这说明药虽到病根却未除。2008年国际金融危机爆发后，为了稳增长，我们采取从需求侧着手开出不少药方，如积极的财政政策、稳健的货币政策和政府加大基础设施投资等。这些政策确实取得了一定的稳增长效果，特别是在初期取得了明显成效，如GDP增速自2009年一季度的6.5%快速上升到2010年一季度的12.1%。然而此后效果就出现了减弱的情况，虽然连续多次采取了稳增长措施，但 GDP 增速自达到 12.1% 的高度之后，一直震荡下行，2016 年上半年为 6.7%，而且仍面临较大下行压力。同时"三驾马车"中，出口、投资增速均出现逐年下降的趋势。这就使我们不得不反思传统的需求侧政策管理方式。

另一方面是因为需求管理政策的药物副作用越来越大。由于需求管理政策主要是通过政府投资和释放流动性等手段，拉动"三驾马车"来实现经济增长，属于短期刺激政策，故在带来经济增长的同时，也产生了产能过剩、高房价或资产价格泡沫、地方债务压力加大、企业效益下降、影子银行、银行不良资产率上升等副作用。钢铁、电解铝、水泥、建材、造船等行业的产能利用率已下降到 70% 左右，一些城市的房价已远远超过居民的承受力，个别银行的不良贷款率已超过 2% 的警戒线。

与此同时，我国的供给体系和结构存在着不少问题，迫切需要进行深层次的结构性改革，一边是老药方不仅作用不佳还有副作用，另一边是新病旧症亟待治疗，那么服下供给侧结构性改革这剂良药对于诊治当下中国经济病症就显得十分迫切。

二、理清对供给侧结构性改革的认识

供给侧结构性改革一经提出，便引发社会各界广泛关注。但对于一些关键性问题的认识和理解不够准确，需要进一步理清认识。

1. 推进供给侧结构性改革 ≠ "抛弃"需求侧

供给和需求是一枚硬币的正反面，供给侧和需求侧是管理和调控宏观经济的两个基本手段。

总体来说，供给侧管理重在解决结构性问题，注重激发经济增长动力，主要通过优化要素配置和调整生产结构来提高供给体系质量和效率，进而推动经济增长；而需求侧管理重在解决总量问题，注重短期调控，主要是通过调节税收、财政支出、货币信贷等来刺激或抑制需求，进而推动经济增长。

具体地说，供给侧管理与需求侧管理存在以下几个方面不同：一是需求侧结构调整更注重"三驾马车"的调控。从需求侧转到供给侧，重点在于让劳动、土地、资本、科技这些经济发展的源流能够迸发，创造出财富。二是政策调控的目标不同。需求侧调控重在熨平波动，但是如果考虑经济长期发展，就应当强基固本，这就是供给侧主要考虑的。三是需求侧管理比较注重速度，而供给侧的调整更注重质量、效益。四是需求侧调控的特点实际是强调经济不断扩张，而供给侧的调整就是为了挤掉经济中的水分，让经济以健康的面貌呈现。

纵观世界经济发展史，经济政策是以供给侧为重点还是以需求侧为重点，要依据国家宏观经济形式做出抉择。放弃需求侧谈供给侧或放弃供给侧谈需求侧都是片面的，二者不是非此即彼、一去一存的替代关系，而是要相互配合、协调推进。推进供给侧结构性改革，绝不意味着要全面刺激生产、简单扩大供给，而是要根据市场需求的变化进行调整改革，显然这不意味着需求侧管理不重要了。

2. 推进供给侧结构性改革 ≠ 计划经济

有一种误解认为推进供给侧结构性改革是搞新的"计划经济"。恰恰相反，供给侧结构性改革就是要充分发挥市场在资源配置中的决定性作用，这与计划经济是完全相反的道路。过去正是由于市场机制的作用发挥的不够，政府干预过多，导致各种结构性矛盾产生。

当然，推动供给侧结构性改革，也绝不是让政府撒手不管，而是要更好发挥政府这只手的作用。当前最重要的是明确政府的权力边界，以自我革命的精神，在行政干预上多做"减法"，把"放手"当作最大的"抓手"。同时，"放手"不是"甩手"，政府主要可以在以下几方面更好的发挥作用：第一，通过深化改革，促进市场逐渐完善，创造让企业和市场发挥作用的制度环境；第二，稳定宏观经济，创造一个稳定的环境，让企业有稳定的预期；第三，加强和优化公共服务，充分提供公共产品；第四，加强市场监管，保障公共竞争和维护市场秩序；第五，促进共同富裕；第六，弥补市场失灵。

3. 社会无法承受供给侧结构性改革"阵痛"

推进改革就会触动现有利益格局，推进供给侧结构性改革难免会带来一些冲击，对此我们要正确对待。

第一，改革的阵痛不可避免，但也是值得的。在推进供给侧结构性改革过程中，不可能皆大欢喜，产业会此消彼长，企业会优胜劣汰，就业会转岗换岗。但改革的阵痛犹如一朝分娩的阵痛，是新的生命诞生和充满希望的阵痛。必须要有足够的决心和定力来推进。

第二，阵痛虽是可以承受的，但切不可大意。相比20世纪90年代，现在我国经济发展基本面好，回旋余地大，新动力正在强化，新动态不断出现，前景一片光明。在改革过程中，经济不会出现断崖式下跌。同时，我国的就业形势、财力规模、保障制度有了很大进步，抗风险能力强，只要处理得当，不会出现大规模的下岗失业问题。我们目前已经有针对性地对可能出现的问题进行了部署，不会出现下岗潮，更不会因此出现社会问题。但与此同时，我们在推进改革过程中切不可大意，具体推进的政策要有序配套、稳妥实施。特别是要高度重视、全力做好职工安置工作，防范引发社会风险，更加细致地做好社会托底工作，防止引发社会问题。

三、五大任务破题供给侧结构性改革

当前，推进供给侧结构性改革，重点是促进过剩产能有效化解，促进产业优化重组，降低企业成本，发展战略性新兴产业和现代化服务业，增加公共产品和服务供给。简言之，就是把落实好去产能、去库存、去杠杆、降成本、补短板这"三去一降一补"五大任务当作当前推进供给侧结构性改革的重点。

1. 壮士断腕去产能

目前我国产能过剩问题相当突出。2015年，产能过剩行业已从钢铁、煤炭、水泥、平板玻璃等扩大到造船、汽车、机械、电解铝等领域，甚至扩展到光伏、多晶硅、风电设备等新兴产业。以钢铁、煤炭等为代表的一些行业产能过剩矛盾进一步加剧。以煤炭为例，前几年，由于价格连连上涨，煤炭几乎成为"黑金"，因此在许多产煤区，新的大小煤矿一个接一个地上马，到2015年煤炭产能已达41亿吨，至少有2亿吨产能过剩。产能过剩导致的直接后果就是相关产品的价格"跌跌不休"，煤炭从"黑金"变成"黑石"，导致煤炭企业"哀鸿遍野"，就连一些大型煤炭企业，如黑龙江的龙煤集团等，都纷纷陷入困境。煤炭只是产能过剩行业的一个代表。如果各行业产能过剩延续下去，后果将不堪设想，届时不仅亏损企业、僵尸企业将倒闭，好的盈利企业也将被拖累。所以，必须下定决心，以断臂求生的勇气化解过剩产能，特别是要把处置僵尸产业作为化解产能过剩的牛鼻子。

2. 统筹城乡去库存

房地产行业是去库存的重中之重。伴随着前几年房地产市场的繁荣，全国各地大小城市几乎都化身"工地",新建商品房如雨后春笋,开盘后都不可思议地"秒光"。但 2015 年至今,房地产市场出现分化,一些中小城市的房地产项目没有了以前的火爆景象,出现了卖不出去变成库存闲置的状况。据统计,截止到 2015 年年底,全国商品房待售面积 7.19 亿平方米,其中住宅的待售面积为 4.52 亿平方千米,再加上 2015 年施工面积为 73.6 亿平方米,库存数量惊人。当前去库存的根本之策就是统筹城乡发展,使愿意城镇化的农村居民进城后劳有所得,有能力买得起房,实现住有所居,通过推动以人为核心的城镇化带动房地产去库存。以重庆为例,截至 2015 年 12 月,全市商品房待售面积 2 357 万平方米,其中住宅的待售面积为 1 004 万平方米。面对如此大的去库存压力,重庆市一方面严格控制土地供应,两年内土地供应规模逐年减少百分之十;另一方面加大户籍制度改革力度,持续推动农业转移人口在就业地落户,推动农民工及外来人口新增购房。同时,还全面推行货币化安置,通过减免税费等方式鼓励区县政府通过购买商品房或搭建服务平台组织居民自主购房等方式安置。2016 年上半年,在去库存政策的推动下,重庆市去库存 456 万平方米,效果明显。

3. 减少负债去杠杆

什么叫杠杆?举个例子,要投资一个项目,如果自己出 5 元,然后借 95 元,就是用 5 元撬动了 100 元的投资,杠杆 20 倍。在经济形势不理想、企业经营状况不佳的时候,杠杆越大意味着风险越大。我国去杠杆的主要目的是防范和化解金融风险。目前,我国过剩产能中相当部分对应的是银行信贷,即企业大量从银行贷款用于扩大生产,一旦行业出现产能过剩,产品卖不出去,企业又面临着还贷压力,这种压力堆积最终导致企业难以为继而倒闭,银行也无法收回本金,出现坏账。这样一来,就会出现从实体经济到金融领域的一连串风险。所以,对我国来讲,当前要保持济持续健康发展,就必须在实体经济领域去产能,在金融领域去杠杆。

4. 政府减税降成本

成本居高不下是许多企业家最为头疼、抱怨最多的问题,直接影响着投资信心。目前,我国中小微企业有"两难":一方面是成本持续攀升,另一方面是产品价格不断下降,企业利润空间被越压越薄,许多企业陷入困境。因此,大刀阔斧地降企业生产经营成本是扭转企业经营困境和目前民间投资增长乏力的一记重拳。结构性减税是降低企业成本的重要举措。从 2016 年 5 月 1 日起,我国全面推开"营改增"试点,这是本届政府成立以来规模最大的一次减税,按照测算,2016 年减税金将超过 5 000 亿元。这样用政府收入的"减法",换取企业效益的"加法"和市场活力的"乘法"。同时,各地政府还通过其他多种手段降低企业成本。比如,2016 年安徽省出台政策,降低企业用电成本,从 1 月 1 日起,企业电价每千瓦时下调 4.28 分;降低企业物流成本,降低高速公路货车收费,对享受 ETC 卡收费优惠的货运车辆,在现行通行费九五折的基础上,再给予 10 个百分点的优惠,优惠期限暂定 3 年等。

5. 加大投入补短板

当前,我国经济运行正处于下行区间,这跟开车下坡一样,都会产生下行惯性,而且时间越长,惯性越大。所以,要使经济增长速度保持在合理区间,就必须借力克服惯性。这就需要我们适度扩大总需求,也就是在往常相同的投资力度基础上再适度地增加一部分投资。我们新增投资不是"撒胡椒面",平均用力,而是"各个击破",瞄准发展中的短板,有侧重点地补短板。

细数起来，我们现在发展中的短板并不少，最主要的几块短板，比如农业，一直是政策关注的重点，我们还应继续增加对农业的投入，推动农业现代化。基础设施也是制约我们发展的短板，目前我国还有不少农村地区没有通硬化路，城里人每天离不开的宽带网络在农村地区也是大片空白，许多大城市一遇到暴雨就开启"看海"模式，也说明城市地下排水管道建设等还存在很大问题等。在我们高速发展的同时，生态环境也逐渐成为短板，雾霾、水污染、土壤污染严重制约了我国的可持续发展，亟待加大环境治理的投入，换回蓝天清水。作为全面建成小康社会最短的一块板，脱贫攻坚已经开始，实现农村脱贫5 575万人的目标只能靠增加投入扶持。最后，还有与老百姓切身利益息息相关的民生短板也待补齐，比如医疗、教育、住房、养老等都需要通过政府加大投入，增加公共产品供给。

第八节　构建创新、活力、联动、包容的世界经济
——关注 G20 杭州峰会

2016年9月4日至5日，二十国集团（Group20，以下简称G20）领导人第11次峰会在杭州举行。国际舆论对中国举办的这一届G20峰会寄予巨大希望。期待"中国方案"能发挥关键作用，打破经济长期停滞的魔咒。让世界经济摆脱低迷，重新进入新一轮增长的周期。

一、全球经济治理的 G20 时代

说起G20，多数人也许会将它同2008年国际金融危机联系在一起。不过G20的产生至少可以追溯到20世纪90年代末的G20财长和央行行长会议机制。从20世纪90年代后期起，新兴市场经济体的崛起有目共睹，七国集团（G7）在世界经济中所占的比重与他们的影响力在不断下降。这时，西方国家自己的舆论都有些看不过去了，它们纷纷评论说，G7已经无法代表未来世界经济发展的方向。在这一背景下，七国财长和央行行长1999年6月在德国科隆开会时，加拿大财政部长保罗·马丁建议，把七国集团的财长与央行行长会议扩大，成立一个世界上最大的20个经济体财政部与央行代表的论坛。当年12月，第一届G20的财长与央行行长会议就在德国柏林举行了。

2008年，国际金融危机从美国爆发，随后席卷整个西方发达经济体，全球经济几乎陷入衰退。这时，发达国家又想起了G20这一机制，向G7以外的领导人发出了第一次邀请，G20首次峰会2008年在华盛顿召开。随后，峰会做出了一系列重要决定，迅速稳定了世界经济形势，对遏制金融危机蔓延起到了十分关键的作用。2010年到2011年，全球经济增速从2009年的-0.6%迅速恢复到5.1%、3.8%的较高水平。G20应对金融危机的措施总体上实现了预期目标。

2010年，国际金融危机渐趋稳定后，G20的角色从危机应对转向了长效性的经济金融治理，影响力不断扩大，成为全球经济治理的首要平台。同以往的七国集团等传统国际治理机制相比，作为一个全新的治理机制，G20展示出一系列新的特征：

一是代表性。G20成员构成兼顾了发达国家和发展中国家以及不同地域的平衡，人口占

全球的 2/3，国土面积占全球的 60%，GDP 占全球的 85%，贸易额占全球的 80%。比起七国集团，G20 的成员更能反映国际力量对比的现实变化和发展趋势。

二是平等性。G20 采用协商一致的原则运作，发达国家和发展中国家第一次作为平等伙伴同坐在一张桌子上，大家就国际经济事务平等协商、平等决策，而在传统国际治理模式中，发达国家占据权力绝对中心制定规则。这一变化，既是世界经济格局重大变化的反映，也是历史的进步。

三是伙伴精神。G20 秉承"同舟共济的伙伴精神"，在 2008 年国际金融危机最严峻时刻，G20 领导人在华盛顿召开第一次峰会，就充分表达了"同舟共济"的政治共识和意愿，G20 联手采取行动，对外发出团结一致、共克时艰的强有力信号，为世界经济复苏发挥了重要作用。在全球化的推动下，世界经济已经形成了"你中有我，我中有你"的利益共同体，"与邻为壑"的旧逻辑已经不适用了。全球治理是各国共同的责任。"共商、共治、共享"是大原则，而"同舟共济的伙伴精神"正是这个大原则的理念基础。

在这个全新的机制下，过去 8 年来，G20 在引领全球走出金融危机、通往可持续增长的道路上，使全球有了一致的基础和大方向。2008 年国际金融危机爆发后，G20 领导人都认为，大家都必须采取积极措施，采用一揽子的刺激经济计划，必须防止全球经济进一步下滑。后来，G20 领导人又多次表示，各国都要积极应对危机造成的后果，反对贸易保护主义抬头。应该说，如果没有 G20 的努力，世界经济在国际金融危机爆发后不会很快就稳定住，不会出现各国协调宏观经济政策共同防止经济衰退的情况。

在后来举行的 G20 峰会上，国际金融机构的改革被提上了日程。2011 年的多伦多峰会在推动国际金融体系改革，在世界银行投票权、国际货币基金组织份额和国际货币体系改革等方面都取得了重大进展。新兴经济体在国际金融机构组织（国际货币基金组织和世界银行）中所占的比例和拥有的投票权都有了相应的增加，人民币加入国际货币基金组织的篮子货币，特别是提款权的问题，也首先是在 G20 的框架内提出的。

现在，G20 的议题不断丰富，开始从关注经济金融领域转向更为综合的议题领域，强调全球经济的综合治理，越来越多的地缘政治和安全议题、社会和环境议题被纳入，比如乌克兰危机、欧洲难民危机、网络安全、男女平等问题、反腐以及气候变化，等等。有人认为 G20 虽然是协调全球经济事务的首要平台，但是它也正在被塑造成一个协调全球性问题的综合平台。

二、G20 里"中国贡献"有多大

中国是 G20 创始成员之一。在 2008 年华盛顿首次 G20 峰会上，中国以塑造者、创始国和核心参与方身份参与到全球经济治理机制。中国本着积极和建设性态度参与 G20 机制建设，不仅在发达国家和新经济体之间发挥着重要的桥梁作用，同时也在全球治理中扮演着"负责任国家"的角色，在防范经济危机、保障能源安全以及应对气候变化等方面做出了重要贡献。

首先，中国是 G20 全面增长战略的最大贡献者。近年来，中国经济增长一直是世界经济增长里面最亮的一点，而且贡献也是最大的。2015 年中国国内生产总值同比增长 6.9%，虽然增速较前几年有所放缓，但这一增速在全球仍然名列前茅，中国对世界经济增长的贡献率仍在 25% 以上。比较世界第一经济体美国，虽然其 2015 年是自国际金融危机以来对世界经济贡献最大的一年，但其贡献率仍低于中国，只有23%左右。世界银行预测，未来3年，世界经济增长率将在3%左右波动。美国经济对世界经济增长的贡献率预计2016年为20.9%，2017年降到17.4%，到2018年进一步降到15.7%。中国的贡献率则将保持在25%以上。

其次，中国为G20全球治理贡献了中国主张和中国方案。回顾G20发展历程，不难看出，中国看法、中国主张、中国方案一直是G20峰会上不可或缺的"好声音"，备受世界关注。特别是2012年以后，中国声音渐渐成为G20议程的主导声音。2013年G20圣彼得堡峰会上，中国提出发展创新、增长联动、利益融合等一系列新理念，倡导G20成员建立伙伴关系，树立共同体意识，在竞争中合作，在合作中共赢。中国的这些重要主张得到与会各国普遍接受和认同，很多观点和建议均被纳入《二十国集团圣彼得堡峰会领导人宣言》。2014年G20布里斯班峰会上，习近平主席提出的"创新发展方式""建设开放型世界经济""完善全球经济治理"的三点建议，受到各国的支持。据相关统计，布里斯班峰会收到来自各成员的1 000多条改革措施建议，其中15%是由中国贡献的。2015年G20安塔利亚峰会上，习近平主席精准把脉世界，为促进经济增长开出良方。习近平指出，世界经济看似"感冒发烧"，实则是身体机理出了问题，医治起来需要综合施策，绝非一日之功。因此，既要治标以求眼下稳增长，又要治本以谋长远添动力。中国所提出的建议得到与会领导人高度重视和积极响应，峰会通过的《二十国集团安塔利亚峰会公报》中呼吁加强经济复苏和提升潜力、合作实施稳健宏观经济政策，确保包容性增长，充分吸收反映了中方的观点和立场。国务委员杨洁篪指出，2016年G20杭州峰会的主题及重点议题与中国的"十三五"规划建议高度契合，举办G20杭州峰会，是中国理念、中国主张的一次重要实践。此外，中国关于"合作共赢""新型大国关系""人类命运共同体"等理念和智慧，也为G20构建"同舟共济的伙伴精神"和发展方向做出了积极贡献。

其三，中国一直致力于推动G20更多地讨论发展议题。作为全球最大的发展中国家，中国对发展的重要性有深刻体会。中国认为，世界经济失衡的根源是南北发展严重不平衡；只有广大发展中国家有效实现发展，世界经济复苏步伐才会坚实，世界经济增长才能持久。因此，中国一直坚持在G20中维护广大发展中国家的切身利益，致力于推动G20更多的讨论发展议题。早在2010年G20首尔峰会上，中国就推动达成了《首尔发展共识》和《发展议题跨年度行动计划》，推动G20与发展中国家特别是最不发达国家合作，帮助这些国家开发增长潜力，缩小发展差距，推动全球平衡发展，推动联合国千年发展目标的实现。2014年G20布里斯班峰会上，中国提出要"提高新兴市场国家和发展中国家的代表性和发言权，确保各国在国际经济合作中权利平等、机会平等、规则平等"。三个"平等"的提出，代表了包括中国在内的新兴经济体和发展中国家的整体利益和诉求，有利于推进公平公正、包容有序的国际金融体系建设。在2015年G20安塔利亚峰会上，中国特别指出，消除贫困和饥饿，实现公平、开放、全面、创新发展，不仅是共同的道义责任，而且能释放出不可估量的有效需求，并承诺将设立"南南合作援助基金"，继续增加对最不发达国家投资。

三、重要转折点上的杭州峰会

习近平主席在《关于中国举办2016年二十国集团领导人峰会的致辞》中简明地概括了杭州峰会面临的世界政治经济形势背景，"现在，世界经济和国际经济合作又走到了一个重要转折点"。习近平主席所言的"重要转折点"包括两个方面：一是当前世界经济面临着诸多的挑战；二是G20机制本身也面临政策协调和执行效率低下，影响力减弱等挑战。

就世界经济面临的挑战而言，突出的有三点：

一是世界经济低迷不振，增长信心有所动摇。国际金融危机到现在已经8年了，但世界经济仍然没有完全重回正轨，老的问题没有解决，新的挑战不断涌现，世界经济正处于一个新的十字路口。国际货币基金组织预计2016年经济增长仅为3.1%，是危机爆发以来的最低水平。世界银行6月将2016年全球经济增长预期下调至2.4%。其中，发达经济体2016年预计增长1.7%，低于1月份2.2%的预测值，发展中国家2016年预计增长3.5%，低于1月份4.1%的预测值。在经济增长疲软的环境下，全球经济面临的下行风险明显上升，其中包括主要新兴经济体的增长进一步放缓，发展经济体增长停滞不前，金融市场波动仍然很大，地缘政治冲突、恐怖主义和难民流动继续使全球经济环境复杂化。此外，英国脱欧也加大了全球经济的不确定性。

二是增长动能不足。全球实体经济并未因宽松货币政策取得实质性复苏，宽松的货币政策虽然避免了大萧条，但总需求的缺乏和全球经济的萎缩威胁依然存在。最近一些年来，发达国家在走出经济长期停滞的过程中，越来越多地依赖宽松的货币政策。因为它们增发的货币都是硬通货，是国际货币体系中的重要货币，因此发达国家的货币政策外溢效应是大量货币流向新兴经济体，促发了这些国家的资产泡沫。一些经济学家认为，全球央行的宽松货币政策可能已经走到尽头，且实际上正在给经济造成"严重伤害"。这种说法是有道理的。

三是主要经济体的政策明显分化。G20成员的经济增长周期不一样，经济发展的阶段不一样，在全球经济增长中利益分化，宏观经济政策协调越来越困难。发达国家经济遇到的困难是金融机构不断陷入危机，但整体经济又面临通货紧缩，价格指数低迷，所以它们倾向于使用极其宽松的货币政策。美联储使用了几轮"量化宽松"政策来释放流动性；欧洲央行和日本央行都使用了名义负利率来逼迫金融机构把钱用出去，而不是放在央行。新兴经济体国家遇到的困难则完全不同。当金融危机使发达国家陷入经济衰退时，新兴经济体的增长仍很强劲。这些新兴经济体吸引了发达国家央行释放出来的大量流动性，加上国际市场上资源价格高企，许多新兴经济体又是资源出口国，它们的经济增长虽然加快，但通货膨胀压力也跟着上升。所以，理论上讲，这些新兴经济体应该提高利率来遏制通货膨胀势头。但困难在于，新兴经济体与发达国家的利率差越大，流向新兴经济体的资金就越多，新兴经济体面临的通货膨胀压力就会越大。

就国际经济合作而言，G20合作机制本身也面临转型的挑战。这方面典型体现为G20合作机制的决策和执行效率问题。决策效率方面，如前所言，20国集团既有发达国家，也有发展得很快的发展中国家，协调宏观经济政策困难。近年来，发达国家和发展中国家内部也在产生分化，比如，发达国家中美国经济复苏明显领先于欧日，金砖国家中俄罗斯、巴西的经济增长回落明显，陷入衰退困境。同时，G20中大国的政治博弈也影响到政策协调的效率。近年来，大国间因地缘政治冲突产生的博弈加剧，这种博弈对G20的政策协调产生了不少负面影响，2014年，俄罗斯总统普京就因乌克兰危机在布里斯班峰会遭遇西方国家"批评大合唱"，进而提前离会。执行效率方面，G20是非正式对话的论坛性质，不是一个正式的国际组织，G20没有自己的常设机构，原则是成员国轮流坐庄，轮到哪国，就由哪国的政府来组织当年的会议。实际上，G20与联合国组织那种国际机构不同，它实行协调一致的原则，各成员国自愿执行它的决议，并没有什么强制力，其决定缺乏法律执行力，往往"议而不决""决而不动"。比如，早在2010年首尔G20峰会就通过了IMF份额和治理改革方案，但由于美国拖后腿，迟迟未能落实，直到2016年1月，IMF份额改革才得以正式生效。

在这样的背景下，世界各国都期待杭州峰会能够推动各方凝聚共识并制定行动方案，在完善全球经济治理、促进全球经济增长、重新焕发G20的活力方面发挥更大作用。

四、"中国方案"为全球经济助力

习近平主席指出，G20"应谋大势、做实事，推动解决世界经济的突出问题，为实现强劲、可持续、平衡增长目标而努力"。在当前世界经济面临重要转折点之际，G20有责任站出来，为世界经济指明方向。对此，杭州峰会将主题确定为"构建创新、活力、联动、包容的世界经济"，并设定"创新增长方式""更高效的全球经济金融治理""强劲的国际贸易和投资""包容和联动式发展"四项重点议题。

以"构建创新、活力、联动、包容的世界经济"为主题，是结合中国经济发展的成功经验，为促进全球经济增长和就业开出的"药方"，既治标以求眼下稳增长，又治本以谋长远添动力。

具体说来，"创新"旨在倡导创新驱动发展，既包括科学技术创新，也包括发展理念、体制机制、商业模式创新和结构改革，打造世界经济新动力源。习近平主席在2015年G20峰会发言中，指出了当前世界经济的"病根"——"上一轮科技和产业革命的动能已近尾声"。因此，要想彻底走出危机，必须在"创新"二字上下足功夫。杭州峰会在G20历史上首次聚焦创新议题，制定G20创新增长蓝图。中国希望通过G20峰会推动"大创新"，即以科学技术创新为核心，带动发展理念、体制机制、商业模式等全方位、多层次、宽领域创新，打造世界经济新动力源。

"活力"旨在应对当前世界经济增长乏力，寻找新路径，挖掘新动能，激发新活力。习近平主席在2015年G20峰会发言中，把贸易与投资比作世界经济的"血液流通"，血液通则身体健。中国期待杭州峰会推动重启贸易和投资双引擎，推动多边贸易体制和区域贸易安排协调发展，为世界经济增长提供动力。

"联动"旨在树立利益共同体和命运共同体意识，携手推动加强国际经济合作，在互联互通中共享机遇，在良性互动中形成合力。世界贸易组织发布最新报告指出，从2015年10月到2016年5月，G20经济体出台贸易限制措施的速度，达到2008年国际金融危机以来的最快水平，显示全球贸易保护主义有所抬头。倡导"联动式发展"概念，就是要破除藩篱，实现资源流动，共商、共建、共享发展。中方推动将贸易投资摆上G20的议题，并为此打造了G20贸易部长定期会议和贸易工作组机制化的平台，这也是G20历史上的首次。另一个跟中国自身的发展有关的是，G20将启动全球基础设施互联互通联盟倡议。自国际金融危机以来，中国在基础设施方面的大量投资稳定了中国经济的增长，也为将来的增长奠定了更加坚实的基础。近些年来，中国在国际舞台上也积极推进基础设施的互联互通，通过"一带一路"倡议扩大与其他国家基础设施的连接。

"包容"旨在缩小各国的发展鸿沟，把目光投向发展中国家，投向所有人群，使世界经济增长红利为各国人民所共享。习近平主席指出，危机的深层原因是发展不平衡问题。落实联合国2030年发展议程，需要应对全球经济发展中的不平等、不公正问题，同时协调应对气候变化、环境保护等挑战。让处于全球价值链不同位置上的国家，都能发挥自身优势，共享发展机遇。作为主席国，中方2016年邀请了G20历史上最多的发展中国家参与活动，并第一次将把发展问题置于全球宏观政策框架的突出位置，还就落实2030年可持续发展议程制订了行动计划。此外，中方还倡议G20支持非洲和最不发达国家工业化，在中方倡议和推进下，G20还首次发表了关于气候变化问题的主席声明。

四项重点议题中，创新增长方式，重在推进改革创新，开辟和抓住新机遇，提升世界经济中长期增长潜力。完善全球经济金融治理，重在增强新兴市场国家和发展中国家的代表性和发言权，提高世界经济抗风险能力。促进国际贸易和投资，重在构建开放型世界经济，激发世界经济增长活力。推动包容、联动式发展，重在落实2030年可持续发展议程，增强世界经济发展动力。

此外，关于G20的转型改革，中方提出，要创新机制建设，打造合作平台，以使G20从危机应对向长效治理机制转型。中国力推G20贸易部长定期会晤机制，并且成立了G20贸易投资工作组，形成了G20由财长/央行行长会议与贸易投资部长双轮推进的模式。

目前，在中国的推动和协调下，G20成员在创新增长方式、完善全球治理、重振贸易投资、推动全球发展方面取得了一系列重要共识，在制定G20创新增长蓝图、结构性改革优先领域、指导原则与指标体系、全球贸易增长战略、全球投资决策指导性原则、反腐败2017—2018年行动计划、2030年可持续发展议程行动计划，推动绿色金融发展、巴黎气候协定生效等方面取得了重大进展。

对于G20杭州峰会的预期成果，外交部部长王毅表示，经统计，杭州峰会有望达成近30项主要成果，成为历届峰会成果最丰富的一次。就大的方向而言，杭州峰会将通过倡导创新，为推动世界经济强劲、可持续、平衡增长开创新的动力；将通过结构性改革，为解决当前经济金融领域面临的各种困难拿出新的方案；将通过强化发展合作，为引领全球落实2030年可持续发展议程开辟新的前景。其中最主要的成果有十项，包括：一是制定创新增长蓝图；二是制定落实2030年可持续发展议程行动计划；三是制定结构性改革优先领域、指导原则和指标体系；四是制定全球贸易增长战略；五是制定全球投资政策指导原则；六是深化国际金融架构改革；七是创立"三位一体"的反腐败合作；八是发起支持非洲和最不发达国家工业化合作倡议；九是制定创业行动计划；十是推动气候变化《巴黎协定》尽早生效。

第九节 南海问题的实质与挑战

2016年7月12日，菲律宾诉中国"南海仲裁案"仲裁庭公布了所谓最终裁决。这场历时三年半的仲裁闹剧，终于落下帷幕。仲裁庭对菲律宾提出的十五项诉求几乎照单全收。而对中国在南海的领土主权和海洋权益几乎全部否定，完全背离了一个国际仲裁机构应有的公道和正义。大量证据已经证明，南海仲裁案由始至终就是一场披着法律外衣的政治闹剧，其背后有着不可告人的目的。对于这样一场荒唐的政策闹剧，中国多次严正表明了不参与、不接受的立场。这一立场合情合理。正如中国前国务委员戴秉国在华盛顿南海问题对话会上所说,"在南海问题上,中国绝不是加害者、肇事者,而是完完全全的受害者"。所谓仲裁结果,"不过是一张废纸!"

一、南海问题的起源与诱因

南海问题肇始于20世纪60年代末70年代初。其实质为中国、越南、菲律宾、马来西亚、文莱等国家围绕南沙岛礁领土主权和海洋管辖权的争议。20世纪60年代之前,南海问题并不存在。除当时南越西贡当局曾对中国南沙群岛提出过"主权"要求外,其他国家均未对中国拥有南海群岛主权持有异议。20世纪70年代以后,菲律宾等国通过武力手段强占和蚕食中国南沙岛礁,南海有关争议由此开始形成。1982年,随着《联合国海洋法公约》正式通过,周边国家通过国内立法提出专属经济区和大陆架的主张,从而又产生了南海海洋权益主张重叠的问题。

目前,菲律宾、越南等国共非法占领我国南海岛礁42个,其中越南29个、菲律宾8个、马来西亚5个。此外,1999年,菲律宾故意用一艘破旧的坦克登陆舰在中国南沙群岛仁爱礁非法"坐滩",图谋长期占领。

综合来看,南海问题产生的主要原因可归纳为以下四个方面:

1. 地缘政治因素

南海连接着西太平洋与印度洋,是国际航运黄金水道和海上交通枢纽,具有突出的战略地位。据统计,全球每年近1/3的货物总量航经南海。其中,全球每年1/2以上的石油和2/3的液化天然气贸易量需通过南海。因此,南海航道控制权一直为域外大国所竞相角逐,地缘政治因素成为南海问题产生和发展的最为关键的因素之一。

2. 殖民侵略和大国争霸的影响

19世纪末至20世纪中叶,法国、日本曾先后侵占过南海诸岛。第二次世界大战后,中国依据1943年《开罗宣言》和1945年《波茨坦公告》接收战时被日本非法侵占的南海诸岛,恢复行使主权。但1951年美国在不顾中国抗议和缺席的情况下,单方面纠集52个国家召开了对日媾和会议,并签订了《旧金山合约》(以下简称《合约》)。《合约》虽规定日本放弃西沙群岛和南沙群岛主权,但有意模糊处理日本放弃的权利归属问题。此举成为菲、越等国非法主张南沙岛礁领土主权的借口。

3. 油气资源因素

南海蕴藏着丰富的生物与非生物资源。特别是1968年联合国亚洲暨远东经济委员会亚洲外岛海域矿产资源联合勘探协调委员会发布的勘察报告与1969年美国海洋调查船"查亨特"号的南海地质调查,均指明南海蕴藏着储量巨大的油气资源。而随后爆发的"第四次中东战争"和"第一次世界石油危机"进一步刺激了菲律宾等国将油气视为重要的战略资源。菲律宾、越南、马来西亚等周边国家开始通过修宪、立法、发表政治声明等方式,对南海部分岛礁及相关海域提出主权声索和海洋权益主张,以满足其对南海的能源利益诉求。

4. 《联合国海洋法公约》推波助澜

1982年12月,第三次联合国海洋法会议最后会议通过了《联合国海洋法公约》(以下简称《公约》)。《公约》虽构建形成了现代海洋法制度基础,制定了相对完善的专属经济区和大陆架制度,却未对"历史性水域""历史性所有权""历史性权利"等概念进行明确的法律界定。菲律宾、越南等南海声索国借机曲解《公约》,依据其单方面的海域主张,对中国南海部分岛礁及相关海域提出了主权和海域管辖权声索，并开始逐步扩大在中国南海断续线内的油气资源开发，从而加剧了南海问题的发展和演化。

二、域外大国介入　搅乱南海局势

当前，南海形势总体维持稳定可控。2010年以来，由于美国、日本、澳大利亚等国的介入，特别是美国在南海推行的"战略干预"政策，使得中国和部分东南亚国家之间原本简单的南海岛礁主权与海洋权益的争议，变成了西太平洋紧张、激烈的海上地缘战略博弈。美国挑起的中美博弈已经成为南海问题的"新主线"。南海问题的走向，不仅牵动中美关系的未来，更有可能决定未来亚太地区安全秩序的演变。

1. 当前南海形势的特点

当前的南海形势呈现出以下三个特点：

第一，南海问题逐渐由中国与有关声索国围绕岛礁领土主权和海洋权益主张的冲突，转向利益攸关方间资源开发、海权争夺、航道管控等的博弈和较量。南海有关争议地区化、国际化和复杂化的态势日益明显，南海地缘政治竞争和军事安全考量日渐加重。

第二，近年来，南海问题"被扩大化"的趋势越来越明显，已由原来直接当事国之间的"岛争"，扩大到域内外力量之间的"海争"或"水争"。

第三，由于南海地区安全机制的缺失，以及亚太地区安全结构的演变和调整，南海周边国家对中国的"战略猜疑"上升，并采取寻求域外国家的安全保护和加强自身军力建设的应对策略，因此，"大国借机谋势、小国伺机谋利、大小国联合应对中国"，以"结盟"和"拉帮结派"、谋求相对军事优势为特征的南海地缘政治博弈日趋凸显。

2. 推动南海形势升温的主要因素

美、日等域外大国的介入是推动当前南海形势升温的最重要因素。美国持续推进"亚太再平衡"战略，保持在南海地区的活跃态势：一方面推动有关南海声索国和地区国家对中国形成统一立场，持续炒作并指责中国在南海正当的维权行动，支持菲律宾时任政府单方面提起的南海仲裁案并施压中国执行所谓的仲裁庭裁决；另一方面，不断派遣军舰战机进入南海炫耀武力，抵近甚至进入中国南海有关岛礁邻近海空域进行挑衅，使得中美海上摩擦冲突的可能性有所上升。凭借强大的军事力量介入南海问题是美国的不二选择。美国此举旨在维护其长久以来在本地区建立的军事霸权，同时对本地同盟和伙伴予以安抚，以此确保美国在本地区的主导权不受挑战。日本为实现政治大国和军事大国目标，积极配合美国全球战略重心东移，逐步加强对南海问题政治外交影响和在南海地区的军事存在。2010年7月，时任美国国务卿希拉里在东盟地区论坛上称，美国在维护南海航行自由方面拥有"国家利益"。与会的时任日本外务大臣冈田克也表态支持希拉里的声明，声称南海争端和平解决也事关日本国家利益。2015年6月的G7峰会会议上，安倍以欧洲能源生命线乌克兰比拟南海，游说西方一起包围中国。2016年5月，日本主办的G7峰会，更积极提出南海议题。在安全政策上，日本制定新安保法，强化日美军事同盟，向南海沿岸相关国家提供巡逻监视装备和能力建设培训，直至自卫队舰机频频现身南海周边区域。

此外，中国的崛起和发展，使其他争端国对能否保住其非法控制的南海岛礁的"焦虑"和"不安全感"上升。部分国家担忧随着中国的日渐强大，中国将有可能采取某种方式来收复被非法侵占的南沙岛礁。因此，部分争端国通过国内立法、诉诸第三方机制、与域外国家深化结盟或结伴、向域外大国提供军事基地等方式来"合法化"和"漂白"其非法主张和侵占所得,以巩固其对南沙已控制岛礁的非法占有。

三、中国多策并举　捍卫和平稳定

中国人民一直将南海诸岛和相关海域作为生产和生活的场所,从事各种开发利用活动。中国历代政府也持续、和平、有效地对南海诸岛实施管辖。在长期历史过程中,中国确立了对南海诸岛的主权和在南海的相关权益,中国人民早已成为南海诸岛的主人。

1. 中国南海主张

中国在南海的领土主权和海洋权益包括:中国对南海诸岛,包括东沙群岛、西沙群岛、中沙群岛和南沙群岛拥有主权;中国南海诸岛拥有内水、邻海和毗连区;中国南海诸岛拥有专属经济区和大陆架;中国在南海拥有历史性权利。中国的南海主张是基于最早发现、命名南海诸岛及相关海域,以及中国政府持续、和平、有效地行使主权和管辖权的历史事实,具有充分的法理依据。

第一,中国最早发现、命名南沙诸岛。中国人民对南沙诸岛的最早发现可以上溯到汉朝。唐宋年间,许多历史地理著作将西沙和南沙群岛相继命名为"九乳螺洲""石塘""长沙""千里石塘""千里长沙""万里石塘""万里长沙"等。宋元明清四代,以"石塘""长沙"为名记述南海诸岛的书籍多达上百种。明代《混一疆理历代国都之图》中标有石塘、长沙和石塘。明清代形成的《更路簿》记载了中国海南岛渔民对南海诸岛的命名及所习用各岛、礁、滩、洲的地名具体方位。

第二,中国最早开发经营南海诸岛。中国人民至迟明初就到南沙群岛从事开发渔业生产了。早在明代,有海口港、铺前港和清澜港渔民及文昌县渔民到南沙群岛去捕捞海参等海产品。清末以来,我国海南岛和雷州半岛各地渔民都有人到南沙群岛去捕鱼。《更路簿》是中国人民明清以来开发南海诸岛的又一有力证明。它是中国海南岛渔民在西沙和南沙群岛进行生产活动的航海指南,记载了渔民从海南岛文昌县的清澜或琼海县的潭门港起,航行至西沙、南海群岛各岛礁的航海航向和航程。我国渔民开发经营南沙群岛的史实,中外史料均有记载,如1868年出版的英国海军部《中国海指南》提到南沙群岛郑和群礁时指出:"海南渔民,以捕取海参、介壳为活,各岛都有其足迹,也有久居岛礁上的","在太平岛上的渔民要比其他岛上的渔民生活得更加舒适",与其他岛相比,太平岛上的井水要好得多"。

第三,中国最早并持续有效对南海诸岛行使管辖。迟至元代,南沙群岛已归我国管辖。《元史》地理志和《元代疆域图叙》记载元代疆域包括了南沙群岛。其中《元史》记载了元朝海军巡辖了南沙群岛。明代《海南卫指挥金事柴公墓志铭》记载:海南卫巡辖了西沙、中沙和南沙群岛。在清代,中国政府将南沙群岛标绘在权威性地图上,对南沙群岛行使行政管辖。《大清万年一统地量全图》《大清一统天下全图》等许多地图均将南沙群岛列入中国版图。另外,在漫长的历史中,往来于中国海南岛、广东省与南海诸岛之间进行生产经营的中国人民均向中国政府缴税纳赋。

1932年和1935年,中国参谋本部、内政部、外交部、海军部等共同组成水陆地图审查委员会,专门审定了中国南海各岛屿名称共132个,分属西沙、中沙、东沙和南沙群岛管辖。

1933年,法国侵占我国南沙群岛的太平、中业等九个岛屿,立即遭到我在南沙群岛生活和从事生产活动的渔民的强烈反抗,中国政府也向法国政府提出抗议。1946年,中国内政部会同海军部和广东省政府委派的西沙群岛和南沙群岛专员,前往接管西沙群岛和南沙群岛,并在岛上立主权碑。1947年,中国内政部重新命名包括南沙群岛在内的南海诸岛全部岛礁沙滩名称共159个,并公布施行。1983年,中国地名委员会授权公布包括南沙群岛在内的南海诸岛标准地名。

此外,中国对南沙群岛的主权得到国际上的承认。这不仅表现在第二次世界大战结束后中国收复南沙群岛时无任何国家提出异议,而且也表现在世界上许多国家、国际舆论、地图和出版物均承认南沙群岛是中国领土。

2. 中国的南海政策

长期以来,中国始终坚持通过谈判协商解决争议,并致力于把南海建设成和平之海、友谊之海和合作之海,是南海和平稳定的捍卫者。中国的南海政策主要包括以下几个方面:

第一,维护南海的和平与稳定。南海的和平与稳定是包括中国在内的所有在南海有利益关系的国家的重要关切,作为南海最大的沿岸国和南海诸岛的主人,中国不遗余力地致力于南海的和平与稳定,既是南海和平稳定的建设者,也是南海和平稳定的捍卫者。

第二,维护南海的航行安全和自由。南海是中国重要的海上贸易和能源运输通道,维护南海航道安全和航行自由攸关中国发展和经济安全利益。因此,作为重要的国际海上贸易和能源运输通道,确保各国依国际法享有的南海航行自由是中国和其他南海沿岸国的重要共识,符合国际社会的共同利益。

第三,通过对话和协商解决争端。中国一向坚持由直接当事国通过对话和协商的方式解决中国和其他声索国之间的南沙领土争议和海洋权益争端。中国的这一主张不仅是中国和其他争端方通过双边和多边协定予以确认的共识,也是国际社会解决敏感和复杂领土边界问题的普遍选择。从实践经验看,中国已通过双边直接对话谈判的和平方式,与12个陆上领国签订了边界条约或协定。同时,中国与越南在2000年12月25日签署了《中华人民共和国和越南社会主义共和国关于两国在北部湾领海、专属经济区和大陆架的划界协定》,成功划定中越北部湾海上界线。

第四,搁置争议,共同开发。南海问题异常复杂,期待短时间内解决这样的争议极不现实。20世纪70年代末80年代初,针对包括南海有关争议在内的东亚海洋争端,中国提出并持续推动"搁置争议,共同开发"的倡议。中国所倡导的"搁置争议,共同开发",有助于有关国家积累政治互信,并为最终解决南海问题创造良好的外部环境。

共同开发倡议提出以来,中国同菲律宾、越南等国就落实南海共同开发进行了一系列的谈判协商,达成了初步共识,并签署了相关文件。2005年3月,中国同菲、越在马尼拉签署《在南中国海协议区三方联合海洋地震工作协议》,三国公司在约定合作区域内采集地震数据及研究评估协议区内石油资源状况。该项协议虽只停留在前期评估阶段,但为推动油气资源共同开发奠定了基础。2015年12月,中越两国正式启动北部湾湾口外海域共同考察海上作业,共同在协定海域进行地形地貌、地质及地球物理综合考察。另外,中国与文莱也分别于2013年4月和10月发表联合声明,一致同意加强海上合作,推动共同开发;支持两国有关企业本着相互尊重、平等互利的原则共同勘探和开采海上油气资源。

第五,关于"双轨思路"。2014年10月,中国总理李克强在出席中国－东盟领导人峰会上与东盟国家确认了以"双轨思路"处理南海问题,即有关争议由直接当事国通过友好协商谈判寻求和平解决,而南海的和平和稳定则由中国与东盟国家共同维护。"双轨思路"旨在解决东盟和域外国家对南海和平稳定的关切,以及纠正少数国家诉诸第三方机制、偏离友好协商和平谈判的方式解决争端的倾向。"双轨思路"是中国政府继"搁置争议,共同开发"之后提出的、推动南海问题的解决朝着正确方向迈进的又一重要举措。

第六,积极倡导和推动南海海上务实合作。2002 年,中国与东盟十国签署了《南海各方行动宣言》。有关各方就推动南海海上务实合作达成共识。长期以来,中国积极推动落实《南海各方行为宣言》框架下海洋科研与环保、海上联合搜救等领域南海海上务实合作,促进加强合作、管控分歧和维持海上局势稳定。特别是 2011 年巴厘岛落实《宣言》高官会以来,中方努力推动成立海洋科研和环保、航行安全与搜救、打击海上跨国犯罪等三个专门技术委员会的倡议,积极推动《宣言》框架内南海海上务实合作。

四、地缘竞争加剧　中国维权不易

当前,南海局势虽总体可控,但因美国的深度介入而持续升温,争议事件、热点事件频发,影响南海局势的不稳定因素增多。综合来看,中国应对南海问题面临以下四个方面的挑战:

1. 海上维权与危机管控领域的挑战

菲律宾、越南等部分声索国及美国、日本等域外国家挑起的岛礁实际管控、资源开发、航道控制等方面的斗争和较量在侵犯我国南海权益的同时,增加了南海海上形势管控的难度和挑战。随着所谓仲裁案裁决的出炉,未来不排除菲律宾、越南等争端国以所谓的裁决为"掩护",进入我国南海断续线内侵占新的无人岛礁,或者单方面开发油气资源。

2. 法理层面的挑战

应菲律宾时任政府单方面请求建立的南海仲裁案仲裁庭于 2016 年 7 月 12 日做出最终裁决,否定中国在南海的领土主权和海洋权益,否定中国和地区国家长期以来达成的通过谈判协商解决南海有关争议的协议,否定《南海各方行为宣言》这一行之有效、维护南海和平稳定的地区规则的效力,将不可避免地对本已升温的南海局势造成进一步的冲击,使有关问题更趋复杂和敏感。特别是仲裁庭做出上述不公正裁决,不排除越南等声索国仿效菲律宾的做法,通过曲解《公约》诉诸第三方机制解决南海有关争议,今后相关各方围绕法理斗争的形势不容乐观。

3. 南海地区规则制定主导权之争

2002 年中国与东盟十国签署了《南海各方行为宣言》,有关各方就维护南海地区和平稳定、推动南海海上务实合作达成一致共识。《宣言》对管控南海局势、增进互信、维护地区的和平稳定起到了特殊而又重要的作用。2013 年 9 月,中国-东盟落实《南海各方行为宣言》第六次高官会和第九次联合工作组会议期间,有关各方启动了"南海行为准则"磋商谈判,并就"准则"磋商思路与原则达成共识。目前,"准则"磋商已经进入"复杂和敏感问题"的讨论阶段。"准则"是《宣言》的延续和发展,也是《宣言》努力的目标,将为有关各方深化南海海上务实合作、夯实互信基础、促进争议解决提供机制保障。但菲律宾、美国等域内外国家力推将"南海行为准则"制定为具有法律约束力的危机解决机制,推动南海问题地区化、扩大化、复杂化,以此牵制和束缚中国崛起。尤其是美国出于自身长远战略利益的考量,希望参与甚至主导"准则"制定进程,进而掌控南海地区规则制定主导权。

4. 涉南海国际话语权的争夺

近年来，菲律宾、越南、美国和日本等区域内外国家有意利用南海问题，捏造"中国南海威胁论""中国海洋扩张论"等不实之词，以此强化渲染"中国威胁论"。特别是区域内外部分国家刻意炒作中国南海岛礁建设、中国对南海仲裁案"不参与、不接受、不承认"等议题，指责中国"不遵守国际法规则""咄咄逼人、以大欺小""破坏地区现状"及推动南海"军事化"，混淆视听，在抹黑中国国际形象的同时，利用国际舆论压力对中国形成掣肘。随着菲南海仲裁案裁决结果的出炉，以及我国南海岛礁建设的不断推进，以美国为代表的西方势力将继续利用其国际话语霸权优势，而菲、越等声索国亦将继续打"悲情牌"。因此，短期内中国在涉南海问题国际话语权格局中的不利态势恐难以彻底扭转，国际舆论引导挑战仍然持续。

第十节　当前台海局势

2008年以来，两岸关系走上和平发展道路，展示了合作共赢的良好前景。仅在2015年，两岸进出口贸易额就达1 885.6亿美元，两岸居民交流互访接近1 000万人次；大陆选秀节目持续走红台湾，甚至成为不少台湾青年追梦的新舞台；大陆"创业榜样"马云赴岛内演讲，在台湾刮起一股旋风——不仅演讲的数千张门票被直接秒杀，还吸引了100多家媒体和各大名校校长参加，两岸交流之深可见一斑。2015年11月7日，两岸领导人在新加坡会面，举行了具有历史意义的"习马会"，为两岸关系发展树立起一座里程碑，极大地提振了两岸同胞对和平发展道路的信心。

时间跨入2016年，台湾政局风云突变，一贯坚持"台独"分裂立场的民进党重新上台执政。民进党当局罔顾两岸坚持和平发展的主流民意，肆意破坏两岸关系的共同政治基础，台海形势因之发生逆转。

一、台海局势趋于复杂严峻

台湾旅游业是最早感受到两岸关系变化的行业。近年来随着越来越多的大陆游客涌入台湾，不仅带火了当地经济，也让台湾风景名胜区周边的商户赚得盆满钵满。民进党重新上台后，大陆游客出现了大幅缩减，台湾旅馆、游览车、餐厅、导游都受到严重冲击。据台湾经济部门测算，如果大陆游客1年减少100万人次，台湾观光收入每年将损失450亿元新台币，台湾全年GDP将减少0.32个百分点。陆客锐减，民生遭殃。对此，民进党、蔡英文当局难辞其咎。民进党始终不放弃"台独"立场，拒不承认"九二共识"，动摇了两岸关系和和平发展的基础，两岸关系温度骤降，良好的发展势头不再，也给台湾民生带来极大危害。

1. 两岸关系发展陷入僵局

多年来两岸实践的宝贵经验证明，"九二共识"是开创、推进两岸关系和平发展的政治基础，否认"九二共识"及其"两岸共属于一个中国"的核心意涵，就是动摇两岸关系和平发展的基石。基础不牢必定地动山摇。大陆方面也早就此向岛内传达了明确的信息：承认"九二共识"，认同其核心意涵，这是两岸关系的政治基础。正是有了这一基础，两岸关系才有8年来的迅猛发展，步入60多年来最好时期，双方全面展开人员交往、经贸投资、文化学术、体育艺术、宗教等各方面的交流合作，先后签署了23项协议，成功实现"三通"，签订两岸合作架构协定（ECFA），促成了陆客赴台自由行，甚至是两岸双方领导人成功会面。而一旦失去"九二共识"的政治基础，这一切都是不可想象的。

从两岸关系发展的历史规律来看，一直坚持"台独"立场的民进党在台湾地区取得执政权，这一变化本身就意味着两岸关系现状的重大调整，是对两岸关系和平发展格局的逆转。两岸关系进入了关键性的节点：进，则两岸关系将在"九二共识"基础上，延续2008年以来和平、稳定、持续发展的良好态势；退，则台海又将回到陈水扁时期的动荡、冲突和对抗性的状态。而从当前民进党、蔡英文当局的两岸政策宣示来看，无疑是选择了后者。蔡英文在其"5·20"就职演讲中，一边表示要"维持现状"，另一边却对两岸同胞最关切的两岸关系性质这一根本问题采取模糊态度，刻意回避"九二共识"及其核心意涵。2016年7月，蔡英文在接受美国《华盛顿邮报》采访时，更是公开表达了拒绝承认"九二共识"的态度。

大陆方面一再强调"九二共识"的重要性，就在于它明确了两岸关系的性质，表明两岸不是国与国的关系，对于两岸意义非同寻常。大陆方面也多次重申："九二共识"是确保两岸关系和平发展行稳致远的关键，不承认"九二共识"，势必导致两岸关系现状的改变，两岸政治互信及制度化协商机制就会坍塌。民进党当局对此始终置若罔闻，两岸互动的政治基础荡然无存，两岸关系最终滑向政治僵持与政策对抗状态。

2. 两岸关系发展不确定性大大增加

自上台执政以来，蔡英文在两岸议题上明显是"说一套做一套"。在社会文化领域继续以"柔性"方式推进"台独"进程。从其以深绿人士执掌台湾教育文化部门、迅速废除"微调课纲"、修改"公投法"、驳回马英九赴港申请、"出访"巴拿马时搞所谓"台湾总统"签名、企图在"促进转型正义"名义下以台湾图腾取代中国图腾等行为来看，蔡英文在"去中国化""基础台独"上的大胆超出外界的想象，充分暴露了其从政治、经济、文化等各方面弱化和切断台湾同大陆历史连接的战略取向。当然，从现阶段的国际格局和两岸关系发展态势分析，这不过是民进党的"一厢情愿"。

尽管蔡英文不敢也无力重走当年陈水扁追求"法理台独"、不断冲撞大陆底线的老路，但其执政后，充分利用手中的公权力，在教育、文化、行政等领域鼓噪"台湾主体意识"，强力推进"去中国化"举措，加快完成自李登辉以来的台湾"民族框架构建"进程。虽然受到大陆因素和国际框架的制约，民进党短期内不大可能通过"修宪"或"制宪"来推动"法理台独"，但上述"柔性台独"的做法，将为未来搞"法理台独"进行民意、文化、法律、制度等方面的准备，从而在条件成熟时实施"法理台独"。对此，大陆有着清醒的认知，也有着充分的应对手段。

此外，两岸关系问题高度复杂敏感。以目前两岸民意分歧之大、民共矛盾之尖锐，两岸关系要维持基本的稳定并不容易。一是两岸双方毫无互信，缺乏沟通，容易擦枪走火。二是岛内强调台湾"主体性"甚至"天然独"的声音甚嚣尘上，"恐中拒统"的民意氛围愈益浓厚，容易与大陆"天然统"、越来越不满两岸渐行渐远的民意形成对冲。三是民进党、蔡英文难以改变操弄两岸对立，制造台湾遭打击悲情，从中牟取政治利益的惯性思维，对两岸矛盾不但不会灭火，反而可能见猎心喜、煽风点火，并充分加以利用。因此，未来两岸关系很可能是所谓的"冷和平"，即冲突与克制交替，还随时会因蔡英文当局刻意操弄民意加剧双方的对立对抗。

3. 两岸经贸交流干扰增多

2016年第一季度，台湾地区经济增长率为－0.84%，已经连续三个季度负增长。而且同样面对全球经济不景气，台湾是亚洲四小龙中唯一负增长的地区。瑞士洛桑管理学院（MID）公布的2016全球竞争力报告显示，受岛内经济增长表现不佳影响，台湾2016年的竞争力由2015年的第11名，下降到第14名。

众所周知，台湾经济是典型的"浅碟经济"，严重依赖出口市场。过去10余年，台湾经济主要依靠同大陆平均每年700亿美元的贸易顺差维持，大陆已占台湾外部市场的近40%，岛内无论哪个党派执政，都不可能改变大陆是台湾第一外部市场的格局。客观而言，台湾经济的前途必须"从大陆走向世界"，而非其他任何幻想。然而，受"台独"势力干扰，两岸经济融合步伐严重滞后。两岸服贸协议签署近3年仍未生效，两岸货贸协议极可能因政党轮替而腰斩。当前，为了摆脱台湾面临的经济困境，蔡英文对过去台海两岸进行过11次谈判、签订了23项协议的重大成果弃之不顾，却舍近求远、"另起灶炉"，提出要参加美国主导的TPP，搞"新南向政策"，增进与东盟、印度的"多元关系"等空洞构想作为"妙方"。

在"5.20"就职演讲中，蔡英文刻意夸大两岸经贸、社会交流中出现的问题，明确表示要"告别过于依赖的单一市场"，加大管理力度，限缩与大陆经济交流，"不再将台湾与大陆绑在一起"，降低对大陆的经济依赖。这将给过去8年蓬勃发展的两岸经贸和民间交流造成极大干扰，两岸经贸与社会融合进程将面临更多困难。

4. 岛内"民意"被民进党严重扭曲

近年来，民进党猛打"民意牌"，借岛内所谓的"民意"为自己拒不接受"九二共识"辩护。蔡英文在就职演讲中谈到两岸政治基础时，强调了几个关键元素，包括1992年两岸两会会谈的历史事实与求同存异的共同认知、岛内现行"宪政体制"、两岸过去20多年来协商和交流互动的成果以及台湾民主原则及普遍民意。蔡多次明确表示，这四个"关键元素"中最重要的是"台湾民主原则及普遍民意"。蔡英文的这种想法是很危险的，台湾的民意确需尊重，但大陆的民意更不容忽视。目前的台湾民意也已经被民进党严重扭曲，失去了其原有的意义，民进党为夺取政权、推动"台独"路线，逢马必反、逢陆必抗，肆意污蔑、丑化两岸关系，使得岛内部分民众在两岸关系上的认识发生严重偏差。

过去台湾绝大多数民众认同两岸同属一个国家，赞成祖国统一，对自己是中国人不存有任何疑义。然而，民进党却没有顺应、尊重这种民意，早在"党外"时期就开始竭力鼓吹"台独"，主张建立"台湾共和国"，陈水扁执政时更是大搞"去中国化"，炮制"台独"史观的课纲，推动"正名制宪"，设法实现"法理台独"，民意被严重扭曲，特别是岛内青少年的国家认同、身份认同被严重误导、异化，数典忘祖，甚至连自己是"中国人"都不承认，对两岸关系发展、对祖国的和平统一相当排斥。岛内的这种民意民进党应负主要责任。没有民进党的刻意操弄、裹胁，岛内民意不可能走到今天这种地步。

现今，民进党再度执政后，利用各种机会煽动两岸敌意，岛内的"台湾主体意识"愈加浓厚，认同混乱、民粹横行的局面将进一步加剧。台湾民众身份认同上"去中趋台"、统独认同上"恐中拒统"，尤其是青年世代"亲绿倾独"的趋势更难扭转，将使两岸关系中的不确定、不稳定因素明显增多，由热变冷，发展的深度和广度严重受限，甚至难以为继。

5. 两岸关系涉外环境更趋复杂

台湾问题一直是中美关系中的核心问题。传统上，台湾是美国制衡中国最为关键和核心的一张牌。美国推出"亚太再平衡"战略后，亚太地区局势发生深刻变化。美国全方位加大对亚太地区的政治经济军事和外交资源投入，巩固包括台湾在内的传统盟友，以防范牵制中国。奥巴马政府在战略调整中虽延续了一个中国国策，但为了平衡大陆对台逐步上升的影响力，持续加码对台"拉拢"政策。在中美竞争加剧态势下，台美之间的互需上升，双方关系随之强化。随着美国"亚太再平衡"战略的不断推进，尤其在南海事务中与中国摩擦增多，以及日本政府"右倾化"持续加剧，台湾在美日对华政策中的战略地位不断提升，美日打"台湾牌"的意愿增强。

更为重要的是，台湾岛内存在着浓厚的"亲美媚日"氛围，对美日有着较高的认同，美日因素深刻影响着岛内对两岸关系的判断。民进党出于寻求美日支持、稳定政权需要，会推行更加"亲美媚日"的政策，而且在两岸政策以及东海、南海政策上更加迎合美日，为美日进一步介入台海局势提供便利。"雄三"导弹误射事件发生后，民进党当局第一时间向美方通报；在南海问题上，刻意与大陆保持距离；在中国台湾与日本因"冲之鸟"礁引发争端时，选择低调处理。这些都是民进党当局"亲美媚日"的体现。此外，民进党当局还可能抛弃马英九执政时期的"外交休兵"政策，转而奉行"抗中"思维，更积极地争取参与国际事务、凸显台湾"主权国家地位"，两岸涉外事务的复杂性将会增大，两岸在国际活动中爆发意外冲突与摩擦的概率也会升高。

二、理性认识两岸关系和平发展战略

8年来，台湾社会的"两岸认同"没有发生根本扭转，与大陆共同推动两岸关系和平发展的国民党又在2016年"大选"中惨败，一些人因此对大陆推行的两岸关系和平发展战略和路线产生怀疑甚至动摇。这种想法既不全面，也不客观，更是不理性的。

1. 岛内"两岸认同"异化根源异常复杂

2008年以来，两岸关系"大交流、大合作、大发展"的新局面逐渐形成，两岸政治关系有所改善，经贸合作不断深化，文化交流日趋热络，人员往来愈加频繁，社会融合悄然提速。但怪异的是，台湾社会的"两岸认同"并未顺应两岸关系和平发展的大趋势而得到根本扭转。这种现象的成因比较复杂，既源于两岸百余年的分离、敌对以及因此造成的两岸社会差异，也是"台独"分裂势力在文化、教育等领域刻意为之的结果。这种状况非一时所能改变，它也是两岸问题长期性、艰巨性、复杂性的重要体现。做台湾民心工作不可能立竿见影，需要时间和耐心。

2. 支持和平发展仍是岛内主流民意

2008年以来岛内的多次民调显示，五至八成台湾民众对两岸两会制度化协商及商谈结果表示肯定，多数民众对马英九当局积极开放的大陆政策表示支持，不认同民进党阻挠两岸交流的行为，甚至连绿营支持者也不反对两岸关系和平发展、交流交往。岛内的民调也显示，在"台湾认同"比例扩大的同时，主张"台独"的比例并未上升，甚至还略有下降，主张"维持现状"的比例则有所增加。以上变化显示，摒弃分裂对抗、支持和平发展、追求合作双赢才是岛内民意的主流。只要这种民意不改变，"台独"的危险性就可能降低。

3. 大陆掌握着两岸关系的主导权

目前，大陆对台政策比以往更具自信和战略性，着眼于大格局，更加着力做好推动两岸关系发展的工作，更具掌握两岸关系走向的能力。针对台湾问题，邓小平同志曾指出："关键是把自己的事情办好。"习近平总书记也表示："从根本上说，决定两岸关系走向的关键因素是祖国大陆发展进步。"2008年以来，台湾与大陆的实力此消彼长，GDP规模由1988年的1∶3变成2015年的1∶21，台湾GDP也已被大陆的广东、江苏、山东、浙江、河南赶超。再加上中美实力差距不断缩小，国际社会以一个中国原则为核心的政治框架牢不可破。随着两岸实力差距持续扩大，大陆处理台湾问题的能力、筹码、手段会越来越多，大陆在两岸关系上牢牢掌握着主导权，搞"台独"分裂必然是死路一条。

4. 两岸交流大格局为未来的整合奠定了基础

两岸社会的融合、整合是两岸关系问题最终得以和平解决的基础，其途径是两岸全方位的互动交流，进而向一体化方向迈进。经过8年的发展，两岸交流的障碍大为减少，渠道大幅增多，深度、广度大幅增强。"有交流就会有影响"，只要岛内多数民众认同两岸关系和平发展、交流交往，两岸交流的大门就关不了，大陆就可以继续在深化两岸交流中推动两岸关系和平发展战略。

综合来看，8年来大陆的两岸关系和平发展战略和路线，取得的成果是巨大的，影响是深远的，维护了大陆的战略机遇期，有利于夯实和平统一的基础。即使民进党上台，大陆也会继续保持战略自信和定力，继续推动既定的对台方略，继续稳住两岸大局，维护战略发展机遇期，增强解决台湾问题的实力，在两岸和平统一时机尚不成熟的情况下，继续以"时间换空间"，耐心夯实和平统一基础。

三、坚持既定方针　维护台海和平稳定

在岛内出现政党轮替、两岸关系趋于复杂严峻之际，我们党和国家领导人多次发表重要讲话，强调了大陆方面对台大政方针是明确的、一贯的，不会因为台湾局势的变化而改变，宣示了我们党和政府以及全国人民反对"台独"、维护国家主权和领土完整的坚定意志和决心，也表明了大陆方面愿意继续在"九二共识"基础上维护两岸关系和平发展的真诚愿望。

1. 继续坚持"九二共识"政治基础向前迈进

20多年来，两岸关系发展的历程已经充分证明，坚持"九二共识"、反对"台独"，两岸关系就可以破浪前行，前景光明；反之，两岸关系和平发展之舟难免偏离航向，风雨飘摇，甚至触礁沉没。过去8年两岸关系和平发展的历程也表明，"九二共识"这一共同政治基础就像定海神针，有了它，两岸关系就能稳定、就能发展、就有成果；有了它，两岸关系就能始终朝着正确的方向迈进，不会因为存在一些矛盾和分歧而"跑偏"。远有1993年的"汪辜会谈"，开启了两会协商对话机制；近有2015年两岸双方领导人会面，开创了两岸领导人直接对话沟通的先河。这都表明，在"九二共识"基础上开辟的两岸关系和平发展是一条维护台海和平、造福两岸同胞、通向和平统一的光明大道、人间正道。我们有充分的信心，继续沿着两岸关系和平发展的道路向前迈进。

2. 坚决遏制"台独"分裂行径

推进祖国和平统一进程、完成祖国统一大业，是实现中华民族伟大复兴的必然要求。"台独"分裂势力及其活动损害国家主权和领土完整，企图挑起两岸民众和社会对立、割断两岸同胞精神纽带，是两岸关系和平发展与台海和平稳定的最大威胁，必须坚决反对。

"台独"没有前途，不可能成为台湾未来的一个选项，这是一个历史定论。民进党不愿放弃"台独党纲"，是两岸关系和平发展的最大障碍，更对国家主权和领土完整构成威胁。

未来 4 年两岸关系将贯穿否认与信守"九二共识"、冲撞与坚持一个中国原则、"台独"与反"台独"的较量。2016 年"两会"期间，习近平总书记就强调，坚决遏制任何形式的"台独"分裂行径，维护国家主权和领土完整，绝不让国家分裂的历史悲剧重演。2016 年 7 月 1 日，习近平总书记在庆祝中国共产党成立 95 周年大会上再度宣示了反对"台独"的坚定立场，强调"对任何人、任何时候、以任何形式进行的分裂国家活动，13 亿多中国人民、整个中华民族都决不会答应"。习近平总书记强调的"三个任何"充分显示了大陆方面反对"台独"分裂活动的坚强意志和高度自信，更是对民进党当局的一记当头棒喝！

3. 两岸关系和平发展根基在基层，动力在民间

维护两岸关系和平发展与台海和平稳定，需要持续扩大深化两岸民众交流。两岸关系和平发展的根基在基层，动力在民间。推动两岸交流合作，可以从以下三方面着手：

（1）继续深化两岸经贸交流合作，推动两岸经济融合，建立两岸经济共同体，以取得更多惠及两岸民众的新成果，培植两岸共同利益。另外，在未来的两岸经合作进程中要尽量照顾到台湾青年的利益，尽可能满足他们的需求，制定专门的优惠政策，吸引更多的台湾青年到大陆求学、就业、创业。要为他们积极参与两岸经贸合作创造便利条件，给他们创造更多的机会，让他们分享大陆经济发展带来的好处。

（2）继续推动两岸青年交流。青年是两岸未来发展的主导者，他们对两岸关系的认知和态度，很大程度上决定两岸关系发展的方向。因此，必须进一步扩大两岸青少年的交流与接触，增进双方的民族感情和同胞情谊，拉近彼此情感和心灵的距离。对于两岸青年交流要不断创新交流形式，加强内容策划，提升交流效果；可以尝试让台湾青年参与举办两岸青年交流活动，充分利用网络媒体，策划针对年轻人的交流活动，避免两岸青年交流流于形式，促使台湾青年在交流中加深对大陆发展的了解与认识，提升他们对中华民族和中华文化的认同。

（3）加强两岸知识界、教育界交流，努力实现两岸双方历史观的调和与对接。两岸可以考虑通过合作开展对抗日战争等重要历史事件和孙中山、郑成功、刘铭传等历史人物的专题研究，联合举办反映两岸关系史的文史展览，合作拍摄反映两岸历史文化渊源和重大历史事件的纪录片、影视剧，推动两岸共同编写历史教科书等手段，增进台湾年青一代对中国历史文化与两岸历史文化渊源的认知，增强他们对"大陆与台湾同属一个中国，两岸和平统一是大势所趋"史观的认同。

思考题

1. 扶贫攻坚为何要变"大水漫灌"为"精准滴灌"？
2. 你有就业压力吗？压力来自哪几个方面？
3. 经济新常态下为什么要着力推进供给侧结构性改革？
4. 结合当前世界经济形势，谈一谈你对 G20 杭州峰会主题中"创新、活力、联动、包容"的认识。

专题八 我国与大国的关系

 学习重点

(1) 了解我国的外交政策。
(2) 掌握我国外交原则。
(3) 把握中美、中俄、中欧、中非、中拉关系。

第一节 中国的外交政策

一、我国外交政策概述

中国外交政策指的是我国在处理同包括社会主义国家在内的一切国家的各方面关系,如政治、经济、文化、外交、边界关系中,一贯坚持的和平共处五项原则等,以及在五项原则的基础上发展演变而来的其他政策、措施和处理办法。在我国外交政策的指导下我国已经同许多国家建立和发展了友好合作关系。

我国一向坚持走和平发展之路,我国奉行独立自主的和平外交政策。维护世界和平,促进共同发展,是我国外交政策的宗旨;和平共处五项原则是我国外交政策的基本准则;独立自主是我国外交的基本立场;维护我国的独立与主权,促进世界的和平与发展是我国外交的基本目标。

二、我国外交的基本原则:和平共处五项原则

1955年4月,周恩来总理率领中国代表团参加在印度尼西亚万隆举行的亚非会议。会上通过的亚非会议宣言写入周恩来总理最早提出的和平共处五项原则。

互相尊重主权及领土完整原则:指各国应相互尊重国家固有的对内最高统治权和对外独立权,互相尊重国家的领土主权,不损害他国领土的完整性。

互不侵犯原则：各国在相互交往中不得以任何借口进行侵略，不得以违反国际法的任何形式使用武力或以武力相威胁，侵犯他国的主权与领土完整；不得以战争作为解决国际争端的手段。

互不干涉内政原则：是指国家间在相互关系中不应为实现该国利益而通过政治、军事、经济、文化等手段干预他国主权范围内的事务。

平等互利原则：是指各国应当彼此尊重，在法律上享有平等地位，不以损害他国利益的方法谋求任何特权和攫取该国的片面利益。

和平共处原则：是指各国应和平地同时存在，和平地交往合作并以和平方法解决彼此之间的各种国际争端。

1. 互相尊重主权及领土完整

互相尊重主权及领土完整是国际法重要的原则，是当代国际法律关系的基础。互相尊重主权原则意味着相互尊重各国主权地位的政治原则和法律原则；意味着一国有尊重和承认他国存在和发展的权利，任何国家一律平等，相互独立，有彼此尊重的权利和义务；意味着一个国家在完全不受外来干扰、威胁、恐吓、破坏下，充分行使自己的权利，以独立的国格与世界各国交往，独立处理解决一切内外事务的权力和权利；意味着各国平等，即使一个强大的国家也并不具备控制弱小国家的权利，反对霸权主义和强权政治，意味着国家存在发展的自由，意味着一国的自由同时是另一国生存和发展的前提和有效因素。

2. 互不侵犯

互不侵犯指各国在其相互关系中不得以任何借口进行侵略，不得以违反国际法的任何其他方法使用武力或以武力威胁侵犯另一国的主权、独立或领土完整，不得以战争作为解决国际争端的手段。《国际法原则宣言》对互不侵犯原则的内容作了阐明：侵犯战争构成危害和平之罪行，须负国际责任；各国皆有义务避免从事侵略战争之宣传；各国有义务避免使用武力或威胁侵犯他国边界和国际界线；每一国皆有义务避免对阐释各民族享有平等权利与自决权原则时所指之民族采取剥夺其自决、自由及独立之任何强制行动；每一国皆有义务避免组织或鼓励组织非正规军或武装团队，包括雇佣军在内，侵入他国领土，有义务避免在他国发动、煽动、协助或参加内战或恐怖活动，或默许在其本国境内从事以犯此等行为为目的之有组织活动；国家领土不得作为违背宪章规定使用武力所造成之军事占领之对象，不得成为他国以使用威胁或武力而取得之对象，使用威胁或武力取得之领土不得承认为合法。

3. 互不干涉内政

互不干涉内政是处理国际关系的基本要求。任何国家都有自主地选择本国的政治制度、经济制度、社会文化制度的权利，任何其他国家不得以政治、经济或其他方式，强迫他国屈从于自己的意志；任何国家不得以任何借口直接或间接干预他国的国内事务和外交事务，既不允许武装干涉，也不允许政治干涉、经济干涉、文化干涉乃至人权干涉；任何国家不得组织、协助、煽动、资助目的在于颠覆别国合法政府的组织或活动。

4. 平等互利

平等互利原则是指国际私法主体在法律地位上是平等的，在经济上是互利的，它要求在处理涉外民事关系的时候，应从有利于发展国家间平等互利的经济交往关系出发。它是国与国之间处理对外关系时必须遵守的共同原则。平等，即国与国之间的交往必须建立在国际人格平等的基础上；互利，即注意实质平等，只有这样，才可能更好地鼓励发展，实现合作。

5. 和平共处

和平共处全面总结概括了当代国际关系与交往应当遵循的基本原则，其本身五个原则相互联系，以"相互尊重主权"为出发点，引申出各项原则；又以"平等互利和平共处"原则作为总目标，以其他原则为保障，从而形成了完善的国际法基本原则体系，相互补充发展，具备了比单一原则更丰富全面的内容。和平共处具有国际强行法性质，对国际事务具有普遍约束指导作用，推动了国际法的发展，完善了国际法原则体系，为国与国交往合作提供了一个很好的行为准则。它是解决国际争端的基本准则，是反对霸权主义强权政治和武装军事干涉内政行动的重要理论依据和有效手段。

三、新中国外交政策的发展历程

1. 新中国成立初期至 20 世纪 50 年代

我国外交的首要任务是彻底摧毁帝国主义对中国的控制，恢复国家的独立和主权。为此，提出了"另起炉灶""打扫干净屋子再请客"和"一边倒"的三条方针。

"另起炉灶"，就是同旧中国的屈辱外交彻底决裂，不承认旧中国同其他国家建立的外交关系，要在新的基础上同世界各国建立新的外交关系。"打扫干净屋子再请客"，就是要在彻底清除旧中国遗留下来的帝国主义在华特权和残余势力之后，再请客人进来，以免敌对者"钻进来"捣乱。"一边倒"，即倒向社会主义一边。"联合世界上以平等待我的民族和人民，共同奋斗。这就是联合苏联，联合各人民民主国家，联合其他各国的无产阶级和广大人民，结成国际统一战线"，反对帝国主义的侵略政策和战争政策。

这主要是因为，从国际方面看，以美国为首的资本主义国家对新中国采取经济封锁、外交孤立、军事包围和威胁；第二次世界大战后一系列国家走上了人民民主道路，形成了社会主义阵营；广大的亚非拉国家纷纷走上独立自主的道路。从国内方面看，新中国成立，是中国能够执行独立自主外交的前提。为了政权巩固，经济急待恢复，创造和平的建设环境，能够在国际舞台上发挥重要的作用，树立新中国的国际形象。

在这一阶段我国的外交取得了令人骄傲的成就，新中国成立第一年就与 17 个国家建立了外交关系，也就是说 17 个国家承认中华人民共和国为唯一的合法主权国家；提出和平共处五项原则，不仅成为解决中印之间的国家准则，也成为解决国家之间的基本准则，反映了我国外交政策的成熟；日内瓦会议凸显了我国作为世界五大国之一的地位；万隆会议提出的"求同存异"主张，不仅标志着万隆会议的成功召开，而且成为"万隆精神"的核心内容。

2. 20 世纪 60 年代的外交方针为"两个拳头出击"

20 世纪 60 年代国际形势变化的特点是大分化、大动荡、大改组。从苏共二十大开始，苏联推行霸权主义政策，中苏关系急剧恶化，美国也继续推行敌视中国的政策。为捍卫国家主权，维护世界和平，中国实行了这样的外交政策，既反苏又反美。

3. 20 世纪 70 年代"一条线、一大片"和三个世界的提出

在 20 世纪 70 年代，苏美两个超级大国的力量对比，朝着有利于苏联的方向发展。苏联凭借其迅速膨胀起来的军事实力到处伸手，而美国由于侵越战争拖累，力量相对削弱。苏美争霸出现了苏攻美守的态势。美国为集中力量对付苏联的挑战，谋求从越南脱身，寻求同中国接近。苏联则在加紧同美国争霸的同时，进一步加强对中国的压力和军事部署。西欧、日本的经济得到迅速发展，并日益成为美国的竞争对手。亚非拉国家维护和争取独立的斗争取得伟

大胜利，成为反帝、反殖和反霸的主力军。"一条线"即以反苏为划线标志，"一大片"即全力支持亚、非、拉。

在这一时期，中国联合国恢复合法地位、中美关系实现正常化并建立外交关系、中日建立外交关系，形成了新中国成立以来的建交高潮。

4. 20世纪80年代至今

我国一直奉行无敌国外交，坚持奉行独立自主的和平外交政策，实行不结盟政策，坚持全面对外开放。

具体表现在：积极参加以联合国为中心的多边外交，如积极参加联合国组织的维和行动；积极参加地区性的经济建设，如2001年成功举行亚太经合组织的非正式领导人的上海会议；积极推行睦邻友好政策，营造宽松的建设环境，如在中国倡导和组织下，成立"上海合作组织"；继续改善与发达国家之间的关系，如积极沟通与欧盟的联系与交流；继续加强与广大发展中国家之间的交流，如中非论坛建设；坚持不结盟的外交路线，如在《中苏友好同盟互助条约》30年后，在1980年，中国领导人果断停止了继续结盟的做法；把对外开放始终作为我国一项基本国策；对战争与和平有了新的认识，坚定认为和平与发展是当今世界的两大主题，始终以经济建设为中心，任何时期都不能够偏离这一中心，除非发生战争。

四、十八大以来我国外交的新理念与实践

1. 外交十大新理念

（1）以中国梦为纽带联结中国与世界

2012年11月，习近平在国家博物馆参观《复兴之路》展览发表讲话时，首次提出实现中华民族伟大复兴就是近代以来最伟大的梦想，并在随后不断充实完善中国梦的思想内涵。中国梦成为凝聚13亿中国人民团结奋进的强大精神动力，也为新时期中国外交指明了方向。中国梦追求的是中国人民的福祉，也是各国人民共同的福祉。中国梦既造福中国，也造福世界。中国梦将中国复兴与世界进步融为一体，成为联结中国与世界的重要纽带。中国梦重要思想增进了国际社会对中国和平发展战略的理解和认同，显著提升了中国的国际影响力、道义感召力和文化亲和力。

（2）丰富了和平发展的重要思想

和平发展是中国始终不渝坚持的基本发展道路和发展战略。2013年1月28日，中共中央政治局就坚定不移走和平发展道路进行第三次集体学习，习近平在主持学习时，13次提及"和平发展"四个字。此后他又多次讲到和平发展。首先，指出新形势下中国走好和平发展道路的关键，在于实现与世界的良性互动和互利共赢。其次，提出中国坚持走和平发展道路，但决不能放弃正当权益，决不能牺牲国家核心利益。中国决不会屈服于外来压力，任何外国不要指望我们会拿自己的核心利益做交易，不要指望我们会吞下损害我国主权、安全、发展利益的苦果。再次，明确提出中国坚持走和平发展道路，其他国家也都要走和平发展道路，只有各国都走和平发展道路，各国才能和平相处、共同发展。最后，强调要以史为鉴，坚持正确历史观，牢记历史的启迪和教训；要坚定维护和平的决心，正义必胜、和平必胜、人民必胜。

（3）倡导中美构建新型大国关系

2013年6月，习近平应邀赴加利福尼亚州安纳伯格庄园，与美国总统奥巴马举行会晤。

双方就构建中美新型大国关系达成重要共识，为两国关系发展指明了方向。习近平将中美新型大国关系内涵精辟概括为不冲突不对抗、相互尊重、合作共赢。2014年7月，习近平出席在北京钓鱼台国宾馆举行的中美第六轮战略与经济对话、第五轮中美人文交流高层磋商联合开幕致辞中提出，中美要"坚持合作，避免对抗，既造福两国，又兼济天下"的新主张，为中美新型大国关系增添了新内涵。2014年11月，习近平在人民大会堂同奥巴马举行会谈。习近平提出了要从6个重点方向进一步推进中美新型大国关系建设：加强高层沟通和交往，增进战略互信；在相互尊重基础上处理两国关系；深化各领域交流合作；以建设性方式管控分歧和敏感问题；在亚太地区开展包容协作；共同应对各种地区和全球性挑战。

2015年9月，习近平首次对美国进行国事访问，提出在新起点上推进中美新型大国关系要做好四件事：第一，正确判断彼此战略意图。我们愿同美方加深对彼此战略走向、发展道路的了解。我们要坚持以事实为依据，防止三人成虎，也不疑邻盗斧，不能戴着有色眼镜观察对方。第二，坚定不移推进合作共赢。第三，妥善有效管控分歧。第四，广泛培植人民友谊。

中美构建新型大国关系，是双方基于自身根本利益和时代发展潮流做出的战略选择，是双方着眼世情国情以及中美关系未来发展达成的重要共识，体现了中美两国不走历史上大国冲突老路、开创大国关系新模式的政治智慧和历史担当，对于推动中美关系沿着健康轨道向前发展以及维护整个世界的和平稳定具有重大而深远的意义。

（4）提出亲诚惠容的周边外交理念

周边不仅攸关外交全局，而且攸关国内改革发展稳定大局。维护一个稳定友善的周边环境，使周边成为战略依托，对中国的发展和稳定至关重要。

2013年10月，中央成功召开新中国历史上首次周边外交工作座谈会。习近平在会上发表了重要讲话，强调周边对我国具有极为重要的战略意义，辩证分析周边环境的变化，系统阐述新形势下周边外交的战略目标，指出周边外交的基本方针，就是坚持与邻为善、以邻为伴，坚持睦邻、安邻、富邻，突出体现亲、诚、惠、容的理念。亲，是指巩固与周边国家的地缘相近、人缘相亲的友好情谊；诚，是指坚持以诚待人、以信取人的相处之道；惠，是指履行惠及周边、互利共赢的合作理念；容，是指展示开放包容、求同存异的大国胸怀。亲、诚、惠、容理念的提出，进一步丰富和发展了中国周边外交政策，表明中国真心实意做周边国家好邻居、好朋友、好伙伴的决心，受到周边国家的欢迎。

（5）提出坚持正确义利观

发展中国家是中国外交的基石，始终是中国在国际政治舞台上可以依靠的战略力量。习近平针对中国与发展中国家和周边国家关系面临的新形势新任务，强调在同这些国家发展关系时要树立正确义利观，政治上要坚持正义、秉持公道、道义为先，经济上要坚持互利共赢、共同发展。对那些对中国长期友好而自身发展任务艰巨的周边和发展中国家，要更多地考虑到对方利益，开展合作时要注意多予少取，早予晚取，绝不搞损人利己、以邻为壑。2013年3月，习近平担任国家主席后首次外访行程中就包括了访问非洲三国，期间他首次提出了正确义利观。正确义利观承继了中国外交的优良传统，体现了中国特色社会主义国家的理念，已经成为中国与包括非洲在内的发展中国家交往的重要指南，是新时期中国外交的一面旗帜。

(6) 提出共建"一带一路"的区域大合作观

2013年9月和10月,习近平主席在访问中亚四国和印度尼西亚时,分别提出建设"丝绸之路经济带"和21世纪"海上丝绸之路"的重要战略思想。二者合称"一带一路"。建设"一带一路",要加强互联互通和发展对接。互联互通要注重基础设施、制度规章、人员交流三位一体,推动政策沟通、设施联通、贸易畅通、资金融通、民心相通,实现"五通"并进,以点带面,从线到片,逐步形成区域大合作。建设"一带一路",要坚持共商、共建、共享原则。共商,就是集思广益,好事大家商量着办,使"一带一路"建设兼顾各方利益和关切,体现各方智慧和创意。共建,就是各施所长,各尽所能,把各方优势和潜能充分发挥出来,聚沙成塔,积水成渊,持之以恒加以推进。共享,就是让建设成果更多更公平惠及沿线各国人民,打造利益共同体和命运共同体。建设"一带一路",既要登高望远,也要脚踏实地。登高望远,就是要做好顶层设计,规划好方向和目标,构建区域大合作格局。脚踏实地,就是要争取早期收获。应该加快协商和推进合作项目,争取成熟一项实现一项。"一带一路"建设越早取得实实在在的成果,就越能调动各方面积极性,发挥引领和示范效应。

(7) 提出全球性新型国际关系理念

党的十八大报告首次提出要"倡导人类命运共同体意识",其核心就是牢固树立人类命运共同体意识,构建以合作共赢为核心的新型国际关系。2015年9月,习近平在联大讲坛全面阐述了"携手构建合作共赢新伙伴、同心打造人类命运共同体"的国际关系理念,认为和平、发展、公平、正义、民主、自由是全人类的共同价值,首次系统性地提出打造人类命运共同体的"五位一体"主张,即从政治上、安全上、经济上、文化上、生态上建设人类命运共同体。树立人类命运共同体意识和构建以合作共赢为核心的新型国际关系,是对传统国际关系的超越和创新,是中国对当代国际关系理论的重大贡献,也是中国外交践行多边主义、参与全球治理、推动国际体系变革和国际秩序建设的重要指针。

(8) 倡导新型国际安全观

习近平在2014年5月上海举办的亚信峰会上提出,应该积极倡导共同、综合、合作、可持续的亚洲安全观,创新安全理念,搭建地区安全和合作新架构,努力走出一条共建、共享、共赢的亚洲安全之路。这一亚洲安全观已推而广之,成为中国关于国际安全的基本理念,具有普适性。2014年3月,习近平在海牙举行的核安全峰会上首次阐述中国核安全观,提出坚持理性、协调、并进的核安全观,主张通过践行"四个并重"确保核安全:发展和安全并重,以确保安全为前提发展核能事业;权利和义务并重,以尊重各国权益为基础推进国际核安全进程;自主和协作并重,以互利共赢为途径寻求普遍核安全;治标和治本并重,以消除根源为目标全面推进核安全努力。

(9) 提出信息主权观与网络空间秩序观

2014年7月,习近平访问巴西期间在巴西国会发表演讲时提出,国际社会要本着相互尊重和相互信任的原则,通过积极有效的国际合作,共同构建和平、安全、开放、合作的网络空间,建立多边、民主、透明的国际互联网治理体系。互联网发展对国家主权、安全、发展利益提出了新的挑战,必须认真应对:一方面任何国家的主权权益都不容侵犯,互联网技术再发展也不能侵犯他国的信息主权;另一方面在信息领域没有双重标准,各国都有权维护自己的信息安全,不能牺牲别国安全谋求自身所谓的绝对安全。这是习近平首次在国际场合就全球互联网治理提出了"中国主张",为国际互联网治理确定了"中国思维"。为此,要积极开展双边、多边的互联网国际交流合作。

（10）提出海洋合作观

2013年10月，习近平提出共同建设21世纪"海上丝绸之路"的构想，表示中国愿同东盟国家发展好海洋合作伙伴关系。2015年3月的博鳌亚洲论坛开幕式上，习近平发表主旨演讲时强调，要加强海上互联互通建设，推进亚洲海洋合作机制建设。中国愿同世界各国一道，通过发展海洋事业带动经济发展、深化国际合作、促进世界和平，努力建设一个和平、合作、和谐的海洋。共同建设和平之海，中国坚决反对海洋霸权，致力于在尊重历史事实和国际法的基础上，通过当事方直接对话谈判解决双边海洋争端和纠纷。共同建设合作之海，积极构建海洋合作伙伴关系，共同建设海上通道、发展海洋经济、利用海洋资源、探索海洋奥秘，为扩大国际海洋合作做出贡献。共同建设和谐之海，各国都应坚持在开发海洋的同时，善待海洋生态，保护海洋环境，让海洋永远成为人类可以依赖、可以栖息、可以耕耘的美好家园。

2. 外交新实践

在新理念指引下，中国外交积极进取，奋发有为，外交局面焕然一新。中国国家领导人足迹遍及五大洲，在世界上刮起强劲的"中国风"，中国特色大国外交这艘巨轮乘风破浪，"直挂云帆济沧海"。

（1）主动谋划，奋发有为

2015年10月，在中英全面战略伙伴关系步入第二个十年、中欧建交40周年之际，习近平首次对英国进行国事访问，全面推动中英关系发展，开启中英全面战略伙伴关系"黄金时代"，为中欧合作注入了新动力。与俄强化全面战略协作伙伴关系，推动双方合作实质性发展。两国多年无法收官的天然气谈判终于尘埃落定。

（2）加强经略周边

近年来，中国与周边国家继续密集高层交往，各层次、各领域合作全面展开，彼此利益融合不断深化，相互理解逐步加强。推进同东北亚国家务实合作，习近平主席对韩国、蒙古进行专门访问，用"四个伙伴"丰富了中韩战略伙伴关系内涵，将中蒙关系提升为全面战略伙伴关系。中俄蒙三国元首批准了"三方合作中期路线图"。中韩成功签署自由贸易协定。中日韩领导人会晤重启，三国合力推进东亚合作进程。

继续推进与东南亚国家关系，在李克强总理2013年10月提出的"2+7"合作框架基础上，进一步提出协力规划中国—东盟关系发展大战略等新建议。中方启动中国—东盟自贸区升级版谈判并签署《议定书》，商谈中国—东盟国家签署睦邻友好合作条约事宜，推动区域全面经济伙伴关系协定（RCEP）进入实质性磋商阶段。2015年秋冬之交，习近平先访越南，共建目标相同、利益相融的命运共同体；再访新加坡，打造中新与时俱进的全方位合作伙伴关系；面向东盟，深刻阐释中国的睦邻友好政策，展示共同发展的繁荣前景。李克强出席东亚合作领导人系列会议并访问马来西亚，全面提升了中马全面战略伙伴关系。实现对中亚国家访问全覆盖，中国-中亚天然气管道C线通气并启动D线建设，建立中国-欧亚经济合作基金，签署了商谈10年之久的上海合作组织国际道路运输便利化协定，开启了上合组织的扩员进程。加强与南亚国家友好合作，通过共建"孟中印缅经济走廊"和"中巴经济走廊"等推进与南亚国家合作共赢；习近平2014年9月访问马尔代夫和斯里兰卡，建立中马全面友好合作伙伴关系，宣布启动中斯自贸区谈判，启动科伦坡港口城项目，有力推进了

21世纪"海上丝绸之路"建设。

（3）推动大国关系健康发展

中国乘势而为，加强了中俄全面战略协作伙伴关系，取得重大务实合作成果。中美致力于共同构建新型大国关系建设，两国在朝鲜半岛核、伊朗核、应对气候变化等问题上加强沟通协作。中国致力于将中欧两大力量、两大市场、两大文明结合起来，共同打造中欧和平、增长、改革、文明四大伙伴关系，为中欧合作注入新动力。

（4）构筑深度交融的互利合作网络

中国广泛开展经贸技术互利合作，积极推动"一带一路"建设，以之为纽带，以互联互通为抓手，将自身发展战略与区域合作对接，打造合作共赢大格局。中俄签署"关于丝绸之路经济带建设和欧亚经济联盟建设对接合作的联合声明"。中欧已就"一带一路"建设与欧洲发展规划、国际产能合作与欧洲投资计划、"16+1合作"与中欧合作"三个对接"达成重要共识。中国同东亚国家推进"一带一路"建设和国际产能合作。同时，中国在务实合作上拿出大手笔，亚洲基础设施投资银行开始起步，丝路基金已经设立，为"一带一路"建设提供了有力支撑。

（5）打造中非合作升级版的新框架新格局

中方提出了把握中非合作的"四项原则"，积极推进"六大工程"，共建"三大交通网络"。2015年12月初，习近平赴南非约翰内斯堡主持中非合作论坛峰会，宣布中非务实合作的新举措。这些举措体现出中非发展战略、合作领域、合作方式的对接，并在传承传统合作优势的基础上进一步创新，构建立体化、链条化、系统化的合作格局。

（6）深化中阿共建"一带一路"天然合作伙伴关系

以能源合作为主轴，以基础设施建设、贸易和投资便利化为两翼，以核能、航天卫星、新能源三大高新领域为突破口，努力提升中阿务实合作层次。构建中拉关系新格局。以实现包容性增长和可持续发展为目标，制定《中国与拉美和加勒比国家合作规划（2015—2019)》，实现各自发展战略对接。以贸易、投资、金融合作为动力，推动中拉务实合作全面发展。以能源资源、基础设施建设、农业、制造业、科技创新、信息技术为合作重点。中国还通过与南太岛国建立相互尊重、共同发展的战略伙伴关系等，加强了同南太建交岛国整体合作；推动金砖国家等形成一体化大市场、多层次大流通、陆海空大联通、各国人民大交流。

（7）构建全球伙伴关系网络

中国已同世界上70多个国家和地区组织建立了不同形式的伙伴关系。其中包括：通过成功举办亚太经合组织领导人非正式会议，构建面向未来的亚太伙伴关系；推动金砖国家形成更紧密、更全面、更牢固的伙伴关系，支持金砖国家同非洲、拉美建设伙伴关系；与印度做更加紧密的发展伙伴、引领增长的合作伙伴、战略协作的全球伙伴；使中韩成为实现共同发展的伙伴、致力地区和平的伙伴、携手振兴亚洲的伙伴、促进世界繁荣的伙伴；将中澳、中新（西兰）关系提升为全面战略伙伴；中英构建面向21世纪全球全面战略伙伴关系；中新（加坡）一致同意建立与时俱进的全方位合作伙伴关系，等等。

（8）推动成立亚投行

2013年10月，习近平和李克强在先后出访东南亚时提出了筹建亚投行的倡议。2015年5月下旬，域内外57个意向创始成员国如期商定了《亚洲基础设施投资银行协定》（以下简称《协定》）文本。亚投行筹建工作进入《协定》批准生效和全面做好运营准备的新阶段。筹建亚投行是中国为亚洲和全球经济发展承担更多国际责任、促进各方实现互利共赢和共同发展的重要举措，对于不同发展阶段的国家而言是多赢选择，因此得到各方广泛积极的响应。

值得指出的是，中国发起成立亚投行不是要"另起炉灶"，而是要完善现今金融体制，克服融资瓶颈。

（9）积极参与全球治理

中国积极推动变革全球治理体制中不公正不合理的安排，推动国际货币基金组织、世界银行等国际经济金融组织切实反映国际格局的变化，推动建设国际经济金融领域、新兴领域、周边区域合作等方面的新机制新规则，推动建设和完善区域合作机制，加强周边区域合作，加强国际社会应对资源能源安全、粮食安全、网络信息安全、应对气候变化、打击恐怖主义、防范重大传染性疾病等全球性挑战的能力。中国推动联合国、二十国集团、金砖国家合作、亚太经合组织等国际组织在全球治理中发挥更大作用，共同完善全球治理。习近平主席赴法国出席气候变化巴黎大会开幕活动，阐述中国对全球气候治理的看法和主张，为推动巴黎大会如期达成协议做出中国贡献。中国力推二十国集团从危机应对机制向长效治理机制转型。中国对全球治理的作用不断提升，贡献不断增大。

（10）坚定维护我领土主权和海洋权益

其一，中国"不惹事"，展现和平、合作的一面。中国加强与其他南海声索国的合作，推动通过对话协商解决南海争议。2013年10月，中越发表联合声明，在海上合作、管控分歧方面取得积极进展。其二，中国"不怕事"，对有关国家挑衅举动进行了有理、有利、有节的斗争，维护了国家主权和领土完整，维护了正当权益，维护了周边稳定大局。

3. 外交新特点

（1）主动进取，运筹帷幄

十八大以来，中国加强了外交工作的顶层设计、策略运筹和底线思维。习近平指出，外交外事工作要加强立体思维，立体操作，加强顶层设计，做好策略运筹，落实底线思维。要站在战略高度和全局角度分析和处理问题，观大势、谋大事，从顶层设计角度加强对外工作的战略谋划。要重视策略运筹，讲求方法，因时而变，顺势而为，趁势而上，将中央战略意图和大政方针落到实处。要树立底线思维，不回避矛盾和问题，妥善处理同有关国家的分歧和摩擦，既要朝好的方向努力，也要做最坏打算，做到未雨绸缪、有备无患。政策和策略是党的生命，也是外交工作的生命，要加强外交战略策略运用，最大限度发挥外交资源效用。

中国外交更重视下"先手棋"、打"主动牌"，更善于国际博弈，更敢于发挥领导作用，更加奋发有为。

（2）大国定位，中国特色

在综合国力和国际影响不断提升的背景下，中国更自信地走向世界舞台的中央。以大视野大胸怀，扛起大的国际担当，负起大的国际责任，做出大的国际贡献，包括主持公道、伸张正义、提供更多优质国际公共产品。"中国特色"则要体现本色与个性：首先是坚持中国共产党的领导和中国特色社会主义，坚持中国的发展道路、社会制度、文化传统、价值观念；第二是坚持独立自主和平外交方针、和平共处五项原则以及不干涉别国内政等优良传统,同时要不断对此加以完善、丰富和发展;第三是坚持为国内发展和改革开放服务的第一要务,紧紧围绕国内发展这个大局,为此营造更为稳定、更加友善的外部环境;第四是中国不搞强权政治,而将推进国际关系民主化,坚持国家不分大小、强弱、贫富都是国际社会平等成员,坚持世界命运必须由各国人民共同掌握,维护国际公平正义,特别是要为广大发展中国家仗义执言。

（3）梦想相通,命运与共

中国提出中国梦、亚洲梦、亚太梦、世界梦,并将"中国梦"与"亚洲梦""亚太梦""欧洲梦""非洲梦""拉美梦"以及"阿拉伯复兴"联结起来,寻求梦想契合与交融,推动共同发展与繁荣。中国倡导共同体意识,在多个层面、与各方深化合作,打造政治互信、经济融合、文化包容的利益共同体、命运共同体和责任共同体。

（4）发展接通,结伴而行

中国提出"一带一路"倡议,秉持和平合作、开放包容、互学互鉴、互利共赢的理念,对接古今,对接陆海,对接发展,对接合作,实现基础设施、制度规章、人员交流三位一体的互联互通,推动政策沟通、设施联通、贸易畅通、资金融通、民心相通的"五通"并进,推进区域与全球合作进程,全方位推进务实合作,全面实现合作共赢。中国主张结伴而不结盟,在坚持不结盟原则的前提下广交朋友,积极构建全球伙伴关系网络,取得积极成效。

（5）权责并重,义利并举

一方面,中国坚持维权与维稳并重,维权而不引发冲突,维稳而不伤害权利,力争实现二者的最佳平衡。另一方面,中国在坚持和平发展的同时,主张增加中国和广大发展中国家的代表权、决策权与规则制定权。同时,中国积极发挥与自身实力地位相称的国际影响力,更加积极主动地承担国际责任,在应对全球性问题挑战、解决地区热点问题上,提出中国主张与中国方案,做出中国贡献。在处理国际事务上,中国愈发义利兼顾,强调以义为先,讲信义、重情义、扬正义、树道义,努力做到弘义融利。

（6）加强统筹,理顺机制

党中央从统筹国内国际两个大局出发,高度重视加强外交外事工作的统筹协调,强调必须做到内外兼顾、通盘筹划、统一指挥、统筹实施,要求中央和地方、政府和民间、涉外各部门牢固树立外交一盘棋意识,既发挥各方面的积极性和创造力,又从国家利益的高度作好集中调度,保障中央对对外工作的领导、决策、管理、处理突发事件等各项功能顺利实施。

中央召开周边外交工作座谈会等一系列重要外事会议,出台一系列外事管理重要文件,进一步理顺体制机制,加强与规范外事和外事管理工作,取得良好效果。

党的十八大以来,新一届党中央在准确把握世界格局变化和中国发展大势的基础上,审时度势,开拓进取,外交开局气势恢宏,布局日臻完善,成效显著,不仅为今后的外交工作奠定了坚实的基础,也极大振奋了党心、军心、民心,激发了全国各族人民为实现"两个一百年"奋斗目标和实现中国梦而努力拼搏的热情。

中国特色大国外交深入推展,持续推进,也必将为世界和平、发展、合作的崇高事业不断做出新贡献。

第二节　中美关系

一、中美关系发展历程

中美关系作为世界上最主要的国家之间的关系之一，其发展过程也不是一帆风顺的。65年来，中美关系随着中国国内政治和国际形势的变动发生了非常大的变化，以1979年1月1日中美正式建交作为标志，可以分为两个30年，前30年中美两国没有外交关系，后30多年中美两国有了正式的外交关系。前30年从1949年10月到1978年年底，也可以分作两个时期，以1971年基辛格访华，1972年尼克松访华发表《上海公报》为标志，前一个时期中美两国处于隔绝、对抗状态，美国提出和实施"一中一台"的政策或者说是"两个中国"政策。从1972年尼克松访华以后到1978年年底，是中美关系艰难的正常化时期。后30多年可以分作三个时期，第一个时期就是从中美建交到1989年北京政治风波以前，就是20世纪80年代，中美两国关系得到初步的但也是全面的发展。第二个时期是冷战结束以后的时期，主要是20世纪90年代，中美关系重新正常化。第三个时期就是21世纪以来。

1. 从对抗僵持到建交

1949年10月1日中华人民共和国成立，摆在美国面前一个很突出的问题就是要不要承认新成立的中华人民共和国，要不要跟蒋介石政权切断关系。当时，杜鲁门政府内部有不同意见。一直到1950年，关于对中政策的辩论都是很激烈的。1950年6月25日，朝鲜战争爆发。27日，杜鲁门发表声明，要让第七舰队重新开进台湾海峡，"在朝鲜战争当中把台湾海峡中立化，防止大陆对台湾的军事进攻，也防止台湾对大陆的进攻"。他还表示，台湾未来地位的确定要等待太平洋安全的恢复，对日和约的缔结，或经由联合国的考虑。杜鲁门这个声明被学术界普遍认为是美国政府提出"台湾地位未定论"的标志。

从这以后到1971年基辛格访华、1972年尼克松访华，美国政府提出和实施"台湾地位未定论"，实际上是"一中一台"或者是"两个中国"的政策。朝鲜战争爆发后美国进行干预，1950年10月，中国人民志愿军也跨过鸭绿江，这样一来，中美两国在接下来20年中对抗和隔绝的格局就基本确定。此后，美国把中国看作比苏联更危险的敌人，美国在东亚、太平洋地区的政策主要是遏制"中国共产主义的扩张"。从1971年的"乒乓外交"到1972年的尼克松访华，中美关系揭开了新的一页。1979年1月1日，中美两国正式建立外交关系，从而结束了长达30年之久的不正常状态。

2. 战略合作

从1979年到1989年，中美两国之间共同对付苏联的战略基础存在，中美关系大大发展，包括经贸交流、美对中技术转让，这一阶段堪称"中美关系黄金时期"。1979年1月底，邓小平访美，把两国之间刚刚建立的外交关系提到了新的高度，不管是美国还是中国，大家对刚刚建立的中美关系抱着很大的热情，充满很大的希望。仅在1979年这一年，就有数十次内阁级别成员的互访，包括1980年两国之间的互访，中美签订了几十个合作协议。所以，中美关系一建立，就好像长江大河打开了闸门，河水奔腾汹涌，两国关系从此有了很好的发展势头。

3. 调整适应

苏联解体、冷战结束后，中美关系进入动荡期，经历了一段波折，恢复了，事实上也发展了。2000年，美国通过了与中国建立永久性正常贸易关系的立法，这是中美关系当中最具实质性意义的发展。1994年克林顿政府提高了美国跟我国台湾地区交流的层级，1995年李登辉访美，这些给中美关系带来很大的损害。1996年5月以后，克林顿政府一再发出信息，美国欢迎一个繁荣的、开放的、稳定的中国，美国愿意跟中国发展关系。第二个任期里克林顿政府把工作重点放在了稳定和改善中美关系上。其中最重要的事情就是，1997年10月，江泽民主席访美和1998年6月，克林顿主席访华。在江主席访问的前几天，克林顿总统对媒体发表长篇讲话，系统阐述在后冷战时期中美两国的共同利益，以及在反对大规模杀伤性武器的扩散、促进经济和贸易的发展，以及在反恐反对有组织的国际犯罪这些方面的共同利益。当时中美两国领导人达成了很多共识，最重要的是致力于建设中美两国的战略伙伴关系。1999年5月8日，以美国为首的北约对南斯拉夫进行轰炸，连续轰炸了78天，美国导弹击中了中国大使馆，造成人员的伤亡，这确实使中美关系陷入了建交以来从没有过的一个低潮。

4. 深化合作

21世纪以来，中美两国的建设性合作关系进入一个全面发展时期，中美关系的共识从狭隘走到全面，中美关系越来越全球化。金融危机、能源和气候，成为中美关系的核心。"9·11"事件后，恐怖主义成了对国家安全的最高威胁，在此后的几年当中，中国与美国在反对恐怖主义、防止大规模杀伤性武器扩散等方面，进行了很好的合作。依据2007年中美双方的统计，双边贸易都已超过了3 000亿美元；依据2008年美国的统计，中美贸易已经超过了4 000亿美元。布什政府的任期内，胡锦涛主席同布什会晤了20次，通电话和互致书信有几十次，中美两国领导人保持了密切的高层交往。两国之间各种各样的合作、交流、对话的渠道和平台，共有60多个，其中最主要的是战略对话与战略经济对话，2009年已整合为"战略与经济对话"。这些机制的建立对于中美关系的顺利发展和长期稳定都是非常有影响的。在2013年6月，习近平与奥巴马会见时，双方就朝核问题、经济关系、知识产权、人权问题、网络安全、气候变化、亚太形势、汇率问题进行了深入交流，并达成了七项共识，包括互相介绍执政理念，强调中美关系的重要性，加强各层次沟通，增进理解和互信，加强领域合作，在亚太区形成良性互动，深化在多边机构和国际问题上的协调配合。

二、2015年以来中美关系的发展轨迹

观察2015年以来中美关系的演进，大致呈现出两高两低发展走势：年初中美关系开局良好，3月至5月博弈的色彩明显增加，6月以中美战略与经济对话为契机，两国关系开始逐步导入高访时间，9月下旬习近平主席对美的成功访问为中美关系的稳定发展书写了浓墨重彩的一笔。10月份美方派军舰闯入中国南海南沙岛礁邻近海域，又使中美关系掀起新一轮波澜。

由于2014年年底奥巴马成功访华，成果丰富，落实两国领导人达成的共识就成为2015年中美关系开局的主题。两国政府之间沟通交流频繁，BIT（中美投资协定）谈判继续稳步推进，气候变化领域合作继续取得进展，两军交流继续密集展开，尤其2015年2月和4月两国海军在南海地区的联演联训对于双方管控分歧，防止在敏感区域发生擦枪走火具有重要

意义。而反腐合作，正成为两国关系中的新亮点。同时，两国继续在朝核、伊核、阿富汗、反恐、联合国成立70周年系列纪念活动、2015年后发展议程、抗击埃博拉疫情等问题上保持密切沟通协调。

对于两国关系中长期存在的一些传统结构性问题，双方也没有刻意纠缠。尤其是在达赖与奥巴马会面的问题上，双方都采取了低调处理的方式，使其在两国关系中没有激起大的波澜。

更为重要的是，2015年2月10日，两国元首在电话互致新春祝贺的时候，奥巴马邀请习主席于2015年9月对美国进行国事访问。提前7个月就发出国事访问的邀请，这在中美关系史上颇为少见。这表明，奥巴马从2014年4、5月美对华政策管理失序的状况中吸取了教训，用提前宣布高访的形式对中美关系实施战略管理，从而也定下了2015年美国对华政策总体上要保持稳定的基调。

与此同时，两国政府加强务实合作的努力，似乎并不能改变中美战略竞争加剧的态势。2015年3月12日，英国宣布申请加入中国倡导的亚洲基础设施投资银行无意间再度拉开了中美间密集博弈的大幕。对于中国倡导的亚洲基础设施投资银行，尽管美国内部有不同意见，但奥巴马政府认为，"中国正试图在世界上发展最快的地区制定规则，这将使美国的工人和公司处于不利境地"。为此，对亚投行的成立多方阻挠。然而，英国的加入引发了美国盟友连锁式反应，法、德、意、澳、韩纷纷跟进，美国的阻挠雪崩式溃败。

2015年4月底，安倍访美，美给予安倍最高礼遇的接待。双方正式公布新版《美日防卫合作指针》，共同发表了联合声明。虽然声明中并未点名道姓提及中国，但是字里行间明显显示出美日加强同盟的主要动因就是要共同应对中国对美日利益构成的挑战，放日出山的意图昭然若揭。在美日首脑联合记者招待会上，奥巴马公然指责中国在海洋问题上向邻国"显示肌肉"，并再次提及美日安保条约涵盖钓鱼岛。

2015年5月，南海问题急剧升温。2015年5月12日，美国官员表示，美军正考虑动用飞机和舰船直接挑战中国对一系列快速扩展的"人造岛礁"的领土要求，美国国防部长卡特要求考虑的选项包括出动海军侦察机飞越这些岛礁上空，并派遣舰船驶入有关岛礁12海里范围内。2015年5月22日，CNN播发了美国最先进的P-8A侦察机在中国南海人工岛礁上空的录像。南海问题再度成为中美关系的斗争旋涡，在日美推动下，南海问题甚至成了G7峰会的议题。

随着中美战略博弈的加剧，尤其是美叫嚣将派飞机、舰船进入南海有关岛礁12海里领海、领空范围，两国间发生军事碰撞的可能性急剧上升，中美关系由此极有可能被导入一种对抗模式。然而在此之后，中美关系并没有演绎高台跳水，甚至在2015年5月底举行的香格里拉对话会上，2014年双方唇枪舌剑、"麦克风大战"的一幕并没有重现。此番争议中，双方把处理争议的重心更多地放在畅通的沟通管道上。2015年6月3日，奥巴马在会见一个东南亚青年领袖访问团时将美国在南海问题上的强硬立场缓和了下来，他称："或许他们（中国）的某些主权要求是合法的。"2015年6月8日至12日，中央军委副主席范长龙一行访美，中美两军签署了陆军交流机制，谈及南海问题、台湾问题以及"空中相遇"附件等内容。在南海问题上范长龙表示，"望远能知风浪小，凌空始觉海波平"。南海问题只是中美关系中的一个插曲，中美双方应登高望远，关注更多重大的国际和地区问题。

2015年6月23日，第七轮中美战略与经济对话和第六轮中美人文交流高层磋商在华盛顿举行，取得的成果展示了中美关系的积极面和广阔的合作面，以此为起点，确保习主席访美成功成为两国政府处理中美关系的首要工作。2015年9月22日，习主席开始了增信释疑、聚焦合作、面向人民、开创未来的访美行程，先后到访西雅图、华盛顿，会晤美国总统奥巴马，广泛接触美国社会各界，并发表一系列重要演讲，取得了49项重大成果。在中美两国实力不断接近，摩擦点增多，一些人看淡、怀疑中美关系发展的前景之际，两国最高领导人以实际行动和宏大倡议共同向中美两国民众和整个国际社会发出了两国政府努力管控分歧、扩大合作，推动中美两国相向而行的强烈信号。

三、当前中美关系面临的挑战及问题

观察2015年以来中美关系的演进，我们会明显地感到，尽管两国间的合作面远远大于竞争面，两国政府都展现出稳定中美关系发展的强烈意愿，但两国关系仍面临一系列风险挑战，管控分歧的任务越来越重，中美关系如逆水行舟、不进则退。美国军舰拉森号非法进入中国南沙群岛有关岛礁邻近海域一事就凸显了中美之间增信释疑、管控分歧任务之艰巨和多变。

第一，增强战略互信依然任重道远。战略互信缺失是中美关系中长期存在的一个结构性问题。尽管双方在增信释疑方面做了大量的努力，然而随着两国实力对比的不断接近，美方的焦虑感仍在上升。

在金融危机前，美方对中国的担忧主要基于中国作为一个大国的发展潜力。2009年之后，美国开始意识到，中国的崛起已是现实，在2010年推出"重返亚洲"战略，从中看出美国开始将担忧聚焦在中国不断增长的能力上。而自2014年亚信会议和中国倡导设立亚投行以来，美国在担忧中国不断增长的能力的同时，对中国的战略意图产生怀疑，即认为中国试图将美国赶出亚洲，并挑战美国主导的世界秩序。2015年以来，美国战略界开始炒作所谓的"政治发展方向"问题。冷战结束以来，历届美国政府都奉行以所谓"接触"为主的对华政策，该政策一个重要前提假设就是，随着中国经济现代化，政治自由化也会随之实现。然而，今天有越来越多的美国人认为，中国的发展方向是与此相反的。总之，对中国能力、意图、发展方向三种疑虑的相互叠加，在美国国内产生了要求改变对华政策"范式"的呼声。

第二，"对华政策大辩论"增加了美国对华政策的不确定性。2015年中美关系的演进面临一个相当特殊的背景，即在美国内一场对华政策大辩论正在如火如荼地上演。

冷战结束以来，美国国内曾经历过对华政策大辩论，一次发生在1995年到1996年间，当时中国经济进入快车道，同时在1995年台海危机爆发，遏制派和接触派争执激烈，最终接触派的观点占了上风，其基本立论是随着中国融入美国主导的世界经济体系，中美在政治制度上的差异性会逐渐趋同。另一次是2005年，中国入世后在世界经济中的分量迅速增加，而美国因深陷两场战争而日益感到力不从心，对中国所谓"搭便车"的行为感到不满，要求中国承担更多责任，最终各派在要求中国成为"负责的利益攸关方"上达成共识。

尽管这两场辩论在形式、内容甚至包括结论上都有所不同，但是有以下几点是相同或相似的。首先，这两场辩论都是在中美实力对比差距还较大的情况下进行的，美国在应对中国问题上还保持着相当大的自信。其次，尽管在辩论中存在着相当多的消极杂音，但最终得出的结论都是相对积极的。最后，美国的工商界在辩论中一直扮演着积极的、主导性的角色。

然而在此次辩论中，上述情景均发生了一些重要变化。首先，中美实力对比已经大幅接近，美对华所持有的信心早已被焦虑的情绪所取代。其次，美工商界仍对中美合作抱有期待，但随着两国经贸关系竞争性因素的增多，其热情也已今不如昔。尤其值得关注的是，以商界为首、支持与中国交流的联盟已不再是主导力量，而由其他一些界别组成的、倡议与中国竞争的联盟似乎正在成为辩论的主导力量。最后，到目前为止在这场辩论中尽管存在着积极的声音，但在美国战略界有愈来愈多人呼吁当局"下定决心"、担起"领袖"角色、实现"范式转换""敢于与中国抗衡"。尽管这场辩论可能要到明年的大选前后才能尘埃落定，但这些问题现在就需引起我们的高度重视，因为这不仅会影响奥巴马政府的对华政策，更重要的是会对下任总统的对华政策产生重大影响。

第三，在中美关系新的问题领域，双方之间仍未找到有效的破解之道。随着2008年金融危机后中美实力对比的加速变化，中美关系进入了一个新的发展阶段，其中一个突出的特征就是两国间战略竞争加剧，具体表现是在中美间传统四大结构性矛盾（战略互疑、台湾问题、经贸摩擦、人权问题）之外又出现了一些新的问题领域，如海上争端、网络安全等，其中中美邻海上争端最为突出。

随着美国介入的不断加深，东海、南海热点同步共振，中国与周边国家民族主义情绪升温，中美战略竞争和对抗明显上升，战略博弈从局部转向全局、从言论转向行动、从心理较劲转向外交争夺。

美国的亚太战略本意是利用小国投棋布子，减轻国内军费开支缩减的压力，通过整合同盟体系，"以最小的代价换取最大的收益"。但该战略也被小国利用实施大国平衡。有的国家有恃无恐，借助"中国威胁"提高对美要价，在热点问题上更加强硬，美国被盟友利益绑架。第三方因素对中美关系的掣肘，使中美在亚太地区陷入了一个恶性博弈的怪圈。

尤其是在最近这些年，南海问题间歇爆发，对中美关系的冲击越来越大，就在习主席访美后不久，美国媒体放出话来，美军计划在中国南海人工岛礁12海里巡航，继而成为既成事实。南海问题再度引发关注。在某种程度上南海问题已取代台湾问题成为中美发生军事冲撞的主要诱因。

第四，中美关系是否已演变为"秩序之争"？2014年上海亚信会议和2015年亚投行出现以来，有关"世界秩序之争"已成为中美关系中的重要话题，而且越来越热。一些西方人士断言，中美关于国际秩序之争将成为新世纪地缘政治的首要纷争。

诚然，中美关系已被描绘为"新兴大国"与"守成大国"的关系，然而中美新型大国关系之"新"就在于要打破"崛起国与守成国必然冲突"的历史魔咒。改革开放以来，中国本身的发展表明中国并非现有国际秩序的破坏者，而是建设者、参与者、改革者。诚然，由于角色和身份的差异，中美之间对一些相关问题的认知有不同理解，这些不同理解需要沟通、协调、磨合、甚至发生争执，但这并不意味着双方之间必然走上秩序之争的道路。事实上，这些认知差异也不是当前有关世界秩序方面的核心问题。

目前在世界秩序领域面临的核心问题是世界正在走向失序。无论政治领域还是金融领域，国际合作都在下降。自从冷战结束后，联合国从未解决过任何重大冲突；2009年哥本哈根世界气候大会只留下酸涩的争议；世界贸易组织自1994年以来从没在重大贸易谈判中达成一致。国际货币基金组织的治理方式严重过时，因而其合法性越来越多地受到质疑；在2008年金融危机中脱颖而出的二十国集团，本有潜力成为国际合作的强大机制，如今似乎已迷失了方向。在各个方面，国家、宗派、商业和其他特殊利益都凌驾于共同利益之上。由于全球化影响和技术扩散等原因，传统的"大规模正规战争"和"小规模非正规战争"正逐步演变成一种战争界限更加模糊、作战样式更趋融合的混合战争。武装冲突数量激增，影响范围从中东蔓延到亚洲其他地区、非洲甚至欧洲。而在这一点上恰恰是中美作为两个举足轻重的大国需要共同面对、相互配合的。2014年年底，中美在气候问题上取得的突破，使全球控制气候变化的努力看到了希望。如果这种方法能复制到其他领域，全球治理就有可能展现与现在完全不同的情景。

总之，中美关系是否已演变为"秩序之争"仍是一个开放的问题，最终的结局取决于中美双方在未来的岁月中如何互动。在这个问题上不宜过早做出结论。从理论上讲，主要大国力量对比的变化尤其是力量对比的反转必然会导致世界秩序的变化。然而在历史的演进中，这两者之间往往并不是同步发生的，秩序的变化往往滞后于力量对比的变化，而且有时来得相当缓慢。例如，早在19世纪90年代，美国经济总量就超过当时的霸主英国，但是确立起以美国为主导的世界秩序则是在50多年之后，而且在这期间几乎所有顺风顺水的事情都让美国赶上了。在两次世界大战中，美国起初都是置身事外，其本土又远离战场，同时与前霸主是血缘上的近亲，又是密切的盟友等等。因此，面对这样一个问题，我们应当保持足够的战略耐心和战略定力，经略致远，不被一时的炒作所迷惑，持久而又审慎地推进自身的利益，同时争取为世界的和平和繁荣做出更大的贡献。

第三节 中俄关系

一、中国政府对俄政策

1949年10月2日，中国与苏联建交。苏联解体后，1991年12月27日，中俄两国在莫斯科签署《会谈纪要》，解决了两国关系的继承问题。1998年11月，中俄两国在莫斯科发表了《关于世纪之交的中俄关系的联合声明》。2001年7月，江泽民主席对俄罗斯进行国事访问，双方签署了《中俄睦邻友好合作条约》。2005年6月底至7月初，国家主席胡锦涛对俄罗斯进行国事访问，两国签署了《中俄关于21世纪国际秩序的联合声明》。

2008年5月23日，胡锦涛在同来访的俄罗斯总统梅德韦杰夫会谈时，就更好更快地发展中俄战略协作伙伴关系提出四点建议：①进一步增进政治互信，加强相互支持。②深化务实合作，提高合作层次和水平。③全面推进人文合作，进一步增进两国人民的友好感情。④进一步加强在国际和地区事务中的战略协作。

2010年5月9日，胡锦涛在应邀出席俄罗斯纪念卫国战争胜利65周年庆典期间，在莫斯科会见俄罗斯总统梅德韦杰夫，胡锦涛就加强中俄战略协作提出4点建议：一是加强二十国集团机制化问题上的协调和配合，提高两国在国际事务中的话语权，维护两国和发展中国家正当权益；二是保持密切沟通，共同维护地区和平稳定；三是加强反恐领域合作，共同打击"三股势力"；四是加强气候变化、能源安全等重大国际问题上的协调和配合。

2013年，习近平主席访问俄罗斯时指出：发展新形势下的中俄关系，一要坚定不移发展面向未来的关系，永做好邻居、好朋友、好伙伴，以实际行动坚定支持对方维护本国核心利益，坚定支持对方办好自己的事情。二要坚定不移发展合作共赢的关系，不断创造出更多利益契合点和合作增长点，不断提高两国务实合作层次和水平。三要坚定不移地发展两国人民友好关系。中俄两国都具有悠久的历史、灿烂的文化，人文交流对增进两国人民友谊具有不可替代的作用。

二、当前中俄双方的对话和合作

1. 高层互动密切强化战略互信

中俄两国充分发挥已建立的元首、总理及部门间合作机制的作用，往来互访日益密切。同时，两国元首还利用上合组织峰会、G20 峰会、APEC 峰会等不同国际场合多次会晤。2015 年 5 月，习近平主席访俄并作为主宾出席纪念俄卫国战争胜利 70 周年庆典。2015 年 7 月，习近平主席赴俄乌法参加金砖国家领导人第七次会晤和上合组织成员国元首理事会第十五次会议，并再次与俄总统普京会面。2015 年 9 月，普京访问中国并出席抗日战争胜利 70 周年纪念活动。两国元首借共同出席 20 国集团首脑会议与气候变化巴黎大会之机又两次会晤。2015 年 12 月，俄总理梅德韦杰夫访华并与李克强总理共同主持中俄总理第二十次定期会晤。高层互访活动为中俄关系进一步发展提供了重要政治保障与强劲推动力。正如习近平主席强调，无论国际和地区形势怎么变，两国坚持巩固和深化中俄全面战略协作伙伴关系的方针不会变，致力实现两国共同发展振兴的目标不会变，携手捍卫国际公平正义和世界和平的决心不会变。

2. 中俄携手推动务实合作稳步发展

2015 年，中俄经济发展均面临内外双重挑战。世界经济仍处于金融危机后的缓慢复苏期，经济下行压力不断加大；两国国内正经历经济结构转型调整的关键期。在此背景下，中俄务实合作也面临着前所未有的困难。为应对挑战，两国积极发挥总理定期会晤机制及其下设的中俄投资合作委员会、中俄能源合作委员会、中俄人文合作委员会、中俄总理定期会晤委员会在扩大和深化两国各领域合作方面发挥的统筹规划和指导推动作用，共同努力积极探索，采取有针对性措施，激发合作潜力，促进中俄务实合作提质增量。

一是直面传统经贸合作难题。2015 年 1—10 月，中俄贸易额为 559.1 亿美元，同比下降 29.1%。其中，我国对俄出口 284.6 亿美元，同比下降 35.7%；自俄进口 274.5 亿美元，同比下降 20.7%。虽然中俄贸易额下降较多，未能实现 1 000 亿美元的既定目标，但若以物化计算，中俄贸易仍在稳步发展，中国继续保持俄第一大贸易伙伴国地位。这里还需指出的是，双边贸易额下降是在两国整体外贸均下降背景下的客观态势，并不是中俄双边贸易自身出现了严重问题。面对困境，双方并未回避，而是积极采取切实措施不断优化贸易结构，提高非资源性、高技术、创新产品的比重；提升贸易便利化水平，保障商品市场相互开放，积极发展跨境电子商务，力促双边贸易增长。

二是大项目投融资合作亮点多。为弥补中俄务实合作的"短板"，推进务实合作提质增量，两国以产能和装备制造合作领域的重点合作项目为抓手，积极推进投融资合作，发挥投资的引擎作用。2015 年以来，中俄在能源资源、财政金融、基础设施、农业、军技等领域合作成效显著。2015 年 5 月，习近平主席访俄期间，中俄签署价值 320 亿美元的 32 份合作协议，包括中国为莫斯科—喀山高铁建设项目融资 3 000 亿卢布（约 60 亿美元），中俄西线天然气管道合作备忘录，中国国家开发银行与俄联邦储蓄银行总值 60 亿元人民币的信用额度协议等。2015年9月,普京访华期间,中石化与俄西布尔集团签订战略投资协议;中石化还将与俄罗斯石油公司联合开发俄境内油气;中国国家开发银行与俄外贸银行签署120亿元人民币的贸易融资协议。2015年12月中俄总理定期会晤期间,双方在能源、投资、金融、高科技等领域签署30多项双边合作文件。

三是启动"丝路带"与欧亚经济联盟对接步伐。2015年正值欧亚经济联盟正式启动,丝绸之路经济带战略规划进入全面落实阶段,为协调两大机制共同发展,2015年5月习近平主席访俄期间,中俄签署《关于丝绸之路经济带建设和欧亚经济联盟建设对接合作的联合声明》,决定在贸易、投资、基础设施、金融等领域加强务实合作。

四是军事安全合作进一步拓展。2015年5月习近平主席访俄期间,中航工业与俄直升机公司共同签署了先进重型直升机项目合作框架协议;中俄联合研制飞机发动机、俄对华供应S-400防空系统等也在商讨中。中俄联合军演范围进一步扩大。2015年5月,中俄"海上联合-2015(Ⅰ)"军事演习举行,这是双方首次在地中海海域举行联合军演;2015年8月,中俄"海上联合-2015(Ⅱ)"军事演习又在日本海海域进行。自2012年以来中俄年度海上演习首次分两次进行,持续时间长,课目多,区域和规模大,充分体现了中俄两国协同应对安全威胁的能力。

五是人文合作日益增强。人文合作是中俄全面战略协作伙伴关系的有机组成部分。习近平主席特别强调要坚定不移发展两国人民的友好关系,强调中俄"民之亲"对"国之交"的重要性。在中俄高层的高度重视下,两国民众积极参与,中俄人文交流合作保持良好发展态势,各领域合作日臻成熟。近年来,中俄双方相继举办了"国家年""语言年""旅游年",自2014年起,中俄启动"青年友好交流年",两年来双方在"青年年"框架内开展各领域大规模青年交流,组织相关活动600余项,为两国青年搭建了互动互信、互学互鉴的平台,极大促进了两国青年交往,增进了彼此友谊,并为其未来深入参与中俄合作奠定了基础。2015年5月,习近平主席和普京总统共同宣布,2016—2017年将共同举办中俄"媒体交流年",2015年12月李克强总理与梅德韦杰夫总理共同出席中俄青年友好交流年闭幕式暨中俄媒体交流年开幕式。这些活动不仅有助于两国民众深化了解与友谊,也巩固了中俄关系的社会基础。

3. 中俄国际战略协作不断强化

面对错综复杂的国际及地区形势,中俄不断加强战略协作,在涉及彼此核心利益问题上相互给予坚定支持,在应对国际危机和地区热点问题上保持密切沟通,不仅有效维护了两国利益,也为促进世界和平、稳定与繁荣发挥了重要作用。

一是在联合国等国际组织、机制中协同合作,推动国际秩序向更加公正、合理的方向发展。中俄都支持联合国在国际事务中发挥核心作用,在2015年5月签署的《关于深化全面战略协作伙伴关系、倡导合作共赢的联合声明》中双方共同呼吁,加强联合国在国际事务中的核心作用,加强安理会履行对维护国际和平与安全、维护会员国共同利益的权力,将联合国作为建立更加公正、合作共赢的多极世界秩序的核心机制。在7月的金砖国家峰会上,中、俄等五国领导人签署成立金砖国家新开发银行协议,并确定新开发银行法定资本、组织架构;五国领导人还签署了建立初始资金规模为1 000亿美元的应急储备安排协议,这些举措对现有的国际金融机制形成补充。在上合组织,中俄共同推动乌法峰会批准了《上海合作组织至2025年发展战略》、启动上合组织扩员程序、批准了《上海合作组织成员国边防合作协定》，为该组织发展注入了新的活力，有利于保障地区的安全稳定、促进国际和平。

二是共同维护二战胜利成果。2015年，中俄共同庆祝二战胜利70周年，两国元首互为对方庆祝活动主宾。除了盛大的阅兵式外，中国举行系列活动纪念苏军对中国抗日战争的支持，苏联也在远东纪念中俄共同的胜利。中俄强调，两国将坚定捍卫二战胜利成果，反对否认、歪曲和篡改二战历史图谋，维护联合国权威，坚决谴责美化法西斯主义和军国主义的行径，将尽一切努力阻止世界大战的悲剧重演。

三是协力推动叙利亚问题政治解决。中国支持俄有关叙危机政治解决的倡议。叙危机爆发以来，中国先后提出了"四点主张"和"五个坚持"，努力推动各方在联合国的斡旋下相向而行。近期，俄倡议举行多边会谈，中国积极响应。2015年10月29—30日，中国外交部副部长李保东参加在维也纳举行的叙利亚问题有关国家外长扩大会议并提出政治解决倡议思路。

中俄关系再次跃上新高度，也让人们对中俄关系发展充满了新的更大期待，尤其是在维护世界和平与稳定，促进地区发展与繁荣，推动构建新型国际关系等方面。

三、中俄关系的走向

2013年3月22日，中国国家主席习近平和俄罗斯总统普京在莫斯科共同签署了《中华人民共和国和俄罗斯联邦关于合作共赢、深化全面战略协作伙伴关系的联合声明》，为今后中俄关系发展指明了方向，为大国间和谐共处树立了典范，在当今国际关系中为促进地区乃至世界和平与安全发挥着重要的稳定作用，进一步发展中俄关系符合两国和两国人民的根本利益。

双方将恪守《中华人民共和国和俄罗斯联邦睦邻友好合作条约》的原则和精神，把平等信任、相互支持、共同繁荣、世代友好的全面战略协作伙伴关系提升至新阶段，将此作为本国外交的优先方向。双方支持对方自主选择发展道路和社会政治制度的权利，在涉及对方主权、领土完整、安全等核心利益问题上相互坚定支持。

中俄面临的战略任务是把两国前所未有的高水平政治关系优势转化为经济、人文等领域的务实合作成果。为此，双方批准实施《〈中华人民共和国和俄罗斯联邦睦邻友好合作条约〉实施纲要（2013—2016）》，商定重点加强以下合作，以共同提升两国的综合国力和国际竞争力。

1. 加强经济合作

实现经济合作量和质的平衡发展，实现双边贸易额2015年前达到1 000亿美元，2020年前达到2 000亿美元，促进贸易结构多元化。充分发挥中俄投资促进会议机制作用，加快落实《中俄投资合作规划纲要》，相互投资额实现较大提升。2015年，中俄双边贸易出现下滑，但两国在能源、高铁、航空、地方合作方面取得积极进展。2015年6月18日，中俄签署《莫斯科至喀山高铁项目勘察设计合同》，标志着中俄高铁合作项目向前迈出了实质性一步。2015年6月29日，中俄东线天然气管道中国境内段破土动工，为中俄能源长期合作增加了新的支撑点。

2. 加强能源科技合作

继续在和平利用核能领域密切协作，加快制订和实施中俄森林资源开发利用合作规划，开展林业领域的贸易和投资合作。加强环保领域合作，改善跨界水体水质，保护生物多样性,提高跨界突发环境事件通报和紧急救灾体系的效能。

深化高科技领域合作,推动开展从合作研发、创新到成果商业化、产业化的科技合作。在航空制造领域开展联合研制、联合生产等大项目合作,采取积极措施保证《2013至2017年中俄航天合作大纲》项目的执行和完成。

3. 加强高层定期会晤

继续保持密切、互信的高层交往,进一步发挥元首、总理、议长年度互访、战略安全磋商、外交部门磋商及中俄友好、和平与发展委员会等其他中俄国家和民间合作与交流机制的作用。充分发挥中俄地方领导人定期会晤的作用,加大《中国东北地区与俄罗斯远东及东西伯利亚地区合作规划纲要》的实施力度,扩大地区合作范围,提高地方合作效率。在双方长期共同努力下,两国边境地区已成为和平、友好与稳定的区域。双方将继续提高现有合作机制的效能,并根据需要建立新的对话机制,深化中俄边境地区合作。2015年,中国国家主席习近平和俄罗斯总统普京举行了5次会晤,从莫斯科到乌法,再从北京到安塔利亚,到巴黎,不断推动中俄关系发展。2015年2月17日,国务院总理李克强在北京同俄罗斯总理梅德韦杰夫共同签署《中俄总理第二十次定期会晤联合公报》,并见证30余项双边合作文件的签署。中俄总理定期会晤机制建立20年来不断发展、完善,给两国人民带来了实实在在的利益。2015年5月,两国元首签署的《中俄关于深化全面战略协作伙伴关系、倡导合作共赢的联合声明》,将中俄全面战略协作伙伴关系进一步升华。

4. 加强国际事务合作

双方一致认为,在全球化进程加速的背景下,当今世界进入以民族和国家间相互依存度增强、经济与文化相互融合加深为特征的发展转型期。推动世界多极化进程、实现全球经济可持续发展、推动文化多样性和社会信息化成为全球性主要议题。同时,世界仍然很不安宁,全人类面临的共同任务,包括维护共同和平、安全与稳定,加强国际合作,促进共同发展等,上升为国际关系的首要议题。

遵循平等互信、包容互鉴、合作共赢的原则,携手促进和平与稳定,推动共同发展与繁荣,建设公正、民主、和谐的世界秩序。遵循《联合国宪章》的宗旨和原则,坚持国家不分大小、强弱、贫富一律平等,推动国际关系民主化,反对各种形式的霸权主义和强权政治。尊重各国主权和领土完整,尊重世界文明多样性和国家发展道路多样化,尊重和维护各国人民自主选择社会制度的权利。推动建立以互信、互利、平等、协作为基础的普遍平等、不可分割的新安全观,坚持用和平方式而不是战争手段解决国际争端和冲突,反对动辄诉诸武力或以武力威胁,反对颠覆别国合法政权,反对一切形式的恐怖主义,打击毒品贩运和跨国有组织犯罪,推动维护国际信息安全。2015年7月,伊朗核问题六国(美、英、法、俄、中、德)与伊朗达成历史性全面解决伊朗核问题协议,延续12年的伊朗核问题最终达成共识。中俄双方共同努力,积极协调配合,推动此次谈判取得成功。2015年,中俄在叙利亚危机、朝鲜半岛等国际问题上彼此呼应。中俄合作已远超出双边范畴。

5. 加强反导合作

深化在反导问题上的相互理解、协调与合作,呼吁国际社会成员在反导部署以及开展反导合作问题上慎重行事,反对一国或国家集团单方面、无限度地加强反导,损害战略稳定和国际安全。主张共同应对导弹威胁和挑战,优先在国际法框架内以政治外交手段应对弹道导弹扩散,不能以牺牲部分国家的安全为代价来维护另一部分国家的安全。

6. 加大反恐合作

双方主张进一步发展上海合作组织，加大对恐怖主义、分裂主义、极端主义、毒品贩运、跨国有组织犯罪的打击力度，确保国际信息安全；赋予上海合作组织地区反恐怖机构打击毒品贩运等新职能，并在此基础上成立上海合作组织应对新威胁新挑战的综合中心；加强经济合作，特别是交通、能源、通信、农业等领域合作，积极推动建立有效融资保障机制；支持上海合作组织奉行开放原则，扩大同其他国家和国际组织的对话与交流，推动上海合作组织在国际和地区合作中发挥更大的积极影响。

7. 加强在亚太地区合作

双方指出，亚太地区在全球事务中的作用日益上升，深化区域合作是巩固世界多极化和建立新型亚太地区国家间关系的关键因素。双方认为，团结地区各国力量，共同应对全球和地区问题，维护地区和平与稳定，促进地区共同发展，在遵循国际法基本原则的基础上，在亚太地区建立开放、透明、平等、包容的安全和合作架构，是当前本地区的首要任务。双方坚信，不可分割的安全是上述架构的基本原则。双方认为，要继续鼓励地区相关国家通过双边对话和协商，妥善解决他们之间存在的分歧。双方同意继续开展工作，以便通过《东亚峰会关于加强亚太区域安全合作的原则宣言》。双方愿通过该宣言与各方保持对话，听取各方建设性意见和建议。

双方努力推动金砖国家领导人德班会晤，将金砖国家合作提升到新的水平，支持金砖国家逐步成为就重大世界经济和政治问题开展对话和合作的机制。双方强调，在金砖国家框架内开展全面务实合作十分重要，包括支持工商理事会工作，探讨建立开发银行、外汇储备库，继续在科技、农业、卫生等其他重要民生领域开展合作。

鉴于大国对维护世界和平稳定负有重大责任，呼吁各大国超越零和博弈、集团政治等思维方式，遵循顺应21世纪时代潮流的国际关系原则，政治上相互尊重、平等相待，经济上全面互利、合作共赢，安全上互信包容、共担责任，文化上交流借鉴、相互促进，意识形态上求同存异、和平共处，建立长期稳定健康发展的新型大国关系，推动世界各国在和平、发展、合作的形势下，实现共同发展和共同繁荣。

第四节 中欧关系

一、欧盟简介

欧洲联盟是由欧洲共同体发展而来的，是一个集政治实体和经济实体于一身、在世界上具有重要影响的区域一体化组织。1991年12月，欧洲共同体马斯特里赫特首脑会议通过《欧洲联盟条约》，通称《马斯特里赫特条约》（简称《马约》）。1993年11月1日，《马约》正式生效，欧盟正式诞生。2003年7月，欧盟制宪筹备委员会全体会议就欧盟的盟旗、盟歌、铭言与庆典日等问题达成了一致。根据宪法草案：欧盟的盟旗仍为现行的蓝底和12颗黄星图案，盟歌为贝多芬第九交响曲中的《欢乐颂》，铭言为"多元一体"，5月9日为"欧洲日"。目前欧盟共有法国、德国、意大利、荷兰、比利时、卢森堡、英国、丹麦、爱尔兰、希腊、葡萄牙、西班牙、奥地利、瑞典、芬兰、马耳他、塞浦路斯、波兰、匈牙利、捷克、斯洛伐克、斯洛文尼亚、爱沙尼亚、拉脱维亚、立陶宛、罗马尼亚、保加利亚、克罗地亚28个成员国。欧盟下设欧洲理事会、欧盟委员会、欧洲议会、外交署、欧洲法院、欧洲审计院等机构。其中欧洲理事会即欧盟首脑会议,是欧盟的最高决策机构。它由欧盟成员国国家元首或政府首脑及欧盟委员会主席组成,理事会主席由各成员国轮流担任,任期半年。顺序基本按本国文字书写的国名字母排列。欧盟首脑会议主要负责制订"总的政治指导原则",其决策采取协商一致的原则。

二、中欧关系发展史

中国是世界上最大的发展中国家,欧盟是世界上由发达国家组成的最大的经济政治集团,发展中欧关系不仅符合双方的根本利益,而且具有战略性和全球意义。近三十多年来,中欧关系历经风雨而不断向前发展,业已建立了全面战略伙伴关系,并将迈向更加美好的未来。从历史上看,近三十多年来中欧关系的发展大致可以分为以下几个阶段。

1. 1975—1989 年是第一个阶段

1975年5月,中国与欧盟的前身欧共体建立了外交关系,中欧关系由此开篇。1978年4月,中国与欧共体签署贸易协议,相互给予最惠国待遇,同时成立了欧中经济贸易混合委员会。1985年,在上述贸易协议的基础上中欧签署了贸易和经济合作协定,双方同意在工业、农业、科技、能源、交通运输、环境保护、发展援助等领域开展合作。1988年,中欧双方互派使团,标志着双方关系实现了进一步发展。但在1989年,中欧关系出现了波折,欧共体冻结了对华关系,还实行了包括武器禁运在内的一些制裁,使中欧关系受到严重损害。

这一阶段中欧关系的基本特点是:在大部分时间里,中欧政治关系良好,在国际政治中双方有较多的共同之处而较少摩擦。对中国来说,在反对国际霸权特别是苏联霸权主义的外交目标中,处于相似地位的西欧是一个可以团结和应该争取的力量,因此中国愿意看到一个联合和自强的欧共体。对欧共体而言,中国是在政治上承认它的第一个社会主义国家,是牵制苏联军事威胁的一支重要力量,还是欧洲联合的一个积极支持者。这一时期,中欧经济交往虽然获得了迅速发展,但由于政治关系是主线,双边经济关系没有拓宽和深化到应有的程度,彼此相互重视的程度显然不足,尤其是中国作为潜在市场的重要性还未被欧共体认识。总之,这一阶段中欧关系虽然总体情况良好,但侧重定位于共同抗衡苏联霸权主义威胁的外部需要上,并未形成坚实的政治与经济基础,加上中欧关系中一些固有矛盾,特别是意识形态与价值观念等深层次的差异被淡化和掩盖了,故其受冷战格局解体的震撼是在所难免的。

2. 1990—2005 年是第二个阶段

经历了1989年中欧关系短暂的低迷后,欧共体于1990年10月决定逐步重建双边关系;1992年,中欧关系基本恢复正常,但对华武器禁运仍未解除,同年中欧还开启了环境对话。1994年,中欧展开新的双边政治对话,双方关系由此进入了一个具有战略意义转变的新阶段。1995年,欧盟委员会通过"中欧关系长期政策"的战略性文件,强调要同中国全面发展政治、经济和贸易关系,初步确立了欧盟对华战略性政策框架;这一年,在中国的建议下,中欧展开了一次人权特别对话。1996年,欧盟委员会又发表了"欧盟对华合作新战略",将欧盟对华长期政策进一步具体化,再次强调欧盟对华政策的全面性、独立性和长期性,表示要进一步促进双方在经贸、科技、发展援助等领域内的交流与合作。1998年,欧盟委员会发表了"与中国建立全面伙伴关系"文件,表示要把欧中双边政治关系提高到与欧美、欧日同等水平上,支持中国加入世界贸易组织。这一年,中欧领导人首脑会晤机制建立,并在伦敦举行了第一次领导人会晤。2001年,欧盟委员会再发表"欧盟对华战略:1998年文件执行情况和促进欧盟政策更为有效的未来步骤"文件,提出了具体务实的中短期目标及行动要点。2000年5月,双方就中国加入世贸组织达成协议。2003年,欧盟委员会进一步发表了"走向成熟的伙伴关系——欧中关系之共同利益和挑战"的政策性文件,表明欧盟对华政策在广度、深度、具体化、战略性、严肃性、明确性以及认真程度等方面都有明显进展。同年10月,中国发表"中国对欧盟政策文件",这是中国首次针对某个特定地区或国家发表政策文件,显示了中国对欧盟以及中欧关系的重视。同年11月举行的中欧第六次领导人峰会决定,双方建立完全自主性的全面战略伙伴关系,这标志着中欧关系进入了一个新的发展阶段。2004年几乎成为中国外交的"欧洲年",数位中国高级领导人访问欧洲,欧盟方面也有多个成员国及欧盟的领导人访问中国。2005年,中国国家主席胡锦涛访问英国、德国、西班牙等国,进一步推动中欧全面战略伙伴关系向前发展。

这一阶段是中欧关系发展的战略转折阶段,其基本特点是:在中国、欧盟和世界局势进一步发生重大变化(包括2003年伊拉克战争引发的国际政治震荡)的背景下,中欧在双边关系和国际问题上表现出越来越多的共识与共同利益,同时也面临着新的挑战。欧盟出于自身战略的需要和重大实际利益的考虑,改变了它此前相对轻视亚洲与中国的政策,在发展中欧关系上展现了积极主动的姿态,发表了一系列涉及中国的重要政策文件。对此,中国方面做出了积极回应,并在确立双方全面战略伙伴关系的进程中采取了主动行动。这表明双方都在重新认识对方,并已从中得出了结论。另一个突出特点是中欧关系发展的全面性,以及中欧合作的领域不断扩大和深化。这一阶段,中欧良好的政治关系为双方在经济及其他领域关系的发展奠定了重要基础,通过共同努力使中欧关系获得了全面发展,处于"历史最好时期"。与此相应,中欧各领域的合作突飞猛进,尤以经贸合作的成就最为突出。2004年,实现东扩后的欧盟成为中国第一大贸易伙伴,而中国则是欧盟仅次于美国的第二大贸易伙伴,这一年中欧贸易额达到1 772.8亿美元,比1975年时的24亿美元增加了将近74倍。欧盟一直是中国重要的外资来源地,截至2003年年底,欧盟对华实际投资377亿美元。除了贸易和投资,中欧在其他一些领域的合作也富有成果。2003年,双方签署了《伽利略卫星导航合作协议》;2004年,双方签署了旅游协议;达成了关于建立环保对话机制的政治性协定,重点加强在气候变化、生物多样性和水资源等方面的合作;还续签了《中欧科技合作协议》。在这一阶段,中欧还举行了多轮人权对话,在亚欧会议机制内也进行了积极的互动与沟通。

3. 2006年至今是第三个阶段

现实国际政治是复杂的,这也决定了国际关系的复杂性。进入2006年之后,中欧关系开始出现微妙变化,始见于这一年欧盟委员会发表的题为"欧盟与中国:更紧密的伙伴、承担更多责任"的新对华政策文件,以及同时发表的另一个题为"竞争与伙伴关系——欧盟-中国贸易与投资政策"的对华贸易战略文件。文件从政治与经济战略、竞争与合作政策的角度,对欧盟与中国的关系进行了评估与展望;虽然主基调仍然是建设性的,但明显反映出欧盟对待中国的语气和方式发生了变化,其中夹杂着失望和不满。文件中严肃地表达了欧盟的意愿,并明确提出了对中国的一系列不乏苛刻的要求,概言之就是要中国承担起更多的国际经济、政治乃至环境责任。从近几年双边关系的实际来看，欧盟明显较以往更多地强调维护自身经济利益，在贸易谈判中有意提高谈判门槛，并频繁对中国出口产品实行反倾销调查，为中国经济的发展设置种种障碍；在政治上，则频频拿"人权"和"宗教自由"说事、找茬，向中国政府施加压力。这种变化反映了中欧关系发展的复杂性和曲折性，中欧关系的确进入了一个调适和转型期。

在当今国际体系内，中国和欧盟是两个发展水平和制度差异较大却又彼此互有需求、相互借重的行为体，这一特性决定了中欧关系的战略性和复杂性，也决定其本身是一个不断调适和学习的过程。在中欧建交后的头20年里，中国经济上弱小，欧盟在各方面均处于领先地位，中国更多的是向欧洲学习，欧盟也因此习惯了对中国俯视。但后来中国迅速发展，迎头赶了上来，欧盟却渐渐感到了不平衡，开始强调维护自身利益，并要求中国承担更多的责任和义务；而中国也要求欧盟解除早已不合时宜的对华军售禁令，并希望欧盟尽早承认中国的市场经济地位。强调各自的利益并向对方提要求，虽然凸显了中欧关系中复杂性和挑战性的一面，但这是双边关系调适和转型过程中的正常现象，属于"成长中的烦恼"。需要强调的是，中欧是重要合作伙伴，双方共同利益和相互依赖远远大于问题和分歧。2008年，中欧贸易额达到4 255.8亿美元，中国继续保持欧盟第二大贸易伙伴地位，欧盟则仍为中国最大贸易伙伴。在当前国际金融和经济危机的阴霾下，中欧合作的意义和价值显得尤其重要和突出。还要指出的是，中欧依然认同彼此间的"战略伙伴关系"，支持欧洲一体化进程、发展与欧盟的友好合作关系是中国外交的一项既定政策；欧盟领导人也重申，发展对华关系是欧盟的战略目标，欧盟是中国可信赖的伙伴。为了为发展中欧全面战略伙伴关系注入新动力，双方于2008年4月建立并启动了中欧（副总理级）经贸高层对话机制，该机制成为双方增进互信、实现互利共赢的又一个重要平台。

三、近年来的中欧关系

2015年是中欧建交40周年，双方关系已届"不惑"，而中法关系比中欧关系年长10岁，2014年已到"知天命"之年。回顾过去可以发现，以务实合作、互利共赢引领中欧关系发展正是中法关系的"天命"。此次李克强总理访法期间，双方发表《中法两国深化民用核能合作的联合声明》，同时签署70余项协议及合同，总额接近700亿欧元，还为国民带回签证便利化等实际利好，很好地示范了中欧关系升级的亮点。

1. **政治领域**

自1983年起，双方每年举行定期政治磋商，并在联合国大会期间举行外长级会晤。1994年，中欧签署政治对话协议。1998年4月，中欧领导人在伦敦举行首次中欧领导人会晤，发表了关于建立中欧面向21世纪长期稳定的建设性伙伴关系的联合声明，并就年度会晤机制化达成共识。2001年，双方决定建立全面伙伴关系。2003年10月，第六次中欧领导人会晤后，双方决定发展全面战略伙伴关系。2010年，中欧成功举行首次高级别战略对话，中欧之间的战略互信得到进一步巩固和提高。2014年3月，国家主席习近平历史性访问欧盟总部，同欧盟领导人就打造中欧和平、增长、改革、文明四大伙伴关系达成重要共识，进一步丰富了中欧全面战略伙伴关系的内涵，为双方关系发展指明了战略方向。

2. **经贸领域**

中欧双方从1984年起每年举行一次经贸事务部长级会晤。中欧全面战略伙伴关系建立以来，经贸合作发展迅速。2007年，中欧决定成立副总理级的中欧经贸高层对话机制。2008年4月，中欧经贸高层对话正式启动并在北京举行首次会议。2013年11月，中欧正式宣布启动中欧投资协定谈判，并于2014年举行了3轮谈判。

40年来，中欧经贸关系发展迅速。欧盟连续11年位居中国第一大贸易伙伴，中国连续12年是欧盟第二大贸易伙伴，2014年中欧双边贸易额突破6 000亿美元大关。欧盟是中国重要的外资来源地，累计在华投资已接近1 000亿美元，中国企业对欧投资虽然起步晚，但近年来呈"井喷"态势，在欧盟的投资存量已超过500亿美元，2014年中国企业对欧投资首次超过欧对华投资。

无论从贸易和投资额数据来看，还是从投资领域和贸易结构来看，中欧经贸关系在质和量上都发生了根本性的变化，未来贸易结构升级以及服务贸易提升将成为中欧经贸关系新的增长点。

3. 人文领域

近年来，双方在思想领域的对话深入开展。"中欧文化高峰论坛"自2010年10月举行以来已连续举办了四届。中欧高级别人文交流对话机制自2012年4月启动以来也取得积极进展，并于2014年9月在北京举行第二次会议。中欧人文合作已步入机制化轨道，形成了高层次、全方位的文化交流与合作新格局。从"中欧论坛"到"中欧文化高峰论坛"，从"中欧青年交流年"到"中欧文化对话年"等，中欧相互认知、相互了解的程度持续深入。数据显示，双方每年人员往来达550多万人次，互派留学生近30万人。人文交流已被双方正式确定为继政治、经贸后的"第三支柱"。近年来双方交流不断增加，全面升级，涵盖科技、教育、文化、青年、旅游、卫生等诸多领域。

4. 第三方合作

近年中法双方达成多项协议，准备采取多种形式，在核电、高铁等领域开展三方合作，实现"互利三赢"。这意味着中法将携手开展国际产能合作、共同开发第三方市场。"第三方合作"是李克强总理此次访欧过程中反复阐述的新概念，意指中欧联手开发第三方市场，使中国的中端装备与欧洲国家的先进技术和核心装备更好地结合起来，最终实现三方共同受益。目前，中法两国在第三方国家开展核电合作已取得重要进展，双方正在英国欣克利角合建核电站。同时，中法两国还将在中非、东非携手加强基础设施建设、安全、金融、能源、维和护航、医药卫生和教育培训等领域全面展开合作。2015年6月30日，中法两国总理见证双方签署《开发第三方市场合作协议》，李克强总理表示："中法在第三方合作领域达成共识，将会调动更多发达国家参与合作的积极性。中法关系继续走在中国和西方关系的前列，并迈出了新的一步。"

5. 中欧人员交流

中欧关系未来发展要获得持续的动力，加强双方人员交流至关重要。2015年7月1日，李克强总理在与法国总理瓦尔斯共见记者时宣布，法国将向更多中国公民提供5年有效期多次往返签证，中方允许法国驻华领馆区外设立若干签证办事机构，方便中国公民就近获得签证。同时，法国将尽快使中国赴法留学生人数从3万多名增加到5万多名，中法双方还将共同启动"千人实习生计划"，促进两国青年的交流。此前他在布鲁塞尔会见欧盟领导人时，已与欧方达成共识，同意欧盟在中国15个非设领城市设立签证中心，便利更多中国公民申请赴欧签证，提高双方人员往来的便利化程度。

四、中欧近年取得的成就

中国同欧盟、同英法德三国,以及同欧洲其他次区域国家的关系呈现良性互动、相互促进的可喜局面。在2014年习近平主席成功访欧和中欧盟领导人达成的共识,即建设中欧和平、增长、改革、文明四大伙伴关系基础上,2015年中欧开展了诸多重要交往,尤其是中英、中德、中法双边高层交往,第十七次中欧领导人会晤和第四次中国—中东欧领导人会晤。通过这些交往,中欧达成一系列重要共识。这集中体现在双方同意推进三大对接,即中国"一带一路"倡议同欧洲发展战略的对接、中国国际产能合作同容克投资计划的对接、中国—中东欧16+1合作同中欧整体合作相对接。

中欧务实合作保持向前推进的良好势头。中欧全面落实《中欧合作2020战略规划》,中欧投资协定谈判取得重大进展,与此同时,中欧开辟了新的合作领域,比如,建立中欧共同投资基金,打造中欧互联互通平台,启动首次法律事务对话。又如,中英在深化经贸、投资、金融、基建等领域合作,中德在积极推进"中国制造2025"同德国"工业4.0战略"的对接;中法就开展第三方合作达成一致。这些都表明,中欧双方在共同努力,相向而行,把互利共赢的蛋糕做大。

中欧人文交流呈现生动活泼的局面。结合庆祝中欧建交40周年,中欧举办了一系列交流活动,中国文化中心在布鲁塞尔落成,中欧智库、院校和媒体间交流频繁,来往于中欧之间的留学生、游客和企业家与日俱增。中欧人文交流传播文化,沟通心灵,为中欧关系健康稳定发展注入强大精神动力。

中欧在联合国、二十国集团等多边组织和机构中保持了对话沟通。第十七次中欧领导人会晤联合声明,重申中欧是二战后国际秩序的维护者和建设者,将继续遵守《联合国宪章》宗旨和原则,在《联合国宪章》和国际法基础上建立更强、更有效的多边体系,推动国际秩序朝着更加公正合理的方向发展。《中欧气候变化联合声明》及双方同国际社会的共同努力,为气候变化巴黎大会的成功举行、为应对全球重大挑战,促进可持续发展和人类长远福祉做出了积极贡献。中欧在中东、伊核、叙利亚等地区热点问题上的协调与合作,为推动有关问题的妥善解决发挥了建设性作用。

五、今后中欧关系走向

在未来升级版的中欧关系中,中国发挥负责任大国作用无疑是重要基础。2015年李克强总理访欧期间,从多个侧面表现了中国开放、包容、负责任的大国形象,从而有力地提振了欧洲乃至世界对中国的期许和信心。

第一,关注欧洲发展。李克强总理访欧期间,希腊债务危机再起波澜。在布鲁塞尔参加第十七次中欧领导人会晤当天,李克强总理对此作出三次表态,强调中国一贯支持欧洲一体化进程,一直希望看到一个繁荣的欧洲、团结的欧盟和强大的欧元。他说,中国为希腊克服债务危机作出过积极努力,也用实际行动回应了希腊的一些关切和请求。这说明中国是欧盟真正的朋友,愿意在解决欧债危机的过程中发挥建设性作用,希望看到欧洲早日整体复苏。

第二,在应对气候变化方面发挥积极作用。目前,中国已制定应对气候变化的国家自主贡献文件,确定到2030年自主行动目标,即二氧化碳排放2030年左右达到峰值并争取尽早达到;单位国内生产总值二氧化碳排放较2005年降60%~65%,非化石能源占一次能源消费比重达20％左右，森林蓄积量比2005年增45亿立方米左右，并向《联合国气候变化框架公约》秘书处提交。中国还将继续主动适应气候变化，在抵御风险、预测预警、防灾减灾等领域向更高水平迈进。奥朗德对此给予高度赞赏，将其称为对即将召开的巴黎应对气候大会的重要支持，同时也是国际社会应对气候变化、促进经济可持续发展重要机遇。

第三，与发达国家建立新型关系。李克强总理访欧期间，出席了中国加入经合组织发展中心的正式仪式，成为首位到访经合组织这个"富国俱乐部"的中国领导人。李克强总理发表演讲时表示，中国仍然是世界上最大的发展中国家，但中国和发达国家可以塑造一种新型关系，其一就是国际产能和第三方合作。目前，中国仍然保持着比较充分的就业、持续增长的收入和不断改善的环境，中国有能力实现7％的年增长目标。中国经济的持续增长，与中国积极建立互利共赢国际关系新秩序的努力一样，都是有利于世界和平与发展的重要因素。

毫不讳言，中欧关系发展也面临挑战。中欧社会制度、意识形态、发展阶段存在差异。随着中国经济进入新常态、欧洲一体化建设推进，以及中欧交流与合作规模扩大、深度加强，双方合作机遇增多，同时一些新旧矛盾也时起时伏。关键是，中欧双方要坚持以大局和长远为重，以开拓思维共谋合作，以求同存异处理分歧。这是中欧关系40年历程的重要启示和宝贵经验，是指引未来中欧合作的政治智慧。中国外交将为促进以合作共赢为核心的中欧关系继续作出不懈努力。

第五节　中非关系

中国和非洲友谊源远流长，基础坚实。中非有着相似的历史遭遇，在争取民族解放的斗争中始终相互同情、相互支持，结下了深厚的友谊。新中国成立和非洲国家独立开创了中非关系新纪元。半个多世纪以来，双方政治关系密切，高层互访不断，人员往来频繁，经贸关系发展迅速，其他领域的合作富有成效，在国际事务中的磋商与协调日益加强。中国向非洲国家提供了力所能及的援助，非洲国家也给予中国诸多有力的支持。真诚友好、平等互利、团结合作、共同发展是中非交往与合作的原则，也是中非关系长盛不衰的动力。

一、中非关系发展历程

中国与非洲相距遥远，但中非友谊与合作源远流长。20世纪50年代到70年代，广大非洲国家相继独立。1956年5月，中国与埃及建交，标志着中非关系进入新的发展阶段。此后，相继获得独立的非洲国家陆续与中国建交。

半个多世纪以来，中非友好合作关系经受了岁月的考验，得到不断巩固和发展。目前，非洲54个国家中已有50个国家与中国建立外交关系。1963年年底至1964年年初，周恩来总理对非洲10国的访问堪称新中国外交史上建立中非新型关系的"开山之旅"。在这次访问中，周恩来提出了中国同非洲国家发展关系的五项原则和中国对外经济技术援助的八项原则，为中非长期友好合作奠定了坚实的基础。

在国际舞台上，中国和非洲始终相互同情，相互支持。中国对新独立的非洲国家总是率先承认，并及时给予道义和物质上的支持。20世纪70年代，毛泽东主席多次对来访的非洲国家领导人说，中国和非洲同属第三世界，中国永远反对霸权主义。广大非洲国家对恢复中国在联合国合法席位的斗争给予了有力的支持。

自20世纪80年代以来，中非关系经受住了国际风云突变的考验，继续保持强大的生命力。1996年5月，江泽民主席访问非洲，提出了构筑中非关系面向21世纪长期稳定、全面合作的五点建议，即"真诚友好、平等相待、团结合作、共同发展、面向未来"，中非友好关系掀开了新的篇章。

进入21世纪，提升中非合作成为双方共识。在2000年10月于北京举行的中非合作论坛首届部长级会议上，中非宣布建立"长期稳定、平等互利的新型伙伴关系"。为推动中非关系再上新台阶，2006年1月12日，中国政府发表了《中国对非洲政策文件》，倡导建立和发展政治上平等互信、经济上合作共赢、文化上交流互鉴的中非新型战略伙伴关系，首次明确提出"全方位"合作概念，得到了非洲国家的积极响应。在同年11月举行的中非合作论坛北京峰会上，中非领导人一致同意并确立了中非新型战略伙伴关系。与此同时，胡锦涛主席还宣布了中国加强对非务实合作、支持非洲国家发展的八项举措。

为进一步深化中非新型战略伙伴关系，2012年7月，中非合作论坛第五届部长级会议在北京成功举行。在会议开幕式上，胡锦涛主席代表中国政府宣布了支持非洲和平与发展、推进中非新型战略伙伴关系的新举措，为中非关系更好更快发展注入新的强劲动力。

2013年3月，习近平在新任中国国家主席后的首访行程中即包含南非、坦桑尼亚和刚果（布）3国，并在南非邀请十多个非洲国家领导人进行早餐会。在不到半年的时间内，赞比亚总统萨塔、莫桑比克总统格布扎、埃塞俄比亚总理海尔马里亚姆、尼日利亚总统乔纳森以及肯尼亚总统肯雅塔相继访华。

2014年5月4日至11日，李克强总理出访埃塞俄比亚、尼日利亚、安哥拉和肯尼亚等非洲四国，再一次将全世界的眼光聚集到中非关系上。21世纪初以来的十多年间，以经贸为主的中非关系长足发展，至此进入一个新的时期。李克强访非的一大要点是，提出"461"的中非新合作框架，即坚持平等相待、团结互信、包容发展、创新合作4项原则，推进产业合作、金融合作、减贫合作、生态环保合作、人文交流合作、和平安全合作六大工程，完善中非合作论坛这一重要平台。其中，六大领域被认为是非洲国家当前经济和社会发展最需要的优先领域，也符合中国当前国内外的战略目标。

二、中非关系的重要性

正如习近平主席2013年3月25日在访问非洲时强调的："新形势下，中非关系的重要性不是降低了而是提高了，双方共同利益不是减少了而是增多了，中方发展对非关系的力度不会削弱、只会加强。"对中国而言，中非关系之于中国发展及中国与世界关系都具有十分重要的意义。

1. 中国外交的战略支点

历史上，非洲国家曾给予中国极其宝贵的外交支持，新中国成立初期，正是在广大非洲国家的帮助下，中国被"抬进"了联合国，突破了自身面临的外交困境，重回国际社会并赢得应有的国际尊重。1989年政治风波后，又是非洲国家帮助中国打破西方国家对中国的封锁。当年8月，钱其琛外长先后应邀出访了8个非洲国家。当时，顶着西方外交压力到中国访问的第一位外国元首来自非洲，第一位政府首脑来自非洲，第一位外长也来自非洲。在台湾问题上，绝大多数非洲国家也是"一个中国原则"的坚定支持者。过去的历史表明，中国的国际环境越是恶化，非洲在中国外交战略中的地位就越重要。如果说发展中国家是中国外交的基础，那么非洲就是这个基础中最为核心的部分。

21世纪上半叶是中国实现和平发展的关键时期。中国渴求有一个稳定的国内国际环境，希望妥善处理与外部世界的关系。中国一再宣称它不挑战他国的利益和现有国际秩序，但它同样希望其他国家尊重它的核心利益，其中尤为重要的是国家统一和政治稳定。由于部分西方国家在欢迎、接纳中国融入国际体系的同时，又秉持延续多年的冷战思维或坚持传统霸权思维，对处于快速崛起进程中的中国进行政治或安全上的防范。在这种背景下，中国要实现自身的战略目标，除了努力经营周边睦邻关系外，还要积极加强和拓展与非洲国家的关系，利用其整体力量制衡少数国家对中国的阻遏，改变和优化中国在国际社会中的处境。中国不会搞军事同盟关系，但中国也需要政治上的合作伙伴。

在中国的外交布局中，中非关系一直发挥着"战略支点"的作用。非洲是撬动中国与外部世界关系的战略性支点，是中国在若干重要问题上抗衡西方某些国家压力的借助力量。中非关系的意义，在于它推动着中国实现大国复兴的历史进程，也见证了这一进程中不断增长的世界影响力。从这个角度讲，非洲对中国和平发展的外交全局有着重大的意义。

2. 经济复兴的重要伙伴

中国的经济发展离不开非洲。中非贸易额从2000年的106亿美元增长到2012年的1 984亿美元，中国已经是非洲最大的贸易伙伴；中国对非直接投资存量由2003年年底的4.9亿美元迅速增长到了2011年年末的147亿美元；中国从1992年开始进口非洲原油，从当年的50万吨增长到2010年的7 085万吨。近年来，来自非洲的原油约占中国原油总进口量的30%。中非经贸合作还有助于中国企业积累参与全球化的经验，这是中国企业对非"走出去"的重要意义之一。中国企业深度参与非洲的投资、贸易和工程建设，可以在海外市场拓展、企业管理、资本运作、风险规避，以及如何处理与当地政府、民众和国际社会的关系等方面积累宝贵经验。中国企业在非洲投资过程中所受的诸如环境保护、劳资关系等方面的国际压力及批评也在一定程度上有助于它们完善企业社会责任，规范自身行为，提高它们对国际经济运行规则的认知。

中非经贸合作的本质特征在于互利、互惠与共赢。中国商品适应了普通非洲人的消费水平，提高了他们的生活质量；中国对非洲的投资带动了非洲经济发展，特别是提升了非洲国家基础设施建设；非洲的原材料价格因为中国需求的增加而得到显著提高，这对非洲经济复兴是极为有利的。中国对非外交的基本出发点是帮助非洲国家摆脱经济依附，实现发展中国家的共同发展。中国发展不仅造福自身，也将惠及非洲和世界。

3. 中国展现外交形象的舞台

中国是世界上最大的发展中国家，长期以非洲和发展中国家为自身外交依托和战略伙伴，这决定了中国日益增长的全球责任和大国形象，就不仅仅只是与世界主要国家一道维护全球金融秩序稳定，打击国际恐怖主义，阻止全球气候变暖，等等，更为重要的是推动发展中国家的减贫与发展，促进世界均衡发展和南北问题的解决，以及通过国际多边渠道帮助尚处于动荡中的发展中国家实现政治稳定。中国的全球责任主要是对以发展中国家为主体的国际社会负责，这是中国基于自身身份、利益基础上的外交选择。力所能及的范围内创新对非援助形式，适度增加对非援助规模，是展现中国外交形象的首要途径。无论是2000年首届中非合作论坛会议上发起的中非人力资源开发合作与减债举措，还是2006年论坛北京峰会上提出支持非洲发展的"八项措施"、2009年第四届论坛会议提出的"八项新举措",以及2012年第五届论坛会议提出在五个重点领域支持非洲的和平与发展事业,均体现了中国在实现自身发展的同时,开始更多地帮助非洲国家实现共同发展。与过去中国支持非洲民族解放运动相比,当代中非发展合作开始更为紧密结合非盟和"非洲发展新伙伴计划"设置的优先发展议题,把重点放在非洲国家迫切需要的基础设施建设、医疗卫生、技术培训、人力资源开发等领域,着力提高非洲经济自主发展能力和民众生活改善。

4. 中国提升国际话语权的重要平台

20世纪90年代以来,中国在继续参与既有全球性或区域性国际组织的同时,开始主动尝试与其他国家一道创建新的多边合作框架。中非论坛机制自2000年10月成立以来,成为新时期推进中非合作关系全面发展的有力机制平台,有助于中国从整体层面统筹规划对非政策及援助,从宏观战略层面协调与非洲国家的关系及在重大问题上的立场,从而大大增强了中国对非洲的外交影响力,提升了中非关系的战略地位,在国际上引起了极大的关注。

非洲国家对中国发展模式的青睐增强了中国在世界发展领域的话语力量。近年来许多非洲国家开始积极"向东看",不仅只是为中国不断增长的对外援助和贸易机会所吸引,同时也惊羡于中国过去三十余年里取得的成就及发展经验。当前中国的快速发展及其体现出的积极创业精神,使这些在实现政治独立之后又经历过发展痛楚的非洲国家,看到了独立自主地实现民族复兴的希望。

三、"全天候朋友"——中非双边关系

1. 政治交往密切

2015年12月,双方决定将中非关系提升为全面战略合作伙伴关系。习近平主席提出中非之间要做到政治上平等互信、经济上合作共赢、文明上交流互鉴、安全上守望相助、国际事务中团结协作。这五大支柱使中非关系布局更加完整、基础更加牢靠,并对中非全面战略合作伙伴关系形成更为全方位的支撑。习近平主席提出的"真、实、亲、诚"对非工作方针,奉行正确义利观。中国与非洲开展合作时,坚持"四不三优先",即不附加政治条件,不干涉非洲国家内政,不提强人所难要求,不开空头支票,优先考虑非洲自身的实际需要,优先帮助非洲改善民生,优先支持非洲提高自主发展能力。

2. 经贸合作持续加强

中非双方经济互补性很强,合作潜力巨大。中国政府一贯主张在"平等互利、讲求实效、形式多样、共同发展"的基础上发展同非洲国家的经贸关系。中非合作的本质是南南合作,是兄弟间的相互帮助,是平等互利,是合作共赢,目的是实现中非双方的共同发展和共同繁荣。中方将本着"真、实、亲、诚"对非政策理念和正确义利观,继续同非洲国家一道开拓进取,为实现中非共同发展而不懈努力。2015年中非贸易总额和中国对非洲非金融类投资存量分别是2000年的22倍和60倍。中非贸易自2000年突破100亿美元以来,年均增长32%,2009年中国成为非洲第一大贸易伙伴国,中非贸易占中国对外贸易总额的比重由2%上升到4%,占非洲对外贸易总额的比重由4%上升到10%。同时,非洲各国的出口产品,包括能源、原材料以及工业制成品,也开始大量进入中国市场。近20年来,中国和非洲的贸易额从1992年的105亿美元,攀升至2012年的1 984.9亿美元。中国已成为非洲最大的贸易伙伴。中非贸易额平均增速达27%,是中国和所有贸易伙伴中最高的。中非贸易

50年光辉历程成果显著,中国出台了一系列中非经贸合作新举措,中国政府代表说中非经济合作透明公开互惠,中非扎实推进双边经贸合作,中非加强经贸联系,新世纪中非经贸合作纪略,我国首度发布中非经贸关系报告。

3. 对非援助

在对非援助方面,中国政府一如既往,真诚帮助受援国发展经济,不附加任何政治条件,不干涉受援国内政,也不损害第三国利益。商务部资料显示,迄今为止,中国已为非洲50多个国家援建900个项目,涉及农牧渔业、轻纺工业、水利、电力、通信、交通、食品加工等各领域。中国还为非洲国家培养了大量各类人才,减免33个非洲重债穷国对华债务。从1963年派出第一支医疗队至今,中国先后向非洲派出医务队员1.7万多人次。中国还给予部分非洲最不发达国家输华商品免关税待遇,为非洲商品进入中国市场提供便利。尽管中国自身也面临困难,但中方将认真落实中非合作论坛北京峰会确定的各项援非举措,越是在困难的时候,中非双方越要相互支持、通力合作、共克时艰。中国政府将免除33个非洲国家债务,中国给予非洲最不发达国家近500个税目商品零关税待遇。

4. 加强农业与粮食安全合作

农业事关非洲的发展稳定和脱贫减困,是大部分非洲国家的支柱产业和优先发展领域,中非双方在农业领域具有良好的合作条件和广阔的合作前景。中国政府重视同非洲国家在农业领域的互利合作,帮助非洲国家把资源优势转化为发展优势,实现农业可持续发展。

最近几年,中国企业在非洲开展了良种培育、粮食和经济作物种植、农产品加工等投资活动。2009—2012年,中国在非洲农业领域直接投资额由3 000万美元增长到8 247万美元,增长了1.75倍。中国企业在非洲从事农业投资,增加了粮食供给,提升了非洲国家农业综合生产能力。中国企业还在非洲国家积极开展农田整修、水利建设和改造,改善当地农业生产条件。其中,由非洲开发银行出资、中国企业承建的农田整治项目是卢旺达农业领域的最大项目,建成后将有效改善卢旺达境内主河流的整治和水资源利用情况。

5. 支持非洲基础设施建设

基础设施建设是改善非洲投资环境和民生条件的根本支撑,对非洲减贫和发展至关重要。中国政府鼓励企业和金融机构以多种方式参与非洲交通、通信、电力等基础设施项目建设。2012年,中国企业在非洲完成承包工程营业额408.3亿美元,比2009年增长了45%,占中国对外承包工程完成营业总额的35.02%。非洲已连续四年成为中国第二大海外工程承包市场。来自中国的资金、设备和技术有效降低了非洲国家的建设成本,使非洲国家基础设施落后的面貌逐步得以改善。

四、中非合作的重要意义

我国是世界上第二大经济体,非洲是仅次于亚洲的第二大洲,双方都是人口众多、结构转型、民族振兴的重要新兴经济体。中非合作具有重要的战略意义。

1. 非洲的战略地位日益凸显

新世纪以来非洲快速兴起,2013年非洲占据全球增长最快10个国家中的7个,中非经济持续增长有利于双方产业转移、结构调整和经济转型;非洲拥有全球约50%的黄金、10%的石油和1/3的钻石,以及铜、白金和稀土矿藏等,中非友好和中非经贸合作有利于保障我国海外资源供给;非洲经济总量超过2万亿美元,中产阶级人数超过3亿,超过总人口

1/3，这为各国企业提供了发展机遇；非洲一体化进程加快，国际地位日益上升，全球治理日益活跃，作为 BRICS、G20 等成员的南非表现突出。

2. 中非经贸合作前景广阔

我国的工业制成品和非洲的初级产品对双方都具有较强的互补性。我国有序、规范投资和进口非洲原油、矿产等资源型产品，有利于产业结构调整、发展方式转变和经济社会协调发展。我国经济持续快速发展为非洲资源型产品提供了市场空间，为非洲贸易、投资带来巨大商机，有利于促进非洲发展。中非经贸合作空间巨大，前景广阔，可实现互通有无和互利共赢，提升双方人民生活水平和社会福祉。

3. 中非农业合作前景看好

农业事关非洲的社会稳定、经济发展和脱贫减困，是大多数非洲国家的支柱产业和优先发展领域。我国在有限的耕地上养活了全球近 20% 的人口，农业发展积累了一定的技术和经验。中非农业合作前景十分看好。建立和完善中非农业合作机制，加强农业技术、品种资源、农业基础设施建设等领域的合作，特别是技术培训和示范推广，采取"公司＋农户"的经营模式，带动当地种植户提高粮食、棉花生产、加工能力；帮助非洲国家切实解决居民吃饭问题，有利于非洲社会稳定，夯实中非合作基础。

4. 中非全方位合作实现多赢局面

我国和非洲国家有许多共同的特征，都有悠久的历史和灿烂的文明，都是发展中国家，人口众多，自然资源和旅游资源丰富，都处于工业化、城市化进程中，致力于实现民族振兴和国家强盛之梦。中非深化经贸、科技、环保、金融、人文等领域合作，加强双边、区域与多边合作，开展政府间、民间、企业间的合作，创新合作方式，可以实现互利共赢局面，最终将提高约 24 亿人的社会福利水平。

第六节　中拉关系

一、拉美国家简介

拉美由 33 个国家组成（阿根廷、安提瓜和巴布达、巴巴多斯、巴哈马、巴西、玻利维亚、多米尼克、厄瓜多尔、格林纳达、哥伦比亚、哥斯达黎加、古巴、圭亚那、秘鲁、墨西哥、苏里南、特立尼达和多巴哥、委内瑞拉、乌拉圭、牙买加、智利、巴拿马、海地、伯利兹、巴拉圭、萨尔瓦多、危地马拉、洪都拉斯、圣卢西亚、尼加拉瓜、多米尼加、圣基茨和尼维斯、圣文森特和格林纳丁斯），从北到南全长 1.1 万公里，总面积超过 2 000 万平方公里，约占全球陆地面积的 13.8%，相当于欧洲大陆的 3 倍。拉美可谓地大物博。除了森林资源外，该地区还有丰富的矿产资源，有些矿物的储量居世界前列。此外，拉美还有良好的农业生产条件。

二、中国领导人谈中拉关系

2004 年 11 月，胡锦涛主席作为国家元首首次出访拉美在巴西国会发表重要演讲：中拉合作正面临着前所未有的历史性机遇。希望中拉关系在不远的将来能够实现如下发展目标：

政治上相互支持，成为可信赖的全天候朋友；经济上优势互补，成为在新的起点上互利共赢的合作伙伴；文化上密切交流，成为不同文明积极对话的典范。

2006年9月，吴邦国委员长就发展中拉关系提出五点建议：一是深化政治互信，夯实中拉合作的政治基础；二是推动互利合作，巩固中拉友好的经济基础；三是丰富人文交流，筑牢中拉友好的社会基础；四是加强议会交往，为中拉关系的发展注入新的活力；五是密切在国际事务中的磋商与配合，共同维护发展中国家的权益。

2008年11月，胡锦涛主席在秘鲁国会发表重要演讲，就面向整个拉美地区，系统阐述了我国关于发展中拉关系的立场和主张。胡锦涛主席就发展中拉关系提出具体倡议：继续密切政治关系，深化经贸互利合作，加强国际事务中协调配合，重视社会领域互鉴共进，丰富人文对话交流。

2012年6月，温家宝总理在圣地亚哥联合国拉丁美洲和加勒比经济委员会发表题为《永远做相互信赖的好朋友》的演讲。温家宝提出四点建议：一是以政治互信为基础，深化中拉战略合作；二是以经贸合作为重点，拓展中拉共同利益；三是以农业合作为抓手，维护中拉粮食安全；四是以人文交流为纽带，增进中拉人民友谊。

2013年6月，习近平主席在墨西哥参议院发表题为《促进共同发展 共创美好未来》的重要演讲。指出在政治上，中拉要坚持真诚友好，在涉及彼此核心利益和重大关切的问题上继续相互理解、相互支持。在经济上，中拉要抓住双方转变经济发展方式带来的机遇，深挖合作潜力，创新合作模式，深化利益融合，建立持久稳定的互利经贸合作伙伴关系。在人文上，中拉要加强文明对话和文化交流，不仅"各美其美"，而且"美人之美，美美与共"，成为不同文明和谐共处、相互促进的典范。

2014年7月，习近平出席在巴西利亚举行的中国－拉美和加勒比国家领导人会晤，并发表题为《努力构建携手共进的命运共同体》的主旨讲话，提出5点建议：第一，坚持平等相待，始终真诚相助；第二，坚持互利合作，促进共同发展；第三，坚持交流互鉴，巩固世代友好；第四，坚持国际协作，维护共同权益；第五，坚持整体合作，促进双边关系。

2015年1月，习近平出席中国－拉美和加勒比国家共同体论坛首届部长级会议并发表题为《共同谱写中拉全面合作伙伴关系新篇章》的重要讲话。习近平强调，中拉论坛首届部长级会议的召开标志着双方整体合作由构想变为现实，向世界发出中拉深化合作、携手发展的积极信号，并对促进南南合作和世界繁荣进步产生重要而深远的影响。

三、发展历程

2012年6月，中方领导人就开展中拉整体合作提出系列倡议，得到拉美和加勒比国家积极响应。同年8月，中国同拉共体"三驾马车"（即"四驾马车"的前身）外长建立定期对话制度。

2013年以来，习近平主席等中方领导人同拉共体成员国领导人就推进中拉整体合作广泛深入交换意见，达成重要共识。

2014年1月，拉共体第二届峰会通过《关于支持建立中国－拉共体论坛的特别声明》，为中拉开启整体合作进程奠定了基础。

2014年7月，中拉领导人在巴西利亚举行历史性的首次集体会晤，建立中拉全面合作伙伴关系，宣布成立中国-拉共体论坛并尽早举行论坛首届部长级会议。

2015年1月8日,习近平主席出席在北京举行的中国-拉美和加勒比国家共同体论坛首届部长级会议开幕式并致辞。

从2014年中拉领导人共同决定建立中拉论坛到2015年首届部长级会议举行,相隔不到半年。2015年元旦刚刚过去一周,中国就以对拉整体外交活动开启了中国特色大国外交的序幕。中拉将通过《北京宣言》等3个成果文件。习近平主席提出把中拉论坛这株嫩苗培育成参天大树的目标,为中拉整体合作在新平台、新起点上实现更高水平发展指明了方向。会议的成功举行,标志着中国特色大国外交理念和实践的不断创新。

在会上,习近平主席阐述了中国与发展中国家关系同整体外交之间的联系:中国坚持独立自主和平外交政策,坚持走和平发展道路,坚持互利共赢的开放战略,坚持和积极践行正确义利观,讲信义、重情义、扬正义、树道义,愿将中国发展同广大发展中国家共同发展紧密结合起来,共同致力于建立以合作共赢为核心的新型国际关系。

四、可信赖的全天候朋友——中拉双边关系

1. 中拉政治交往

拉美地区地域辽阔,自然资源丰富;拉美国家历史悠久,文化灿烂多元。从20世纪六七十年代开始,大多数拉美国家经济快速增长,此后却陷入发展乏力的困局;近几年来,拉美一些国家通过对自身经济增长结构进行调整成为新兴国家中的佼佼者,再次成为全球最具发展潜力地区之一。最近几年,中拉互动频繁。中国对拉美地区的重视程度提升到一个新层面。2013年6月和2014年7月,中国国家主席习近平两次访问拉美。2014年11月,全国人大常委会委员长张德江访问拉美。

与此同时,包括墨西哥、智利、哥伦比亚、秘鲁、哥斯达黎加等拉美多国的元首也在最近两年访问中国。中拉双方领导人互动频繁,中拉关系成为全球最活跃的双边关系之一。

中拉关系快速发展的重要成果之一是中拉论坛的成立。2014年7月,习近平主席在访问巴西期间与拉美和加勒比国家领导人会晤,宣布成立中拉论坛。5个多月后,中拉论坛首届部长级会议在北京召开,表明双方对建立整体合作平台有着迫切意愿和需求。中拉论坛首届部长级会议的召开表明,双方认识到在新的发展机遇下中拉需要新的合作平台。中拉跨地区合作将更有的放矢,中拉论坛也将为处于快速发展阶段的中拉关系提供原动力。

2. 经贸合作

从20世纪六七十年代开始,大多数拉美国家经济快速增长,此后却陷入发展乏力的困局;近几年来,拉美一些国家通过对自身经济增长结构进行调整成为新兴国家中的佼佼者,再次成为全球最具发展潜力地区之一。近年来中拉经贸合作取得丰硕成果。2009年4月,中国和秘鲁签署《中国—秘鲁自由贸易协定》,这是我国与拉美国家签署的第一个一揽子自贸协定。2010年4月,中国和哥斯达黎加签署《中国—哥斯达黎加自由贸易协定》,这是我国与中美洲国家签署的第一个一揽子自贸协定。

目前,中国是拉美第二大贸易伙伴国和第三大投资来源国。2014年1至11月,中拉贸易额达到2 419.3亿美元,同比增长1.3%。2014年上半年,中国对拉投资90.6亿美元。中方提出,争取在10年内,实现中拉贸易规模达到5 000亿美元,中国对拉美直接投资存量达到2 500亿美元。

在当前全球经济一体化的大背景下,拉美多国领导人在多个场合表示,愿意积极发展对

华关系，期待加强同中国的合作。哥斯达黎加总统索利斯日前表示，哥中两国建交以来，双边关系发展顺利，两国在政治、经贸、文化领域合作都取得了进展，现在是时候将双边关系提升至更有战略意义的高度。巴西总统罗塞夫在其连任后的就职典礼上指出，巴中关系具有战略性、稳定性，是巴外交优先方向。巴新政府愿进一步密切双边高层交往，利用好现有合作机制，深化经贸合作，加强在国际事务中的协调。巴方将尽快签署有关两洋铁路合作协议。墨西哥总统培尼亚在参加亚太经合组织领导人非正式会晤时表示，中国是世界经济增长的重要引擎，墨西哥是重要的拉美国家，两国在许多重大问题上有共识。墨中合作潜力巨大，意义重大。墨方真诚希望同中方发展紧密、可信赖的墨中全面战略伙伴关系，为两国关系发展不断注入新动力。

2014年，习近平主席在中国—拉美和加勒比国家领导人会晤上的主旨讲话中方倡议双方共同构建"1+3+6"合作新框架。其中，"1"就是"一个规划"，即以实现包容性增长和可持续发展为目标，制定《中国与拉美和加勒比国家合作规划（2015—2019）》，实现各自发展战略对接；"3"就是"三大引擎"，即以贸易、投资、金融合作为动力，推动中拉务实合作全面发展；"6"就是"六大领域"，即以能源资源、基础设施建设、农业、制造业、科技创新、信息技术为合作重点，推进中拉产业对接，推动中拉互利合作深入发展。2015年，中方与拉方探讨中拉产能合作"3乘3"新模式。

3. 人文和社会

当前，随着中拉交流的不断增强，双方文化团组互访、相互举办文化活动日益频繁，旅游、留学等人员往来逐年增多，中拉人民之间的了解和友谊不断加深。未来5年内，中方将向拉美和加勒比国家提供6 000个政府奖学金名额、6 000个赴华培训名额以及400个在职硕士名额，邀请1 000名拉美和加勒比国家政党领导人赴华访问交流，并于2015年启动"未来之桥"中拉青年领导人千人培训计划。中方还倡议2016年举行"中拉文化交流年"。中国同拉美地区的19个国家签有文化协定，在14个国家建有31所孔子学院和10个孔子课堂。

五、中拉关系新动向

1. 中拉关系翻开历史新篇章

联合国拉美—加勒比经济委员会执行秘书兼"中国—拉共体论坛首届部长级会议"联合国拉经委代表团团长阿丽西亚·巴尔塞纳女士表示，习近平主席在"中国-拉共体论坛首届部长级会议"开幕式上发表了题为《共同谱写中拉全面合作伙伴关系新篇章》的重要讲话，这对中拉新型伙伴关系具有重要意义。一是中拉伙伴关系是一种平等互助的关系，每个国家无论大小、富裕或贫穷，在这种伙伴关系中地位都是平等的；二是中拉间不仅要共享繁荣，还要共担风险。这代表了一种新的多边主义和新的国际治理模式，有助于中拉共同成为联合国、G20、77国集团等现行全球多边治理框架中的关键角色，有助于我们共同完善当前国际多边机构的运行机制和秩序，特别是对拉美-加勒比国家来说，中国共担风险的倡议说明中国充分理解了我们的重大关切，中国这样的伙伴参与到拉美地区诸如基建、能源、互联互通、科技创新等重要领域的建设中来，对我们具有重要意义；三是中国开始注意到，拉美—加勒比国家不仅仅希望出口原材料到中国，还希望在中国的帮助下加快工业化进程、完善区域经济一体化进程中的价值链体系建设。

首届部长级会议是中国—拉共体论坛迈出具有里程碑意义的一步，意味着中拉关系和南南合作翻开了历史新篇章、进入了新阶段。双方共同释放重要而积极的信号，即"1+3+6"框架所包含的内容，就是合作的模式和领域。我们要告诉全世界，我们可以用一种全新的方式做生意、促合作、处朋友；我们还将共担风险，尤其是在拉美-加勒比国家普遍需要加大投资的可再生能源领域和基础设施建设领域。同时，在农业可持续发展和城镇化建设方面，拉美国家则可助中国一臂之力。

以中拉合作为代表的南南合作是建立在相互尊重和无任何捆绑条件基础上的，这是南南合作的核心价值所在，也是其生命力和力量的源泉。现行国际政治经济秩序是二战后的产物，形势已经发生了重大变化，新兴国家已经发展成为不可忽视的一股力量。中国和拉共体国家都是面向发展中国家的地区多边合作架构建设的负责任的引领者。因此，我们应该做好迎接变革和进化的准备。这方面，金砖银行的成立就是历史性的一步，代表着一种全新的金融协定的诞生，也表明中国已经是国际金融治理体系中的关键参与者，而拉美国家通过加强与中国的合作也分享了中国取得的成果，我们愿意继续成为中国的好伙伴，并共同致力于在南南合作和多边框架下共同解决自身以及全球发展中的问题，如粮食安全、能源合作、基础建设、城镇化发展等，这符合国际社会的共同利益，值得鼓励并坚持。

2. 打造中拉关系升级版

第一个阶段是买卖关系，中国购买拉美大宗商品、原材料，推动拉美经济增长。短短10年内，中国一跃成为拉美第二大贸易伙伴，拉美等国均得益于中国经济高速发展对能源、矿石等大宗商品和原材料的巨大需求。抓住中国发展的机遇，让智利、秘鲁、巴西、委内瑞拉等国经济实现快速增长。智利、秘鲁、墨西哥等国结成拉美太平洋同盟，就是为了更好地抓住亚太发展机遇，主要是中国经济发展机遇。然而，随着美元量化宽松、打压油价，大宗商品价格持续走低，中国经济进入新常态、发展模式向低碳经济转型，对拉美大宗商品进口减少。在此种背景下，简单的买卖关系需要增加内涵。

第二个阶段是投资关系。中国—拉共体论坛首届部长级会议上，中国宣布未来10年投资拉美和加勒比国家2 500亿美元，投资领域就包括能源、基础设施、制造业、农业、科技创新、信息行业等六大领域，投资、金融成为贸易之外发展对拉美关系的新引擎。这就是习近平主席2014年访问拉美提出的中拉合作"1+3+6"框架的具体落实。这些投资都是战略性的，极大增强了中拉关系的战略内涵。

第三个阶段，以2015年伊始中国—拉共体论坛部长级会议召开为标志，在中国构建全球伙伴关系网络背景下，中拉成为加强版发展伙伴。这就是说，中国要发展，拉美也要发展；中国梦与拉美梦如何实现梦梦与共？这就需要将中国机遇变成拉美机遇，将拉美机遇变成中国机遇，实现中拉合作从互利共赢到共同发展升级。俗话说，"授人以鱼不如授人以渔。"拉美关系历史上先陷入欧洲殖民地、后来为美国所控，主要靠出售资源拉动经济，依附于发达国家，造成拉美病、中等收入陷阱等怪象。按照新的义利观，以平等的南南合作模式建立中拉发展伙伴关系，就成为中拉论坛的使命。中拉关系正实现可持续发展，并推动联合国千年发展目标的早日实现，推动人类的可持续发展，这使得中拉关系越来越具有全球意义。

拉美资源丰富，经济发展条件较好，是新兴经济体和发展经济体集中的大陆，完全可以与中国的发展转型相得益彰，实现中拉比翼齐飞。中拉合作是南南合作的典范，对带动整个发展中国家的可持续发展,是很好的示范。中国与拉美关系从买卖关系、投资关系向发展关系升级,从利益共同体、责任共同体向命运共同体升级,吹响了中国在全球伙伴关系网络后建立发展关系网络的号角。

习近平主席在中拉论坛首届部长级会议开幕式上发表主旨演讲时,对中拉论坛未来发展提出4点意见:第一,坚持平等相待的合作原则;第二,坚持互利共赢的合作目标;第三,坚持灵活务实的合作方式;第四,坚持开放包容的合作精神。这是对中拉平等互利、共同发展的全面合作伙伴关系的希望。中欧已在探索如何合作经营拉美市场,中美也应该跟上,推动实现中美欧拉包容性发展大格局。

思考题

1. 我国外交的基本原则是什么?
2. 简述中美关系发展的历史演变。
3. 结合实际谈谈中拉关系的未来走向。

专题九 全球经济形势

 学习重点

(1) 了解当前世界经济总体形势。
(2) 掌握美国、欧盟的经济特点。
(3) 掌握当前我国经济运行形势。

第一节 全球整体经济形势

一、世界经济总体形势

2015 年世界经济增速放缓，全球复苏之路崎岖艰辛。预计 2016 年世界经济增长形势依然不容乐观，世界经济将受到一系列不确定和趋势性因素的影响，包括发达经济体需求管理政策效果能否延续，美联储加息的时间、速率和力度如何，全球超高债务水平对金融稳定可能带来多大威胁，新兴市场和发展中经济体连续五年经济增速下滑的势头能否得到有效遏制，许多经济体内外经济政策和结构改革受到既得利益集团不断掣肘的危害程度等。此外，地缘政治变化和自然灾变亦会对世界经济运行与绩效带来负面干扰。

1. 经济增长增速放缓，业绩分化

2015 年世界经济增长低于普遍预期，发达经济体增速继续回升，但回升势头减缓，新兴市场与发展中经济体增速加速下滑，全球经济增长率比 2014 年有所下降。IMF（国际货币基金组织）预测数据显示，2015 年世界经济增长率比 2014 年下降 0.3 个百分点。其中，发达经济体经济增速为 2.0%，比 2014 年上升 0.2 个百分点；新兴市场与发展中经济体经济增速为 4.0%，比 2014 年下降 0.6 个百分点。

美国、欧元区和日本三大主要发达经济体增速有所上升，其他发达经济体增速显著下降。2015 年美国 GDP 增长 2.6%，比 2014 年提高 0.2 个百分点；欧元区 GDP 增长 1.5%，比 2014 年提高 0.6 个百分点，日本 GDP 增长由负转正至 0.6%，比 2014 年提高 0.7 个百分点；美欧日以外的其他发达经济体 GDP 增长 2.2%，比 2014 年下降 0.6 个百分点。在其他发达经济体 GDP 增速显著下滑的情况下，美欧日三大经济体 GDP 增速的回升带动了发达经济体 2015 年总体 GDP 增长率的上升。需要说明的是，美国金融危机以来，美国、欧元区和日本合计 GDP 在发达经济体 GDP 中的比重不断下降，自 2008 年以来已经下降了 2.3 个百分点。不过美国在发达经济体 GDP 中的比重仍然从 2008 年的 33.9% 上升到了 2014 年的 36.9%。美欧日 GDP 合计比重在发达经济体中比重下降的主要原因是欧元区和日本的经济疲软。其中欧元区 GDP 比重从 2008 年的 32.6% 下降到 2014 年的 28.6%，日本 GDP 比重从 2008 年的 11.2% 下降到 2014 年的 9.8%。

新兴市场与发展中经济体整体增速下滑程度加大，俄罗斯、巴西等国陷入负增长。2015 年新兴市场与发展中经济体 GDP 增速持续下滑，且下滑幅度继续扩大。2013 年其增速下降 0.2 个百分点，2014 年下降 0.4 个百分点，2015 年下降幅度扩大到 0.6 个百分点。新兴市场和发展中亚洲经济体依然是世界经济中增长最快的地区，2015 年增长率约为 6.5%，但相比 2014 年下降了 0.3 个百分点。这主要是由于中国、印度尼西亚和马来西亚等经济规模较大的新兴亚洲国家出现了 0.3~0.5 个百分点的经济增速下滑。

在增速下滑的亚洲，仍然存在增长亮点。印度和越南保持强劲增长。2015 年印度 GDP 增长 7.3%，与 2014 年基本持平，越南 GDP 增长 6.5%，比 2014 年提高 0.5 个百分点。新兴市场和发展中欧洲地区增速倒是有一定程度的提高，其 GDP 增长率从 2014 年的 2.8% 提高到 2015 年的 3.0%。只是整体增长率不高，增速改善不明显。

2. 就业态势总体改善，表现各异

2015 年 10 月美国失业率下降到 5.0%，保持了自 2009 年 10 月以来的持续下降趋势。2015 年 10 月美国失业人数下降到 791 万，同期就业人数增加了 186 万。美国就业状况的持续好转和失业率的持续下降，表明其经济复苏有较好的基础。需要注意到，美国的劳动参与率并没有因劳动市场的好转而上升，2015 年 10 月，劳动参与率进一步下降到 62.4%，说明美国劳动力市场的信心并没有完全恢复，也说明劳动因素对美国经济增长潜力的贡献在进一步降低。

欧洲劳动力市场也在持续改善过程中。欧盟整体失业率 2015 年 9 月下降到 9.3%。在欧盟 28 个成员国中，有 22 个国家在截至 2015 年 9 月的近 12 个月内出现了失业率下降，有 5 国出现了失业率上升情况，另有 1 个国家失业率维持不变。日本、加拿大和澳大利亚等其他主要发达经济体的劳动力市场没有明显改善或恶化。

新兴经济体的劳动市场表现不一。巴西和俄罗斯这两个 GDP 负增长国家的失业率出现了显著上升。南非的失业率虽然没有进一步上升，但是仍然保持在 25% 以上的高位，失业形势依然严峻。中国的就业状况相对较好，城镇登记失业率基本稳定在 4.1% 的水平，劳动市场的供求比例也基本稳定在 1.1∶1，反映出劳动市场存在一定的"招工难"问题。中国经济增速下滑并没有产生大规模的失业。

3. 物价水平增速下降，通缩抬头

2015 年 9 月全球消费物价指数同比增长 2.4%，比 2014 年同期下降了 0.8 个百分点，主要是由发达经济体的通胀率下降引起的。新兴市场总体保持了较高的通胀率，部分国家通胀率继续上升，部分国家开始下降，新兴市场与发展中经济体通货膨胀率总体保持稳定，仅

从2014年9月的5.2%下降到2015年9月的5.1%。

2015年10月，美国CPI同比增长率为0.1%。食品价格增长下降与能源价格下跌是其主要原因。欧盟的消费价格调和指数（HICP）月度同比增长率从2011年9月3%的近期高位一路下降，至2014年12月开始负增长，2015年1月跌至－0.6%的近期最低点，此后有回稳迹象，2015年基本上在零增长附近波动，2015年10月同比增长0.1%。日本的CPI月度同比增长率从2014年5月3.7%的近期高点快速下降，至2015年9月，已经陷入零增长，且没有回稳迹象，通缩风险显著。

新兴市场和发展中国家的通胀形势差异较大。中国和南非的CPI增长率下降明显，2015年10月，中国CPI月度同比增长1.3%，比2014年同期下降0.3个百分点。南非增长4.7%，比2014年同期下降1.1个百分点。印度的CPI增长率2015年10月回稳至5%的水平。巴西、俄罗斯这两个GDP负增长的国家反而出现了高通胀且通胀率不断攀升的局面，表现出典型的滞胀特征。

4. 国际贸易需求萎缩，量价齐跌

2015年国际贸易最大的特点是全球贸易额负增长。从2014年10月开始，世界出口总额出现持续扩大的负增长。至2015年5月，世界货物出口总额月度同比增长率达到－13.3%的最大萎缩幅度。此后的负增长幅度虽然有所收窄，但到2015年9月，月度同比增长率仍为－11.3%。

分国别和地区来看，只有越南等极少数国家在2015年保持了出口正增长，绝大部分国家和地区出现了出口绝对额下降。其中新兴市场与发展中经济体进出口额的下降幅度略高于发达经济体。WTO的数据表明，2015年1—9月，美国和日本的累计出口总额比上年同期分别下降6.0%和9.2%，欧盟和加拿大分别下降13.5%和13.2%。新兴市场和发展中国家中，中国、韩国等出口竞争力强的国家下降幅度相对较小。俄罗斯、印度、南非以及巴西、阿根廷等国的出口下降幅度较大。

全球贸易额的下降在很大程度上是由于贸易价格下降，这主要是能源和资源产品的价格下跌引起的。国际贸易负增长放缓了全球经济复苏的步伐，增大了贸易保护和货币竞争的风险。

5. 公私债务高位累积，风险加剧

2015年全球政府债务状况仍然没有明显好转。发达经济体政府总债务与GDP之比从2014年的104.6%轻微下降至2015年的104.5%，政府净债务与GDP之比从2014年的70.0%轻微上升至70.9%。新兴市场与发展中经济体总债务/GDP从2014年的41.4%上升到2015年的44.3%。

美国政府总债务/GDP并没有回落，2014年为104.8%，2015年约为104.9%。日本政府债务状况稍微有所改善，政府总债务/GDP从2014年的246.2%下降到2015年的245.9%。欧元区政府总债务/GDP于2014年达到最高点94.2%，2015年回落至93.7%。欧元区总体政府债务水平的下降并不意味着其债务风险降低，相反，由于其部分重债国的债务负担持续加重，欧元区债务风险其实比以往更大。

新兴市场与中等收入经济体政府总债务/GDP从2014年的41.9%上升到2015年的44.6%。低收入发展中国家的政府总债务/GDP从2014年的31.3%上升到2015年的34.8%。发展中经济体总体的政府债务水平虽然不高，但是其引发危机的债务阈值也相对低

很多。新兴市场与中等收入经济体中政府总债务/GDP 超过 60% 国际警戒线且比例继续上升的有巴西（69.9%）、克罗地亚（89.3%）、摩洛哥（63.9%）、斯里兰卡（76.7%）、乌克兰（94.4%）和乌拉圭（64.1%）等。在新兴市场与中等收入经济体中，还有一些国家虽然政府债务比暂时不高，但其财政赤字规模比较大。这些国家在当前已经面临较大的财政困难，财政危机迫在眉睫。

二、2015 年世界经济运行特点

2015 年世界经济运行呈现以下五方面的特点：

第一，世界经济仍然处于 2008 年全球经济危机的复苏过程中，整体增速趋于下降。

第二，国别之间经济增长出现分化，发达经济体的增长表现好于新兴经济体。而发达经济体中，美国好于欧洲，欧洲好于日本。新兴经济体增长连续 6 年出现下滑现象，但制造业出口国的情况好于资源品出口国的状况。

第三，世界贸易的增长慢于世界产出的增长，这说明世界经济并没有在危机调整中实现再平衡，世界经济的复苏仍然依赖于个体国家反危机政策的效果。

第四，发达国家进口总量的增加，并没有为新兴经济体的出口带来明显的拉动作用，而新兴经济体进口的深度下滑值得关注。

第五，中国经济增速下滑至 7% 以下，成为全球关注的焦点。

形成特点的原因主要集中在五方面：一是科技发展的周期决定了世界经济增长速度的下滑；二是新兴经济体的贸易超调导致世界经济的增长动力有所不足；三是外围国家国内需求的增长无法替代中心国家外需的拉动作用；四是新兴经济体的股市繁荣改变不了世界经济增长下滑的趋势；五是建立国际经济新秩序的尝试使经济再平衡过程更趋复杂。

三、世界经济运行的关键点和趋势

1. 发达经济体需求管理政策效果显现，但可持续性堪忧

发达经济体当前主要依靠扩张性的货币政策刺激需求增长和经济复苏。在危机初期对促进经济快速反弹和防止衰退方面取得了很好的效果，也对当前发达经济体在经济增长率二次探底之后的复苏深有影响，但累积的问题将对政策效果及政策本身的可持续性产生不利影响。

然而，需求管理政策并非总是有效的。长时期扩张性的货币政策也已经产生了比较严重的新问题。其主要问题有：货币政策无法应对潜在增长率的下降。长期低利率，甚至负的名义利率和实际利率，严重损害了养老基金和保险公司等长期投资者的收益，迫使他们转向高风险的投资。这不仅在长期会影响这些资本公司的稳定性，而且还会在短期内加大风险投资市场的波动性。其更大的矛盾体现在：极低利率对于刺激实体经济的效果远低于刺激资本市场的效果，从而使得在实体经济并没有完全复苏的情况下，资本市场的泡沫率先形成。如果不对泡沫进行管理，必将酿成一场新的金融危机；而如果迅速地抑制泡沫，又将担心其对尚未完全复苏的实体经济造成不利影响。另外，许多新兴经济体和发展中国家的公司受到低利率的诱惑而大举借入美元债，从而为因货币错配引发危机埋下了隐患。

2. 美联储加息为全球经济带来不确定性

美联储加息可能引发三大后果：其一，美元升值虽然会增加欧洲和日本的出口有利于其

经济复苏,但是由于导致资本向美国汇聚,从而会抵消欧日央行宽松货币政策的效果。其二,美元汇率如果出现大幅度震荡将引起全球资产价格和资本大规模异动,从而引发国际金融市场和部分国家国内金融市场的动荡。其三,加息遏制了美国的复苏势头,并进而带动全球经济增长进一步下滑。

3. 债务积累过快对增长和金融稳定造成威胁

低利率和高负债是一个自我强化并最终会崩溃的组合。债务水平高企必然要求维持较低水平的利率,而利率水平总体低落,借款成本降低,将又加速债务累积。低利率还和资产价格上升并存,一方面进一步提升负债空间,另一方面刺激泡沫的形成和积累。一旦利率、负债水平和资产价格组合中的某个环节出现问题,就会造成连锁反应式的金融市场大崩溃。

一些经济体目前已出现低利率、低增长和高负债这一"有毒组合"不断积累的趋势。该趋势不仅损害货币扩张对实体经济的促进效果,而且将对整个金融体系的稳定造成威胁。

4. 一些风险因素或推动新兴市场经济进一步放缓

新兴经济体的经济增速出现结构性放缓与周期性放缓叠加的局面。结构性放缓是指潜在增长率偏离历史平均水平的变化,是导致经济增长率下降的一些长期因素在起作用;周期性放缓是指实际增长率偏离潜在增长率的变化,是导致经济增长率下降的一些短期因素在起作用。

新兴经济体已进入中速增长轨道。当前仍然存在包括制度、基础设施、人口结构与产业结构等导致新兴经济体经济增长进一步结构性放缓的风险因素。新兴经济体最近在缩小政府规模和鼓励私营部门发展方面已取得进展,但过度监管与监管不足以及产权保护不足等方面的问题仍然制约着经济长期增长。大多数增速较高的低收入国家都面临着由于基础设施不足而导致经济增速放缓的风险。一些国家较高的劳动抚养比和较严重的性别失衡等不利的人口结构趋势也导致了很高的经济放缓风险。另外,劳动力从农业转移到制造业和服务业的规模和速度的降低,生产率的提高速度也会随之降低。能够促进技术和机制创新的改革不足,也将严重制约长期增长率。

新兴经济体中导致经济增长周期性放缓的因素主要是宏观经济因素:主要包括过度抑制通胀引发经济衰退的风险,过度实行金融开放和金融自由化引发金融不稳定造成经济低迷的风险等。特别是巴西、俄罗斯等国滞胀的存在以及中国等国家正处于快速金融开放过程中,这些因素尤其重要。

5. 区域贸易谈判取得进展但其全球影响仍存争议

2015年10月,12国达成跨太平洋伙伴关系(TPP)协议,美国意图通过全球非中性贸易投资规则体系实现国家利益最大化。TPP 的影响到底有多大还存在一些争议。第一,TPP 不会在短时间内生效。TPP 协议需要经过12个成员国中至少6个国家的议会批准,且批准协议国家的 GDP 之和要大于12国 GDP 的85%才能生效。美国一家的 GDP 大约占12国的60%,故关键在于美国国会是否批准该协议。第二,TPP 是各成员国利益交换与妥协的结果,比如某些产品规定了25~30年的降税过渡期。第三,TPP 在进行贸易创造的同时,也将转移贸易,尤其是将中国这样的贸易大国排除在外,很可能产生较大的贸易转移,从而在总体上降低 TPP 成员的福利。第四,现有的模型还难以计算出非边境措施带来的经济后果。

四、世界经济的发展趋势

1. 增长势头分歧

2008年金融海啸之后，全球增长举步维艰。尽管货币宽松政策、中国的财政刺激曾经对需求有所刺激，但是有效需求不足的问题始终未能解决，银行金融中介功能弱化，令央行所制造的流动性无法渗透到实体经济中，就业和消费裹足不前，企业投资意愿低下。

这种局面从2014年中开始，随着美国就业市场的复苏而被打破，汽油价格下滑更增加了美国消费者的信心，企业投资明显加快，全球增长格局由万马齐喑转为美国一枝独秀。美国经济执世界之牛耳，其货币政策不仅影响美国，更对全球流动性、资金流向带来深远的影响。

美国之外的经济，依然乏善可陈。欧洲、日本和中国不约而同地试图用进一步的货币宽松，来替代结构性调整，但是效果并不理想，有机的、可持续的增长尚未出现。新兴市场经济，则受到资金外流、商品/能源价格下跌的冲击，估计联储加息会进一步收紧新兴市场的增长空间，增加系统性危机爆发的可能。

各国的经济周期不同步，过去并不出奇。但是在金融危机后，经济周期趋同，政策周期随之趋同。全球经济在共振中前行成为新常态，货币政策与财政政策向类似，不同国家的金融市场、资产种类的升跌也呈现高度相关性。这种趋同性随着美国经济的脱颖而出而开始改变，股市趋异性比债市更大。

2. 通货膨胀低迷

各国央行肆意的QE（量化宽松），并没有带来明显的物价上升压力，全世界范围内出现了CPI不涨资产价格涨的现象。石油价格的暴跌，更降低了物价失控的近期风险。央行的担心开始移向通缩，担心消费者持币待购，担心企业不愿投资。央行在通缩通胀问题上立场的变化，是近期全球经济中最大的变化。

各国所面临的通缩风险不尽相同。日本已经在通缩心理下生活了二十多年，欧洲CPI未见负值，但是心理上早已进入通缩状态。美国的核心通胀不高，但是工资上升有提速的迹象，随时可能触发服务业成本的上扬。中国的通胀前景最纠结，制造业通缩和服务业通胀同样明显，金融资产价格向好，但是政府担心泡沫。尽管通胀前景不尽一致，各国央行将注意力由抗通胀转为抗通缩是不争的事实。

物价低迷，与金融资产价格高涨形成鲜明对照。各国央行大肆放水，物价上涨却不明显，其理由是银行的金融中介功能并未恢复，实体经济并未受惠于QE。相反在金融层面上流动性泛滥，其结果是金融资产的通货膨胀愈演愈烈。

3. 货币政策变招

增长分布的不均匀和通胀预期的改变，导致央行在货币政策的处理手法上分道扬镳。美国经济出现了势头较强的自主性增长，但是复苏根基并不牢靠，外围环境错综复杂，在通胀环境并不明显的情况下，美国货币当局其实不愿意贸然加息，尤其在油价大跌的情况下。但是美国就业市场近期迅速改善，低端工资出现久违的上扬，而且上涨幅度颇大。过往四十年美国通胀的最大拉动因素是工资，因为工资渗透到各行各业，联储自不敢怠慢。同时新一届国会监管联储的呼声甚高，货币环境正常化对于耶伦更有政治压力。耶伦在加息上不会拖得太久，但是首次加息并卸掉政治包袱后，步伐可能较慢。

与美国相反，日本与欧洲先后推行进一步的量宽措施，试图通过抑制汇率走出通缩。两地经济均有些微反弹，但是增长未见进入可持续轨道，通缩情绪亦未见实质性改善。预计日欧会有进一步的宽松措施出台，不过 QE 需要变招。欧洲央行的美式 QE，处处受到德国的掣肘，同时希腊、乌克兰两大火药库随时可能带来市场震撼，欧洲除了在货币数量上扩张外，可能走负利率政策。

日本央行持续两年扩张基础货币，政府国债多已进入日本央行库房，再想 QE 也许另辟途径。或是购买海外资产，或是将政策杠杆瞄向利率而非货币发行量。中国人民银行在经历一年的政策收缩后，重回宽松之途（尽管仍强调中性政策），不过相对于降息央行似乎更愿意定向宽松。欧日中三大经济体，仍在宽松政策基调下，不过政策工具均开始偏离 QE，这意味着今年全球范围内货币政策的透明度下降，不确定性明显上升。

4. 汇率竞争激化

除了 2008 年危机初期，在战后数十年中从未见到过这么多的央行因为汇率原因而调整货币政策的。究其原因，一是全球范围内内在增长动力不足，二是美元升值太快太猛，三是博弈之下一国贬值他国必须跟随。这种以邻为壑的做法，长远来讲无可持久，但是汇率战争目前的确在蔓延。央行将政策重点从国内信贷周期移向汇率竞争，在通胀压力不大时问题不大，但是隐含风险也不容忽视。同时汇率被舞高弄低，无可避免地造成资金流向上的乱波，对金融市场和实体经济带来不确定性。

汇率竞争更带来政策上的不确定性。瑞士央行突然宣布与欧元脱钩，摧毁了央行的信用基础，对不少错信央行承诺的基金、企业构成致命的打击。这种央行政策的突然转换，事先往往没有征兆，对市场的潜在杀伤力尤大。汇率乱波，造成资金走向上的乱流，令 2015 年金融资产价格波动加大。

美国置身于这场汇率竞争之外，美元成为无有争议的强势货币。美国经济对出口的依赖度不高，内部需求又在复苏。美元升值带来海外资金流入，这个对美股、美债、美地产的好处要大过贬值对出口的帮助。在这个过程中，如果欧日经济数据有改善，美元可能有技术性的回调。不过以美国的自主复苏进程和科技创新能力，相信美元强势还有走若干年。

5. 商品价格走弱

中国需求骤降和美元持续升值，令商品市场在 2014 年血流成河，这种情况在今年仍会持续，不过焦点从需求转向供应。石油价格在去年下半年被腰斩，既有地缘政治因素，又有需求不足的原因，不过归根到底核心是供需失衡，产油国不愿减产，替代能源日渐成势。油价暴跌之后，能源业的产能过剩更加突出，融资成本飙升，部分企业面临流动性困境甚至倒闭风险。

这种情况在 2015 年由石油业蔓延到其他商品种类，前几年的产能扩张，成为部分商品商的催命索。商品价格持续低迷，不仅影响资源类公司，更冲击资源输出国家。许多新兴国家在过去十年的好景，得益于中国需求走出一轮超级牛市。全球超低利率环境，让商品输出国得以浮在水面上，但是随着美国货币环境正常化和资金流回美元区，新兴市场出事的机会在增加。

第二节　美国经济形势

一、2015年美国经济状况

回顾2015年美国经济的表现，亮点颇多。在全球经济形势一片低迷中，美国经济的稳步复苏态势更显突出。

国内方面，美国就业市场在2015年持续复苏，失业率从1月的5.7%降至11月的5%，为2008年4月以来的最低水平。持续走低的失业率加上徘徊不前的物价指数，让美国民众特别是中下层民众的腰包更鼓，对经济的信心不断提高。2015年12月密歇根大学消费者信心指数升至92.6，而该指数的全年月度平均值也达到2004年以来的最高水平。

美联储加息政策终于在2015年12月落下，意味着美国为应对金融危机而实施7年之久的超宽松货币政策落下帷幕，这也是政策面对美国经济已经走上持续稳定复苏道路的确认和肯定。

此外，2016年是美国的大选年，共和、民主两党终于就若干博弈已久的经济政策议题达成妥协。国会授权美国财政部可持续发债到2017年3月16日，这意味着在选出下一任美国总统之前，联邦政府都不再会出现债务违约。实施40年的原油出口禁令也被解除，意味着美国近年来大量新增的页岩油将拥有更加广阔的国际市场。同时，支持美国风电、太阳能等可再生能源发展的两项重要优惠税收政策也得到了延期，这意味着到2022年，在美国投资可再生能源将继续得到美国联邦政府的保驾护航。

国际方面，美国主导的"跨太平洋战略经济伙伴协定"（TPP）在经历长达五年的谈判拉锯后终于在2015年10月达成。TPP涉及美国、日本、澳大利亚等12个国家，经济规模占全球经济总量的40%，内容涉及投资、服务、电子商务、政府采购、知识产权、劳工、环境等多个方面。据美国政府估算，该贸易协定将消除美国1.8万种出口商品的关税，极大推动美国对外贸易和经济增长。

但是，美国经济也并非完全踏上坦途。失业率持续下降的一个重要原因是"第二次世界大战"婴儿潮出生的人口大量退休，很多人因为经济形势不好放弃找工作，导致劳动参与率降至历史低位，减少了计算失业率的分母。美联储加息也意味着美国融资成本上升，企业负担加重。加之世界其他主要经济体依然实施宽松的货币政策，美元将继续走强，进一步打压美国出口。

此外，美联储加息会产生外溢效应，加剧全球资本流向美国，从而增加全球金融不稳的风险。德意志银行的报告显示，过去12个月中，受美联储加息预期影响，欧元区已经历前所未有的资本外流。此外，美国原油禁令解除也意味着全球原油供给将进一步增加，虽然短期内美国能够出口的原油很有限，但是考虑到过去一年半时间内国际油价已下挫2/3，目前全球原油市场依然供大于求，美国原油出口解禁无疑会加大国际油价下行压力，对全球油气产业发展造成新的冲击。

作为全球经济发动机，美国经济向好对于目前低迷的全球经济是个好消息。但另一方面，我们也不能盲目乐观，需保持警惕，对美国经济政策的外溢效应提早做好应对准备。

二、2015 年美国经济稳步复苏

2015 年美国经济延续复苏的格局，前三季度美国 GDP 同比增长率分别为 2.9%、2.7%、2.1%，较 2014 年分别上升 1.2 个百分点、0.1 个百分点和下降 0.8 个百分点。虽然增长趋势难言乐观，但相对于其他发达国家来说 2% 的增速仍然是中高速的。四季度受到就业强劲表现以及房地产市场回暖的共同推动，保持 2% 以上的增速。

从 GDP 的各组成项目来看，受益于就业转暖状况比较乐观，2015 年前三季度个人消费环比分别增长 1.8%、3.6% 和 3%，这一良好趋势在 2014 年年底已经显现，2015 年私人投资在极低利率下仍然低迷，环比增长率由一季度 8.6% 下降到三季度 -0.7%，投资意愿持续疲弱，已经开启的加息事实可能会造成进一步下滑，导致私人投资在 2016 年继续负增长。受到美元持续强势以及全球经济放缓影响，美国出口较 2014 年出现大幅下滑，前三季度的出口环比分别为 -6.0%、5.1%、0.7%；政府消费和投资 2015 年则保持相对平稳的状态，与 2014 年基本持平，对 GDP 的拉动率上升。

就业来看，2015 年美国创造了 265 万个非农就业岗位，就业市场表现为 1999 年以来最好的年份之一。官方失业率 2015 年持续下降，目前失业率已经接近充分就业状态。12 月，美国新增非农就业岗位 29.2 万个，创年内新高，劳动力参与率为 62.6%，四季度平均失业率保持 5.0%。种种迹象显示，美国经济正向预期的方向迈进。就业的持续改善最直接的影响是拉动消费，消费者信心始终与薪资增长有密切相关。在美联储宣布十年来的首次加息后，市场的关注焦点开始从新增就业人数转移至了薪资增速上。2015 年个人收入与个人支出环比均在稳步上升，受到就业的带动作用，消费者的消费意愿已经出现明显的改善。但四季度上升趋势再减弱，并且个人收入的环比增幅持续高于个人支出的环比增幅，说明个人支出仍然处于比较谨慎的态度，是在全球经济增长疲弱的背景下，美国国内贸易已经表现出一定的弹性。

投资方面，首先我们看到 GDP 中的固定资产投资并未显著提升，去库存反而贡献了负增长。由于全球经济增速放缓、大宗商品价格低迷、美元强势，都使得海外对美国制造业的需求减少，美国工业行业增长受挫，美联储公布的工业产出环比持续下降，且为负值。ISM 制造业 PMI（美国供应管理协会发布的采购经理人指数）以及费城联储景气指数 2015 年处于持续下降的形势，且费城联储景气指数持续为负值表明商业活动在持续萎缩，制造类企业的业务活动在持续下滑。

产能利用率上，虽然回升到较正常水平但仍未达到均衡状态。2015 年 8 月份产能利用率一度达到 78.1%，但还未回到 80% 以上水平，总体来看产能利用率较正常水平仍有差距，虽然一直处于缓慢上升的趋势中，但也不能说明制造业已足够强劲。

房地产市场已经出现明显回暖迹象，逐步走出 2008 年的阴霾。2015 年美国新屋销售数量虽然波动较大，但仍处于持续上升状态。美国 NAHB（全美住宅制造商协会）房产市场指数作为衡量建筑商对未来房产市场的看法来预测未来房产市场走势的指标，2015 年该指数持续上升，表明房价的逐步回暖。受到需求的提振，2015 年新屋开工与建筑许可也还需增加，表明房地产市场投资正在稳步回升，但强度也并未超前。房地产市场的回暖也是帮助 2015 年带动美国经济持续上升的主要动力，前景待查。

第三节　俄罗斯经济形势

一、2015年俄罗斯经济状况

俄罗斯2015年经济形势比2014年差，2014年俄罗斯GDP增长0.6%，2015年则出现了3.7%的负增长。2015年全年俄罗斯经济处于持续下滑中，前三季度的实际GDP同比增速均为负值，为2010年以来首次出现负值。能源价格下降和西方制裁，是造成俄罗斯经济下滑的主因。

2015年俄罗斯进出口均呈现下跌的走势。出口方面，3月份同比增速避开了2014年后半年的负值，出现小的波峰值4.5%，之后的两个季度增速转而下降，到第三季度同比增速为－1.9%。2015年1月28日，俄罗斯政府批准并颁布了2015年反危机计划，其核心是支持进口替代和非原材料商品包括高科技商品出口、促进中小企业发展和优化预算开支和稳定银行系统。这一反危机计划取得了一些成果。

2015年全年，俄罗斯面临高通胀压力。从CPI价格指数来看，除12月俄罗斯前11个月CPI同比在15%左右，创10年以来新高。无法改变的是，俄罗斯卢布危机将进入第二阶段，国内通货膨胀进一步推动卢布贬值，而卢布贬值反作用于通货膨胀。俄罗斯面临通胀和复苏之间的两难抉择，高居不下的通胀率让俄罗斯央行陷入了两难境地，2015年全年降息了5次，总共降息6个百分点，下半年开始维持11%的基准利率不变。

二、俄罗斯经济形势的定位及成因

俄罗斯当前的危机源于"输入型增长"。输入型增长对俄经济具有重要的历史贡献：拉动了投资需求，极大地促进和刺激了内需，偿还了俄罗斯的巨额债务，建立起了防范风险的国际储备。但是输入型增长也存在隐患：首先，持续挤压自主性增长，使得扩大的内需依赖于从国外进口；其次，没有带来效率以及国际竞争力的提高；最后，使得国家调控被锁定在需求管理上。普京上台后着力解决经济增长问题，投资拉动需求的管理模式被长期锁定，而供给管理则被忽视。与需求管理相比，供给管理占有三大优势：第一，需求管理只能应对短期困难，供给管理才能有效地从根本上解决长期问题；第二，需求管理是政府直接发挥作用，而供给管理是政府创造一个良好的微观经济环境；第三，需求管理注重增长和稳定，供给管理注重效率和竞争力。国家调控若锁定为需求管理，经济必然出现较大问题。

从浅层次看，俄罗斯经济衰退的主要因素，一是乌克兰危机后以美国为首的西方国家的经济制裁，二是国际油价大幅下跌。从深层次视角来看，以下三个因素对俄罗斯经济发展起了长期制约性作用：第一，经济结构严重失衡，20多年来俄罗斯经济一直没有摆脱对能源、原材料部门的依赖；第二，落后、低效的经济增长方式没有改变，仍是一种落后的、低效的增长方式；第三，向创新型转变的战略在相当时期内难以实现。

俄罗斯经济结构一直未能得到有效调整，除了本身的刚性特征及调整的渐进性以外，可以归结为长期陷入比较优势陷阱，其原因是：第一，资源红利的"迷失"。尽管提出调整经济结构，发展创新，但是强大的资源红利强化了俄罗斯依照比较优势理论选择产业的政策。第二，发展战略的路径依赖。苏联解体后，俄罗斯历届政府都把确保经济增长速度作为基本目标；为了"保增长"，经济结构调整被弱化。第三，市场垄断及利益集团主导市场经济。政府为了达到经济目标，不得不迁就甚至屈服于垄断。现阶段俄罗斯的垄断客观上形成了通过资源买办式的生产和出口，固化现有的产业结构。第四，"伪市场调节机制"的拖累。俄罗斯未来需靠战略创新发展新兴产业，但是俄罗斯创新发展战略是在以政府选择代替市场机制的基础上制定的，这就形成政府主导推动经济结构转型的"伪市场调节机制"。第五，"有限开放"战略的约束。尽管俄罗斯经济结构调整是在开放条件下进行的，但更多地体现了"有限开放"和"区别开放"的特征。

俄罗斯经济问题背后是政治体制问题。俄罗斯政治体制有两个特点：控制性和低度的政治参与。俄罗斯之所以在转型窗口期未能实现成功转型，同俄罗斯政治和经济的关系密切相关：俄罗斯政治体制与发展道路相匹配；俄罗斯政治体制与经济模式相匹配；俄罗斯政治体制与对外战略相匹配。上述匹配导致俄缺乏现代化动力，缺乏政治体制改革动力，从而导致经济发展出现问题。腐败和政府行政负担过重对俄罗斯经济造成严重影响。此外，劳动生产率低下和政府部门治理能力不高制约了俄罗斯经济发展。

同时，俄罗斯一直是一个"追赶型"国家，这对其经济结构产生了巨大影响，是俄罗斯经济波动性较大的一个重要影响因素。对于2014年影响俄罗斯经济增长的因素，克里米亚因素也是一个重要方面。俄罗斯为了收回克里米亚，投入了大量资金，给俄财政造成了巨大压力。该因素在未来一段时间内仍将对俄经济产生影响。

三、俄罗斯经济困境的深层次影响

俄罗斯经济发展过程中，较好实现了经济的金融化，但是未能很好地配置资源，仅是把资源的可配置性增强了。一方面，俄罗斯为了维护卢布稳定和国家信用，不得不把大量的可资本化的石油美元收入作为储备来使用，实际上使得金融系统的资本化能力减弱。另一方面，俄罗斯新增国民收入没有充分资本化，投资增长率大多数时段处于较低水平，更不用说用于非资源领域的扩大再生产。其原因是，第一，金融部门垄断性很高，非石油部门的投资回报率很低。第二，俄罗斯投资制度环境成本过高，进而影响俄罗斯经济增长。

油气产业面临挑战，主要来自以下几个方面：第一，西方制裁。第二，油价暴跌，俄罗斯仍将在较长时期内以石油作为其重要经济来源。第三，与欧洲关系恶化，俄罗斯面临着融资与技术设备进口的双重困难。第四，美国页岩气开采技术的突破及北美深海油的开发也对俄罗斯在国际能源市场中的地位产生了一定冲击。第五，俄罗斯政府对油气产业的支持能力下降。亏损运营，企业对新技术、新项目的开发投资缺乏资金支持，许多重大项目进展将放慢脚步，这将对俄罗斯油气产业未来发展产生深远影响。

四、俄罗斯经济发展前景预期

俄罗斯经济结构调整面临多重"两难"。第一，"保增长"和"调结构"的两难。从可持续发展角度来看，俄罗斯大力解决长期存在的结构问题是"治本"；但从现实来看，没有经济增长，俄罗斯各种社会问题就会显现，"保增长"已成俄目前及未来若干年的首要任务。第二，利用"比较优势"还是"后发优势"的两难。俄罗斯若维持目前的比较优势出口，意味着牺牲经济结构的调整；若利用调结构的后发优势，就意味着要牺牲部分比较优势的红利。第三，确保眼前的资源出口收入还是追求创新收入的两难。第四，长远目标与近期目标的两难。为实现俄罗斯 2020 年发展规划的四大目标，必须以实现创新发展为基础。但俄罗斯近期的目标却是保证增长、保证财政收入的稳定和保证社会的基本稳定，许多资源不得不用于实现近期目标，使得实现长期目标所需资源被挤占。

目前俄罗斯处于"三期叠加"状态：一是乌克兰危机引发西方对俄罗斯制裁；二是国际油价低位徘徊；三是自身经济发展低速增长。"三期叠加"使得俄罗斯经济隐含的许多内生性问题被显现和强化。在此背景下，俄罗斯面临着安全、金融、生产、知识四个层面上结构性失衡的问题。为了维持民众支持率，巩固政权稳定性，普京政府将会沿老路继续走下去。中长期观察，若普京连任，俄罗斯很可能陷入"有增长，无发展"的境地。从政治角度看，俄罗斯经济发展方式的可选择余地非常小。

通过对居民实际收入、固定资产投资、通货膨胀率和能源产量与出口量四个数据的关注与分析，俄罗斯 2015 年宏观经济形势并乐观。外部因素为欧美制裁和石油价格大幅下挫。主要原因还是经济结构的问题。俄罗斯经济运行中主要存在银行体系风险、卢布贬值风险、通胀加剧风险、实体经济风险等四大风险。

与 2009—2010 年联邦预算相比，俄罗斯 2015—2017 年联邦预算不被外界看好，主要是因为：第一，在石油价格暴跌的情况下，联邦预算收入逆势扩张；第二，在收入没有保证的前提下，政府财政支出扩大；第三，利用储备基金和财富基金稳定经济的效果值得怀疑。因此该预算调整已成为必然。修订后的方案在支出结构上仍存不合理之处：一是国民经济支出大幅下降，显然无助缓解经济危机，反而会延长经济危机时间；二是医疗卫生支出的减少，使得医疗改革进程受到很大影响；三是社会政策支出比重呈降低态势。总体上看，这种支出结构的调整非常不利于民生服务，也不利于国内消费拉动和对经济复苏的刺激。

第四节 欧盟经济形势

一、2015 年欧盟经济状况

2015 年欧洲经济逐步进入了稳定的复苏阶段。2015 年第三季度，欧元区实际 GDP 同比增长 1.6%，保持着欧债危机以来的新高，环比增长 0.3%，连续 9 个季度环比正增长；欧盟 28 国和欧元区 19 国增长趋势保持一致，整个欧洲已经步入稳定复苏阶段。

作为经济领头羊的英法德三国，经济表现依然稳健，经济从危机中较快恢复，从 2014 年第三季度开始一直保持环比正向增长。而"欧猪五国"除希腊受制债务危机在第三季度环比下降 0.9% 外，2015 年都表现出较好的经济复苏态势。西班牙，2015 年前三季度分别同比增长 2.6%、3.4% 和 3.4%。

消费是 2015 年 GDP 增长最主要的动力来源，从欧元区 GDP 按支出法分解的各部分来看，消费对前三个季度拉动率分别是 0.25%、0.18% 和 0.24%，而固定资产投资贡献几乎为 0。欧洲家庭消费自 2013 年第四季度起，同比加速增长，至 2015 年第三季度同比增长 1.74%；最终消费的另一组成部分是政府部分消费，欧洲政府部门消费领先于私人消费进入上升通道，从 2012 年至今保持 12 个季度环比正增长，有力推动了经济的复苏。

欧元区固定资产投资的增长十分不稳定，是欧洲进一步复苏的一大隐忧。2015 年，欧元区固定资产总投资额在前两季度分别环比增长 1.51% 和 0.08%，但是在第三季度却收跌 0.01%。相对欠发达的意大利等国，固定资产投资增长低迷，拖累整体经济基本面。

信心与财政是拖累固定资产投资低迷的两大因素。欧元区 Sentix 投资者信心指数来看，该指数在 2015 年 4 月到达全年的最高点 19.96，说明市场上的投资信心不足，欧洲经济的复苏前景依然充满不确定性。而赤字率的红线导致整体投资的紧缩。2015 年全年该比率的确呈下降趋势，一度控制在 2% 以内。从同国家来看，大多数国家在 2015 年实施的是紧缩的财政政策，其中德国在 2015 年实现预算盈余。而例外的两个国家是西班牙和英国，英国由于年内并未实施大规模的宽松政策，通过适当的财政政策进行刺激；西班牙由于经济增速较突出，虽然增加了财政赤字，但是政府的债务负担反而下降了。

通胀率的快速恢复是 2015 年欧洲经济的最大亮点。欧元区 HICP 基本趋势是先跌而后震荡企稳，1 月份 HICP 跌至近年来的低点，为 −1.6%，主要原因在于 1 月能源价格急跌，拖累欧元区整体通胀水平。而后在能源价格继续探底的格局下，HICP 上升企稳，开始向 0 值上方震荡。从 HICP 的组成部分来看，能源价格的不断下跌是拉低欧元区最主要的直接原因，而食品则是稳定通胀最主要的因素。鉴于大宗商品及能源价格持续走低，通货膨胀短期内大幅上涨难度较大，但已体现出 QE 政策所发挥的积极影响。

2015 年，欧元区在保持隔夜贷款利率 0.3% 水平的情况下，隔夜存款利率下调至 −0.2%，并在 2015 年 12 月进一步下调至 −0.3%，作为利率曲线基准利率的 EOINA（银行间欧元有效隔夜拆借利率）在 2015 年一直处于零以下的水平。欧元区货币总量增速进入 2015 年以来明显加快。1 月欧洲央行决定自 2015 年 9 月起，扩大每月购债规模至 600 亿欧元之后，欧元区 M1 增速加快，6 月之后基本保持在月度 12% 左右的速度，M2、M3 增速也有上升但仍未超过 6%。而另一方面，市场预期的英国央行首次加息也并未落地，自 2009 年以来，基准利率一直保持在 0.5% 的水平，英镑的隔夜拆借利率 2013 年以来，也一直保持在 0.4% ~ 0.5%。英国货币政策收紧的预期，反而导致 M2 增速在 2013 年 10 月到达局部顶点后，一路走低到 2015 年第一季度，M2 增速在 2015 年 2 月一度萎缩 2.08%。

由于极度宽松的货币环境以及相关的配套政策措施，以及海外市场的低迷，2015 年欧洲银行部门信贷配置的重心由海外市场逐步转向国内（欧元区）市场。2014 年 12 月，国内信贷增长由负转正，截至 2015 年 11 月，同比增长率全年为正，其中 11 月同比增长 3.36%，国内信贷规模达 16.6 万亿欧元，超过 2011 年的高点。从国内信贷的组成部分来看，对政府部门的信贷在 2014 年 6 月率先扭转跌势，大幅上涨；对非政府部门信贷的同比增速则在 2015 年 3 月由负转正，但是增长势头远不及政府部门。

消费信贷经过多年的萎缩之后，在 2015 年第二季度终于转为扩张，之后一直把持上涨趋势；而企业信贷方面，2015 年公司拆借利率持续走低，企业信贷需求在经过 2 年的负增长后，从 2014 年起，保持正向扩张趋势。另一方面，2015 年欧元区银行部门海外净资产同比增速放缓，并在下半年出现回落。银行流动性回归欧元区，2015 年下半年流动性极其宽松。2015 年欧元区国债收益率持续走低，10 年期国债由于希腊债务危机的影响，风险溢价上升，但是没改变收益率下行的趋势，而 1 年和 2 年的短期国债即期收益率在 2015 年下半年由正转负。2016 年欧央行继续延续宽松，信贷、通胀、经济之间的正反馈仍会延续，日渐回暖的经济活跃度将鼓励欧央行把目前的货币政策延续下去，而更具延续性的增长动力则依赖于财政政策。

二、当前欧盟经济特点

2015年,欧洲经济在阴云笼罩中继续缓慢爬升。因为遭遇乌克兰危机、希腊债务危机、难民危机和恐怖袭击的轮番打击,本就疲弱的复苏步伐被拖累,未来欧洲经济仍将面临重重风险。

1. 经济增长缓慢

2015年欧元区和欧盟经济保持温和增长态势,同比增速分别从第一季度的1.3%和1.7%上升至第三季度的1.6%和1.9%,但相比金融危机前3%以上的增速仍有不小距离。分析人士认为,2015年欧洲经济增长主要得益于低油价和欧洲央行的宽松货币政策。但欧洲央行的量化宽松"疗效"并不显著,从通胀和就业指数来看,经济状况仍不乐观。欧元区通胀率已连续两年低于1%。受油价下滑和大宗商品价格降低影响,欧元区近几个月通胀率一直在零值上下徘徊。欧盟预计2016年通胀难以达到之前预计的1.5%。分析人士认为,欧元区通胀到2017年年底才可能达到2%的预期目标。

欧盟经济一年来最为"亮眼"的表现来自于就业市场。数据显示,2015年10月,欧元区和欧盟的失业率分别为10.7%和9.3%,与2014年同期相比,分别下降了0.8个百分点,达到了3年多来的最低值。失业率虽然从峰值上有所回落,但相当一部分失业率的下降受益于临时就业上升,欧盟青年(25岁以下)失业率仍高达20%。

2015年欧盟内部尤其欧元区经济分化格局有所缓解,西班牙等边缘国家经济开始复苏。欧元区内,除希腊经济重陷衰退外,其他18个国家均呈增长态势。欧盟经济在2016年仍面临巨大下行风险。成员国尤其是欧元区国家经济复苏步伐有快有慢,没有形成合力;投资缺乏和结构改革实施不到位将掣肘就业增加和经济增长,同时居高不下的私人和公共债务比例仍潜藏风险。

2. 多重危机碾压

在全球经济陷入低迷的大环境下,地区冲突和恐怖主义使本就复苏乏力的欧洲经济被进一步拖累。自2014年7月以来,欧盟的制裁措施已经实施了一年有余,涵盖俄罗斯能源、金融和国防等重要领域。这让俄罗斯很受伤,也给欧盟经济和贸易带来负面影响。鉴于乌克兰危机没有得到彻底化解,欧盟决定延长对俄经济制裁至2016年7月31日。2015年夏,希腊债务状况持续恶化,导致其金融系统全面崩溃。虽然其他欧洲国家免于受其"传染",但市场信心仍遭受了严重打击。欧盟不得不再次拿出860亿欧元为希腊"填补窟窿",这已是针对希腊的第三轮救助协议。在勉强化解了希腊债务危机之际,欧洲迎来了中东、北非的难民潮。虽然这一问题早在叙利亚战争爆发后就开始显现,但在2015年下半年出现了急剧恶化的态势。根据联合国和国际移民组织最新发布的数据,2015年经由地中海和陆路前往欧洲寻求庇护的难民和移民总数已超过100万。

大量难民涌入将加重欧洲国家财政负担。欧盟计划近两年花费92亿欧元用于应对难民危机,为此已经对2015年财政预算进行了三次调整。但这一目标仍被欧洲当地媒体嘲笑为"创可贴",认为其难以应对欧洲大陆面临的困境。2015年诺贝尔经济学奖得主迪顿对此警告说,人口激增伴随经济疲软不振,是非常危险的组合。持续发酵的欧洲难民危机或将压垮欧洲,欧洲经济只会越来越糟糕。

祸不单行,2015年频发的恐怖袭击事件也给整个欧洲经济蒙上了一层阴影。虽然突发的灾难性事件对经济的冲击往往是短期的，但紧张与担忧无疑会打压消费者和投资者信心，削弱市场需求。11月巴黎恐袭发生后，法国财政部分析，袭击将造成大约20亿欧元的经济损失，其中旅游和消费领域影响突出。不仅是法国，恐袭带来的经济冲击将拖累整个欧洲经济增长。分析人士认为，欧洲航空业、旅游业和服务业可能流失大量消费者。同时，欧洲国家为应对恐袭而不得不加强边境控制，从而降低人员和其他一些要素的流动性。这些措施不仅将影响投资环境，也会加大政府开支，长远看还会损害欧盟经济一体化和经济增长。

3. 利好因素犹存

2016年欧洲经济仍旧面临着严峻的外部环境挑战。全球经济增长放缓特别是新兴市场需求减弱将给欧盟的出口带来不利影响。悬而未决的乌克兰和叙利亚问题给欧盟的经济发展带来了安全困扰。此外，欧洲经济需要更强的抗压性来应对难民问题。鉴于滋生恐怖主义的土壤还在，2016年欧洲经济发展要严防突发灾难性事件。

尽管面临重重挑战，欧盟估计未来两年欧洲经济复苏将在"逆风"中保持前行。欧盟在秋季经济展望报告中预计，欧元区2016年增长率将提速至1.8%，2017年达到1.9%。同时，报告显示欧盟2016年经济增速预计为2%，2017年将达到2.1%。欧盟认为，未来两年欧元区和欧盟的经济增长将得益于就业形势改善、私人消费加速和投资反弹。国际油价处于相对低位，一方面减轻了消费者的能源支出，间接增加了消费者的可支配收入；另一方面会降低生产者的成本，拉低产品价格，因此可以起到刺激国内消费的作用。而家庭消费在欧洲国家GDP的比重约为60%，对拉动经济具有重要作用。其次，欧洲央行的宽松货币政策为市场注入了流动性，将推动欧洲经济缓慢增长。欧洲央行采取的降息、直接货币交易和量化宽松（QE）在内的举措，降低了成员国的融资成本和债务国的债务压力，一定程度上有助于实体经济的复苏。此外，这些措施必然带来欧元贬值，从而给欧洲出口增添动力。

此外，旨在拉动欧洲经济的"容克投资计划"2016年将进入具体项目实施阶段。根据欧盟委员会的估算，这项投资计划将在2017年年底之前创造3 300亿至4 100亿欧元的经济效益，增加100万至130万个就业岗位。

同时，值得关注的是，中欧经贸关系的加强也将为促进欧洲经济复苏添加助力。在过去的2015年，中欧朝着互利共赢得目标相向而行：中国国际产能合作与"容克投资计划"相对接；中国正式成为欧洲复兴开发银行的股东；欧洲国家也普遍认同中国"一带一路"倡议，积极加入亚洲基础设施投资银行。这些都为双方实现更高层次的合作共赢奠定了良好基础。

第五节　新兴国家经济形势

一、新兴市场：多难兴邦

2015年，新兴市场国家普遍遭遇经济发展的困难，发展情况出现了明显分化。以金砖五国（BRICS）为例，中国和印度是全球范围内重要的加工制造的出口大国，虽然面临转型之痛，但是依然保持着较高的经济增速。而另一方面，俄罗斯、巴西和南非都是资源出口大国，由于全球产业结构调整和大宗商品价格低迷，经济表现走向了另一个极端。南非相对来说经济增速和通货膨胀均保持稳定。

俄罗斯和巴西，2014年随着国际大宗商品价格进入快速下行轨道，两国的经济增速由正转负，持续降低，在2015年第二季度之后，双双触及－4%的低点，而且从我们对2016年全球经济形势的判断来看，也许最坏的时刻还没有来临。由于经常项目恶化、货币贬值而带来的输入型通胀，几乎使CPI在GDP负增长的同时加速上扬。那么，为什么从GDP和CPI的数据来看，俄罗斯的滞胀程度似乎要更胜于巴西，而在现实中人们却更担心巴西会爆发经济危机？是否有在整个新兴市场恶性扩散的可能？

2015年巴西经济持续衰退，第三季度巴西国内生产总值（GDP）为1.481万亿雷亚尔，环比萎缩1.7%，同比萎缩4.5%。这也是自1996年以来，巴西首次出现连续三个季度GDP萎缩的情况。巴西今年一季度GDP同比萎缩2.02%，一季度巴西GDP环比增速已从－0.2%向下修正至－0.7%；二季度GDP环比萎缩1.9%，同比萎缩3%，创下逾6年来最严重下滑。由于大宗商品价格持续探底，并且由于中国等主要进口国的需求减少，巴西铁矿石出口受到了冲击，GDP连续三季度负增长，已符合理论上的衰退定义。

巴西CPI仍在快速上涨，创13年新高。从巴西的主要价格指数来看，目前巴西通货膨胀严重，经济停滞不前，经济面临滞胀危机。巴西地理统计局（IBGE）周五公布的数据显示，巴西2015年消费者物价指数（IPCA）同比增速为10.67%，大幅高于2014年的6.41%，是政府通胀管理目标4.5%的两倍多，是自2002年以来的最高水平。自1999年巴西央行在通胀目标机制下设定容忍范围以来，2015年是巴西第四次超出容忍范围。数据显示，2015年巴西物价上涨幅度最大的是电力和燃油，分别比2014年上涨了51%和21.43%，带动其他物价也不断攀升。

结构性原因是资源输出型新兴市场国家所共有的原因，属于经济发展的长期范畴。而政府无效管制和预算持续恶化等制度性原因，属于中期经济因素，在巴西具有特殊性，叠加上一系列的短期特殊原因，使得巴西经济出现了"危机"的征兆，所以我们认为巴西特殊的"滞胀"现象并不具备典型性。

印度经济则保持稳定增长的状态，2015年全年第一、二、三季度的GDP同比增速分别为7.5%、7%、7.4%，与2014年同期相比，第三季度增幅有所下滑，但是第一季度和第二季度的增幅都有所上升。得益于油价仍处于相对低位，雨季降水充沛，以及通胀较为温和，2015年年初以来印度央行多次降息刺激经济，2015年印度经济增长明显，加上莫迪政府推动制造业和信息技术等领域发展并实施相关改革举措，印度经济展现良好态势。

但是制造业情况不容乐观。2014年12月，印度制造业PMI2年多来首次跌破50这一荣枯分水岭。莫迪政府2015年5月上台，因此该年度预算案是本届政府第一份完整的年度预算案，凸显了推动基础设施建设、改善企业经营环境的政策取向。2015年全年财政处于赤字状态，但是赤字的规模在下降。帮助控制财政赤字的主要贡献因素之一，是通过减少补贴来放宽对油价的管制。

以上这些因素，再加上一个亲商政府旨在结构性改革的多项措施，已经使印度成为全球经济舞台上的一个亮点。

二、新兴市场的特点

在这个基础上，我们需要关注新兴市场风险，特别需要注意如下三个方面的变化：2014

年以来资本净流入的趋势扭转；而资本净流出可能会引起国际外汇储备的下降，在经常性赤字增加和外债累计量提高的情况下，存在国际收支危机的可能性；另一方面，市场出现了新的趋势，新兴市场国家资本市场对美国市场变动的敏感性近年来逐步提高，美国进入加息周期，可能会加重新兴市场债务负担。

1. 资本外流

之前发生过国际支付危机以及当前经济形势较为严峻的 8 个国家，可以看出，作为金砖国家的巴西和俄罗斯，外汇储备充足，尽管俄罗斯由于受到经济制裁，外汇储备一度急剧下滑，但进入 2015 年后基本稳定。外汇储备比较低的是拉美的阿根廷和智利，2015 年第二季度，二者的非黄金外汇储备为 313 亿和 385 亿美元。而东南亚的印度尼西亚、马来西亚和拉美的阿根廷和智利，在外汇储备不充足的情况下，保持着较高的外债比率。美国加息的启动，意味着 2016 年资本格局的改变，资本外流是新兴市场必须面对的问题。在这个基本共识下，2016 年需要风险点的暴露要重点注意两方面，其一是传统的某些低储备，高负债国家可能存在的国际收支风险；另一方面还需关注，市场相关性上升导致企业债务负担上升而带来的违约风险。

2. 发达经济体与新兴市场分化更加明显

新兴市场和发达经济体经济增速的此起彼落，似乎到了一个转折关口。根据 IMF 的数据，2015 年二季度，不包括中国的新兴经济体，经济增长了 1.8%，而发达国家的经济增速为 2%。这是 2001 年以来，不包括中国的新兴经济体增速首次落后于发达国家意味着新兴市场的经济增速。即使将中国包括在内，发达经济体与新兴经济体的差距也在不断缩小。长期以来，新兴市场国家形成了出口依赖型的经济增长模式，发达经济体则长期依赖进口。在现今全球经济复苏缓慢以及大宗商品价格持续低迷的情形下，虽然发达国家出现了复苏迹象，但我们认为只有当发达国家的需求恢复到较高水平才会重新拉升商品出口国的出口，也就是说，经济周期决定了发达经济体复苏带动新型经济复苏是存在时滞的。

发达经济体中，美国的复苏情况在全球来看仍算强势，美联储 12 月加息也已经开启加息周期；对欧元区而言，2015 年年底欧央行祭出 QE 大招，成功带动欧元区经济改善，今年以来 GDP 增速持续上行，当前经济复苏趋势较为明确。日本方面，得益于从 2009 年开始采取的扩张性货币政策等一系列刺激措施，即"安倍经济学"，日本经济迅速走出了金融危机的阴影；英国经济也在 2013 年开始出现复苏，复苏的主要原因也是受到英国货币当局采取的低利率政策刺激以及欧元区经济的企稳。

长期以来，新兴市场国家形成了出口依赖型的经济增长模式，发达经济体则长期依赖进口。在现今全球经济复苏缓慢以及大宗商品价格持续低迷的情形下，发达国家的需求骤减导致新兴市场国家的出口大幅下降。虽然发达国家出现了复苏迹象，但只有当发达国家的需求恢复到一个阶段才会重新拉升商品出口国，也就是说，中间传导的时滞是存在的。

3. 依靠"连帮带"模式走不出衰退死循环

新兴市场一度是世界经济增长的引擎，但是当前新兴经济体状态更为不理想，以发达国家带动新兴经济体，金砖国家联动全球贸易活动的"连帮带"模式恐难为继。发达国家更多依赖国内贸易来支持复苏，也可以看到新兴市场国家在力求转变出口和投资导向的经济增长模式，对整个大宗商品的依赖在不断的收减，经济增长目标也在放低。

2000 年以前，美国 GDP 占全球 GDP30%，吸引全球市场超过 1/4 的直接投资（FDIs），进口占全球 20%；中国 GDP 仅占全球 GDP3.5%，吸收 3.2% 的出口和 3% 的 FDI。2014 年开始，世界已经进入双核模式，中国对全球 GDP 贡献率达到 13.5%（美国 22.5%），进口占全球出口量 10%（美 12.5%），FDIs 占比 10.5%（美 7.5%），整体拉动了资源出口国增长，形成全球贸易闭环的转动。我们把这个模式称为南北协同的"连帮带"模式。而 2015 年，发达国家在危之后迟迟未见好转，严重依赖原材料出口的新兴市场国家，在产能被闲置过久之后则被迫去化。此时，诸多结构性问题暴露出来了，比如增长点缺失、人口老龄化、制度缺陷或政治动荡等问题。外债的积累加大新兴市场国家应付外部冲击的脆弱性。新兴经济体中资本外逃总量通常与债务规模成正比。

4. 新兴市场资金流出速度在加快

IMF 数据显示，2009 年到 2012 年间，总计有 4.5 万亿美元资金从发达经济体流入发展中和新兴经济体，占同期全球资金流动规模的一半。如今，国际资本流动的方向发生了周期性逆转。这些经济体 2015 年下半年净资本流出总计达 3 924 亿美元。2016 年第一季度还有 800 亿美元流入新兴经济体，但第二季度从新兴市场流出的资本规模就达 1 200 亿美元。从 2015 年年初至今，新兴股票市场股票基金的净赎回已高达 397 亿美元，市场上最大的 RQFII（合格的境外机构投资者）、ETF（交易型开放式指数基金）亦出现近 300 亿元的资金撤离，整体规模缩水 60%。美英收紧货币政策亦将导致国际资本继续从新兴市场回流西方成熟市场，美元走强也将进一步加大新兴经济体面临的外部压力，尤其可能对蒙古、土耳其、南非、俄罗斯、印度尼西亚、乌克兰金融和经济的稳定性造成较大的冲击，而其他新兴经济体也将面临本币贬值和资本外流加剧的局面。

第六节　东盟经济形势

一、东盟经济共同体

2015 年 11 月召开的第 27 届东盟峰会上签署或通过了一系列文件，包括《关于建立东盟共同体的 2015 吉隆坡宣言》、《东盟 2025：携手前行》等，规划了东盟共同体建设的 2015 年后发展愿景。其中东盟各国特别看重共同体建设中加强经济合作，冀望建成一个一体化程度高、凝聚力强的经济共同体，一个富有活力、竞争力、创新性的经济共同体，增强互联互通和产业合作，维持经济的高速增长；冀望建成一个更有弹性和包容性的经济共同体，确保东盟各国公平发展、包容增长；促进东盟在世界经济中作为一个整体，打造更加系统、协调统一的对外经济关系。

东盟经济共同体建设关系到东盟共同体的凝聚力和活力。在全球经济环境依然动荡中，东盟 2015 年经济增长率约在 4.4% 以上，预计在 2016 年将增长 4.9%。

近年来东盟经济共同体的最大成果是产品贸易的自由化。在新加坡、马来西亚、泰国、印度尼西亚、菲律宾、文莱六个东盟国家之间，99% 的品类已实现零关税；而越南、柬埔寨、老挝、缅甸四个国家也计划在 2018 年之前基本取消关税。为推动贸易便利化，东盟贸易便利化联合磋商委员会（ATF-JCC）将制定关于促进贸易便利化的行动计划，努力减少或消除该地区的非关税贸易壁垒，包括实施便利的原产地认证措施，在东盟货物贸易协议框架下实现优惠关税减让，建立东盟贸易信息库系统，建立东盟单一窗口。

2007年东盟对外贸易额是 16 100 亿美元，2015 年达到 25 300 亿美元。2015 年外国直接投资流入东盟 1 362 亿美元，超过外资流入中国额。

东盟内部贸易额在 2014 年达到了 6 083 亿美元，占地区贸易总额的 24.1%。2015 年东盟内部投资额为 244 亿美元，占该地区外国直接投资的 17.9%。2015 年东盟的贸易和投资保持着过去几年的势头。东盟强调从战略上实施创新推动地区经济增长，制定了东盟科技与创新行动计划（2016—2025）。东盟还制定了有关行业的发展规划。

东盟经济共同体今后的建设空间广、潜力大、任务重，尚有大量工作需要开展，发挥好部长级会议机制非常重要。2015 年 3 月东盟财长和央行行长召开了首次联合会议（AFMGM），加强区域宏观经济政策和金融一体化方面的合作。在今后的东盟经济共同体建设中，AFMGM 将继续致力于制定 2015 年后东盟金融一体化计划，特别是在保险部门的进一步开放和五年行动计划的实施方面，提升区域资本市场的连通性，把包括金融包容性作为东盟金融合作的优先政策。目前，东盟各国先后制定了各项经济计划。

东盟农业与林业部长会议（AMAF）制定了《农业及林业合作战略计划（2016—2025）》。东盟矿业部长会议制定了《东盟矿业合作行动计划》（2016—2025），以增进矿产品贸易和投资，促进矿业可持续发展。

东盟能源部长会议制定了《东盟能源合作行动计划》（APAEC 2016—2025），在七个领域深化合作：东盟电网；跨东盟天然气管道；煤炭和清洁煤技术；高效使用能源和节约能源；可再生能源；区域政策和规划；民用核能。

东盟交通部长会议签署了《东盟交通战略规划（2016—2025）》和《东盟地区道路安全战略》。《东盟交通战略规划（2016—2025）》是地区更高水平互联互通指导性的区域政策文件。

东盟电信和信息技术部长会议通过了《东盟信息通信技术总体规划（至 2020）》，这将引导东盟电信合作在 2016—2020 年间迈向数字化功能的经济，电信发展富有创新性和安全性。

二、中国与东盟经济发展

1. 中国—东盟贸易繁荣发展

2015 年是中国与东盟建立战略伙伴关系进入第二个十年的开局年，在 2015 年，中国—东南亚经贸合作欣欣向荣，贸易额持续增长，达 4 803.94 亿美元，增长 8.3%，中国—东盟贸易增速较中国整体对外贸易平均增速高出 4.9 个百分点，双方贸易的增长惠及了中国与东盟的经济增长。东盟是中国第三大贸易伙伴和中国企业在国外投资的重要市场，数据显示，双方的经贸互相依存关系仍在继续加深。中国—东盟商务理事会执行理事长许宁宁指出，2015 年，中国与东盟贸易额占中国对外贸易总额达 11.16%，较 2014 年的 10.66% 占比又有新增长。

尽管受到世界经济整体复苏缓慢的影响，除柬埔寨、老挝、越南等国外，大多数东盟国家经济增长低于预期，不过许宁宁表示，2014 年东盟经济形势总体平稳，2015 年是东盟经济共同体建设的冲刺之年。在全球经济不景气的大背景下，中国与东盟贸易额保持 8.3% 的增长速度，中国为东南亚区域一体化创造了新的动力。尽管 2014 年存在油价下跌等因素，马中贸易额依然保持在 1 000 亿美元以上；泰国驻华大使馆商务公使庄派吉表示，2015 年正值中泰正式建交40周年，双边经贸合作在农业、高铁等领域得到了进一步深化。

2. 中国—东盟自贸区升级版值得期待

2015年双方经贸合作的重点是中国—东盟自贸区升级版建设。为实现2020年双向投资额新增1 500亿美元的目标，未来5年需比2013年双向投资额增长1.5倍。现实的需求要求双方抓住发展的新机遇，进一步相互开放市场，提升贸易、投资自由化、便利化水平。升级版自贸区如果进展顺利，将有利于东盟国家向中国的出口，双方设立的5 000亿美元贸易额的目标一定能够实现；尽管新增双向投资额1 500亿美元的目标十分宏大，但是中国与东盟之间的互联互通合作项目将带来极大的投资潜力，通过中国与东盟国家的共同努力，这一目标也是可以达到的。中国经济正在持续稳健发展，双方各自的经济结构调整和产业升级有很好的互补机遇，第二阶段自由贸易区的建设和"一带一路"等区域经贸战略的发展将推动中国和东盟的双边合作进入新常态。

3. 东盟成为中企"走出去"的目标市场

中国与东盟有经济合作的区位优势，双方经贸互补性强带来了合作空间大，中国—东盟自由贸易区政策又为双方企业合作形成了有利条件。东盟已成为中国企业走出去的目标市场。东盟经济共同体建设对中国企业发展海外事业是个良好机遇。东盟国家加大基础设施投入给中国工程承包企业和建材企业带来许多新商机。以印度尼西亚为例，2014年12月，印度尼西亚总统佐科宣布了印度尼西亚政府《2015—2019年中期改革日程和经济发展规划》，表示在基础设施建设方面，印度尼西亚政府计划兴建49座大型水坝，开发24个现代化港口，新建15个机场，新增电力装机总量3 500万千瓦，未来5年将新建高速公路1 000公里，铁路里长由现在的5 434公里增加至8 692公里。

以印度尼西亚为例，印度尼西亚有17 500多个岛屿，90%的货物流动需依赖船舶运输。据印度尼西亚工业部预计，今后10年印度尼西亚对各类船舶的需求量将达4 000艘，印度尼西亚国内造船业发展远不能满足其需求。印度尼西亚对外商投资造船业没有限制，可以独资，而且欢迎投资制造2万吨级以上的大型船只。目前中国已成为全球造船第一大国，国内大量产能迫切需要向外转移。印度尼西亚大力发展造船业，为中国造船业产能向印度尼西亚转移提供了难得的机会，也为中国成套设备出口印度尼西亚提供新的机遇。

第七节 我国经济形势

一、2015年我国经济形势

2015年中国经济步入"新常态"，经济增长减速，经济结构优化，增长动力转换，改革深化，拓展了经济发展空间，为"十三五"的发展奠定坚实基础。

1. 经济增长平稳减速，成功实现软着陆

经济由高速增长转向中高速增长是中国经济"新常态"的典型特征。2008年国际金融危机后，全球经济面临需求放缓、发展方式转型、产业结构升级的重大压力。2015年前三季度我国GDP分别同比增长7.0%、7.0%和6.9%，四季度我国GDP同比增长6.9%，全年增长6.9%，比2014年下跌0.4个百分点。2015年经济增长成功实现软着陆。

2. 工业和服务业走势分化，产业结构有所调整

2015年前三季度，工业生产继续保持较低增速，但服务业增速加快。前三季度我国第二产业同比增长6%，其中工业同比增长5.9%，较2014年同期减缓2个百分点；第三产业增速8.4%，比2014年同期提高0.8个百分点。11月规模以上工业增加值同比分别增长6.2%，比10月份加快0.6个百分点。11月份制造业同比增长7.2%，已从底部初现回升态势。非制造业继续保持平稳扩张态势，对稳定经济增长的作用不断增强。前三季度第三产业占GDP比重为51.4%，比第二产业占比高10.9个百分点。2015年1—11月，全国国有及国有控股企业（以下简称国有企业）经济运行稳中向好，部分指标出现回暖迹象，但下行压力依然较大。一是国有企业利润同比降幅收窄。二是地方国有企业利润连续四月出现同比下降，降幅逐渐加大。三是钢铁、煤炭和有色行业继续亏损。

3. 消费增速放缓，四季度略有回升

2015年1—11月份我国居民消费同比增长10.6%，较2014年同期放缓了1.4个百分点。消费在三大需求中相对稳定，全年社会消费品零售总额同比增长10.6%。

4. 固定资产投资增速明显下滑，四季度投资小幅回升

投资增速下滑幅度较大。2015年1—11月固定资产投资同比增长10.2%，与1—10月份增幅持平，较2014年同期放缓了5.6个百分点。其中房地产投资累计同比增速仅1.3%，较2014年同期放缓了10.6个百分点；制造业投资1—11月同比增长8.4%，较2014年同期放缓5.1个百分点；服务业投资1—11月同比增长11.0%，较2014年同期放缓6.1个百分点；基础设施投资，1—11月同比增长18.0%，较2014年同期放缓2.8个百分点。从当月增速来看，四季度固定资产投资小幅回升，房地产投资仍是负增长。11月份固定资产投资增速已从9月份的低点6.8%回升至10.8%，但房地产投资连续四个月负增长，11月份跌幅扩大至5.1%。

5. 进出口增速下降，贸易顺差增加

2015年1—11月我国累计实现出口同比下降3%；进口同比下降15.1%；1—11月累计实现贸易顺差5 391亿美元，同比增长61.8%。贸易顺差增加的原因是进口的大幅减少，而非出口的增加，呈现出明显的需求衰退型顺差特征。从中国进出口占世界贸易的份额来看，2014年中国出口占比平均值为12.9%，2015年1—8月中国出口占比平均值上升至14.5%，这表明中国出口份额并未下降。同期进口占比平均值分别为8.5%和8.7%，基本平稳，这表明中国经济增速下滑对世界贸易需求并未产生相对的紧缩作用。

6. 生产部门物价低迷，成功避免消费领域通货紧缩

2015年面临较大物价下行压力，成功避免消费领域的通货紧缩。预计全年CPI同比增长1.4%，PPI同比下降5.2%。虽然以CPI指标来衡量，暂时还不能判定中国已经陷入全面通货紧缩状态，但是因中国消费占GDP比重低，投资和生产部门在国民经济中的占比远高于发达国家，仅仅以CPI来衡量物价变化并不全面。PPI连续3年多负增长，对投资和生产部门已经产生了严重的紧缩作用。抛开判定通缩的概念和标准之争，结合中国特殊的经济结构，我们认为当前结构性通缩比较严重，有可能进一步蔓延恶化，对此仍应给予重视。

7. 经济结构不断优化，创新创业提供新动力

经济"新常态"的大背景下，中国经济增长已告别高增长、高投资、高投入时代，经济结构不断优化、产业结构不断升级、创新创业提供新动力。

一是消费、投资结构优化。经济下行过程中，居民收入快于 GDP 增长、就业稳定、城乡收入差距缩小，消费发挥了经济增长稳定器的作用。前三季度累计最终消费支出对 GDP 增长的贡献率为 58.4%，比 2014 年同期提高 9.3 个百分点。

二是二、三产业的结构优化。前三季度，第三产业增加值占 GDP 比重达到 51.4%，比 2014 年同期提高 2.3 个百分点，比第二产业比重高 10.8 个百分点。第二产业中，新兴产业发展迅速。前三季度，高技术产业增加值同比增长 10.4%，高于规模以上工业增速 4.2 个百分点；高技术产业投资同比增长 16.1%，比全部投资增速高 5.8 个百分点。服务业内部出现转型，高技术服务业投资增长 22.6%，比全部服务业投资快 11.4 个百分点。

三是居民收入增长较为稳定，就业提前完成全年目标，城乡居民收入差距进一步缩小。前三季度，全国居民人均可支配收入同比名义增长 9.2%，实际增长 7.7%，分别高于 GDP 名义增速和实际增速 2.6 和 0.8 个百分点；累计新增就业达到 1 066 万人，提前完成全年就业目标；农村居民人均可支配收入名义增长 9.5%，实际增长 8.2%；城镇居民人均可支配收入名义增长 8.4%，实际增长 6.8%。

四是创新创业提供增长新动力。高技术产业、网上商品零售、快递业务、手机上网流量、新能源汽车产量、智能电视等符合转型升级方向的产品生产快速增长。商务便利化措施激发市场活力。2015 年以来，平均每天新登记企业 1.2 万户。1—10 月份，规模以上私营企业利润同比增长 6.2%，好于同期整体工业企业利润形势。

8. 灵活运用货币金融政策，成功抵御金融风险

经济增长减速，股市、房地产、债市、汇市等潜在金融风险隐患增大，但中央政府通过灵活运用各种政策，成功抵御了金融风险。

一是稳定股市。受多重因素影响，2015 年中国股市大幅波动。2015 年 8 月中旬股市暴跌后，推出各种救市措施，股市恢复了稳定增长。截至 2015 年 12 月 25 日，上证综指较 2015 年年初上涨 12.16%，涨幅高于美国、英国、德国、法国、日本等发达国家，也高于泰国、越南、印度尼西亚、菲律宾、马来西亚、新加坡等亚洲国家。

二是稳定房市。为应对房地产销售压力，2015 年中央出台了包括降息、降低首付比例、公积金政策调整等一系列房地产优惠政策，促进房地产市场销售，政策效果持续显现，房价环比上涨城市增加，涨幅有所扩大。11 月份全国 70 个大中城市新建商品住宅和二手住宅价格环比上涨的城市个数分别为 33 个和 40 个，一、二线城市新建商品住宅和二手住宅价格环比涨幅均扩大；三线城市新建商品住宅价格环比由降转平，二手住宅价格环比持平。

三是稳定汇市。2015 年人民币面临较大贬值压力，资本流出压力加大。自 2014 年下半年后，中国外汇储备开始转入下降通道，并延续至今。为减缓资本外流压力，2015 年 8 月 11 日实施汇率改革，人民币在可控制范围内对美元贬值。截至 2015 年 12 月 25 日，人民币兑美元汇率较 8 月 10 日贬值 4.3%。

四是金融市场化和国际化改革有序推进。2015 年 3 月 26 日，央行发布公告简化信贷资产支持证券发行管理流程；4 月 1 日，国务院批复同意《存款保险制度实施方案》；6 月 2 日，央行发布《大额存单管理暂行办法》并正式实施；7 月 21 日，十部委发布《关于促进互联网金融健康发展的指导意见》；8 月 11 日，人民币汇率中间价市场化决定机制出台；9 月 15 日，央行改革存款准备金考核制度，由时点法改为平均法考核；9 月 30 日，央行开放境外机构参与中国银行间外汇市场；10 月 23 日央行放开存款利率上限，利率管制完全放

开；11月20日央行下调分支行常备借贷便利利率，我国货币政策的利率走廊初步成型；11月30日，人民币成功加入SDR，标志着人民币国际化的重大推进。

9. 财政政策加力增效，促进经济增长

2015年以来，财政政策积极转变调控思路，创新方法手段，在稳定总需求的同时，更加注重从供给侧完善宏观调控措施和手段，切实促进经济稳定增长和提质增效。

一是发挥政府投资稳增长调结构作用。中央财政继续发挥投资的关键性作用，加快一般预算支出进度，继续大力推进PPP模式，鼓励社会资本参与市政公用设施、收费公路、生态环境保护等项目建设、管理和运营，切实提高财政资金使用效益；继续支持城镇保障性安居工程建设，进一步加大农村危房改造投入力度；优化水利专项资金支出结构等；支持产业升级和中小企业发展，中央财政坚持市场主导、政府引导，财政资金重点投向智能制造、高端装备等制造业转型升级的关键领域。加快设立国家新兴产业创业投资引导基金。注重创新投入方式，推动体制机制创新；推进水污染防治工作。

二是稳步发行地方债，化解地方政府债务风险。中央财政今年落实稳步发行地方债的工作，并适度加大地方政府债券发行规模，继续发行地方政府债券置换存量债务。同时，中央财政还在今年发行了专项支持投资项目的债券。发行6 000亿元新增地方政府债券。增加7 000亿元在建项目后续融资额度，用于支持2015年国务院确定的重点项目及在建项目建设。下达3.2万亿元置换债券额度，主要用于偿还2015年到期债务。

二、2016年我国宏观经济形势展望

1. 增长新动力显现，增速下滑探底

2015年中国经济进入新常态，2016年是"十三五"规划的开局之年，认识新常态、适应新常态、引领新常态，是当前和今后一个时期我国经济发展的大逻辑。总体上看，经济增长仍有下行压力，但随着增长新动力的不断显现，有望探底企稳。

2. 五大发展理念为供给侧改革提供理论指引

十八届五中全会发布"十三五"规划建议，首次提出了"创新、协调、绿色、开放、共享"的五大发展理念，为供给侧改革提供了理论基础。供给侧改革的根本落脚点，是提高"全要素生产率"。在五大理念的指引下，政府将在区域、产业、国企、财税、金融、民生等领域推出一批力度大、接地气的改革方案。

3. 经济工作总基调仍是稳中求进

经济工作会议对明年经济总的定调仍是"稳中求进"，"稳"就是要"保持经济运行在合理区间"，"进"就是要通过供给侧改革，创造新供给和新需求，促进经济转型升级。由于房地产投资仍难以显著回升，2016年国内需求仍面临较大下降压力，而全球多数经济体复苏缓慢也制约外需，加上金融行业在今年高基数影响下也会放缓，2016年经济下行压力仍较大，适当小幅下调经济增长目标可能更为合理。这意味着经济工作目标虽然可能小幅下调，十三五时期经济增长点底线是6.5%，2016年增长目标可能设置为6.7%。

4. 五大任务指明周期性调整的工作重点

中央经济工作会议提出2016年经济工作"五大任务"，即去产能、去库存、去杠杆、降成本、补短板。前四大任务直指经济下行阶段周期性调整的艰巨任务。去产能是指传统产业尤其是重资产、周期性行业的去过剩产能；去库存对应去房地产库存；去杠杆对应降低企业

和地方政府债务负担，控制金融风险；降成本主要通过降低税费和调整能源价格实现；补短板主要是补齐民生、产品、产业方面的短板，强化扶贫、产品和产业升级、农业等领域工作。去产能有利于经济长期健康发展，但短期可能使过剩行业投资继续大幅放缓，并导致企业融资需求继续大幅收缩。加快产能出清可能带来失业增加和居民收入增长放缓，使得经济面临较大的通缩风险。正是基于这些考虑，会议强调"妥善处理保持社会稳定和推进结构性改革的关系"，这意味着过剩产能去化会相对循序渐进地进行，供给侧将是缓慢的产能出清。

5. 财政政策加力发挥托底作用

为维持相对较高经济增长，政府稳增长力度或加大，尤其是"积极的财政政策要加大力度"。一是"适当增加必要的财政支出和政府投资"，这可能意味着财政支出会继续保持较快增长，但力度超出想象的可能性较低。二是"实行减税政策"，而减税属于供给侧改革的措施，着重于降低企业成本和提高企业运营效率。三是"阶段性提高财政赤字率"弥补财政减收。2015年共安排财政赤字1.62万亿元，预计2016年财政赤字规模增加至2万亿左右，赤字率可能达到2.76%，赤字净增量增加3 800亿元左右。上述减税增支措施有利于经济增长，但总体来看财政手段仍是托底经济的政策，经济真正意义上走出低谷不是靠中央财政加杠杆，而是靠企业加杠杆，中国要重回企业加杠杆仍需先完成过剩行业和地方政府去杠杆过程。

6. 货币政策仍将在稳健的基调下保持适度宽松

一是社会总需求仍然偏弱，需要在需求侧保持一定的刺激力度。二是配合供给侧改革，为实体经济提供适宜的流动性，降低实体经济融资成本。三是配合结构性财政政策，为各项财政专项债券、地方政府债务、国债发行提供有利的利率环境，同时降低存量债务的压力。四是美联储加息后为应对资本外流，人民币温和贬值。预计2016年一次降息，三次下调存款准备金率，人民币兑美元汇率贬值4%左右。

总体上，2016年在供给侧改革力度加大的背景下，仍需要宏观政策在需求侧继续给予适度支持，着力防止供给侧改革对短期经济增长的下拉影响，防范经济金融风险，保证经济平稳运行在合理区间。

思考题

1. 结合实际思考一下我国经济发展进入新常态的深刻含义。
2. 美国经济的"领跑"将对世界经济产生哪些影响？
3. 当前欧盟经济发展遇到的阻力都有哪些？
4. 当前我国应如何实现与东盟之间经济的互赢互利？

专题十 地区安全局势

学习重点

（1）知道巴以冲突产生的原因。
（2）了解欧洲难民危机的导火索。
（3）掌握古美恢复外交的影响。

第一节 欧洲难民危机

一、事件背景

欧洲难民危机的来源非常复杂，从历史方面、政治方面、社会方面、军事方面、经济方面等都有强大的诱因。

历史方面：欧洲难民潮的来源民众主体是伊斯兰世界的难民，中西亚北非一直以来都是伊斯兰世界的阵地，伊斯兰教派冲突由来已久，由逊尼派主导的沙特阿拉伯与什叶派主导的伊朗在中亚地区长期明争暗斗。而这两个国家的背后或多或少都有着俄罗斯与美国的影子，由美国发起的中东战争与俄罗斯影响的格鲁吉亚、叙利亚乱局直接导致了这片地区长达二十年的混乱。但双方之间的争斗一直压抑在一定的程度，人们依旧留有和平解决问题的曙光。直到 ISIS 脱离国际社会的控制，向全世界宣战，紧接着美国直接介入当地政局，直接支持叙利亚反对派武装，俄罗斯则大力支持叙利亚政府，事态才变得越发严重。阿拉伯地区的难民开始大批出逃，并且迁离战火波及的地方。

政治方面：伊朗为首的什叶派一直希望控制中亚地区，成为地区性领导人。逊尼派则与伊朗针锋相对，沙特为首的逊尼派组织在美国的支持下得以发展壮大，将中东产油区大部分控制在手中。俄罗斯不甘将庞大的石油利益拱手让人，开始与美国进行政治上的博弈。两个大国的交锋直接导致了沦为棋子的小国自顾不暇，难以照顾国民，为了躲避随时有可能易主的政治环境，大量难民开始前往政治稳定的国家寻求栖身之地。

而欧洲紧靠中东北非，相互之间政治互信强烈，欧洲各国之间签订了《申根协定》，国与国之间的来往并不需要手续与审查，各个国家的国内政治环境稳定，所以导致了大量的难民前往欧洲避难。

社会方面：由于战争导致的动荡的社会环境，难民所在国家大都出现了经济问题和社会问题，社会秩序更是被破坏得一干二净。无论是暴乱还是极端组织都在各国肆意蔓延，待在本国随时有可能出现生命危险，更不用说对于养老保障和后代教育等社会问题。

而众所周知，欧洲富国的社会福利非常高，尤其是北欧各国与丹麦、德国等地，所以这些国家成了难民首选的避难所。难民通过非法偷渡与潜逃等手段，只要进入了欧洲国土，依照国际协定，欧洲各国是没有理由将战争难民遣返回战乱国家的，这等同于间接谋杀罪名。加之欧洲本身就是导致伊斯兰世界混乱的幕后推手之一，所以承担相应责任的欧洲接纳的难民越来越多。

军事方面：在2011年阿拉伯之春运动中，由沙特支持的军队推翻了埃及穆巴拉克政府，直接导致伊朗和沙特外交关系出现急剧恶化。同年巴林政府出现内乱，沙特协助逊尼派代表巴林皇室镇压什叶派叛乱。同年叙利亚内战爆发。阿拉伯之春将逊尼派势力范围大大扩展，伊朗不甘示弱，掀起新一轮战乱。欧洲开始接受难民，并将其称为战争移民。2012年叙利亚战场成为伊朗与沙特角力的重要支点。2014年ISIS（"伊斯兰国"）宣布正式成立，由于其传承自基地组织与伊拉克政权，成立之初就站在伊朗的对立面，所以沙特以及美国态度暧昧。10月，巴基斯坦塔利班宣布无条件效忠ISIS，战火进一步延伸，ISIS将世界上绝大部分国家列入敌对列表。欧洲对于难民危机达到无力承担的地步，截至2015年超过100万难民涌入欧洲。2015年由伊朗扶持的也门胡塞武装与沙特支持的政府军也陷入内战，沙特为首的逊尼派迅速在也门进行空袭，协助也门境内逊尼派武装打击什叶派武装力量。

伊朗与沙特关系更趋恶劣，什叶派和逊尼派的对立情绪再次加剧。2016年1月2日沙特判处什叶派教士恐怖主义罪名并处死。紧接着沙特驻德黑兰大使馆遭受伊朗示威者冲击，沙特宣布与伊朗断绝外交关系，伊朗宣布对沙特进行神圣报复行动。至此伊斯兰世界内部动荡达到前所未有的顶峰。2016年1月份欧洲接受难民达到2015年1月的3倍。

经济方面：经济诱因应该是欧洲难民人数急剧增加的外部因素，事实上，在中亚北非和平时代，这些地方的经济状况并不算差。伊拉克很长一段时间都是处于发达国家的经济水平，利比亚和埃及曾经也是引人注目的新兴经济体。但是教派斗争和大国博弈导致了这片地区的衰败，无法团结的小国家阿拉伯人只能以逃离来结束被人操控的命运。

欧洲属于长时间的经济发达体，而且欧盟的总体经济数据远远高于中美俄三国相加的总和，前往欧洲找一份工作对于大部分目前食不果腹的难民来说是一件得以让自己和自己的整个家庭生存下去的最佳选择。所以一些并没有发生战乱的地区和国家也同样出现了偷渡前往欧洲的情况。

二、导火索

一方面是希腊经济危机，众所周知，由于希腊的经济危机导致了欧债危机和欧洲经济危机一触即发，于是欧洲各国民众对外来移民占用本国福利资源纷纷表示不满，因此欧洲各国均收紧了移民政策，本来欧洲各国对移民是持开放态度的，因为欧洲现在出生率在降低，为了保持人口,移民是其中一项重要选择,但因为经济危机,现在欧洲各国均收紧了移民政策,所以出现了欧洲难民潮。另一重要原因是源源不断的难民主要来自叙利亚、利比亚等中东、北非地区。2015年上半年,这一地区战乱不断、持续动荡,加上"伊斯兰国"极端组织的猖獗活动,使得大批难民外涌,成为这次欧洲难民危机的导火索。

三、难民逃往欧洲的主要通道

目前,逃避战乱的难民逃往欧洲的通道主要有三条:一是通过意大利的中地中海通道;二是经过希腊的东地中海通道;三是取道匈牙利的西巴尔干之路。这三条通道上的难民数量相当,大都来自叙利亚、伊拉克、阿富汗和许多非洲国家。同时,英法海底隧道也成为难民逃往欧洲的重要道路。

1. 中地中海通道

地中海地处欧非亚之间,成为非法移民偷渡欧洲的"重灾区",欧洲南部的意大利和希腊负担尤重。意大利是难民涌入欧洲的主要门户,也就是"中地中海通道"。国际移民组织2015年7月10日的报告显示,截至2015年7月约有7.5万难民入境意大利。意大利小岛兰佩杜萨是最佳中转站,该岛在意最南端,与西西里岛之间超过200公里,但距西边的突尼斯海岸仅约110公里。仅2011年一年,因利比亚等国局势动荡,就有超过5.5万北非难民由海路偷渡至此。如今,在兰佩杜萨岛上经常可以看到三五成群的非洲难民经过。

2. 东地中海通道

许多难民把希腊当成前往其他欧洲国家的跳板,这就是所谓的"东地中海通道"。联合国难民署2015年8月18日宣布,2015年以来已有超过16万难民偷渡到希腊,其中约有15.8万人选择从土耳其经爱琴海抵达希腊各岛。而在2014年,入境希腊的难民人数全年仅约3.5万人。联合国难民署调查发现,难民前往欧洲的路径已经发生了变化。希腊已经取代意大利,成为难民逃往欧洲的主要登陆国家。

3. 西巴尔干之路

大多数难民从希腊北部进入马其顿南部盖夫盖利亚地区,北至库马诺沃地区,然后穿过塞尔维亚抵达欧洲腹地,这就是所谓的"西巴尔干之路"。据红十字会官员2015年8月16日估计,如今每天有2 000人越过希腊边界进入马其顿。涌入马其顿的难民都聚集在盖夫盖利亚火车站,每当有前往塞尔维亚的火车进站,月台上成千的难民就会把小孩子推进火车的窗口。这些难民希望赶上每天只有几班的国际列车,抵达塞尔维亚首都贝尔格莱德,因为这是他们前往匈牙利的最后一站。2015年,已有9万人从马其顿抵达塞尔维亚寻求庇护。如果他们在贝尔格莱德赶上火车到塞尔维亚与匈牙利边界,只需攀过一道4米高的篱笆就能进入匈牙利。匈牙利是受近年来周边国家冲突移民潮影响最严重的国家,这些移民都希望借道匈牙利进入欧盟。

4. 英法海底隧道

对大多数难民来说,英国才是最终目的地,而通往英国的唯一途径就是穿过英吉利海峡海底隧道。海底隧道西起英港口城市多佛附近的福克斯通,东至法北部港城加来。加来是欧洲国家面对难民潮冲击的"前线"之一,眼下接收了大约3 000名难民,他们主要来自厄立特里亚、埃塞俄比亚、苏丹和阿富汗。这些人在加来"安营扎寨",其中一些人经常试图闯入海底隧道,藏身前往英国的货车,伺机偷渡。2015年7月底至8月初,有约1 700人次的难民闯入海底隧道试图偷渡。2015年7月3日晚至4日凌晨,英吉利海峡海底隧道一度中断通行,大约150名难民强行闯入位于加来的东出口,试图藏身火车偷渡至英国。

数量急剧上升的难民潮,显然已经超过欧洲各国的收容能力。同样作为接受非法移民的"前线",意大利的"南大门"兰佩杜萨岛就常年面临安置来自北非移民的压力。兰佩杜萨岛市政府发言人塞米纳拉对此表示苦不堪言。希腊和意大利作为中东北非难民登陆欧洲的起点,早已不堪重负。非法移民问题不仅令希腊、意大利头疼,更是欧洲各国的共同难题。

此次难民潮可称之为战乱综合后遗症,是几个因素叠加的结果:十年前美国入侵伊拉克、利比亚造成的乱局持续发酵,几年前横行北非中东的颜色革命恶果继续显现,再加上叙利亚内战和"伊斯兰国(ISIS)"乘乱兴风作浪。因此,这波难民潮具有难民人数多、来势汹汹和解决难度大的特点。

四、应对措施

一是难民摊派。起初,欧盟救急的举措是难民摊派,经过激烈的讨价还价制定出16万难民配额,但捷克、匈牙利、波兰、斯洛伐克表示反对,重申其反对欧盟为成员国设置接收难民配额的做法。债务危机爆发后,相互扯皮的现象在欧盟内愈发显著。有福同享而有难不同当,成为外界笑话欧盟的把柄。

二是加强边境和移民管理。日前,法、德内政部长联名致信欧委会,主张控制移民大量涌入欧洲。信中主要提出以下设想:①欧盟边境管理局应配备独立反应部队,可随时调遣;②赋予欧盟边境管理局边防人员查看欧盟指纹库、国际刑警组织以及成员国数据库相关信息的权限;③在第三国和欧盟批准前提下,欧盟边防人员在第三国境内采取行动的可能性;④为使边境管控更加有效,相关数据库应实现互联互通,并定期查询;⑤改革《申根边境法》;⑥提高难民营登记、筛查、安置难民的效率,避免拖延时间过长。

三是加强对中东地区经济援助。难民危机的转折点是叙利亚小男孩艾兰的尸体被冲上土耳其海岸的照片传遍全球,这给普通人的冲击与震撼似乎比任何政客的呼吁更有效。土耳其角色凸显。欧盟重启土耳其入盟谈判,召开欧土峰会,欧盟向土提供30亿欧元援助,帮助其妥善安置境内220万叙利亚难民,防止其进入欧盟国家。欧盟信托基金将向150万叙利亚难民及黎巴嫩、土耳其、约旦、伊拉克等难民所在国提供3.5亿欧元紧急援助,用以改善难民聚集区的教育、医疗、饮水等设施,提升当地社会融合度,增加经济发展机会,试图堵住难民源头。

四是其他措施。比如,共享航班乘客信息,采用"旅客姓名登记制度",将共享成员国之间以及飞往欧盟之外国家航班的旅客信息。欧洲理事会主席图斯克在2015年年底最后一次欧盟峰会期间表示,当前关于如何应对难民危机的战略已基本成型,但如何落实转移、安置和遣返等难点问题尚未确定。

五、危机影响

如果说乌克兰危机考验欧洲一体化的起点——和平与和解,债务危机考验一体化成就——团结就是力量,难民危机直接考验欧洲的良心——欧洲如何防止难民冒着生命危险涌入欧盟国家,惨死在路上,形成巨大的人道主义灾难。

根据欧盟的规定,也就是所谓的都柏林协议,难民应该在入境欧盟的第一个成员国申请政治庇护。许多难民冒着生命危险，不惜千辛万苦抵达了欧盟，但他们并不想在所谓第一个入境的国家，例如希腊、意大利或是匈牙利等国申请难民，他们的最终目的地是德国或是北欧的一些国家。至 2015 年年底，到达德国的难民超过 100 万，以至于匈牙利总理欧尔班形容目前的难民问题是"德国问题"。德国总理默克尔起初表达对难民的宽容、欢迎态度，展示德国的价值关怀与领导力，却鼓励了更多的难民来到德国和欧洲，引发一系列问题，遭受国内外强大压力。默克尔不得不改口称，解决难民危机是欧洲面临的"历史性考验"，需要欧盟团结起来共同寻求解决办法；德国无法承受数量如此之多的难民，而且难民减少不仅有利于德国，也符合被迫流离失所难民的愿望。

难民危机以及此后更多的难民涌入将对欧洲政治产生深远影响：欧洲一体化进程和政治整合将遭受更大的挑战，各国国内政治中左派政党将面临更大的执政危机，同时右派极端政党可能进一步壮大，欧洲的福利国家体制继欧债危机后再次受到考验。德国是目前为止接受难民最多的欧洲国家，超过 20 万难民滞留德国，入境难民超过 60 万。但是德国和欧洲小伙伴们并没有对难民危机做好充足的准备，没有足够的住房和后勤供应，基础设施的短缺也是欧洲接受难民的一个巨大问题。每一天难民所消耗的金钱和人力物力成本相当于一支集团军队的消耗，本来就经济萎靡的欧洲遭受迎头痛击，显得更加一蹶不振。同时因为难民的过多涌入，大量占用了原本欧洲国民的设施和福利，引起了很多国家的国民强烈的抗议，丹麦、瑞典更是爆发了反难民冲突。如今难民危机下的欧洲可以说是内忧外患，寻求解决难民危机的方法也是当下欧洲最重要的事项之一。

第二节　巴以冲突不断

巴以（巴勒斯坦和以色列）冲突是中东地区冲突的热点之一，冲突的背后隐藏着深刻的历史根源，既有宗教的、文化的、民族的因素，更重要的是大国干预等外部因素，各种因素互相影响、激化，使得巴以冲突的复杂性非同一般。其中，两个民族对同一块土地提出了排他性的主权要求是根本原因。犹太移民定居点问题和耶路撒冷地位问题则是巴以和平之路上的严重障碍。

一、巴以冲突之源——圣殿山

犹太教古经典这样记载："世界可以比做人的眼睛，眼白是围填世界的海洋；黑眼珠是住人的大地；瞳孔就是耶路撒冷；瞳孔中的人脸就是圣殿。"因此而得名的耶路撒冷圣殿山，历经沧桑，已成为伊斯兰教第三大圣地。巴以半个多世纪的流血冲突，最大的症结就在于圣城耶路撒冷的地位；而耶城争夺的根源和焦点，则集中在圣殿山的归属。2000 年就是因为当时的利库德领导人沙龙闯入这里，引燃了延续至今的巴以冲突。

虽然名为圣殿山，但踏步其中，已找不到任何山头的影子，极目之处，只见一片矩形石建筑群和葱郁的树木。事实上，圣殿山还是古犹太人流传下来的称呼。在基督教传说中，这块石头也被视为上帝用泥土捏成人类始祖亚当的地方。

公元前 10 世纪，雄才大略的希伯来国王所罗门在这里建了第一圣殿，圣殿内存放圣物"约柜"。公元前 586 年耶路撒冷被巴比伦所灭，之后圣殿被毁，公元前 520 年又重建圣殿，但最终于公元 2 世纪被彻底毁灭，犹太人也被驱逐出故土，浪迹天涯。

圣殿山的巴勒斯坦人，称此地为"圣地"。因为在这个当年的犹太圣殿遗址上矗立着有千百年历史的阿克萨清真寺和金顶清真寺。而耶路撒冷也成为伊斯兰教继麦加和麦地那后的第三大圣地。

踏步圣殿山，几乎每一个砖瓦都有一个故事、一段历史，或神妙，或凄婉。对于犹太人和穆斯林来说，圣殿山已沉入他们的心灵。但这种圣迹的重叠，也随即转化为宗教的纷争和历史的积怨，由此使这块方圆不足 0.135 平方公里的地方，承载着太多的仇杀与血泪；在某种程度上，主导着巴以人民的对立情绪，直至 2000 年激化为流血冲突。

二、武装组织

伊斯兰抵抗运动是在巴勒斯坦被占领土上成立的激进组织，简称"哈马斯"，是由"伊斯兰""抵抗""运动" 3 个阿拉伯语词头字母拼写而成。1987 年 12 月由巴勒斯坦人谢赫·艾哈迈德·亚辛创立。"哈马斯"既是宗教组织，也是政治组织。从宗教上看，哈马斯崇尚伊斯兰传统思想，信仰伊斯兰教义和法则。政治上，它主张恐怖暴力斗争，以武力彻底解放从约旦河西岸到地中海的"全巴勒斯坦"土地，实现建立一个以耶路撒冷为首都的独立的巴勒斯坦国的目标，拒绝承认以色列生存权利。哈马斯的领导机构是由七人委员会组成，分管政治、军事、保安、组织、宣传和监狱等部门。哈马斯人员的构成分"公开""秘密"和"军事"三部分。"公开"部分包括具有合法身份的人员，"秘密"部分指负责组织、动员游行和斗争的领导成员，"军事"部分则是训练有素、专门从事暴力活动的恐怖分子。哈马斯正式成员约 2 万多人。

三、攻击方式

哈马斯成立后，曾策划了多起针对以占领军的示威和袭击行动，制造了多起爆炸事件，还不时袭击以边防兵，绑架或暗杀犹太人定居点的居民，在以国内引起极度的恐慌和不安。1989 年哈马斯被以色列当局宣布为非法组织，取缔其一切活动，并将其精神领袖亚辛逮捕入狱。

在抗击以色列过程中，哈马斯曾一直与巴解组织并肩战斗，是巴勒斯坦反以色列过程中一支最突出的力量。但是 1993 年奥斯陆协议签署之后，哈马斯与巴解组织发生了根本性的矛盾。哈马斯反对与以色列和谈并一直坚持反对以色列的暴力斗争。

哈马斯的精神领袖艾哈迈德·亚辛说："使用自杀式炸弹（恐怖袭击的一种方式）是任何一个巴勒斯坦人的民主权利。以色列人只懂得这种民主。""这是我们为自由所付出的代价。以色列害怕人肉炸弹，他们会跪在我们面前求饶的，你可以感觉到他们的恐惧，他们正在担心下一颗炸弹会在哪里爆炸。哈马斯终究会赢的。"

巴勒斯坦人之所以会使用人体炸弹，最深层的原因是恐怖主义的滋生。以色列有健全的军事体系，而巴勒斯坦没有；以色列有美国援助，就算阿拉伯国家也没有谁敢主动为巴勒斯坦提供军事援助。巴勒斯坦的极度弱小，使得他们无法拥有高科技武器，而简单的轻武器又无法击败以色列，所以，巴勒斯坦人本着对敌人制造精神层面的打击，以及为这国家民族献身的思想，开始使用人体炸弹。

四、主要阻力

对于双方政府来说,几十年来的战争与对抗解决不了问题,只有和平才是唯一的出路。在国际社会的调解下,巴以政府曾签订过不少和平协议,但总是在谈判的最后阶段因为耶路撒冷的归属问题、犹太人定居点、巴勒斯坦难民回归、巴以边界划定等棘手问题上分歧太大,巴以双方至今没有达成永久性和平协议。而且各个调解方案和协议都因为历届政府的有意拖延而不了了之。

这都归结于民族根深蒂固的仇恨和相互的不信任感。特别对于以色列政府,作为拥有强大武力军事优势的一方来说,立足于本民族的利益,一起自杀性爆炸即可引起对巴居住地的狂攻滥炸或者摧毁民房。这样哈马斯等恐怖组织在暗处,不断制造自杀式爆炸;以色列军队在明处,恐怖组织的任何举动都成为他们攫取的把柄,肆意伺机报复,这样恶性循环,严重影响该地区的稳定,也不利于政策的实施。

五、历次战争

第一次中东战争(1948—1949):又称巴勒斯坦战争,以色列称"独立战争"。1948年5月14日,以色列宣布建国。次日凌晨,外约旦、伊拉克、叙利亚、埃及等阿拉伯国家出兵进攻以色列。

第二次中东战争(1956—1957):又称苏伊士运河战争,以色列称"西奈战役"。1956年10月,当时埃及与英国、法国和以色列的军队爆发战争。英、法、以三国的结盟是一种利益的接合:英法两国对苏伊士运河有着贸易利益,而以色列则需要打开运河,让以色列船只得以通航。到战争结束后,只有以色列获得了巨大的利益。

第三次中东战争(1967):又称"六五战争",阿拉伯国家称"六月战争",以色列称"六天战争"。1967年,以色列因埃及封锁亚喀巴湾以及储蓄大规模军队,于6月5日晨,对埃及、叙利亚、约旦发动袭击。是20世纪军事史上最具有压倒性结局的战争之一。以色列在此次战争中占领西奈半岛和戈兰高地。

第四次中东战争(1973年10月6日至10月26日):又称赎罪日战争、斋月战争、十月战争。起源于埃及与叙利亚分别打算收复被以色列占领的西奈半岛和戈兰高地。战争的头两天埃叙联盟明显占了上风,但此后战况逆转。至第二周,叙军退出戈兰高地。在西奈,以军在两军之间攻击,越过了苏伊士运河(原来的停火线)。此次战争双方损失惨重。《大卫营合约》令以埃关系正常化,埃及成为首个承认以色列的阿拉伯国家,同时埃及几乎完全脱离苏联的势力范围。

第五次中东战争(1982年6—9月):又称黎巴嫩战争。1982年6月6日。以色列因为其驻英国大使被巴勒斯坦武装暗杀,出动陆海空军10万多部队,对黎巴嫩境内的巴勒斯坦解放组织和叙利亚军队发动了大规模的进攻,几天时间就占领了黎巴嫩的南半部。

六、巴以新一轮冲突

1. 冲突经过

2015年10月以来,巴勒斯坦和以色列冲突再度升级,以色列平民被刺伤和巴勒斯坦人被以色列安全部队打死的事件频繁发生。本轮冲突较以往呈现出新的特点,但其根源依旧,只要以巴冲突得不到解决，一旦有导火索，巴勒斯坦人对以色列占领的反抗都会以袭击的形式爆发。据巴方统计，巴勒斯坦人2015年10月1日在约旦河西岸地区枪击打死两名犹太定居者以来，新一轮巴以冲突已导致40多名巴勒斯坦人丧生，双方累计受伤人数超过2 000人，主要是巴勒斯坦人。根据以警方的数字，目前近30起袭击已造成8名以色列人死亡，90多名以色列人受伤。

2. 冲突呈现的特点

此轮针对以色列人的袭击浪潮呈现特点有：第一，以持刀袭击为主，目标明确针对犹太人，虽然袭击事件数量多，但造成以方伤亡人数较少；第二，袭击多为"孤狼袭击"，即是袭击者单独、自发行为，而非有组织的策划；第三，袭击者多是青少年，且大多来自东耶路撒冷，甚至是以籍阿拉伯人；第四，本轮冲突呈现"自发的青年运动"的特点，他们是单兵行动，背后没有人指使或提供资助。本轮冲突的另一个特点是国际社会反应迟缓。巴中东地区局势动荡，美俄在叙利亚角力，沙特阿拉伯和伊朗虎视眈眈，因此国际社会不愿因为巴以问题而分散注意力。

3. 本轮冲突的原因

此轮冲突的导火索是两名犹太定居者夫妇被巴勒斯坦人枪杀，但背后的原因是，极端犹太人团体在2015年9月犹太新年期间多次强行进入耶路撒冷老城的伊斯兰教圣地——阿克萨清真寺所在地（以色列称"圣殿山"）的做法，激怒了巴勒斯坦人，致使巴勒斯坦人与以警察连日发生暴力冲突，为引燃导火索埋下伏笔。

根据双方协议，犹太人可以作为普通游客前往"圣殿山"，但不允许在那里祷告。多年来，以色列极右翼势力一直推动获得犹太人前往"圣殿山"祷告的权利，引起了巴勒斯坦人警惕和强烈不满。至于为何巴青年成为本轮冲突中袭击者的主力，以分析人士认为，这些青少年袭击者是奥斯陆协议签署以后长大的一代，他们看不到两国方案的未来，又很容易被互联网上伊斯兰激进思想影响，因而采取极端行动。1993年，巴以签署奥斯陆协议，决定在1999年5月4日前结束巴最终地位的谈判。然而，直至今日，巴以双方仍未就巴最终地位达成协议。

以巴和谈多年来停滞不前，正是此轮冲突爆发的根本原因。多年来，以色列一直是右翼政府执政，没有推动以巴和谈的意愿，在对待巴勒斯坦的态度上一贯持强硬立场。巴勒斯坦国总统阿巴斯近来也多次表露对巴以和平前景的悲观。

第三节　美古恢复外交

一、美古恢复外交的背景

古巴是美国的近邻之一，因为两国的直线距离只有90英里（约145公里）的水路，但古巴也是离美国最远的一个国家，因为美国对古巴实施了长达半个世纪的经济、金融封锁和贸易禁运。但是，就在2014年圣诞节前夕，美国和古巴的关系发生了彻底的改变。

1. 古巴独立

古巴于1898年脱离西班牙统治获得形式上的独立。实际上，古巴独立后一直为美国所控制。自 1902 年以后，美国曾先后 3 次派遣海军陆战队在古巴登陆以控制这个岛国的政治局势。美国还占据了岛上的战略重地——关塔那摩湾作为美国海军基地，以控制古巴和整个加勒比海地区。

当时，美国资本控制了整个古巴的经济。美国对古巴控制的程度用前美国驻古巴大使厄尔·史密斯的话来说就是："美国大使在古巴成了第二号最重要的人物，有时甚至比总统还重要。"当时古巴的巴蒂斯塔政权极端反动、腐化。

菲德尔·卡斯特罗·鲁斯在 1953 年 7 月 26 日发动了反巴蒂斯塔的武装起义。经过 5 年多的武装斗争，于 1959 年 1 月 1 日推翻了巴蒂斯塔反动政权，建立了革命临时政府。

时任美国总统的艾森豪威尔将军从卡斯特罗发动反巴蒂斯塔武装起义之日起就采取了敌视古巴的立场。为了阻止卡斯特罗取得政权，1958 年的美国国务卿杜勒斯派前美国外交官并同巴蒂斯塔有私交的威廉·D·波利到古巴首都哈瓦那。波利建议巴蒂斯塔"让位给一个对他不友好但为美国所满意的看守政府，这样美国可以立即承认这个看守政府，并给予军事援助，从而使菲德尔·卡斯特罗不能掌权"。巴蒂斯塔拒绝了这个建议。美国政府又将希望寄托在所谓的"第三种力量"上。由于古巴革命于 1959 年 1 月 1 日推翻了巴蒂斯塔反动政权，迅速取得了革命胜利，"第三种力量"的设想也随之破灭。

古巴革命胜利后，古巴共产党取得了合法地位。1959 年 2 月 16 日卡斯特罗任总理。1959 年 6 月，古巴政府颁布了土地改革法，废除了大庄园制度，征收了本国和美国大庄园主的土地，把制糖业和银行收归国有。

2. 美国干涉

在古巴革命取得胜利两年前的 1956 年 9 月，经美国总统批准的国家安全委员会决定："如果一个拉丁美洲国家同苏联集团建立起紧密关系，并具有了一种对我们的重大利益抱有严重偏见的性质时，美国就要准备减少与这个国家政府的经济与财务合作，并采取任何其他适当的政治、经济或军事行动。"由于古巴革命当时在拉美和美国的影响都很大，美国没有立即采取传统的派海军陆战队在古巴登陆的办法推翻卡斯特罗政府。

1959 年 11 月 5 日，美国务卿赫脱向总统提出"美国当前对古巴政策"，建议美国应"鼓励古巴境内和拉丁美洲各地来反对卡斯特罗政权的极端主义的反美方针"，"改变卡斯特罗政权，或替换这个政权"。艾森豪威尔批准了这个建议。米高扬访问古巴的结果使艾森豪威尔政府加快作出了颠覆卡斯特罗政府的决定。1960 年 2 月，艾森豪威尔指示艾伦·杜勒斯为此制订一个计划。中央情报局、"5412 委员会"（即美国中央情报局监督委员会，负责监督和秘密行动计划）和国家安全委员会在讨论后向总统提出了一个"反对卡斯特罗政权的秘密行动方案"。

1960 年 3 月 17 日，艾森豪威尔在与艾伦·杜勒斯及负责制订这一计划的中央情报局副局长比斯尔讨论后批准了这个方案。艾森豪威尔特别强调了第一点，要在古巴流亡人员中物色到一位领导人来组织流亡政府，以领导反对卡斯特罗政权的秘密与游击行动。

1960 年 5 月 7 日，古巴同苏联恢复了外交关系。1960 年 5 月 17 日，美国中央情报局设在洪都拉斯附近的天鹅岛上的电台开始进行反卡斯特罗政府的宣传。1960 年 7 月，美国削减 70 万吨古巴 1960 年度进口糖。1960 年 10 月，美国只准向古巴出口有限的食物和药品，实际上开始向古巴禁运。

艾森豪威尔政府敦促美洲外长圣约瑟会议于 1960 年 8 月 28 日通过了《圣约瑟宣言》再

次运用门罗主义干涉古巴内政。宣言指责"一个大陆外的大国对美洲共和国事务……的干涉或进行干涉的威胁……也反对中、苏两国企图利用任何一个美洲国家的政治、经济或社会的局势……重申泛美体系与任何形式的极权主义都是不相容的"。

针对美国对古巴内政的干涉，古巴政府于 1960 年 9 月 2 日在哈瓦那举行了百万人参加的大会，通过了《哈瓦那宣言》，强烈谴责美国对古巴、对拉丁美洲国家的干涉。1960 年 9 月 17 日，古巴政府将美国银行在古巴的分行和办事处收归国有。美国政府则在 1960 年 10 月 19 日宣布对古巴实行海上封锁。这促使古巴政府于 1960 年 10 月 25 日宣布征用美国在古巴的全部企业。1961 年 1 月，美国与古巴断交。

3. 活动空间

美国民众一直在古巴旅行禁令方面寻找"活动空间"。除了佛罗里达州有大批古巴难民已经在美扎根多年外，迈阿密更是由于生活着大量古巴移民而被称为"小古巴"。很多美国人和来自古巴的移民及其后裔也找到一些探访古巴的门路：比如从迈阿密出发前往一个国家，再由这个国家飞往古巴，而在进入古巴海关的时候，古巴官员也会心照不宣，不在其护照上盖章。这样，从记录上来说，他们并没有入境古巴。

根据古巴政府的统计数据，每年访问古巴的美国公民大约有 10 万人，而在 2009 年奥巴马宣布放松美国公民访问古巴的禁令之后，这个数字每年都在攀升。

二、美古恢复外交经过

1. 重要宣布

美国总统奥巴马与古巴国务委员会主席兼部长会议主席劳尔·卡斯特罗 2014 年 12 月 17 日分别发表讲话，宣布将就恢复两国外交关系展开磋商。2014 年 12 月 17 日中午 12 点，奥巴马准时在白宫内阁厅发表同古巴恢复邦交的讲话。同以往照本宣科的外交辞令相比，奥巴马的此番讲话融进了很多个人化的感性语言。他以自己的经历追忆了美国同古巴关系的变迁。奥巴马表示，美国 50 多年来孤立古巴的政策并没有达到预期的目的，相反，有时候，美国的古巴政策把美国与其他国际伙伴隔离开来。这不仅限制了美国在西半球发挥影响力，同时也限制了美国可能采取的措施以促进古巴积极的改变。

2. 破冰

奥巴马 2009 年 1 月入主白宫后，取消了对古巴裔美国人前往古巴旅行以及汇款等的限制。美国舆论对实现两国关系正常化的呼声高涨，但美国政府一直把格罗斯案件视为改善关系的主要障碍。格罗斯 2009 年 12 月在古巴旅行时被捕，后被哈瓦那一家法院判处 15 年监禁，理由是他从事"破坏古巴独立和领土完整"的行为。美古关系取得突破是两国 18 个月秘密谈判的结果。2014 年 12 月 16 日，奥巴马与劳尔·卡斯特罗通电话，最终确定了双方达成的协议。

3. 释放善意

古巴方面，2008 年，劳尔·卡斯特罗正式接替其兄古巴革命领袖菲德尔·卡斯特罗，就任古巴最高领导人。上台后，劳尔采取了一系列改革措施，并多次宣布，愿意和美国领导人坐下来谈。2013 年 12 月，劳尔和奥巴马在南非参加曼德拉葬礼时握手表示问候。

2014 年，埃博拉疫情的暴发给美古关系缓和提供了契机。古巴以医疗水平高而闻名。2014 年 2 月，在非洲暴发埃博拉疫情后，古巴迅速派出了医务人员赴非洲展开救援行动，美国国务卿克里赞扬了古巴的行动。劳尔发表讲话，表示愿意在抗击埃博拉问题上与美国合作。随后，美国医学界也去古巴参加了抗击埃博拉的国际会议。

美国方面，2009年奥巴马出任总统后，多次表示美古关系要有新的开始。前国务卿希拉里更是表示，小布什政府对古巴的政策是错误的。在奥巴马进入总统第二任期后，美古双边关系的缓和趋势得到加强。据中国社科院拉美研究所研究员徐世澄介绍，美古两国官员已经私下谈判了一年多时间，并就移民问题和通邮问题进行了数次谈判。

4. 试探性谈判

2012年，奥巴马赢得连任后，奥巴马召集身边的高级幕僚举行一系列会议，商讨自己第二个总统任期的政治议程。奥巴马要求幕僚们"打开思路"，包括探讨打破美国与古巴以及伊朗的长期外交僵局。奥巴马认为，美国对古巴的外交政策"已经过了有效期"。美国方面一开始认定，除非古巴释放美国承包商艾伦·格罗斯，否则双方关系难以"破冰"，因此美方在开始与古巴接触时相当谨慎。2013年春天，奥巴马授权两名高级助手与古巴政府代表展开试探性谈判。大概同一时间，美国与伊朗官员开始就伊核项目展开接触。

5. 高层9轮会议

美国与古巴的磋商在加拿大多伦多、渥太华以及梵蒂冈举行。克里曾向奥巴马提到，梵蒂冈方面受到美国和古巴双方尊重，可以协助两国接触。加拿大与古巴有外交关系。

美国官员说，美国和古巴通过各自设于对方首都的外交利益代表处和古巴驻纽约联合国总部使团协调会谈。2013年6月，奥巴马的国家安全事务副助理本杰明·罗兹和国家安全委员会拉丁美洲事务顾问里卡多·苏尼亚加前往加拿大，首次与古巴代表面对面磋商。双方代表一共举行了9轮会议。

奥巴马同时承认，美国遏制古巴的长期政策没有推动古巴实现政权变革，归于"失败"，声称改变对古巴的政策有利于美国"延续在美洲地区的领导力"。作为改善关系的举措之一，双方分别释放了几名对方间谍。其中，古巴释放已被监禁5年的美国"承包商"艾伦·格罗斯和另一名被监禁近20年的美国"深喉"间谍，美国则释放3名古巴间谍。2014年12月17日，美国总统奥巴马做出惊人之举，宣布与古巴启动关系正常化谈判。全世界在惊讶之余，再次把目光投向了这个加勒比明珠。这是1959年古巴革命胜利以及1961年美国和古巴断绝外交关系以来，美国和古巴首次举行国家元首级对话。

6. 新起点

2014年12月17日，奥巴马与劳尔·卡斯特罗共同宣布，两国将就恢复两国外交关系展开磋商，在哈瓦那重新设立大使馆，于2015年1月开启下一阶段两国间关于移民政策的会谈。同时达成换囚协议。奥巴马指示克里重新审视把古巴列为支持恐怖主义国家的问题，白宫将就取消对古巴长达半个多世纪的贸易禁运与国会进行磋商。

三、美古关系进展

2015年12月11日，美国和古巴共同宣布，将恢复两国之间中断半个多世纪的直接邮递服务。这意味着美古复交后在通邮、通商、通航"三通"问题上首先实现了通邮。美国国务院发言人约瑟夫·克鲁克说，两国谈判代表2015年12月10日在美国佛罗里达州迈阿密市达成协议，实施一个试点项目，每周发出几个架次的邮件航班。古巴驻美大使馆说，如果试点项目效果良好，两国往后将最终完成直接通邮的机制化。现阶段，两国民众互寄信件、包裹需要经过加拿大、墨西哥、巴拿马等第三国,耗时最长可达一个月。美国与古巴2009年开始商议恢复直接通邮和通航。2014年12月,两国开启双边关系正常化进程,2015年7月时隔54年重建大使级外交关系。

四、美古恢复外交的影响

美国和古巴复交是"拆除了冷战的最后一根柱子"。而这根柱子拆除的过程实际上是大约18个月的秘密谈判。当古巴做出释放美国公民的善意举动之后,终于水到渠成。同古巴复交也标志着奥巴马达成了第二任期的一个重要外交目标——加强美国在拉美地区的影响力和领导力。

美国在拉美国家的一个主要障碍就是古巴,一旦华盛顿恢复及改善同古巴的外交关系,也就意味着打通了在西半球的"穴道",之前美国同很多拉美国家因古巴问题而产生的不愉快和摩擦也将一并解除。一名白宫官员曾将美国对古巴的政策比喻成"一道缠在美国脖子上的同西半球和世界关系的枷锁"。奥巴马表示,"当我成为美国总统时,我承诺要重新审视美国对古巴的外交政策。我们不应让美国的制裁成为古巴人民的负担。今天,美国选择抛弃过去的束缚,迎接一个更好的未来。美国要改变与古巴的关系。我们将结束这种过时的、未能推进两国关系和利益的局面,并开展两国之间的正常对话"。中国社科院拉美研究所研究员徐世澄说,美古开始关系正常化谈判,背后是两国不断释放善意的结果。

美古关系的松动是大势所趋。一方面,古巴问题是长期横亘在美国和拉美国家之间的主要障碍之一。多年来,拉美强烈要求美国改变敌视古巴的政策。同时,美国各界也一再强烈要求政府改善与古巴的关系。另一方面,由于俄罗斯与委内瑞拉的经济危机,古巴的经济也遭到重创。俄罗斯作为古巴最大的债权人,正在经历自己的金融危机。古巴还一直依赖于委内瑞拉的补贴能源进口。虽然美国发布的最新举措近乎等于解除了对古巴的贸易禁运,为美古关系正常化敞开了大门。然而,两国间长期而巨大的分歧并不会瞬间消弭。世人皆知,让古巴变成心目中的所谓民主国家,是美国虽一厢情愿却念念在兹的终极目的;同样,古巴也不会轻易拿原则做交易。古巴领导人劳尔·卡斯特罗已明确表示:古巴将坚持走社会主义道路,要求美国尊重其选择。因此,两国之间是坚冰消融还是乍暖还寒,还有待时间检验。

第四节 朝鲜核试验

一、朝鲜核试验

2006年10月9日至2016年1月6日,朝鲜民主主义人民共和国共进行过四次被证实的核试验,地点分别位于咸镜北道的四处核试验场,均为地下核试验。

因朝鲜开发核应用能力而引起的地区安全和外交等一系列问题,相关方为美国、韩国、中华人民共和国、俄罗斯和日本。2006年10月9日朝鲜民主主义人民共和国不顾国际社会的反对,进行了核试验,造成了朝鲜半岛的局势出现了危机,延续至今日,引发了朝鲜核问题。朝鲜核试验是对核不扩散制度的公然挑战,引起了国际社会的强烈谴责。2006年朝鲜核试验约数百吨TNT当量,是一次不很成功的试验;2009年朝鲜核试验10 000~20 000吨

TNT当量，是一次成功的钚弹试爆；2013年朝鲜也进行过一次核试验。2016年朝鲜核试验为第一次氢弹试验。

二、朝鲜历次核试验

朝鲜核问题自20世纪90年代初显现，其特征是，每次试验前，朝方都发射火箭。

1. 第一次核试验

2006年朝鲜核试验或称朝鲜核子试爆，为朝鲜民主主义人民共和国首次核试验，据传试爆于当地时间2006年10月9日上午10时35分27秒，时间大约在朝鲜官方宣布准备核试验的一周之后。试爆地点为咸镜北道的吉州郡地区舞水端里一座360米高的山的地下水平坑道内。核试验造成了一次规模为3.6级的人工地震，相当于800吨三硝基甲苯炸药（TNT）爆炸产生的烈度，规模比以往其他国家的初次核试验都小。7月15日联合国安理会通过1695号决议谴责。朝鲜官方媒体当时宣布，核试验是"百分之百"依靠朝鲜自己的技术进行的，整个过程中没有发生泄漏。

美国在日本海高空侦察飞行获取了该次核爆炸产生的放射性核素。核爆炸的原子核裂变产生元素氙的放射性同位素并从地下泄漏至大气层。韩国政府估计当量至少为800吨，里氏震级4.2级。美国地质调查局也评定震级4.2级。由震级可推断当量为2~12 kT。2006年10月13日，CNN引用两名掌握秘密情报的美国官员的消息，称在朝鲜附近的核爆后最初的大气采样未发现核爆产生的放射性核素物质。几个小时后，CNN纠正了报道，称检测到了核爆产生的放射性核素，但数量太少不能得出确定结论。2006年10月16日，美国政府报告称已经发现这次核爆后产生的大气层放射性物质。

全面禁止核试验条约组织（CTBTO）在爆后两周，从位于加拿大北部的检测站检测到大气中的放射性氙同位素，分析后认为与朝鲜核爆炸兼容。

2. 第二次核试验

2009年4月5日，朝鲜宣布发射了"光明星2号"卫星。安理会发表主席声明谴责这次发射活动，同时，联合国朝鲜制裁委员会发表了新的制裁措施。对此，朝鲜立即宣布退出六方会谈，中断与国际原子能机构的合作，并在4月29日宣布将进行核试验和洲际弹道导弹试射。2009年4月29日，朝鲜外务省发言人发表声明称，如果联合国安理会不就"侵犯朝鲜自主权的行动""赔礼道歉"，朝鲜将会再次进行核试验和试射洲际导弹。朝鲜中央通讯社在当日的报道中称朝鲜将会建设轻水反应堆。

2009年5月25日大约上午9时50分（UTC＋9），朝鲜再次进行了地下核试验，地点为咸镜北道吉州郡的地下设施。据朝鲜中央通讯社新闻公报称，这次核试验是"应科技人员的要求"进行的，也是"千方百计加强自卫的核遏制力的一项措施"。这次核试验在爆炸力和操纵技术方面有了新的提高，进一步加强了核武器的威力，解决了不断发展核技术的科技问题。据报道，韩国与日本于5月25日09：50 KST（00：50 UTC）检测到了地震。朝鲜地下核试验引发了4.5级地震。核试验地点距离中国吉林省延边朝鲜族自治州延吉市180公里，延边各县市均有震感。延边州紧急疏散了在校学生。韩国股市下跌了3.97％。据韩国估计此次爆炸当量达到1 000至20 000吨TNT炸药。朝鲜并于25日发射了3枚射程130公里的地对空导弹，26日发射3枚短程导弹。2009年6月全面禁止核试验条约组织（CTBTO）宣布其遍布全球的40家采样站未检测出5月25日核爆炸产生的放射性核素。

美国宣布在日本海高空飞行的侦察机未能发现核爆炸产生的放射性物质。韩国官方也称未采集到核爆后物质。可能的原因是地下核爆炸选择了适当的围岩、足够的深度、密闭施工足够好，所以爆后产生的气体未能泄漏至大气层。6月12日，联合国安理会通过第1874号决议，该决议依据《联合国宪章》第七章对威胁国际和平与安全的行为规定，对朝鲜进行核试验提出进一步的经济制裁，加强管制朝鲜除轻型武器以外的武器进出口，并授权各国可拦检朝鲜的可疑船只及货物，并要求朝鲜今后不再进行核试验或使用弹道导弹技术进行任何发射。朝鲜则回应会继续强化核弹制造计划，并警告朝鲜半岛可能会爆发核战。

3. 第三次核试验

2013年2月12日，朝鲜宣布成功进行了一次地下核试验，并称此次试验的是小型轻量的原子弹，同时多国宣布检测到了可能与此相符的地震。对此，日本要求联合国安理会召开紧急会议，韩国提升了军队的警戒程度。此外，美国和日本还紧急出动飞机来确认辐射特征。

朝鲜在2月12日核试验后，周边国家即开始尝试采集放射性物质，不过中国、日本、韩国在14日分别发表公告，表示核辐射物水平未见异常，即没有检测到人工放射性元素。对此结果，有分析认为，若地下核试验设施的密封性良好，确实可以阻止任何放射性物质外泄，所以外界检测不到也属正常，而另一种观点则认为，此次人工地震可能只是数千吨黄色炸药所引起，而非核试验。2月15日，全面禁止核试验条约组织CTBTO确认此次引发的震级为4.9。朝鲜称自己的核试验显示了远见和英明，核试验是为打击敌对的美国，并强调那些屈于美国压力放弃核计划的国家如利比亚最后都是结局悲惨。

联合国安理会于2013年1月23日通过2087号决议，决定对朝鲜执意进行发射活动给予制裁。2013年3月7日，联合国安理会一致通过第2094号决议，严词谴责朝鲜进行第三次核子试爆，并加强和扩展了对朝鲜的多项制裁措施，包括禁止游艇、名车、珠宝等奢侈品进口朝鲜，要求各国对怀疑运载违禁品到朝鲜的飞机实施禁飞，并加强监视朝鲜外交人员的非法活动，限制非法金融交易及切断用作武器发展的资金转移等。在决议通过后，朝鲜宣布废除与韩国缔结的互不侵犯协定，并切断与韩国在板门店设立的热线。朝鲜强调若丝毫领土、领海与领空受侵袭，朝鲜将"毫不留情地展开报复性打击"。

4. 第四次核试验

2016年朝鲜核试验，是指朝鲜民主主义人民共和国在咸镜北道吉州郡丰溪里核设施基地丰溪里核试验场进行的第四次核试验，据悉试爆发生于当地时间2016年1月6日大约上午10时，朝鲜政府在当地时间中午12时发表"重大报道"，由主播李春姬亲自播报。李春姬称在最高领导人金正恩的指导下，成功完成氢弹试验，也是朝鲜首次完成氢弹试验。核试验引发了5.1级地震。2016年2月7日朝鲜国家宇宙开发局发表公告说，当地时间7日上午9时，运载火箭"光明星"号从平安北道铁山郡的西海卫星发射场发射升空，于9时9分46秒将地球观测卫星"光明星4号"准确送入轨道。卫星搭载了地球观测所需的观测器材和通信器材。

对此，表示，美国对朝鲜核试验进行的初步分析结果，与朝方宣称成功进行一次氢弹试验的说法"并不符合"。在进行此次核试验后，朝鲜最高领导人金正恩称，朝鲜的氢弹试验是一个"保障朝鲜半岛和平与区域安全的自卫性措施",是主权国家的合法权利,也是堂堂正正的行为。1月8日（即金正恩的生日）,朝鲜发动民众在金日成广场上庆祝朝鲜氢弹试验成功。朝鲜民间对发布消息的方式及核试验的巨额花费普遍存在不满情绪。试验过后,朝鲜劳动党中央委员会下达了"彻底切断边境地区非法渡江和电话通话"的指示,朝鲜国家安全保卫部、朝鲜人民保安局、边境警备队展开联合行动加强了边境地区的警戒,取缔跟中国的电话通信。

三、试验原因

21世纪初,东北亚局势失衡,韩国和日本享有美国核保护伞,同时自身军事实力不弱,可谓拥有双重保护,而朝鲜的安全压力主要来自美国,搞核威慑也是针对美国。朝鲜称,更高水平的核试验是其与美国进行对抗的军事威慑力量的一部分,它把美国称作是"朝鲜人民的死敌"。

朝鲜领导人无视来自包括朝鲜主要盟友中国在内的大多数国际社会成员的压力,执意要进行核试验。

根据朝鲜的先军意识形态,朝鲜需要对联合国安理会对朝鲜实施的惩罚作出强有力的反应。朝鲜认为国际法、国际机构、集体安全、军备控制和其他集体合作安排是不合乎需要的,是削弱其国家安全的阴谋。

进行新的核试验也将使朝鲜有机会强调它在核项目上所取得的进展,使其向拥有在远程导弹上安装核武器的目标更近一步。为了使其核武库更具威胁力和朝鲜尖刻声明旨在实现的威慑力,朝鲜必须展现它能够用导弹远距离投射核武器。

四、试验后果

朝鲜核试验造成朝鲜本国和包括韩国、日本及中国和俄罗斯在内的邻国出现核辐射风险。

朝鲜核试验损害朝美韩有意义对话的机遇。核试验将不会颠倒东北亚地区的地缘态势,但是它将严重损害朝鲜与韩国、美国举行有意义对话的机遇。这将表明,和先前的政治一样,朝鲜新政权选择了核弹而不是电力。

朝核材料或将外流。朝鲜核试验也会加大对朝鲜核材料远期将流往何处的担心,朝鲜决定出售这些材料或者是在朝鲜政权崩溃的情况下都会出现材料外流的问题。它为一些像朝鲜一样想拥有核武器的门槛国家提供了一个坏榜样,为最可怕的大规模杀伤性武器的扩散创造了前提条件,这种武器最终可能落入国际恐怖分子手中。

根据美国地质勘测局的信息,朝鲜境内2016年1月6日发生5.1级地震。此次地震震中距离中国边境线仅有100余公里,位于中朝边界的延吉、珲春、长白县等地均有明显震感。延吉市民反映,当时桌椅摇晃持续几秒,有单位对室内人员进行了疏散,一高中操场地面出现裂纹,学生全部疏散,考试中断。

五、朝鲜声明

2014年11月18日,第68届联合国大会第三委员会在纽约通过朝鲜人权决议案后,朝鲜不断对该决议案进行驳斥和谴责。朝鲜中央通讯社20日说,朝鲜外务省发言人当天发表声明，继朝鲜代表就人权决议案在联大发言后再次反对联合国在美国操控下通过该决议案，称美国的行为正在逼迫朝鲜继续新一轮核试验。声明说，美国指使欧盟、日本通过强权和政治经济压力争取表决票数，强行通过有关朝鲜的人权决议案。此次决议通过完全是一场政治骗局，一些国家事后表示，投票并非针对朝鲜人权，而是因为美国和日本威胁中断对其经济援助。声明还说，美国强行通过决议目的在于颠覆朝鲜制度，这是美国对朝敌视政策的最高体现，朝鲜对此予以严厉谴责、表示全面反对。声明强调，美国的对朝敌视行为正在迫使朝鲜继续进行新一轮核试验，朝鲜将无限制地强化自身战争遏制力以应对美国的"武力干涉"和"武力侵略"。对于通过此次人权决议所造成的一切后果，朝鲜表示将全部由通过该决议的"主谋"和"帮凶"承担，这无疑将矛头直指美国和"追随并奉承美国敌朝政策"的欧盟、日本。朝鲜领导人金正恩宣布朝鲜已有氢弹，并准备好将该武器用于维护国家主权。

金正恩称："我国已经能够成为一个准备好使用自主研制的原子弹和氢弹来坚决维护主权和国家尊严的核强国。"2016年1月氢弹试验后，朝鲜劳动党发表声明称，"整个朝鲜国家的万千国民积极响应朝鲜劳动党的战斗号召，怀着热血真心，为了主体革命伟大事业的最后胜利，创造了耀眼的奇迹。在这一激动人心的时刻，朝鲜人民在5000年民族史上书写下了震撼天地的一笔"。

六、国际反应

1. 中国

朝鲜民主主义人民共和国不顾国际社会普遍反对，再次进行核试验，中国政府对此表示坚决反对。实现半岛无核化、防止核扩散、维护东北亚和平稳定，是中方的坚定立场。我国强烈敦促朝方信守无核化承诺，停止采取任何恶化局势的行动。维护半岛即东北亚和平稳定符合各方共同利益。中方将坚定推进半岛无核化目标，坚持通过关于安理会制裁问题，中方将会继续履行国际义务，同国际社会一道继续为实现半岛无核化问题做出我们的努力。

2. 美国

美国白宫表示，尚无法确认朝鲜声称美国成功试验氢弹爆炸。正与其地区伙伴紧密合作进行监测，并对态势做持续评估。虽然美国尚且对这些声明无法做出确认，但对任何违反联合国安理会决议的行为予以谴责，并再次呼吁朝鲜遵守其国际义务与承诺。美国一贯表明，不会接受一个有核的朝鲜。将继续保卫美国在该地区包括韩国在内的盟友，并将对朝鲜方面的挑衅行为给予适当的回应。

3. 日本

邻国日本迅速作出回应，日本首相安倍晋三强烈谴责朝鲜的举动，指朝鲜的做法严重威胁日本的安全，日本将与多国携手，采取坚决措施回应。这次朝鲜进行的核试验对日本国家安全构成重大威胁，日本绝不容忍、强烈谴责。这明显违反迄今为止的联合国决议，是对国际核不扩散举措的重大挑战。今后日本作为安理会非常任理事国，要同美国、韩国、中国、俄罗斯携手采取坚决措施。另外，日本政府将召集相关部门，在首相办公室召开紧急会议商讨朝鲜局势，日本可能增加对朝鲜的制裁。

4. 韩国

对于朝鲜宣布成功进行第一枚氢弹试验，韩国总统朴槿惠在青瓦台主持召开国家安全保障会议，她强调需要就朝鲜核试验采取严厉制裁措施。这是朝鲜进行的第四次核试验，很有可能扰乱东北亚的安全格局,还有可能从根本上改变朝核问题的性质。韩方要认识到问题的严重性,通过与国际社会共同采取强有力的对朝制裁措施予以应对。韩国将和同盟国家紧密合作,采取包括联合国安理会层面的制裁措施等所有应对手段。

5. 俄罗斯

俄联邦委员会国际事务委员会主席科萨乔夫发表声明称,从平壤到符拉迪沃斯托克只有不到 700 公里,朝鲜的任何核计划都将直接涉及俄国家安全。2015 年 10 月,俄外交部曾发表声明称,俄不承认朝鲜核国家地位。

6. 英国

2016 年 1 月 6 日,正在北京进行访问的英国外交大臣哈蒙德表示,"如果朝鲜引爆了任何核设施,将严重违反联合国安理会决议。对这种挑衅,我全力谴责。此事强调了朝鲜给地区和国际安全带来的实际威胁。我们将与联合国安理会成员国一起协作,确保国际社会及时回应并就此做出决定"。

思考题

1. 难民危机的主要影响有哪些?
2. 巴以冲突难以化解的主要阻力是什么?
3. 美古恢复外交对国际关系将产生什么影响?

专题十一
全球环境变化形势

 学习重点

(1) 掌握全球气候变化的趋势。
(2) 了解巴黎气候变化大会的主要内容。
(3) 理解全球气候变化带来的影响。

第一节 寨卡病毒流行

一、什么是寨卡病毒

非洲的埃博拉疫情还没有完全结束,美洲又出现了一种虫媒病毒的暴发流行,这种虫媒病毒被称为寨卡病毒。2014年2月,智利在复活节岛发现了寨卡病毒感染的首位本土病例。2015年5月,巴西开始出现寨卡病毒感染疫情。截至2016年1月26日,有24个国家和地区有疫情报道,其中22个在美洲,目前欧洲多国也有报道,有蔓延全球之势。

寨卡病毒属黄病毒科,黄病毒属,单股正链RNA病毒,直径20nm,是一种通过蚊虫进行传播的虫媒病毒,宿主不明确,主要在野生灵长类动物和栖息在树上的蚊子,如非洲伊蚊中循环。该病毒最早于1947年偶然通过黄热病监测网络在乌干达寨卡丛林的恒河猴中发现,随后于1952年在乌干达和坦桑尼亚人群中发现。该病毒活动一直比较隐匿,仅在赤道周围的非洲、美洲、亚洲和太平洋地区有寨卡病毒感染散发病例。最早一次暴发流行是2007年发生在西太平洋密克罗尼亚群岛的雅铺岛,更大的一次流行于2013—2014年发生在大洋洲的法属波利尼西亚,感染了约32 000人。伊蚊还传播黄病毒科中的另外三种病毒,包括登革热病毒、基孔肯雅病毒和黄热病毒,也主要在热带和亚热带地区流行。几十年前,非洲的研究者注意到伊蚊传播的寨卡病毒疫情莫名其妙地跟随伊蚊传播基孔肯雅病毒疫情之后。类似的规律开始于2013年,当基孔肯雅病毒从西到东传播时,寨卡病毒紧跟而来。

根据世界卫生组织的统计数据,寨卡病毒目前出现在 21 个南美洲、10 个亚洲、非洲和太平洋国家和地区,巴西是受病毒影响最严重的国家。2015 年 10 月至 2016 年 1 月,巴西新生儿小头症疑似病例将近 4 000 例,而巴西往年平均每年新生儿小头症的患者数量只有 163 人。寨卡病毒被怀疑是罪魁祸首。迄今,大约 20 个拉丁美洲和加勒比海地区国家出现寨卡病毒感染病例,美国的佛罗里达、夏威夷和纽约州也已发现从上述地区返回并确诊的病例。在哥伦比亚,卫生部门证实 1.64 万人感染寨卡病毒,其中 1 090 人为孕妇。哥伦比亚、厄瓜多尔、萨尔瓦多、牙买加等国卫生部门建议妇女推迟怀孕。美国疾病控制和预防中心发布旅行警告,建议孕妇暂时避免去寨卡病毒流行的 22 个国家和地区旅行。

二、寨卡病毒病的临床表现

寨卡病毒病的潜伏期(从接触到出现症状的时间)尚不清楚,可能为数天。寨卡病毒感染者中,只有约 20% 会表现轻微症状,典型的症状包括急性起病的低热、斑丘疹、关节疼痛(主要累及手、足小关节)、结膜炎,其他症状包括肌痛、头痛、眼眶痛及无力。另外少见的症状包括腹痛、恶心、呕吐、黏膜溃疡和皮肤瘙痒。症状通常较温和,持续不到一周,需要住院治疗的严重病情并不常见。2013 年和 2015 年分别在法属波利尼西亚和巴西塞卡疫情期间,有报道称寨卡病毒病可能会造成神经和自身免疫系统并发症。

2015 年巴西的寨卡暴发流行中发现了很多小头畸形的新生儿(出生的新生儿头围与匹配的相同性别和孕龄的孩子比,低于平均值超过了两个标准差)。在 2015 年 5 月—2016 年 1 月间,共报道 4 000 例感染寨卡病毒的孕妇分娩了小头畸形儿,与往年小头畸形的比例相比,上升了 20 倍。35 例小头畸形新生儿的头颅 CT 及头颅超声提示存在弥漫性脑组织钙化,主要发生在侧脑室旁、薄壁组织旁和丘脑区域、基底节区域。皮质和皮质下萎缩造成的脑室萎缩也能见到。小部分婴儿出现关节挛缩,提示周围和中枢神经系统受累。对寨卡疫情开展调查发现,越来越多的证据表明寨卡病毒与小头症之间存有关联。然而,在解释婴儿小头症与寨卡病毒之间的关系之前仍需要做出更多调查。大多数寨卡病毒感染者并不知道自己感染了病毒。研究发现,80% 的感染者并无任何症状,只有小部分人会出现持续一周左右的发热、皮疹、红眼、头疼、关节和肌肉疼痛。尚未有感染者死亡的报告。

寨卡病毒虽然相对"温和",但有证据显示,它同可能危及生命的神经疾病"古兰-巴雷综合征"相关。2015 年年初,巴西出现寨卡病毒感染病例后,古兰-巴雷综合征病例也呈现出上升趋势。与此同时,巴西新生儿小头症病例激增。尽管尚未有明确证据证明寨卡病毒导致新生儿小头症,但在母亲的羊水以及新生儿的大脑组织中均发现了此种病毒。寨卡如何影响大脑目前还不得而知。20 世纪 70 年代,一项研究发现这种病毒能够在小老鼠的神经细胞中进行复制并将其摧毁。而近期的基因分析显示,寨卡病毒或正在发生突变。这恰恰可以解释它在致病性和影响蚊虫或其他宿主的能力方面出现的变化。

目前,巴西卫生部门接到各地报告新生儿中先天性小头畸形的发生率明显增多,截至 2016 年 1 月 30 日,巴西已报告 4 783 例怀疑为先天性小头畸形或其他中枢神经系统畸形的新生儿,死亡 76 例。巴西的格林-巴利综合征和新生儿小头畸形的报告引起全球广泛关注,医生们高度怀疑这两种疾病与寨卡病毒感染有关。

调查发现,格林-巴利综合征和新生儿小头畸形的增多,的确与寨卡病毒流行密切相关。各国医学专家们调查发现,无论在 2013—2014 年法属波利尼西亚寨卡病毒流行期间,还是在 2015 年以来美洲的寨卡病毒流行期间，格林-巴利综合征和新生儿小头畸形或其他中枢神经发育异常的发生率都有所增加。62%~88%的格林-巴利综合征患者在发病前有发热、皮疹等寨卡病毒感染的临床表现；法国医生从 1 例格林-巴利综合征病人血液内检测到寨卡病毒感染的证据；苏里南医生在 10 例格林-巴利综合征患者血液和尿液中均检测到寨卡病毒。这些证实了格林-巴利综合征与寨卡病毒感染相关。新生儿小头畸形的调查也在紧锣密鼓地进行。巴西医生先后从小头畸形患儿母亲的羊水里或血液中，检测到寨卡病毒感染的证据，还从 1 例死亡的小头畸形新生儿体内检测到寨卡病毒基因；最近，美国疾控中心的研究人员在两名因小头症致死的婴儿脑组织中发现了寨卡病毒，还从另外 2 例流产胎儿的胎盘中检测到寨卡病毒。这些研究都证明，寨卡病毒可以通过胎盘传播给胎儿，导致胎儿神经系统发育异常。

截至 2016 年 1 月，已经有 7 个国家向世界卫生组织报告格林-巴利综合征和新生儿小头畸形异常增多，有两个国家报告了寨卡病毒感染导致死亡的病例。

三、寨卡病毒病的诊断

寨卡病毒感染以症状和流行病史为诊断基础（比如蚊子叮咬或者到已知存有寨卡病毒的地区旅行）。由于寨卡病毒与登革热、西尼罗河病毒和黄热病等其他黄病毒会发生交叉反应，因此通过血清学方法做出诊断可能较为困难。逆转录聚合酶链反应（RT-PCR）和血中病毒分离培养可以确诊。起病 7 天内，如果检测到外周血清中寨卡病毒 RNA 阳性可以诊断，但由于 RT-PCR 阳性窗比较短（3~7 天），也就是病毒血症期短，因此阳性窗之外阴性结果不能除外感染。

四、寨卡病毒病的治疗与预防

目前没有特异性治疗方法，对症退热治疗不建议使用阿司匹林，可以使用对乙酰氨基酚。小头畸形肯定对生长发育有影响，具体影响要进一步观察。目前无疫苗。减少寨卡病毒感染来源（去除和改造滋生地）以及减少蚊虫与人的接触可减少感染发生。建议采取以下措施：使用驱虫剂；穿戴尽可能覆盖身体各部位的衣服，而且最好是浅色衣服；采用纱网、门窗紧闭等物理屏障；蚊帐内睡觉。另外较为重要的是将水桶、花盆或者汽车轮胎等可能蓄水的容器实施排空、保持清洁或者加以覆盖，从而去除可使蚊虫滋生的环境。

要保护自己免患寨卡病毒和其他蚊媒疾病，采取上述措施，避免受到蚊子叮咬。孕妇或者计划怀孕的妇女应当遵循这一建议，当前往已经出现寨卡病毒疫情的地区旅行时也可征求当地卫生部门的意见。

第二节　全球气候变化

一、全球气候变化含义

全球气候变化是指在全球范围内，气候平均状态统计学意义上的巨大改变或者持续较长一段时间（典型的为 10 年或更长）的气候变动。气候变化的原因可能是自然的内部进程，或是外部强迫,或者是人为地持续对大气组成成分和土地利用的改变。尽管还存在一点不确定因素,但大多数科学家仍认为及时采取预防措施是必需的。针对气候变化的国际响应是随着联合国气候变化框架条约(UNFCCC)的发展而逐渐成形的。尽管各缔约方还没有就气候变化问题综合治理所采取的措施达成共识,但全球气候变化会给人带来难以估量的损失,气候变化会使人类付出巨额代价的观念已为世界所广泛接受,并成为广泛关注和研究的全球性环境问题。

二、变化趋势

21世纪以来所进行的一些科学观测表明,大气中各种温室气体的浓度都在增加。1750年之前,大气中二氧化碳含量基本维持在280ppm。工业革命后,随着人类活动,特别是消耗的化石燃料(煤炭、石油等)的不断增长和森林植被的大量破坏,人为排放的二氧化碳等温室气体不断增长,大气中二氧化碳含量逐渐上升,每年大约上升1.8ppm(约0.4%),已上升到近360ppm。从测量结果来看,大气中二氧化碳的增加部分约等于人为排放量的一半。按照政府间气候变化小组(IPCC)的评估,在过去一个世纪里,全球表面平均温度已经上升了0.3℃到0.6℃,全球海平面上升了10~25cm。许多学者的预测表明,到22世纪中叶,世界能源消费的格局若不发生根本性变化,大气中二氧化碳的浓度将达到560ppm,地球平均温度将有较大幅度的增加。政府间气候变化小组1996年发表了新的评估报告,再次肯定了温室气体增加将导致全球气候的变化。依据各种计算机模型的预测,如果二氧化碳浓度从工业革命前的280ppm增加到560ppm,全球平均温度可能上升1.5℃到4℃。

三、带来的危害

世界各国出现了几百年来历史上最热的天气,厄尔尼诺现象也频繁发生,给各国造成了巨大经济损失。发展中国家抗灾能力弱,受害最为严重,发达国家也未能幸免于难,1995年芝加哥的热浪引起500多人死亡,1993年美国一场飓风就造成400亿美元的损失。80年代,保险业同气候有关的索赔是140亿美元,1990—1995年间就几乎达500亿美元。这些情况显示出人类对气候变化,特别是气候变暖所导致的气象灾害的适应能力是相当弱的,需要采取行动防范。按一些发展趋势,科学家预测有可能出现的影响和危害有以下几种。

1. **海平面上升**

全世界大约有1/3的人口生活在沿海岸线60公里的范围内,经济发达,城市密集。全球气候变暖导致的海洋水体膨胀和两极冰雪融化,可能在2100年使海平面上升50cm,危及全球沿海地区,特别是那些人口稠密、经济发达的河口和沿海低地。这些地区可能会遭到淹没或海水入侵,海滩和海岸遭受侵蚀,土地恶化,海水倒灌和洪水加剧,港口受损,并影响沿海养殖业,破坏供排水系统。

2. **影响农业和生态**

随着二氧化碳浓度增加和气候变暖,可能会增加植物的光合作用,延长生长季节,使世界一些地区更加适合农业耕作。但全球气温和降雨形态的迅速变化,也可能使世界许多地区的农业和自然生态系统无法适应或不能很快适应这种变化,使其遭受很大的破坏性影响,造成大范围的森林植被破坏和农业灾害。

3. 加剧其他灾害

气候变暖导致的气候灾害增多可能是一个更为突出的问题。全球平均气温略有上升，就可能带来频繁的气候灾害——过多的降雨、大范围的干旱和持续的高温，造成大规模的灾害损失。有的科学家根据气候变化的历史数据，推测气候变暖可能破坏海洋环流，引发新的冰河期，给高纬度地区造成可怕的气候灾难。

4. 影响人类健康

气候变暖有可能加大疾病危险和死亡率，增加传染病。高温会给人类的循环系统增加负担，热浪会引起死亡率的增加。由昆虫传播的疟疾及其他传染病与温度有很大的关系，随着温度升高，可能使许多国家疟疾、淋巴腺丝虫病、血吸虫病、黑热病、登革热、脑炎增加或再次发生。在高纬度地区，这些疾病传播的危险性可能会更大。

5. 其他影响

全球气候系统非常复杂，影响气候变化因素非常多，涉及太阳辐射、大气构成、海洋、陆地和人类活动等诸多方面，对气候变化趋势，在科学认识上还存在不确定性，特别是对不同区域气候的变化趋势及其具体影响和危害，还无法做出比较准确的判断。但从风险评价角度而言，大多数科学家断言气候变化是人类面临的一种巨大环境风险。

6. 对我国的影响

从中外专家的一些研究结果来看，总体上我国的变暖趋势冬季将强于夏季；在北方和西部的温暖地区以及沿海地区降雨量将会增加，长江、黄河等流域暴发洪水的频率会更高；东南沿海地区台风和暴雨也将更为频繁；春季和初夏许多地区干旱加剧，干热风频繁，土壤蒸发量上升。农业是受影响最严重的部门。温度升高将延长生长期，减少霜冻，二氧化碳的"肥料效应"会增强光合作用，对农业产生有利影响；但土壤蒸发量上升，洪涝灾害增多和海水侵蚀等也将造成农业减产。对草原畜牧业和渔业的影响总体上是不利的。海平面上升最严重的影响是增加了风暴潮和台风发生的频率和强度，海水入侵和沿海侵蚀也将引起经济和社会的巨大损失。

四、各国为此所做的努力

1. 气候变化框架公约

为了控制温室气体排放和气候变化危害，1992年联合国环发大会通过《气候变化框架公约》，提出到90年代末使发达国家温室气体的年排放量控制在1990年的水平，《框架公约》于1994年3月21日正式生效。2004年5月，《框架公约》已拥有189个缔约方，截至2009年12月7—19日缔约方第15次会议在丹麦首都哥本哈根举行为止，加入该公约的缔约国增加至192个。

公约由序言及26条正文组成。这是一个有法律约束力的公约，旨在控制大气中二氧化碳、甲烷和其他造成"温室效应"的气体的排放，将温室气体的浓度稳定在使气候系统免遭破坏的水平上。公约对发达国家和发展中国家规定的义务以及履行义务的程序有所区别。公约要求发达国家作为温室气体的排放大户，采取具体措施限制温室气体的排放，并向发展中国家提供资金以支付他们履行公约义务所需的费用。而发展中国家只承担提供温室气体源与温室气体汇的国家清单的义务，制定并执行含有关于温室气体源与汇方面措施的方案，不承担有法律约束力的限控义务。公约建立了一个向发展中国家提供资金和技术，使其能够履行公约义务的资金机制。

《联合国气候变化框架公约》的目标是减少温室气体排放，减少人为活动对气候系统的危害，减缓气候变化，增强生态系统对气候变化的适应性，确保粮食生产和经济可持续发展。为实现上述目标，公约确立了五个基本原则：一、"共同而区别"的原则，要求发达国家应率先采取措施，应对气候变化；二、要考虑发展中国家的具体需要和国情；三、各缔约国方应当采取必要措施，预测、防止和减少引起气候变化的因素；四、尊重各缔约方的可持续发展权；五、加强国际合作，应对气候变化的措施不能成为国际贸易的壁垒。

2. 里约热内卢环境与发展会议

1992年6月3日至14日联合国在巴西里约热内卢召开了环境与发展会议。这次大会是在全球环境持续恶化、发展问题更趋严重的情况下召开的。会议围绕环境与发展这一主题，在维护发展中国家主权和发展权，发达国家提供资金和技术等根本问题上进行了艰苦的谈判。最后通过了《关于环境与发展的里约热内卢宣言》《21世纪议程》和《关于森林问题的原则声明》3项文件。会议期间，对《联合国气候变化框架公约》和《联合国生物多样性公约》进行了开放签字，已有153个国家和欧共体正式签署。这些会议文件和公约有利于保护全球环境和资源，要求发达国家承担更多的义务，同时也照顾到发展中国家的特殊情况和利益。这次会议的成果具有积极意义，在人类环境保护与持续发展进程上迈出了重要的一步。

这次大会是继1972年瑞典斯德哥尔摩举行的联合国人类环境大会之后，规模最大、级别最高的一次国际会议。本届大会的会徽是一只巨手托着插着一枝鲜嫩树枝的地球，告诉人们"地球在我们手中"。这次大会的宗旨是回顾第一次人类环境大会召开后20年来全球环境保护的历程，敦促各国政府和公众采取积极措施，协调合作，防止环境污染和生态恶化，为保护人类生存环境而共同做出努力。会议通过关于环境与发展的《里约热内卢宣言》（又称《地球宪章》）和《21世纪行动议程》，154个国家签署了《气候变化框架公约》，148个国家签署了《保护生物多样性公约》。大会还通过了有关森林保护的非法律性文件《关于森林问题的政府声明》。"里约宣言"指出：和平、发展和保护环境是互相依存、不可分割的，世界各国应在环境与发展领域加强国际合作，为建立一种新的、公平的全球伙伴关系而努力。

3. 京都议定书

1997年，在日本京都召开了缔约国第二次大会，通过了《京都议定书》。《京都议定书》是1997年12月在日本京都由联合国气候变化框架公约参加国三次会议制定的，其目标是"将大气中的温室气体含量稳定在一个适当的水平，进而防止剧烈的气候改变对人类造成伤害"；并于1998年3月16日至1999年3月15日间开放签字，共有84国签署，条约于2005年2月16日开始强制生效，到2009年2月，一共有183个国家通过了该条约（超过全球排放量的61%），2011年12月，加拿大宣布退出《京都议定书》，成为继美国之后第二个签署但后来又退出的国家。

《京都议定书》的签署是为了人类免受气候变暖的威胁。这是人类历史上首次以法规的形式限制温室气体排放。议定书规定了6种受控温室气体，明确了各发达国家削减温室气体排放量的比例，并且允许发达国家之间采取联合履约的行动；发展中国家温室气体的排放尚不受限制。为了促进各国完成温室气体减排目标，议定书允许采取以下四种减排方式：

一、两个发达国家之间可以进行排放额度买卖的"排放权交易"，即难以完成削减任务的国家，可以花钱从超额完成任务的国家买进超出的额度。

二、以"净排放量"计算温室气体排放量，即从本国实际排放量中扣除森林所吸收的二氧化碳的数量。

三、可以采用绿色开发机制，促使发达国家和发展中国家共同减排温室气体。

四、可以采用"集团方式"，即欧盟内部的许多国家可视为一个整体，采取有的国家削减、有的国家增加的方法，在总体上完成减排任务。

4. 哥本哈根大会

哥本哈根世界气候大会全称《联合国气候变化框架公约》第15次缔约方会议暨《京都议定书》第5次缔约方会议，于2009年12月7—18日在丹麦首都哥本哈根召开。来自192个国家的谈判代表召开峰会，商讨《京都议定书》一期承诺到期后的后续方案，即2012年至2020年的全球减排协议。焦点问题主要问题集中在"责任共担"。气候科学家们表示全球必须停止增加温室气体排放，并且在2015到2020年间开始减少排放。科学家们预计想要防止全球平均气温再上升2℃，到2050年，全球的温室气体减排量需达到1990年水平的80%。

中国政府争辩说：从道义上讲，中国有权力发展经济、继续增长，增加碳排放将不可避免。而且工业化国家将碳排放"外包"给了发展中国家——中国替西方购买者进行着大量碳密集型的生产制造。作为消费者的国家应该对制造产品过程中产生的碳排放负责，而不是出口这些产品的国家。

会议达成不具法律约束力的《哥本哈根协议》。《哥本哈根协议》维护了《联合国气候变化框架公约》及其《京都议定书》确立的"共同但有区别的责任"原则，就发达国家实行强制减排和发展中国家采取自主减缓行动做出了安排，并就全球长期目标、资金和技术支持、透明度等焦点问题达成广泛共识。

5. 坎昆会议

坎昆世界气候大会全称《联合国气候变化框架公约》第16次缔约方会议暨《京都议定书》第6次缔约方会议，定于2010年11月29日至12月10日在墨西哥海滨城市坎昆举行。坎昆大会一个突出的矛盾是，发展中国家在不断提高它们的责任，而同时，发达国家却一再推卸责任。由于历史排放，发达国家要以20%的人口对80%的温室气体负责。发达国家造成了全球气候变暖，使广大发展中国家在经济还没发展，就得开始限制排放增长。包括中国在内的许多发展中国家，陷入了发展和排放的两难境地。打个比方，发达国家和发展中国家都是"地球村"的住户。发达国家先开始装修自家房子，并且已经快用装修垃圾把垃圾箱填满了。这时发展中国家也想把家装修得漂亮一点，可发达国家却要求发展中国家和他们一样，减少倒垃圾的数量，最好就别装修了。这显然是不公平的。大会通过了《公约》和《议定书》两个工作组分别递交的决议，取得积极成果。本次会议的成果体现在，一是坚持了《联合国气候变化框架公约》《京都议定书》和"巴厘路线图"，坚持了"共同但有区别的责任"原则，确保了明年的谈判继续按照"巴厘路线图"确定的双轨方式进行；二是就适应、技术转让、资金和能力建设等发展中国家关心问题的谈判取得了不同程度的进展，谈判进程继续向前，向国际社会发出了比较积极的信号。

6. 德班会议

2011年11月28日至12月11日，联合国气候变化框架公约第17次缔约方会议在南非德班召开，《京都议定书》第二承诺期的存续问题，是德班大会期待解决的首个关键问题。

气候资金安排和技术转让关系到各国特别是广大发展中国家切身利益，也是德班气候变化会议的一个焦点。气候资金安排分为短期资金和长期资金。根据《坎昆协议》，发达国家应该在2010年至2012年为发展中国家提供300亿美元的"绿色气候基金"，这是短期资金。长期资金是在2012年至2020年，每年提供1 000亿美元支持发展中国家应对气候变化。

发展中国家希望发达国家尽快落实这些气候资金安排，帮助发展中国家应对气候变化。联合国秘书长潘基文也发出呼吁，敦促富裕国家的政府在经济困难时期加大捐款力度，以免这项全球性气候变化基金面临成为一个"空壳"的危险。南非总统祖马力主在德班气候会议上启动"绿色气候基金"，并希望发达国家提供"绿色气候基金"的启动资金。在气候融资方面，非洲国家强调，资金问题常务委员会应投入运行，并建议设立一个关于长期融资的附加议程。在技术转让方面，非洲国家认为德班会议应做出决定，使发达国家向发展中国家的技术转让机制在2012年实现运转。

发达国家对此态度不一。欧盟表示，欧盟承诺在2010年至2012年提供72亿欧元应对气候变化资金，目前已经兑现其中2/3，并愿意进一步提供相关资金，支持建立金融支持机制。美国气候变化特使斯特恩表示，美国赞成设立"绿色气候基金"帮助发展中国家应对气候变化，不过设立基金的大门并非只对发达国家开放，对发展中国家、私营机构也是敞开的。

通过激烈的争论，会议结束后，大会通过了"德班一揽子决议"。建立德班增强行动平台特设工作组，决定实施《京都议定书》第二承诺期并启动绿色气候基金，德国和丹麦分别注资4 000万和1 500万欧元作为其运营经费和首笔资助资金。

7. 利马会议

2014年12月1—12日，在秘鲁首都利马举行了联合国全球气候大会，会议的目标是成为各国应对气候变化政治意愿的一个转折点，以此呼应全世界民众的期盼。会议的主要内容是确定2015年全球气候协议的要素。各大国将于2015年3月前提交自己的减排目标，其他各国不迟于6月。但各国的减排目标，不会有严格的国际审查。联合国将在11月1日前，根据各国的减排目标，计算出"总减排量"，为2015年12月的巴黎会议做好准备。

第三节　巴黎气候变化大会

一、会议背景

1992年的里约会议，全名里约联合国环境与发展大会，也叫地球首脑会议，于1992年6月在巴西里约热内卢举行。这次会议取得了一系列重要成果，其中一项便是通过了《气候变化框架公约》。该公约是1992年5月22日联合国政府间谈判委员会达成的，是世界上第一个应对全球气候变暖的国际公约，也是国际社会在应对全球气候变化问题上进行国际合作的一个基本框架。简单来说，以后召开的气候变化大会谈论的气候问题，都是以这个公约为基础的，而且公约具有法律效力。该公约于1994年3月21日正式生效。截至2004年5

月，公约已拥有189个缔约方。

1995年，第一次缔约方大会在德国柏林举行，之后缔约方每年都召开会议。1997年，第三次缔约方会议，举办地日本东京，会议通过《京都议定书》。2001年10月，第七次缔约方会议，举办地摩洛哥马拉喀什，会议通过《马拉喀什协定》。2005年，第11次缔约方会议，举办地加拿大蒙特利尔，会议通过《蒙特利尔路线图》。2007年，第13次缔约方会议，举办地印度尼西亚巴厘岛，会议通过《巴厘岛路线图》。2009年，哥本哈根会议成果寥寥，最后只达成了无法律约束力的《哥本哈根协议》。2011年，第17次缔约方会议，举办地南非德班，会议就第二承诺期存续问题达成一致。与会方同意延长5年《京都议定书》的法律效力（原议定书于2012年失效），就实施《京都议定书》第二承诺期并启动绿色气候基金达成一致。大会同时决定建立德班增强行动平台特设工作组，即"德班平台"，在2015年前负责制定一个适用于所有《公约》缔约方的法律工具或法律成果。2012年，第18次缔约方会议，举办地卡塔尔多哈，会议通过了对《京都议定书》的《多哈修正》，最终就2013年起执行《京都议定书》第二承诺期及第二承诺期以8年为期限达成一致。大会还通过了有关长期气候资金、联合国《气候变化框架公约》长期合作工作组成果、德班平台以及损失损害补偿机制等方面的多项决议。加拿大、日本、新西兰及俄罗斯已明确不参加第二承诺期。

按照气候谈判的计划，巴黎气候大会是继2009年后又一重要时间节点，将完成2020年后国际气候机制的谈判，制定出一份新的全球气候协议，以确保强有力的全球减排行动。因此，巴黎大会也是近几年来最为重要的一次。

与2009年相比，最大的不同在于气候谈判模式已发生根本性转变：自上而下"摊牌式"的强制减排已被自下而上的"国家自主贡献"所取代。目前，全球已经有160个国家向联合国气候变化框架公约秘书处提交了"国家自主减排贡献"文件，这些国家碳排放量达到全球排放量的90%。此举让各国在减排承诺方面握有自主权和灵活性，谈判压力骤然减小。其次，大国合作意愿更为强烈。中国与美国、欧盟、巴西、印度等已就气候变化签署了多项双边声明，提前化解了此前纠缠谈判进展的诸多分歧。中美之间还总结了2009年哥本哈根大会上公开争论影响谈判气氛的教训，通过双边对话增加理解，避免在谈判场合相互指责。再者，气候科学认知更深入。联合国在2013—2014年发布了第五次气候变化科学评估报告，对全球变暖受到人类活动影响的可能性由上次报告的"非常高"（概率在90%以上）调高至"极高"（概率在95%以上）。最后，主办国和国际社会都在思考哥本哈根的教训，对谈判的期望值更趋理性务实。

二、会议议程

2015年11月30日至12月11日，《联合国气候变化框架公约》第21次缔约方会议将在法国巴黎举行。此次大会的首要目标是，在《公约》框架下达成一项"具有法律约束力的并适用于各方的"全球减排新协议。新协议将在一定程度上确定，2020年《京都议定书》第二承诺期结束后国际社会如何分担应对气候变化的责任。据了解，本次会议的核心是抑制或控制碳排放，旨在完成2009年哥本哈根气候大会提出的目标——达成一项抑制全球气候变暖的协定，确保地球升温不超过工业革命前2℃。

2015年12月5日，第二十一届联合国气候大会终于交出了第一份答卷：在经过一周的反复讨论和协商之后，法国外交部部长、大会主席洛朗·法比尤斯收到了来自195个代表团签署的一份长达 48 页的协议草案。不过，各方都在这份草案中规避了敏感问题。

2015 年 12 月 12 日晚 19 点 26 分，在延期超过 24 小时的巴黎气候变化大会最后一次全会上，大会主席、法国外长法比尤斯举起带有大会标志的绿色小锤，宣告里程碑式的《巴黎协定》诞生，全球应对气候变化进程迈出重要一步。

三、参会人员

来自 195 个国家以及欧盟的代表出席此次大会，各方的代表团人数总计达到 1 万人。全球近 2 000 个非政府组织也参加了巴黎气候大会，非政府组织的代表人数达 1.4 万人。其中中国气候变化事务特别代表是解振华。大会注册记者数量超过 3 000 人。

四、各方立场

欧盟是巴黎气候大会协定的制定者，建议加入每 5 年进行审查的机制；承诺排放峰值不晚于 2020 年前达到；欧盟目标与联合国一致，即将气候变暖控制在不超过工业化前水平 2℃；欧盟努力准备要达成一个有雄心、范围广泛、有约束力的全球气候协定。

美国减排目标为到 2025 年，较 2005 年减少 28% 的温室气体排放。

2015 年 6 月，中国如期正式向联合国提交"国家自主决定贡献"：二氧化碳排放 2030 年左右达到峰值并争取尽早达峰、单位国内生产总值二氧化碳排放比 2005 年下降 60%～65%，非化石能源占一次能源消费比重达到 20% 左右，森林蓄积量比 2005 年增加 45 亿立方米左右。同时，中方还将气候变化的行动列入"十三五"发展规划中。

五、大会成果

《联合国气候变化框架公约》近 200 个缔约方一致同意通过《巴黎协定》。协定共 29 条，包括目标、减缓、适应、损失损害、资金、技术、能力建设、透明度、全球盘点等内容。

《巴黎协定》指出，各方将加强对气候变化威胁的全球应对，把全球平均气温较工业化前水平升高控制在 2℃ 之内，并为把升温控制在 1.5℃ 之内而努力。全球将尽快实现温室气体排放达峰，21 世纪下半叶实现温室气体净零排放。

根据协定，各方将以"自主贡献"的方式参与全球应对气候变化行动。发达国家将继续带头减排，并加强对发展中国家的资金、技术和能力建设支持，帮助后者减缓和适应气候变化。

从 2023 年开始，每 5 年将对全球行动总体进展进行一次盘点，以帮助各国提高力度、加强国际合作，实现全球应对气候变化长期目标。

六、会议影响

巴黎气候变化大会达成包括《巴黎协定》和相关决定的巴黎成果，在国际社会应对气候变化进程中又向前迈出了关键一步。《巴黎协定》的达成标志着 2020 年后的全球气候治理将进入一个前所未有的新阶段，具有里程碑式的非凡意义。

《巴黎协定》将全球气候治理的理念进一步确定为低碳绿色发展。全球气候谈判的历史，实际上是全球从过去依赖化石能源的经济形态向去碳化的低碳绿色经济发展的历史。但这一进程的演变十分艰难。其中既有传统能源行业抵制的原因，也有新能源行业技术、体制不完善的因素，更与未来全球发展方向不清晰有关。《巴黎协定》的通过，展示了各国对发展低碳绿色经济的明确承诺，向世界发出了清晰而强烈的信号：走低碳绿色发展之路是人类未来发展的不二选择，绿色低碳成为未来全球气候治理的核心理念。

《巴黎协定》奠定了世界各国广泛参与减排的基本格局。《京都议定书》只对发达国家的减排制定了有法律约束力的绝对量化减排指标，发展中国家的国内减排行动是自主承诺，不具法律约束力。根据《巴黎协定》，所有成员承诺的减排行动，无论是相对量化减排还是绝对量化减排，都将纳入一个统一的有法律约束力的框架。这在全球气候治理中尚属首次。

《巴黎协定》标志着国际气候谈判模式的转变，即从自上而下的谈判模式转变为自下而上。1990年世界气候谈判启动以来，遵循的是保护臭氧层谈判的模式，即自上而下模式，先谈判减排目标，再往下分解。《巴黎协定》确立了2020年后，以"国家自主贡献"目标为主体的国际应对气候变化机制安排。这是一种典型的"自下而上"的谈判模式。模式的转变对未来全球气候治理影响深远，值得高度关注。

七、《巴黎协定》的基本框架

《巴黎协定》采用"协议+决定"的形式，共32页（英文版），包括20页的决定和12页的巴黎气候协议。其中，决定包括：协定的通过、国家自主贡献、关于实施本协定的决定、2020年之前的强化行动等，不需要各国立法程序批准。12页的巴黎气候协议列有29条，包括目标、减缓、适应、损失损害、资金、技术、透明度、盘点机制等内容，需要各国立法程序批准。

《巴黎协定》将于2016年4月22日至2017年4月21日开放签署，当不少于55个缔约方，且排放占全球温室气体总排放量至少约55%的缔约方签署批准时，《巴黎协定》将正式生效。《巴黎协定》在正式生效后，将成为《联合国气候变化框架公约》下继《京都议定书》后第二个具有法律约束力的协定。与《公约》和《京都议定书》相比，生效门槛更低，耗时将远低于《京都议定书》的8年。

《京都议定书》只规定了发达国家在2020年前两个承诺期的减排承诺，而《巴黎协定》包括了发达国家和发展中国家，对2020年以后全球应对气候变化的总体机制做了制度性的安排。和2009年哥本哈根气候变化大会采取自上而下强制分配减排义务不同，巴黎大会以自下而上、更加灵活、不断递进的方式联合各国共同应对气候变化，奠定了成功的基础。

八、《巴黎协定》重点内容

1. 坚持公约原则并灵活表述

《巴黎协定》坚持了公平原则、共同但有区别的责任原则，以及各自能力原则，在减排、资金等重要条款上灵活表述，明确各方责任和义务。在资金方面，发达国家有义务出资帮助发展中国家减缓和适应气候变化，鼓励其他国家自愿出资。在减排方面，明确要求发达国家要继续带头，实现全经济体绝对减排目标，而发展中国家要继续加强减缓努力，鼓励根据各自国情，逐渐实现全经济体绝对减排目标。具体到我国，要从"相对强度减排"逐步过渡到"碳排放总量达峰"，再到"碳排放总量绝对减排"。

2. 设定全球应对气候变化长期目标

《巴黎协定》设定了全球应对气候变化的长期目标，即把全球平均气温比工业化之前水平的升高幅度控制在 2℃ 之内，到 2030 年全球碳排放量控制在 400 亿吨，2080 年实现净零排放；并努力将气温升幅限制在 1.5℃ 之内，同时还提出了在 21 世纪下半叶实现全球温室气体的净零排放。协定请各国在 2020 年前通报 2050 年低碳排放发展长期战略。

3. 国家自主决定贡献的减排模式

《巴黎协定》采取"自下而上"模式促进全球减排，各国提出国家自主贡献目标，不再强制性分配温室气体减排量。协定要求各国每 5 年更新一次国家自主贡献，根据国情逐步提高国家自主贡献，尽最大可能地减排。全球已有 180 多个国家在巴黎气候大会前递交了国家自主贡献文件。根据要求，我国今后要在每个五年规划的最后一年更新国家自主贡献文件。

4. 定期盘点机制

《巴黎协定》设置了每 5 年定期盘点机制，以总结协定的执行情况，评估实现协定宗旨和长期目标的进展情况。协定要求在 2023 年进行第一次全球总结，此后每 5 年进行一次全球应对气候变化总体盘点，以此鼓励各国基于新的情况、新的认识不断加大行动力度，确保实现应对气候变化的长期目标。此外协定还要求在 2018 年建立一个对话机制，盘点减排进展与长期目标的差距，以便各国制定新的国家自主贡献时参考。

5. 减缓成果的国际转让机制

《巴黎协定》允许使用国际转让的减缓成果来实现协定下的国家自主贡献目标，但要避免双重核算。协定要求为此建立一个机制，供各国自愿使用，在减缓温室气体排放的同时支持东道国的可持续发展。该机制在巴黎大会上并未确定下来，协定要求在《巴黎协定》缔约方第一次会议上通过该国际转让机制的具体规则、模式和程序。

6. 发达国家资金支持

《巴黎协定》对于发展中国家最关心的资金议题也进一步明确。协定要求发达国家提高资金支持水平，制定切实的路线图，以实现在 2020 年之前每年提供 1 000 亿美元资金的目标。2020 年以后，协定要求缔约方在考虑发展中国家需求的情况下，于 2025 年之前设定一个新的共同量化目标，且每年的资金支持量不少于 1 000 亿美元。

此外，《巴黎协定》还就气候适应、损失和损害、技术转让、加强透明度、能力建设等方面做出了相应的机制安排。

九、我国为此所做的努力

我国为巴黎大会的成功做出了非常重要和积极的贡献，"充分展现负责任大国担当，为应对气候变化全球合作起到重要引领作用"。会前，我国分别与美国、欧盟、法国、印度和巴西等国家签署了应对气候变化联合声明，在协调立场的同时也锁定了我国的利益诉求。联合国秘书长潘基文曾指出，中美和中法联合声明为巴黎大会的成功发挥了历史性作用和基础性作用。会议期间，我国在会议成果形式、坚持框架公约反对另起炉灶、坚持共同但有区别责任原则并灵活表述、捍卫发展中国家权益、坚持明确发达国家资金支持路线图等方面做出了创造性的贡献。在大会最后关键时刻，习近平主席应约同美国总统奥巴马通电话，亲自协调推动谈判达成协议。

《巴黎协定》的最终达成，也为全球治理新模式提供了一个成功范例。正如习近平主席在巴黎大会开幕式上指出的那样，作为全球治理的一个重要领域，应对气候变化的全球努力是一面镜子，给我们思考和探索未来全球治理模式、推动建设人类命运共同体带来宝贵启示。巴黎大会是合作共赢、公平正义、共同发展这一全球治理模式新理念的成功实践。

思考题

1. 当前全球气候变化的趋势是什么，其影响有哪些？
2. 世界各国为控制全球气候变化所做的努力都有哪些？
3. 《巴黎协定》的主要内容都有哪些？
4. 我国为达成《巴黎协定》所做的努力都有什么？